应急管理技术与方法

王　雷　赵秋红　王　欣　著

北京航空航天大学出版社

内 容 简 介

应急管理是针对特别重大事故灾害中的危险问题提出的。本书共分 10 章,内容包括:应急管理概述,应急信息采集技术,应急通信技术,应急数据处理技术,应急决策方法与技术,应急物流理论与方法,应急风险理论与方法,应急指挥技术与系统,应急管理现场处置方法,应急管理联动指挥平台。

本书适合作为从事应急管理、公共安全管理的研究人员和工作人员的辅助资料;也适合作为高等院校和职业院校应急管理专业、治安管理专业的教材。

图书在版编目(CIP)数据

应急管理技术与方法 / 王雷,赵秋红,王欣著. --
北京 : 北京航空航天大学出版社,2016.10
　　ISBN 978 - 7 - 5124 - 2273 - 5

　　Ⅰ. ①应… Ⅱ. ①王… ②赵… ③王… Ⅲ. ①突发事
件-公共管理-研究 Ⅳ. ①D035.34

中国版本图书馆 CIP 数据核字(2016)第 247373 号

应急管理技术与方法

王 雷　赵秋红　王 欣　著

责任编辑　胡玉婷

*

北京航空航天大学出版社出版发行

北京市海淀区学院路 37 号(邮编 100191)　http://www.buaapress.com.cn
发行部电话:(010)82317024　传真:(010)82328026
读者信箱: emsbook@buaacm.com.cn　邮购电话:(010)82316936
北京建宏印刷有限公司印装　各地书店经销

*

开本:710×1 000　1/16　印张:17　字数:362 千字
2016 年 11 月第 1 版　2022 年 1 月第 2 次印刷　印数:2 001～2 500 册
ISBN 978 - 7 - 5124 - 2273 - 5　定价:45.00 元

前　言

　　应急管理是针对特别重大事故灾害中的危险问题提出的。应急管理是指政府及其他公共机构在突发事件的事前预防、事发应对、事中处置和善后恢复过程中,通过建立必要的应对机制,采取一系列必要措施,应用科学、技术、规划与管理等手段,保障公众生命、健康和财产安全,促进社会和谐健康发展的有关活动。危险包括人的危险、物的危险和责任危险三大类。首先,人的危险可分为生命危险和健康危险;物的危险指威胁财产安全的火灾、雷电、台风、洪水等事故灾难;责任危险是产生于法律上的损害赔偿责任,一般又称为第三者责任危险。危险是由意外事故、意外事故发生的可能性及蕴藏于意外事故发生可能性中的危险状态构成的。

　　在应急管理的实际运用中,应急管理技术与方法是实现应急管理的重要方面,往往决定了应急管理执行的效率和效果,因此,探讨应急管理技术与方法是现实需要,也是应急管理理论的突破。

　　本书共分10章,各章主要内容简介如下:

　　第1章是应急管理概述。本章对应急管理基本概念、定义、对象和特点进行了探讨,对突发事件基本特征进行了分析,介绍了应急管理发展趋势,应急管理专业化、一体化、国际合作及我国应急管理体系现状;还介绍了我国应急管理体制存在的问题,并与国外应急管理体制进行了对比,最后给出完善政府应急管理的对策与建议。

　　第2章对应急信息采集技术进行了介绍,作者先阐释了应急信息采集的概念、原则和意义;接着介绍了应急信息采集技术,如RFID、GIS和通信监控信息采集技术;然后分析了应急信息的基本问题,并对Web环境下的应急信息采集方法和基于信息特征的应急信息采集方法进行了描述。

　　第3章介绍了应急通信技术,首先讲述了应急通信技术在国内外的发展状况和网络组成与技术,分析了应急通信技术的热点和难点、技术比较和领域内的新技术,并针对应急通信系统进行探讨,讲解了应急通信系统的背景、存在的问题及可行性解决方案。

　　第4章主要介绍了应急数据处理技术,数据及其表示形式、存储及数据库,研究应急数据管理,并对应急数据进行分析,讲解了应急数据管理中的数据挖掘技术和云计算技术,并对大数据环境下的应急管理进行了探讨。

第 5 章介绍了应急决策方法与技术，首先梳理了决策理论、现代决策理论的发展，介绍了应急决策的基本概念、特点，并将应急决策与常规决策进行比较；然后，介绍了应急决策的特殊性，探讨了应急决策分析的主要方法，分析了决策分析的步骤和方法，并介绍了应急决策支持系统。

第 6 章主要介绍了应急物流理论与方法，研究应急物流基本理论，探讨其与商业物流的区别及存在的主要问题，讲解了应急物流中的物资管理、物资管理的主要内容、网络结构和分配理论，以及城市物流体系的建设现状及存在的问题。

第 7 章主要讲述了应急风险理论与方法，介绍了风险管理的基本原理、识别原理、控制理论和灾害管理信息地图，应急管理中的风险沟通、风险沟通体系和风险沟通中存在的问题，灾害风险管理的基本要素和风险评估方法。

第 8 章主要介绍了应急指挥的背景、相关概念和特点，分析了军队指挥理论、社会创新理论和灾害性理论、应急指挥现状，最后介绍了国外应急指挥的经验，提出了改进我国应急指挥体系的建议。本章还介绍了应急指挥系统的界定、分类和系统建设要点，分析了应急指挥系统的总体架构，最后针对应急指挥系统的总体架构进行说明。

第 9 章介绍了应急现场处置的基本问题、模式比较、存在的问题和基本原则，并在此基础上提出了应急现场处置的改进措施，最后介绍了暴恐事件、爆炸事件应急现场的处理方法。

第 10 章介绍了应急管理联动指挥平台，国内外应急管理平台的基本建设情况和系统现状，探讨了应急联动系统分析与设计。本章还介绍了指挥平台系统设计、建设以及运行保障，应急联动系统平台的定位、设计原则、技术特点和功能描述。

本书的部分研究成果得到了国家自然科学基金重大研究计划重点支持项目"非常规突发事件应急管理体系的组织设计管理和系统评估方法"（项目编号：91224007），公安部公安理论与软科学计划项目"大数据背景下立体化社会治安防控体系构建研究"（项目编号：2016LLYJXJXY032），辽宁省社会科学规划基金重点项目"大城市非常规群体性突发事件演化机理及防控机制研究"（项目编号：L15AGL016），辽宁省社会科学规划基金一般项目"寄递物流网络公共安全应急管理体系的组织管理与评估研究"（项目编号：L16BGL042），中国刑事警察学院重大培育项目计划"复杂网络下非常规群体性突发事件演化机理及防控机制研究"的资助。

感谢中国冶金教育学会会长李福奇、中国刑事警察学院副院长袁广林、重庆警察学院侦查系孔庆波教授、沈阳工程学院经济与管理学院赵扬博士、公安部沈阳警犬技术学校南兆营、抚顺市第十高级中学张文光老师和李铁军老师在本书的创作过程中给予的支持和帮助，使本书在内容和写法上更加完善。最后，还要感谢中国刑事警察学院治安学系为本书的完成提供的各种帮助和支持。

由于作者的水平限制，书中的疏漏及差错在所难免，恳请读者批评指正。

作 者
2016 年 5 月 18 日

目录

第 1 章

应急管理概述

第一节　应急管理的基本概念

一、应急管理的定义

应急管理是近些年发展起来的一门独立学科,具体是指在应对突发事件时,为了预防和减少突发事件的发生,控制、减轻和消除突发事件引起的危害,并基于对突发事件发生的原因、过程及后果进行分析,有效集成社会各方面的资源,对突发事件进行有效预防、准备、响应和恢复的过程。应急管理主要包括两个方面的含义:第一,贯穿于突发事件的事前、事发、事中、事后的全过程;第二,是对事前、事后的管理和事发、事中应急的有机统一。

应急管理是政府核心职能的一部分,主要涵盖四类活动:预防,减少突发事件的发生;响应,应对突发事件;处置,减轻突发事件的社会危害;恢复,消除突发事件的影响。归纳起来,应急管理就是围绕突发事件而展开的预防、响应、处置、恢复的活动。

预防是指减少影响人类生命、财产的自然或人为风险,提高应对各种突发事件的能力,如制定建筑标准、推行灾害保险、颁布安全法规、实施应急预案、建立预警系统、成立应急中心、进行救援培训、开展应急演练等;

响应是指突发事件发生时所采取的行动,如研判信息、发布预警、启动应急预案等;

处置是指采取措施以挽救生命、减少财产损失,如调动资源控制突发事件的扩大、升级,提供医疗援助,组织疏散与搜救等;

恢复既指按照最低运行标准将重要生产生活支持系统复原的短期行为,也指推动社会生活恢复常态的长期活动,如清理废墟、控制污染、恢复生产、提供灾害失业救

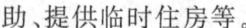

助、提供临时住房等。

按照突发事件的发生、发展规律，完整的应急管理过程应包括预防、响应、处置与恢复重建四个阶段，分别发生在突发事件的事前、事发、事中和事后，形成一个闭合的循环过程。其中，每一个阶段都要求采取有力的应急管理措施，尽可能地减少突发事件的发生，避免突发事件的升级和扩大。

1. 事前——预防与应急准备阶段

应急管理要贯彻"预防为主"的方针。在预防与应急准备阶段，要注意在日常工作中采取措施，着力提高社会应对突发事件的能力，要为应对突发事件做好充分准备。同时，有关部门要经常对所在区域进行风险、隐患排查，对危险源进行持续的、动态的监测，并开展有效的风险评估，在风险评估的基础上，进行风险处置。对于即将会演变为突发事件的风险、隐患要及时预警，使社会公众在突发事件发生前采取避险行动，尽量减少突发事件所带来的损失。

2. 事发——预警与应急响应阶段

应急响应是指在突发事件发生时，应急管理者判断并研究事件信息，启动应急预案，动员协调各方面力量开展应急处置工作。在这一阶段，对信息的判断与研究是至关重要的，一定要快速、准确，以避免应急响应失当。

3. 事中——处置与应急救援阶段

应急处置是指应急管理者在时间、资源的约束条件下，控制突发事件的后果，即突发事件发生后，要尽可能详细地掌握事件的情况，迅速按照应急预案的要求，采取有效救援措施，防止突发事件扩大、升级。

处置过程需要大量的非常规决策。应急管理者需要在极短的时间和巨大的心理压力下，进行创新性决策。要遵照预案，但又不能固守预案。因为不遵照预案，就无章可循；但固守预案，突发事件的瞬息万变又可能令预案的作用丧失。

4. 事后——评估与恢复重建阶段

突发事件处置工作完成后，应急管理者必须清理现场，尽快恢复生产生活秩序，并据此组织各种力量，消除突发事件对社会、经济、环境以及人的心理的影响。

不仅如此，应急管理者还应该开展应急调查、评估，及时总结经验教训；对突发事件发生的原因和相关预防、处置措施进行彻底、系统的调查；对应急管理全过程进行全面的绩效评估，剖析应急管理工作中存在的问题，提出整改措施，并责成有关部门逐项落实，从而提高预防突发事件发生和应急处置的能力。

二、应急管理的特点

应急管理是一项重要的公共事务，既是政府的行政管理职能，也是社会公众的法定义务。同时，应急管理活动又受法律的约束，具有与其他行政活动不同的特点。

1. 政府主导性

应急管理的主体是政府、企业和其他公共组织，其中，责任主体是政府，政府起主导性作用。政府的主导性体现在两个方面：首先，政府主导性是由法律规定的。《中华人民共和国突发事件应对法》规定，县级人民政府对本行政区域内突发事件的应对工作负责，涉及两个以上行政区域的，由有关行政区域共同的上一级人民政府负责，或者由各有关行政区域的上一级人民政府共同负责，即从法律上明确界定了政府的责任。其次，政府主导性是由政府的行政管理职能决定的。政府掌管行政资源和大量的社会资源，拥有组织严密的行政组织体系，具有庞大的社会动员能力，这是任何非政府组织和个人都无法比拟的行政优势。所以，只有由政府主导，才能动员各种资源和各方面力量开展应急管理。

2. 社会参与性

《中华人民共和国突发事件应对法》规定，公民、法人和其他组织有义务参与突发事件应对工作。这从法律上规定了应急管理的全社会义务。尽管政府是应急管理的责任主体，但是没有全社会的共同参与，突发事件应对不可能取得好的效果。例如，在 2003 年我国发生的 SARS 疫情和 2008 年我国南方发生的低温雨雪冰冻灾害中，就是以政府为主导，广泛动员全社会力量参与，才战胜突如其来的灾难的。

3. 行政强制性

应急管理主要是依靠行使公共权力对突发事件进行管理。公共权力具有强制性，社会成员必须绝对服从。在处置突发事件时，政府应急管理的一些原则、程序和方式将不同于正常状态，权力将更加集中，决策和行政程序将更加简化，一些行政行为将带有更大的强制性。当然，这些非常规的行政行为必须有相应法律、法规作保障。应急管理活动既受到法律、法规的约束，需正确行使法律、法规赋予的应急管理权限，同时又可以以法律、法规作为手段，规范和约束管理过程中的行为，确保应急管理措施到位。

4. 目标广泛性

应急管理以维护公共利益、社会大众利益为己任，以保持社会秩序、保障社会安全、维护社会稳定为目标。换句话说，应急管理追求的是社会安全、社会秩序和社会稳定，关注的是包括经济、社会、政治等方面在内的公共利益和社会大众利益。其出发点和落脚点是：把人民群众的利益放在第一位，保证人民群众生命财产安全，保证人民群众安居乐业，为社会全体公众提供全面优质的公共产品，为全社会提供公平公正的公共服务。

5. 管理局限性

一方面，突发事件的不确定性决定了应急管理的局限性。另一方面，突发事件发生后，尽管管理者做出了正确的决策，但指挥协调和物资供应任务十分繁重，要在极短时间内指挥协调、保障物资，本身就是一件艰巨的工作，特别是在面对一些没有出现过的、新的突发事件时，物资保障更是难以实现。另外，在突发事件的影响下，社会公众往往处于紧张、恐慌、激动之中，这种情绪不稳定，加大了应急管理的难度。

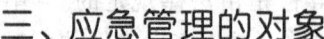

三、应急管理的对象

为了阐明突发事件的确切含义，在此需要对与之相关的一些概念进行辨析。

1. 突发事件与危机

《辞源》将"危机"解释为潜伏的祸端。《现代汉语词典》对"危机"有两种解释：一是危险的祸根，如危机四伏；二是严重困难的关头，如经济危机。在英文中，与"危机"一词对应的是"crisis"，该词源于希腊语"krisis"，意思是"鉴别"或"判定"。危机最初是一个医学用语，指人濒临死亡、生死难料的状态；有生的可能，又有死的威胁；后被演绎为描述人们不愿面对、不可预期、难以控制的局面。汉语"危机"这个词中的"危"和"机"分别代表着"危险"和"机遇"，两者处于极端对立之中。因此，危机的发展变化常常极富戏剧性效果。在研究危机时，通常把危机分为天灾和人祸两大类。但理论界往往根据危机发生的领域，将危机分为政治危机、经济危机、宗教危机、生态危机等。当几种危机互相作用、同时迸发时，就会出现严重的综合危机。

作为一般概念，"危机"这个词在某些领域被滥用或不准确地使用，几乎成了事故、分裂、灾害、灾难的代名词。实际上，它们并不完全等同，危机有其内在特性。就一般意义而言，危机具有以下特性：① 危机具有高度不确定性；② 危机具有时间紧迫性，需要立即处理；③ 危机发生的领域很广，不仅仅局限于组织；④ 危机是一种具有负面影响的事件。这种负面影响可以是潜在的，也可以是显性的。

突发事件与危机具有以下共同点：① 两者都是负面事件，都会给社会、组织或个人带来一定程度的损失危害或负面影响；② 两者都需要紧急处理，如果处理不及时，其损失危害将会更大、负面影响将更为恶劣；③ 两者都具有不确定性，即两者所造成的损失危害不确定，所持续的时间不确定，发展态势不确定。

危机与突发事件除了有共同点以外，也有一些区别。突发事件对社会的影响虽然不是转瞬即逝的，但其所涵盖的时间外延相对较窄；而危机的形成往往会有一个或长或短的过程。虽然突发事件与危机都是具有负面影响的事件，但突发事件的负面影响是显性的、现实的，人们可以感觉得到；而危机的负面影响既可以是显性的、现实的，也可以是隐性的、潜在的，人们可能一时还无法感觉到。突发事件最显著的特征就是：突发性，出人意料。危机一般以某一事件为契机或导火线，即通过偶然的、独特的突发事件的形式表现出来。这就是说，在一定的外界条件下，突发事件会进一步发展成为危机；突发事件往往成为危机的先兆和前奏，或充当引发危机爆发的原因。在逻辑上可以说，危机必定是突发事件，然而突发事件未必就形成危机。

事实表明，许多突发事件本身就是危机的一部分，并且是很关键的一部分。当突发事件因处理不当而失去控制，并朝着无序的方向发展时，危机便形成并开始扩大化。在这种情况下，突发事件就等同于危机。如果某些突发事件处理得及时、得当，就有可能被消灭在萌芽状态之中，从而不会演变为危机。

2. 突发事件与风险

词典对"风险"的界定是"可能发生的危险",或"遭受损失、伤害、不利或毁灭的可能性"。风险管理的经典著作《风险管理与保险》(*Risk Management and Insurance*)将"风险"定义为:特定情况下那些可能发生的结果的差异性。目前,学术界对风险的内涵还没有统一的定义。由于对风险的理解和认识程度不同,或对风险研究的角度不同,不同的学者对风险的概念有着不同的解释。

突发事件与风险的联系主要包括:风险包含了许多可能出现的结果,风险事件是指包含有消极结果部分的事件。也就是说,风险事件一定是会带来损失的事件。突发事件和风险事件都具有不确定性。这种不确定性包括:事件的发生不确定;事件发生的时间不确定;事件发生的状况不确定;事件的后果及其严重程度不确定。突发事件和风险事件可以说是事物发展过程中的两个阶段。当风险的"预期损害性"变为现实,即造成事实上的损害时,风险事件便在向突发事件靠拢。

风险事件与突发事件除了联系以外,还有区别。风险事件包含一些已知的、可预测的因素,可以通过纯数学模式进行量化。这就表明,风险事件可以通过一定方式或手段进行分解甚至化解为零。如果风险事件量的积累达不到突发事件发生所需的质的转化,则相对于突发事件而言,风险为零。

人们对突发事件的反应和对风险事件的反应是不一样的。在现实生活中,当人们听到突发事件时,会做出强烈的反应,如表现出紧张的神态或极大的关注,也就是说,突发事件是令人难以接受的。而当人们听到风险事件时,会不以为然,所以相对来说,风险事件是可以接受的。突发事件一般是事物质变的结果,而风险事件可以是事物量变过程中造成的损失。当风险事件的"可能性"变为现实后,即比预期更为恶劣的因素积累达到质变时,突发事件就可能随时发生。风险事件更多的是与人或社会的因素相关联,而突发事件既包括社会性事件,也包括由纯自然原因而引发的事件。

3. 突发事件与事故

"事故"在英文中对应的词是"accident",意思是未曾预料、不希望发生的意外事件、偶然事件、机会事件或附带事件。

"事故"是指意外的变故或灾祸,如韩愈《上张仆射书》曰:"非有疾病事故,辄不外出。"《辞海》的解释是:现在,事故一般指工程建设、生产活动与交通运输中发生的意外损害或破坏。有的事故是由于自然灾害或其他原因为当前人们所不能全部预防的;有的事故是由于设计、管理、施工或操作时的过失所引起的,后者称为责任事故。这些事故可以造成物质上的损失或人身的伤害。《现代汉语词典》对"事故"的解释是:意外的损失或灾祸(多指在生产、工作上发生的),如工伤事故,责任事故。

事故与生产活动密切相关,事故产生的必备条件是事故隐患,由此就衍生出了事故的四大特性,即潜在性、因果性、条件性和偶然性。潜在性是指事故隐患在发展之初的孕育阶段,存在的方式一般为隐匿的、潜在的,随着生产的每个过程随机变化,事故逐步向显性发展;因果性是指所有事故的发生都是由于存在多种事故因素相互作用的结果;条件性是指事故隐患的产生、存在和发展以及转化为事故需要一定的条件,而且都要经过一个过程;偶然性是指事故隐患发展成为事故,是一个偶然的随机事件。

突发事件与事故的联系是:突发事件和事故都是具有负面影响的事件,都会给社会、组织或个人带来人员伤亡、财产损失或精神上的伤害。人们都不希望突发事件和事故发生。两者的发生或出现从表面上看具有偶然性,但是在其背后都具有必然性的因素,从这个意义上说,两者都是难以避免的。

突发事件与事故除了联系以外,还有区别。在现实生活中,出现得比较频繁的事故有交通事故、生产事故、爆炸事故等。可见,事故一般和人们的生产、生活联系紧密。相比之下,突发事件的外延就宽多了,它除了发生在人们的生产、生活之中,还涉及政治、经济、文化、军事、外交等诸多领域。

事故一般是由确定的现象转化而来,如由于决策失误、管理不善、工作粗心等人为因素而诱发的原本不该发生的事情。而突发事件更多的是来源于某些在世界范围内还未曾发生或已发生的不确定性现象,如全球范围内的禽流感流行事件、中国的SARS 事件;或是来源于某些经常发生的、其发生的地点和时间带有一定偶然性的随机现象,如森林火灾、恶性交通事故等。

相对来说,事故更有预见、预防性,因为事故的发生是有条件的,总是和没有遵守有关的规范、规则、制度联系在一起。例如,交通事故的发生大多是由交通违章造成的,生产事故的发生是因为没有遵守安全生产制度。而造成突发事件的原因则比较复杂,有自然因素和人为因素,也有自然和人为的交互性因素,如地质因素、气候因素、政治因素、经济因素、民族矛盾因素、宗教信仰因素等。原因的复杂性决定了突发事件在预见、预防上的难度。

4. 突发事件与灾难

《现代汉语词典》将"灾难"界定为:天灾人祸所造成的严重损害和痛苦。广义地说,凡危害人类生命财产和生存安全的各类事件通称为灾难。从历史上可以看出,灾难产生的原因主要有两个方面:自然变异、人为影响。因而,人们常把以自然变异为主而产生并表现为自然状态的灾难称为自然灾难,如干旱、洪涝、地震;把以人为影响为主而产生并表现为人为状态的灾难称为人为灾难,如安全事故、交通事故。从事物的本质来看,可以认为自然灾难是指自然界物质运动变化、能量积聚转换的一种激烈形式,是自然界物质、能量变化的极端形态。而人为灾难则一般是指决策失误、操作失误、管理不当对自然界生态平衡或人类生活环境的破坏等。

灾难主要是从事件产生的后果来说的,它不一定是短时间爆发的;而突发事件更强调事情发生的时间很突然,后果比较严重。从这个意义上说,灾难不一定是突发事件,突发事件也不一定会成为灾难。但是,两者都会给社会带来一定程度的损失。

5. 突发事件与紧急事件

"紧急事件"在英文中对应的词是"emergencies",意思是必须立即采取行动、不容许拖延的事件;或者说,是一个突如其来的、不可预见的紧急关头或困境,它要求立即采取行动以免造成灾难。从这个角度而言,所有的突发事件都是紧急事件,因为所有的突发事件都需要立即处理,容不得拖延,否则会造成更大的损失。

但是,并不是所有的紧急事件都是突发事件。紧急事件只是处理时间很紧急,但不一定是负面事件。紧急事件发生时,不一定已经造成严重的损失;只是如果处理不及时,或处理不好的话,才会造成严重损失。

6. 突发事件与冲突

"冲突"在英文中对应的词是"conflict",意思是对立的、互不相容的力量或性质(如观念、利益、意志)的互相干扰。《现代汉语词典》对"冲突"的解释是:因矛盾表面化而发生的激烈斗争,如武装冲突、言语冲突。《辞海》对"冲突"一词的解释有三种:急奔,猛闯;抵触,争执,争斗;文艺用语,即现实生活里人们由于立场观点、思想感情、要求或愿望等的不同而产生的矛盾冲突在文艺作品中的反映。

冲突在现实世界中普遍存在。典型的冲突当属军事冲突,包括热战和冷战。当然还有政治冲突、经济冲突、文化冲突以及宗教冲突、种族冲突、民族冲突等。冲突的参与者必定有矛盾或分歧。这些矛盾或分歧也许是客观存在的,也许存在于人们的主观意识之中,经常表现在观点、利益、要求、需要、欲望、意志、文化、价值观、宗教信仰等方面。

突发事件和冲突的联系是:首先,两者都是双刃剑,都具有两面性,有消极影响,也有积极作用。冲突造成的破坏性影响是显而易见的。由于政治、经济利益的驱使,社会上人与人、不同利益集团之间的矛盾冲突,特别是非正义的战争,会对人类造成精神和肉体上的伤害。但另一方面,也应该看到,正是各种冲突推动着人类社会由低级向高级发展,推动着社会制度的不断演变。冲突还有利于促进联合、增强群体内部的内聚力。与此相似,突发事件除了负面影响以外,也具有一定的积极作用。如,2003 年 SARS 事件提高了中国政府的公信力和香港居民的团结指数;2008 年的四川汶川地震提高了中华民族的凝聚力。其次,突发事件和冲突一样,都是社会发展不可避免的产物。当今社会处在一个变化莫测的动态环境中,充满着矛盾、机遇和挑战。个人、组织、团体、民族和国家要生存和发展,必然要发生各种各样的关系,其间必然伴随着各种冲突和突发事件。

突发事件和冲突除了联系以外,还有区别。冲突归根到底是一种人的行为。因此,可以从人的行为动因上归结出冲突发生的原因。人的行为是在人格因素和环境因素的相互影响下发生的,正由于有上述两种因素的存在,人们在形成对他人或其他组织看法的过程中容易产生偏差,很难达到一致。看法一旦形成,就难以轻易改变。当两个群体的立场相互抵触时,冲突很容易发生。而突发事件除了人为因素以外,还有非人为因素,如病毒爆发、海啸、地震等。从这个角度看,冲突的外延要小于突发事件。

7．突发事件的内涵

综上所述，突发事件是指发生突然，可能造成严重社会危害，需要采取应急处置措施的紧急事件。在我国，《中华人民共和国突发事件应对法》将"突发事件"界定为：突然发生，造成或者可能造成严重社会危害，需要采取应急措施予以应对的自然灾害、事故灾难、公共卫生事件和社会安全事件。

突发事件有 4 个方面的含义：

事件的突发性——事件发生突然，难以预料。

事件的严重性——事件造成或者可能造成严重社会危害。

事件的紧急性——事件需要采取应急措施予以应对，否则将出现严重后果。

事件的类别性——我国把各种突发事件划分为自然灾害、事故灾难、公共卫生事件和社会安全事件四类，从而有利于事件的分类管理。

四、突发事件的特征

突发事件涉及的类型众多，每类突发事件都具有一定的特性。但整体来看，突发事件具有以下共同特征。

1．突发性

突发是相对于非突发而言的。绝大多数突发事件是在人们缺乏充分准备的情况下发生的，使人们的正常生活受到影响，使社会的有序发展受到干扰。由于事发突然，首先，人们在心理上没有做好充分的思想准备，会产生烦躁、不安、恐惧等情绪；其次，社会在资源上没有做好充分的保障准备，需要临时调集各类应急资源；再次，管理者在措施上没有做好充分的设计准备，必须针对具体情况制定处置措施。虽然有些突发事件存在着发生征兆和预警的可能，但由于真实发生的时间和地点难以准确预见，同样具有突发性。

2．不确定性

突发事件具有高度的不确定性。一方面，发生状态具有不确定性。突发事件在什么时间、什么地点、以何种形式和规模爆发通常是无法提前预知的。有些自然灾害通过科技手段和经验知识，能够减少某些不确定因素，但是依然很难确定是哪些不确定因素造成的结果。如果突发事件没有不确定因素，也就不属于突发事件，这样的事件可预先做好充分的准备工作，用通常的办法去应对。另一方面，事态变化具有不确定性。突发事件发生之后，由于信息不全和时间紧迫，绝大多数情况的决策属于非程序化决策。另外，相关人员与公众对形势的判断和具体的行动以及媒体的新闻报道，都会对事态的发展造成影响。许多不确定因素在随时发生变化，事态的发展也会随之出现变化。

3．破坏性

突发事件的破坏性来自多个方面：对公众生命构成威胁、对公共财产造成损失、对各种环境产生破坏、对社会秩序造成紊乱和对公众心理制造障碍。在危害发生后，由于人们缺乏各方面的充分准备,难免出现人员伤亡和财产损失,造成对自然环境、生态环境、生活环境和社会环境的破坏,打乱社会秩序的正常运行节奏,引发公众的不安、烦躁和恐慌情绪。有些破坏是暂时性的,会随着突发事件处置的结束逐步消除;而有些破坏产生的影响则是长期的,少则几年,多则几十年,甚至达到百年、数百年。如果对突发事件的处置不当或不及时,可能还会带来经济危机、社会危机和政治危机,造成难以预计的不良后果。

4. 衍生性

衍生性是指由原生突发事件的产生而导致其他类型突发事件的发生。突发事件的衍生性有两种情况:一种情况是衍生突发事件的危害程度、影响范围低于原生突发事件,社会的主要力量和精力集中于原生突发事件的处置,应急活动的主要对象不会发生改变;另一种情况是衍生突发事件的危害程度、影响范围高于原生突发事件,从本质上讲,问题的主要矛盾已发生了转移,应急活动的主要对象已产生了变化,需要重新调整社会力量和精力,解决面临的主要问题。出现衍生突发事件危害程度高于原生突发事件时,只有少数情况是难以避免的,多数情况是由于处置时对问题考虑不周和控制失误所导致的。

5. 扩散性

随着社会的进步和现代交通与通信技术的发展,地区、地域和全球一体化的进程在不断加快,相互之间的依赖性更为突出,这使得突发事件造成的影响不再仅仅局限于发生地,还会通过内在联系引发跨地区的扩散和传播,波及其他地域,形成更为广泛的影响;而且,有些突发事件本身带有一定的国际性色彩,其产生的背后有某些国际势力的支持,自然会出现联动效应,如恐怖事件、社会骚乱,这些都会给突发事件的应对带来更大的难度。

6. 社会性

社会性是指突发事件会对社会系统的基本价值观和行为准则构架产生影响,其影响涉及的主体是公众。在突发事件的应对过程中,整个社会会重新审视以往的群体价值观念,通过认识和思考,重新调整社会系统的行为准则和生活方式,重新塑造自身的基本价值观。

7. 周期性

突发事件类型多种多样,但都具有基本相同的生存过程,都要经历潜伏期、爆发期、影响期和结束期四个阶段的演变,这也就是突发事件的生命周期。

第二节　应急管理的发展趋势

一、应急管理专业化

应急管理的专业化是实现一体化、规范化和科学化的重要保证,即整个应急管理体制具有一套一体化的体系结构、规范化的运作方式和科学化的决策支持保障体系。同时,应急管理在应急状态下具有法定的特别权限,可以摒除外部干涉、控制并实施自己的职能,实现应急管理的自治和垄断,具有无可替代性。应急管理的专业化是应急管理发展的必然趋势。从应急管理的主体来看,如果没有专门化、专业化的应急管理组织和力量体系,是不能全面、有效地进行应急管理的。从应急管理的对象来看,突发事件的突发性、多样性、复杂性呼唤专业化的应急管理,这也是近几年应急管理实践的新认识。

从国内外应急管理体系建设的情况看,未来应急管理的专业化发展趋势,主要表现在以下五个方面。

1. 应急管理机构的体系化

在政府、部门和公共组织中,建立专门的应急管理机构并形成一体化的网络组织体系,依法赋予其特定的职能和特定的运作方式。

2. 应急管理模式的一体化

我国应急管理模式属于以单项灾种为主的原因型管理,即按突发事件类型分别由对应的行政部门负责,这种管理模式容易出现交叉、难以协调的情况,并造成机构重置、资源浪费。近几年,我国应对特别重大突发事件的实践正推动应急管理从单项防灾向综合防灾的一体化应急管理模式发展。

3. 应急救援队伍的专业化

针对不同的突发事件,建设装备精良、训练有素、技术娴熟的专业队伍和一专多能的综合应急救援队伍。

4. 应急管理行为的规范化

在应急管理实践中,人们逐渐认识到:规范化、制度化、法定化的行为程序是实施科学高效的应急管理的必要条件。

5. 应急管理法律法规政策的专门化、体系化

随着应急管理全方位的发展和突发事件呈现多样、复杂的特点,建立健全覆盖各个领域、有针对性的法律法规体系和应急管理政策体系,对于提高应急管理的效率、增强应急管理的效果尤为重要。这也正是目前应急管理规范化的发展趋势之一。

二、应急管理一体化

和平与发展仍然是新世纪国际关系的潮流和主题。在这种国际形势下,如何利用战时资源,实行平战结合,将国防资源整合到应急管理之中,做到"平时应急、战时应战",实现应急与应战一体化,是当今世界各国充分利用国家资源的必然选择。

1. 应急管理中平战结合的含义

① 在经济建设与社会发展中,政府将常态管理与非常态管理两者统一、协调起来,本着"预防为主"的原则,争取在常态管理中使潜在的突发事件消弭于无形或者为成功地应对、处置突发事件奠定良好的基础。简言之,就是实现常态与非常态的一

体化。

② 政府从系统的观点出发,既考虑战时紧急状态的需求,也考虑非战时应急状态的需求,实现应急与应战一体化,以便在战时与非战时状态下都能够迅速整合各种可动员的资源,确保国家安全与公共安全,简言之,就是实现应急与应战一体化。

实现应急与应战的统一,可以使国家整合军事及民用资源,避免机构的重复设置。在国家面临外来侵略时,可以调动全民族的力量,打一场人民战争,赢得军事斗争的胜利;在突发事件来临时,可以有效地调动军事力量,进行有效的应对和处置。

2. 应急管理中平战结合的表现

① 军事工业具有很大的转产能力和生产规模收缩能力,既能生产军用产品,也能生产民用产品,具有能军能民、亦军亦民的特点;既能在战时扩大军用产品的生产,也能在平时实现军品生产向民品生产的转变,表现出一定的弹性。

平战结合历来是我国国防科技工业建设和发展所遵循的一个重要原则。新中国成立之初,我国就提出了"军民结合,平战结合,军品为主,以民养军"的16字方针,要求国防生产要兼顾军民两用,力争能军能民;1982年,根据国际战略格局的演变和我国的具体国情,进一步提出了国防工业发展的新16字方针,即"军民结合,平战结合,军品优先,以民养军"。至今,"平战结合"的原则仍然指导着我国国防科技工业的实践。

在应急管理中,军事工业可以为预防与处置突发事件提供有力的高技术支撑。

② 军事人力、物资、设施等在平时服务于国家的经济、社会发展需求,在战时成为克敌制胜的保障,如开放军用机场、码头,投入武装力量参与抢险救灾等。在和平时期,为了维护国家安全,维持军队的正常运转,需要一定的军费开支。如果军事人力、物资、设施等能够为国家的经济建设和社会发展贡献力量,就能减少国家对这些方面的投入,节省国力。所以,"军转民用"成为当今世界主要国家通行的做法。

在应急管理中,"平战结合"就是调度军事人力、物资、设施等国防资源,应对和处置突发事件。

③ 为应对战争而建立的国防动员体系具有服务于突发事件应急管理的潜力。战争的爆发将导致国防需求的急剧膨胀,而战争的结束又会造成国防需求的突然回落。为此,一个国家的经济需要能够在战争来临时迅速地由平时状态转入战时状态,否则,国家安全就会受到威胁;同时,一个国家的经济在战争结束后也需要能够尽快地由战时状态转入平时状态,否则,国家的经济建设就会受到影响。因此,国家需要兼顾国防建设与经济建设,建立高效的国防动员体系,寓国防建设于国家整体的经济发展中,实现平时与战时的有机衔接。

三、应急管理国际合作

国际合作是应急管理全球化的表现,即整合国内力量与国际力量以应对特别重大突发事件。从某种意义上说,国际社会是一种无序状态,因此,应急管理的国际合

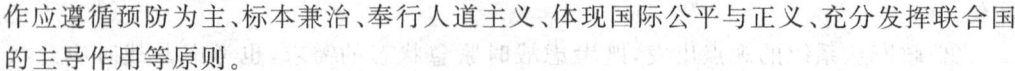

作应遵循预防为主、标本兼治、奉行人道主义、体现国际公平与正义、充分发挥联合国的主导作用等原则。

应急管理的国际合作从层次和范围来看,可分为全球合作、区域合作、双边合作;从合作主体的情况来看,可分为政府合作、企业合作、非政府组织合作。

1. 政府合作

政府合作的形式可能是国家与国家之间的双边合作;国家参与地区或国际合作等。比如,我国政府积极推动上海合作组织国家签署《上海合作组织成员国政府间救灾互助协定》,通过《上海合作组织成员国救灾合作行动方案》。

2. 企业合作

在应对重大突发事件的过程中,一个国家可以与其他国家的救援公司合作。在国外,紧急救援已经成为一个仅次于银行、邮电、保险业的重要服务性产业,是政府救援的有益和必要的补充。如美国、法国等西方发达国家,都设立了国际紧急救助中心并在其他国家和地区建立了分支机构。一国政府可以按照商业化模式,调用国外的紧急救援公司。

3. 非政府组织合作

在应急管理的国际合作中,可以借助规模不断壮大的非政府组织的力量。非政府组织可以提供以下几种资源:① 信息资源。非政府组织可以收集信息,准确提供灾害损失和援助需求情况。② 救援力量资源。非政府组织可以在短时间内调集具有各种技能的救援人员。③ 资金资源。非政府组织具有很强的筹资能力,能够迅速地在国内外筹措资金。非政府组织一方面具有国际组织的特征,拥有遍及全球的网络,可以与地方政府结成应急伙伴关系;另一方面又具有组织结构分散化、反应灵活、处置效率很高的特点,且具有独立、中立、人道主义色彩,在一些特别重大突发事件的谈判中发挥着独特的作用。更主要的是,它们的成员接受了正规的培训,实践经验丰富,敬业精神强,可以从事从灾害救助到灾后恢复重建等各种工作。

四、我国应急管理体系现状

我国正处于经济转轨、社会转型的特殊历史时期,由于利益分配格局的调整,各类刑事犯罪、治安事件、民事行政纠纷、群体性事件呈持续高发之势。另外,由于自然环境遭到非理性的过度开发和利用,导致自然灾害频繁发生。如何处理好各种矛盾及可能面对的突发性事件,是对政府能力的严峻考验。为此,我国政府应急管理部门在面对和处理频繁发生的、人为和自然的突发公共事件过程中,逐渐形成了相对有效的应急管理体系。

(一) 政府应急管理现状

由于我国政府应急管理起步较晚,加之在某些方面技术水平不足,我国的政府应急管理体系尚未完善。

1. 政府应急管理体系层面

目前,我国的应急管理机制基本上还是以职能部门为基本单位分别展开的。应急管理在本部门、本系统内部基本上可以做到畅通无阻,但是政府应急管理通常不是政府一个部门就能有效完成的,在很多情况下危机的处理要涉及多个政府部门甚至整个社会。危机事件越复杂,涉及的部门越多,协调难度将越大,越需要有一个有效的部门协调机制。而目前,我国尚没有常设性的应急管理综合协调部门,政府各职能部门之间也没有形成权责明晰的应急协调机制,上下级政府之间在应对危机时缺乏有效的协调、合作。

此外,制度建设相对滞后。只有将应急管理置于国家宪法和法律的保护之下,才能从根本上保障其顺利实施。目前,我国应急管理法制化建设仍呈现相对滞后的现象。为应对2003年的SARS,国务院迅速出台了《突发公共卫生事件应急条例》,从根本上改变了以往只由卫生系统一家单独处理卫生突发事件,行动迟缓、手段缺乏的弱点,把突发性公共卫生事件的报告和处置都纳入了法制化的轨道。在SARS爆发之前,我国尚没有关于应对突发性公共卫生事件的法律条例,这明显地说明了我国在应急管理制度方面的不足。

2. 技术手段、科学研究和人员培训工作正在起步阶段

在我国目前的应急管理中,还大量存在着从自己的经验出发、拍脑袋等情况,各种信息技术、人工智能技术以及运筹学等决策技术和方法很少得到使用。应急管理所需的案例库和灾害数据的建设也相对不足;为决策服务的智囊团建设也相对滞后,不仅数量少,而且水平不高。但由于我国政府的高度重视,近些年来我国也取得了一定的进步。同时,由于我国在当前应急管理中暴露出了人员素质不高、制度缺乏保障、信息传递不畅等诸多缺陷,我国政府和学术界开始重视对应急管理的研究。尽管作为一门新学科,政府应急管理才刚刚起步,但是由于形势的发展和政府的高度重视,应急管理的科学研究与人员培训发展得非常迅速。

3. 社会团体力量及国际合作方面有所进步

从国内公民(包括个人与集体)的参与度来看,我国的民间组织在近些年来蓬勃发展,但是由于在资金、技术等方面缺乏有力的支持,往往起不到预期的作用。除了红十字会和慈善总会这样的老牌组织外,我国的民间组织很少与国际上众多的专业组织和国际志愿者接轨,在应急管理过程中不能很好地配合政府,发挥其应有的作用。就公民个人的参与度而言,公民的危机意识往往比较淡薄,自发组织和行动起来防范危机、应对危机以及灾后恢复和重建的主动性和积极性相对不足。2008年汶川地震,13位唐山农民志愿者出现在北川参与抗震救灾,社会各界及组织都纷纷捐款支持他们的救助工作,这充分表现了中国人的凝聚力,说明了我国公民及民间组织的社会参与度也在不断地提高。

从国际上来看,随着全球化步伐的加快,我国政府也在逐渐转变观念,扩大对外合作,从被动到主动地开展国际合作,对于迅速、高效地处理突发事件起到了很大的作用。2008年的汶川地震,中国得到了俄罗斯等许多国家的物质援助、技术合作等,充分证明了这一点。

(二)我国政府应急管理对策

在复杂的国际形势下,如何应对危机、化解危机,是一个国家政府能力的重要体现。通过对政府应急管理的现状分析,可从以下三个层面解决我国政府在应急管理方面的不足。

1. 体系建设层面

首先,国家应通过立法赋予各级应急管理部门明确的职责和权限,使法律精细化。创建有中国特色的应急管理法律法规体系,使应急管理部门有法可依,也使其在协调各种参与危机治理力量的关系时更具有可操作性,从而保证应急管理在法制化的轨道上顺利运行。其次,积极构建全国统一的应急管理部门。政府应根据当前实际和政府机构改革的要求,构建国家、省、市、县四级应急管理机构,使之具有跨部门、统一的应急管理综合协调的权力和职能,能够主持和处理不同级次的应急管理工作,便于在出现大型危机时的应急联动、相互协调,从而形成条块结合,以块为主的管理机制。四级应急管理机构的构建使政府能将常态管理与应急管理相结合,更好地从类别管理、部门管理转向全面整合的应急管理,不断提高各级政府全面应对突发事件的联动能力和快速反应能力。最后,应注重应急管理机制研究,从理论和实践层面加以完善。一个成功的应急管理机制应包括科学的信息收集机制、分析决策机制、组织实施机制、反馈调整机制、奖惩评估机制、协调机制、善后机制以及监控机制等。在政府应急管理机制方面,中国起步较晚,可以引进西方先进的管理机制,做好应急管理的预警机制,从而降低风险;同时,建立健全集中领导、统一指挥、反应灵敏、运转高效的工作机制。

2. 技术建设层面

注重技术开发与科普知识的宣传。我国应加强政府科技创新体系的构建,形成以政府为主导,以参与技术发展和扩散的企业为主体,有大学和科研机构参加,并有中介服务组织广泛介入的一个相互作用的创新网络系统。因此,有必要尽快在全国范围内集合应急管理相关方面的专家学者,进行联合研讨与交流,凝聚共识,加快我国应急管理科技创新体系的建设。同时,提高政府应急管理人员素质、增强民众防灾减灾意识,从以下三个方面努力,做好科普工作:

首先,面对突发的危机事件,各级官员不仅应该积极应对,更重要的是要知道如何应对。政府应在全国范围内对中央和地方的相关应急部门的人员进行应急管理的培训,同时对一线的医务人员进行培训,以提高其在危机面前的抗风险能力。其次,应该加快宣传全社会的防灾减灾知识。实践证明,社会公众拥有一定的防灾减灾知识,将有助于提高全社会检测和应对自然灾害、事故灾难的能力,最大限度地减少人民群众的生命财产损失。因此,今后有必要在全社会范围内加快普及关于自然灾害预防、避险、自救、互救等知识,全面提高全社会风险防范意识、灾害救助能力。最后,还应建设一批社会化与专业化相结合的应急救援队伍,并加强应急救援队伍的人才资源和专业技能。

3. 社会团体及国际合作层面

民间组织的力量已成为不容忽视的社会力量。大力发展民间社会组织,使其在政府的引导下,在各级应急机构组织下,紧急响应、自愿组织、积极投入救灾之中。这类组织规模不大、功能各异、分布广、机制灵活、反应敏捷,正可弥补政府应对危机抓大放小的不足。在汶川抗震救灾中,就有许多来自社会团体的志愿者开展心理辅导、伤员医护、寻找受灾者亲人的活动,使受灾群众的危难困苦得到及时的救助和缓解。同时,加强公民参与的制度化建设,以法律的形式对危机治理中公民参与的内容、方式、途径做出明确规定,使公民参与制度化、规范化。这有助于树立公民高度的主人翁责任意识,提高民众的爱国热情,增强民族的凝聚力,更有利于实现政府、社会力量对公共事务的共治,降低政府应急治理的成本。

从国际上看,发达国家的应急管理工作起步早,有较为成熟的经验。所以,我国有必要加强与发达国家在防灾减灾信息管理、宣传教育和专业培训、科技研发和国际人道主义等层面的国际交流合作,以便借鉴国外的经验教训,为我所用。

第三节　我国应急管理体制存在的问题

我国应急管理还处于发展初期,从应急预案建设到体制、机制、法制建设和能力建设,还存在不健全、不完善、不完备、不整合的问题,提高应急管理的综合能力任重道远。

一、政府内部部门分割、条块分治

1. 部门分割

从组织管理看,应急管理存在部门化倾向。各应急管理专业部门的垂直管理较为成熟;但部门之间的职责分工并不确定,职责交叉和管理脱节现象并存,灾害应对协同性较差。例如,对突发公共卫生事件的应急处理,卫生、交通、通信、信息、物资供应等部门和地方政府都有各自的应急管理职能,但如何统一行动、协同运作,却没有明确的规定。各部门往往只知道本部门职责,在灾害应对中不知道如何协调。有些部门之间的职责交叉现象依然存在,一旦灾害事故发生,容易出现相互推诿、扯皮现象,导致错过了应急管理的最佳时机,使小灾演变成中灾,甚至是大灾、巨灾。

从应急管理过程看,依然缺乏统一的协调机构。虽然很多地方政府现在都建立了"应急管理办公室",作为应急管理的日常办事机构,但它通常与政府值班室两块牌子一套人马,尽管其"职责规定"上写明了"承担应急管理的日常工作,履行值守应急、信息汇总和综合协调职能,发挥运转枢纽作用",但在日常运作中,却与原来的值班室没有明显区别,不能很好地发挥应急管理办公室的作用,一旦发生特大灾害,则显得无能为力。有些地方的应急管理办公室主任则由政府办公室主任兼任,这样一来,其工作重心容易偏向政府办公室,而忽视应急管理办公室工作职能的发挥。

2. 条块分治

我国现行应急管理较多地延续了计划经济体制下形成的分灾种行业垂直管理模式,"条"与"块"之间的关系不是特别清晰。政府应急管理职责的划分、条块部门的衔接配合等方面,还缺乏统一明确的界定,尚未完全形成职责明确、规范有序的应急管理体制。由于条块应急管理职责划分不清,在突发公共事件应急管理过程中容易出现条块衔接配合不够,管理脱节,协调困难等问题。属于"条"管理的单位,"块"不干预,反之亦然。中央所属的企业在地方发生了重大事故,容易出现信息只向上汇报,没有及时向所在地政府通报,地方政府无法及时介入应急工作的情况;即便地方政府得到信息通报并介入后,仍会出现央属企业与当地政府及有关部门在行动上协同性较差等问题,不能及时、有效应对危机。另一方面,地方发生突发事件,需要"条"、"块"单位配合时,应急动员相对比较费时,容易延误时机。

二、美国应急管理模式

美国经济发达,国土面积辽阔,经常面临各种自然灾害和人为事故的威胁。美国政府对突发公共事件的应急管理历史较长,因此积累了丰富的应急管理经验。特别是"9·11"事件后,美国政府对本国的突发事件应急管理进行了自我检讨并进一步加强,形成了目前世界上比较完善的应急管理体系。其主要特点主要体现在如下几个方面。

1. 具有坚实的法律基础

美国应急法制的宪政基础包括:宪法中关于宣布紧急状态的权力分配、紧急状态下的公民权利、戒严法的宣布以及国会对行政机关的授权等。目前,美国应急法制体系主要包括基本反应体系、应急法制的主要立法、重要的危机反应机构及其职权等。针对特定类型突发事件的各种单行法有:防洪方面的《洪水保险改革法》,地震救援方面的《地震灾害减轻法》,反恐方面的《国土安全法》等。此外,美国州和地方还制定了有关紧急状态的地方性法律法规,还有直接规范应急处置的应急预案和计划。

2. 建立了比较健全的突发事件管理组织体系

经过多年的改进和完善,美国逐渐形成了以总统为核心,以国土安全委员会和国家安全委员会为决策中枢,由隶属于国土安全部的美国联邦应急管理署(FEMA)全权负责,多部委协同合作的应急管理组织结构,并在纵向上建立起了一个由联邦、州和地方(郡、市、社区)三个层次共同构成的、职责分工明确、协调配合有力的应急管理组织体系。每一个层次的管理机构都有一个在非常时期具有相当职权的运行部门——应急运行调度中心,负责统一指挥,综合协调。

另外,在应急管理工作中,美国特别注重发挥红十字会、救世军等慈善性非政府组织的作用,充分调动和广泛吸纳私人组织和社会公众的人力资源,通过捐款捐物、赶赴灾害现场参与救援、开展防灾减灾宣传教育等方式,积极引导大众参与应急管理工作。

3. 突发公共事件应急管理机制完善

当前美国应急管理运行模式的基本特点是:"统一管理、属地为主、分级响应、标准运行。"

"统一管理"是指各级政府相关应急部门负责宣传、演练、保障等日常的相关工作,并在危机发生后,对应急处置集中整合协调。

"属地为主"是指当突发事件发生后,应急行动的指挥权通常属于当地政府,仅在地方政府提出援助请求时,上级政府才调用相应资源予以增援,但并不接替当地政府对这些资源的处置和指挥权限。

"分级响应"是指主要依据事件的性质和公众的重视度,在同一级政府的应急响应中,采取不同的响应级别。

"标准运行"是指应急处置的全过程都要按照标准化的执行流程进行,与应急处置相关的各方面工作,也要采取所有人都熟悉及合理的标准,以便最大限度降低损失,提高指挥系统效率。

4. 应急处置物资和信息系统支撑强大

美国建立了应急物资和医药用品储备系统,以保证在应对紧急突发事件时,办公室能够迅速对灾害情况及物资储备需求做出评估,保证第一时间提供物资和医药用品救助。为提高应急管理的信息流转速度,美国联邦应急管理署通过实施"电子化"战略,利用信息技术在电子政务框架下构建信息技术基础设施。美国建立了应急信息系统层次模型,包括国家应急管理信息系统(NEMIS)、联邦政府应急管理信息系统(FEMIS)和计算机辅助应急执行管理系统(CAMEO)。此外,美国还建立了其他许多基于地理信息系统(GIS)的应急信息管理系统,实现了从联邦政府到各个突发事件发生地的地方政府之间各级信息系统的互通,给突发公共事件应急管理的决策过程提供了技术支持。

三、日本应急管理模式

日本位于地震和火山活动比较活跃的环太平洋火山地震带上,经常受到地震、火山喷发、台风、海啸的侵袭,是世界上自然灾害最频发的国家之一。自20世纪50年代以来,日本的应急管理体系逐渐经历了一个从单项灾害防灾减灾,到综合灾害管理,最后到全面应急管理的发展过程。因此,日本现在的应急管理体系,是在过去比较发达的防灾减灾管理体系上建立和发展的,主要有以下5个方面的特点。

1. 突发事件管理组织体系完善

在应对各种突发事件的过程中,日本已形成了以首相为核心的全政府式危机管理组织体制,包括首相召集的中央防灾会议与安全保障会议以及负责协调与实施具体措施的内阁官房,对首相负责。在纵向上,日本实行中央、都(道、府、县)、市(町、村)三级防灾减灾的组织管理体制,建立了横向和纵向的强化协调以及各省、厅分工合作的应急管理机制。

2. 法律法规体系完备

日本的防灾减灾和应急管理工作特别注重法制化和规范化建设,通过制定法律制度,明确政府、公共机构、企业、民众等相关主体在防灾减灾和应急管理中的职责和任务。1880 年,日本颁布了国家《备荒储备法》,形成了以《灾害对策基本法》为基础的法律体系。

3. 跨区域跨部门合作

日本的突发事件基本在局部地区爆发,发生频率较高且影响较大,负责本行政区域的地方政府往往无法独立应对。因此,日本采取地域政府间缔结互助条约的方式来更有效地预防和处理紧急事态。这种从中央到地方的跨区域跨部门的协作机制,可以疏导和重组中心地区的功能,扩大调整的空间幅度,赋予广域地区发展机会,从而可以在突发事件中发挥各自的地理、物资、人员等方面优势,在最短的时间内集中所有资源处理突发事件,最大限度降低受灾损害。

4. 发挥各类组织主体能动作用

在应急管理方面,日本的独立法人、私有企业和非政府组织也发挥着巨大的作用。根据规定,都道府县和市町村都必须制订地域性的危机管理计划,相关的省厅或公共机关要以地域应急管理计划为基准要求设定相应的事业应急管理计划。同时,日本还会引导包括政府部门、事业团体、企业、媒体等各方参与,除平时的培训之外,在突发事件发生时会设置专门的志愿者部,实行综合管理。此外,各级地方的国民保护计划中都有相关规定,明确各事业相关者协助政府、承担相应的社会责任。

5. 发达的信息管理与技术支撑系统

日本非常重视应急管理的通信技术,建立起了机构比较完整、功能比较完善的防灾通信网络体系。该体系包括中央政府层面的"中央防灾无线网",以全国消防机构为主的"消防防灾无线网",都道府县、市町村的"防灾行政无线网",在应急工作中实现互联互通的"防灾相互通信无线网",多向的、网络化的信息管理为日本不同组织间的良好沟通协作奠定了基础。

四、俄罗斯应急管理模式

俄罗斯是世界上面积最大的国家,地域跨越欧亚两个大洲,与多个国家接壤,是一个得到国际承认的世界性大国,也是世界第二军事强国。复杂的自然地貌和社会环境,决定了俄罗斯是个自然灾害和人为灾祸频发的国家,它的应急管理模式具有以下特点。

1. 应急管理中枢指挥系统注重强权集中

20 世纪 90 年代初,俄罗斯逐渐形成了以总统为核心,以联邦安全会议为决策中枢，以紧急情况部为综合协调机构，相关权力执行部门分工合作、相互协调的应急管理组织体系，并在俄联邦、区域中心、联邦主体、城市和基层村镇四级设置垂直领导的应急管理机构。俄罗斯的公共危机管理中枢指挥系统主要是由俄罗斯总统和俄联邦安全会议组成。它的最大特色是"大总统"、"大安全"。所谓的"大总统"指的是俄总统不仅是国家元首与军队统帅，还掌握着广泛的行政权与立法权，是应急管理的核心决策主体，负责确定重大的应急管理方案与行动。所谓"大安全"，是指由总统直接领导的俄罗斯联邦安全会议，是一个国家层面的跨部委决策中心，负责统一指挥和协调俄境内各部委、各地区的应急管理行动，是整个国家机制中保障国家安全的核心。

2．具有相当完善的法律体系

俄罗斯的应急管理法律经历了一个从着手准备到发展壮大直到不断趋于成熟的时期。普京执政后着力解决国家面临的各种突发事件，不断完善应急管理的法律。其中，《俄罗斯联邦宪法》是国家安全保障和应急管理工作的核心法律基础，《联邦紧急状态法》又称"小宪法"，是俄罗斯目前影响最大的、应对突发事件的法律，主要包括紧急状态范围、预防和应急措施等内容。2006年，俄罗斯又通过了新的《反恐法》，进一步完善了紧急状态法律体系。在《俄罗斯联邦宪法》和《联邦紧急状态法》的基础上，俄罗斯制定了《联邦战时状态法》、《联邦反恐怖活动法》等100余部配套的联邦法律、法规和大量总统令、政府令。

3．立体应急，全员参与

在联合应急方面，由89个联邦主体组成的俄罗斯联邦共同构筑起应急组织体系——俄罗斯联邦预防和消除紧急情况的统一国家体系（USEPE），该体系承担着日常准备阶段一般性紧急事件的预案处理；负责宣传演练、信息监测等；预警阶段提前准备好药品等应急救援物资；应急阶段启动疏散、搜寻和营救以及提供医疗服务等紧急事务的功能。

五、国外应急管理体系经验与启示

根据发展经济学理论和国际经验，人均国内生产总值在1 000～3 000美元的区间，是突发事件的多发期，在相当长的一段时间内，突发事件愈发普遍与应急管理体系相对薄弱之间的矛盾将越来越突出，很多国家的应急管理面临严峻考验。世界各国政府都在迅速采取行动，寻求对策。随着应急实践的逐步深入，国外应急管理已较为成熟，且各具特色。美国应急管理系统组织比较完善，日本在应对自然灾害方面经验成熟，俄罗斯应对事故灾害和人为事件的方法高效。各国都根据本国的国情和危机现状，结合经济发展水平、政治体制、历史文化背景等因素建立起适合本国现状的应急管理体系，这对我国应急管理体系的建立和有效运行具有重要的启示作用。当前，我国应从增强社会危机意识、完善应急管理法律体系、健全应急管理组织体系、构建应急管理保障体系、加强应急管理队伍建设等几个方面着手，逐步建立健全符合我国现状的应急管理体系。

1. 增强社会整体危机意识

危机意识是有效应对突发事件的基础。针对当前我国危机意识薄弱的现状，我们要不断增强社会整体危机意识，提高整个社会应对突发事件的能力。一是要增强政府的危机意识，提高政府应急管理能力。我国是一个自然灾害、事故灾害等突发事件多发的国家，政府作为突发事件应急管理的责任主体，必须树立危机意识，保持对突发事件的高度敏感性，提高应对各种突发事件的快速反应能力；通过正确评估各种可能面临的风险，建立健全各种应急管理预案，切实做好预防与应急准备，变被动应对为主动防御，确保从容、有效地面对突发事件。二是要提高公民危机意识。社会公众既是突发事件的承受者，也是防范和处置突发事件的重要参与者。因此，进行突发事件应急管理，在强调政府责任、增强政府危机意识的前提下，也要强化公民危机意识的培养。一方面可以通过电视、广播、网络、报纸等多种媒体，对当前易发、多发的突发事件进行详细介绍，逐步树立起公民的危机意识；另一方面可通过学校教育、专业培训、突发事件演练等多种形式开展突发事件应急教育，提高公民防灾救灾应急能力、增长自救互救知识及技能，增强应对突发事件的心理承受能力，使公众在面对突发事件时，能有效应对、积极参与，防止突发事件危害的发生与进一步扩大。

2. 完善应急管理法律体系

应急管理需要依法进行，通过法律手段来应对突发事件是一些发达国家的共同选择，美国、俄罗斯、日本等国家的应急管理都是以完备的法律为基础的。我国从1954 年首次规定戒严制度至今，陆续颁布了一系列应急管理法律、法规，已建立起以《宪法》为根本，《突发事件应对法》为基本法，大量单行法、行政法规、行政规章、应急预案等并存的，从中央到地方的应急管理法律体系，保证了突发事件应对工作的有法可依、有章可循。但是，与发达国家相比，我国应急管理法律体系仍存在着系统性较弱、可操作性不强等缺点，背离了我国依法治国的方略。因此，在今后的工作中，我们要不断完善我国应急管理法律体系，强化应急管理的法律保障。首先，将应急管理法制纳入《宪法》的调整范围，为紧急状态法制化提供宪法依据；增强应急管理法律的法律效力，使政府在突发事件发生时能真正做到有法可依，依法处置。其次，制定《突发事件应对法》的配套规定和实施细则，从而更好地发挥《突发事件应对法》的指导作用；同时修订已出台的法律法规、应急预案等，进一步细化以使其涵盖应急管理过程的各个环节和层面，增强其可操作性，明确面对突发事件时应当采取的处置措施。再次，逐步完善地方应急管理法规体系，各地应充分结合各地的实际情况，尽快制定地方性应急管理法规体系，与国家应急管理法律形成有效衔接，确保法律体系的系统性。

3. 健全应急管理组织体系

在突发事件发生时，健全的应急管理组织体系能快速响应，有效调动各种人、财、物，确保突发事件得到及时有效应对，减少突发事件造成的危害。当前，我国应急管理组织体系不健全，严重制约着我国政府在突发事件处置中应急管理能力的发挥。

因此,我们应充分借鉴国外完善的应急组织体系设置,加强我国应急管理组织体系建设,逐步完善我国的应急管理组织体系,具体可从下述三点着手:一是成立统一的应急管理指挥协调机构。权威的应急管理组织系统是保证统一指挥、果断决策和迅速采取行动的前提,直接关系到应急管理的成败。美国、日本、俄罗斯的应急组织体系设置,都建立了统一的应急管理指挥协调核心机构,如美国的联邦应急管理署、俄罗斯的紧急情况部、日本的内阁官房等,它们是本国政府处理突发事件的"总管家",能够高效地调动资源、快速响应。因此,我国政府要尽早成立具有决策权、指挥权、协调权的统一应急管理中心,不断整合各部门资源,协调各部门行动,充分发挥政府在突发事件应对中的应急管理职能。二是设置地方应急管理反应机构。对应中央政府层级的应急管理机构,各地方政府也要因地制宜,在省、市及县政府一级设置专门性的应急管理常设机构,由地方领导负责,并明确应急管理机构组织成员及职能,通过积极协调民政、水利、公安、卫生、环保、电力等部门之间的关系,共同做好突发事件的日常预防及应对处置工作。三是加强政府组织、非政府组织以及国际组织之间的合作。高效的应急管理不仅仅要有完备的突发事件应对计划和健全的核心机构,还需要强大的社会动员能力,需要志愿者组织、私人机构、国际援助等资源。政府应急管理机构应积极培育应急管理的民间力量,强化与国际应急管理组织的合作,确保在突发事件发生时,能得到多方的力量支持。

4．构建应急管理信息系统

应急管理是一项特殊的管理活动,涉及很多关系的协调和相互配合,保证充足的、可及时获取的人力、物资与信息资源对于应急管理来说极为重要。信息是一种战略资源,高效的应急信息管理必须"确保将最准确的信息在最恰当的时间传递给最合适的决策者"。同时,将权威信息传递给公众,使公众在第一时间了解事件的具体情况及政府所做的努力,能有效稳定社会情绪,防止消极情绪的进一步扩散,从而获得民众的理解和支持,吸引更多的社会公众参与到突发事件应急管理中来,实现政府和民众之间的良性互动。美国、日本、俄罗斯三国都极为重视信息资源的管理和整合。相比之下,我国政府各部门间的信息沟通与共享不足,舆论引导机制尚不健全,已不能满足当前我国应急管理新形势发展的要求。因此,我国必须加强应急信息管理系统建设,依托高科技和先进的管理技术,着力构建全方位、多层次、广覆盖的应急信息通信网络和独立的信息管理中心,汇集和发布全国各地的事故数据,确保突发事件发生时相关部门能迅速地收集信息并做出准确的判断,从而有效地开展应急管理。同时,要建立健全突发事件应急新闻处置机制,通过组织多种形式地新闻发布活动,及时进行舆论引导,"确保权威信息的通畅,使主流声音牢固占领宣传阵地",提高突发事件快速反应能力。

5．加强应急管理队伍建设

应急管理人才队伍是处置突发事件的主要力量,在突发事件的处理过程中,发挥着不可替代的作用。加强应急管理人才队伍建设,提升应急管理人才队伍素质是确保应急管理高效的重要手段。针对当前我国应急管理人才短缺、应急管理人才素质低、结构不合理的现象,首先,要进一步健全应急管理人才队伍体系。根据当前我国应急管理的严峻现实,适当增加以应急风险评估与监测预警、应急救援救助、灾情评估与灾后干预等为重点的应急管理工作岗位;同时,要进一步发展应急管理社会组织,壮大应急管理志愿者规模。其次,要加强应急管理人才能力建设,将应急知识与技能教育纳入国民教育体系,建立高等教育、职业教育与应急管理需求之间的联动机制,加强对各种突发事件的专业设置,扩大应急管理人才培养规模,提升应急管理人才素质;同时,政府应急管理机构应定期对全体公民进行应急管理知识与技能培训,提高公众防灾救灾等基本应急技能。再次,要健全应急管理人才培训体系。当前,突发事件的形态千变万化,应急管理人才队伍如不及时培训,就难以满足新形势下突发事件处置的需要。因此,我们要健全应急管理人才培训体系,针对不同层次的、不同身份的、不同类别的应急管理人才制订合理的培训计划,根据新形势下突发事件的特点,开展有针对性的培训,提高应急管理人员应变突发事件的能力;同时,积极选派应急管理人才到美、日、俄等应急管理发达国家交流,学习他们在应急管理上的成功经验,取长补短。最后,加强应急管理人才队伍结构调整,逐步建立应对突发事件职能与人才配置的互动机制,加强基层应对突发事件职能配置,增加基层应急工作岗位;适当增加突发事件易发地、多发地的人员职位。

第四节　完善政府应急管理的对策与建议

应急管理水平是检验政府行政能力的重要标志,加强应急管理是全面履行政府职能的重要方面,政府必须坚持以人为本,把保障公众健康和生命财产安全作为首要任务。针对我国政府在突发公共事件应急管理中存在的问题,可在借鉴发达国家应对突发事件的经验基础上,结合我国具体国情,从以下三个方面着手提高应急管理水平。

一、完善应急管理保障体系

1. 完善公共危机教育体系,增强危机意识

危机意识是危机预警的心理基础,也是危机预防管理的起点。无论政府、企业还是社会公众,都必须增强危机意识。

首先,要加强政府领导干部的危机意识。政府作为应对突发公共事件的主体,在风险和突发事件问题上,要坚持防患于未然,把突发公共事件预防管理纳入政府长远的战略目标,牢固树立和切实落实科学发展观、正确的政绩观和业绩观,树立公共利益至上的观念,看到预防管理的隐形效益,避免"重治轻防"的问题存在。

其次,要增强经营单位责任人的危机意识。各类生产经营单位要通过培训教育,安全生产监督检查等形式,从根本上强化安全意识,端正经营理念,树立以人为本、安

全发展的理念,坚持"安全第一、预防为主、综合治理"的方针,充分认识到以牺牲员工安全为代价去追求企业经济效益带来的危害。加强应急建设和应急演练,全面提高企业的安全保障能力。

再次,要加强广大人民群众的危机意识。通过宣传教育和培训演习等形式,引导民众掌握基本的防灾知识;做好应急防护知识的普及,定期进行危机培训和演练,提高广大群众的危机防范意识和自救互救技能,增强民众的公共安全意识和社会责任意识,最大限度地处理好不可避免的危机。

2. 加大科学研究和人才培养

当今突发公共事件应急管理的一个重要特点就是技术化、专业化强。随着应急管理的难度越来越大,对专业技术、人才和设施的要求也越来越高。因此,必须重视利用科技手段来提高应对和处置突发事件的能力,加大应急管理资金投入,积极开展应急管理的科学研究和教育培训工作,加强专家队伍建设,培养公共安全科技人才,实现核心技术与重大装备的突破。只有依靠科技,充分发挥专家的决策辅助作用,才能不断提高我国公共安全科技水平,为突发公共事件应急管理提供必要的技术保障。

同时,还应加强应急管理体系人才储备和人员素质提升,建设拥有专业知识、专业技能和专业设备的应急救援队伍,使应急救援工作更加专业化、科学化、规范化。与"人海战术"相比,这种做法既有助于提高效率,有效缩减突发事件的不良影响,又能最大限度地降低应急管理的成本。另外,将专业化人员队伍与社会化人员队伍这两支应急救援队伍结合起来,可以有机地让各方面的人力资源参与到紧急救援中,成为防范和处置突发事件的重要力量,为危机救援提供人力支持。

3. 完善财政保障和物资储备体系

各级政府要加大对突发事件财政保障的投入力度,健全长效规范的应急保障资金拨付和使用制度;积极开辟多元化的应急融资和筹资渠道,利用市场化手段,通过政策优惠,大力发展灾害保险业进入公共风险保障领域,扩大资金来源。各级政府还要积极引导社会捐助资金,吸收来自企业、非政府组织、个人和国际组织的赞助和捐助,拓宽捐助渠道,培育和发展社会各界共同参与的应急管理财力保障机制,减轻政府的财政负担,提高国家应对突发公共事件的能力。

同时,各级政府要建立完善各种应急物资、战略资源储备制度,完善重要应急物资的监管、生产、储备、调动和紧急配送体系,以便在突发事件发生时有效地调动资源。保证处置各类突发事件时所需的重点设备及物资,如医疗救护设备、各类救治药品、日常生活用品等物资的供应,做好应对突发公共事件的后勤保障工作。

4. 完善相关法律体系

健全突发事件应急管理法律体系,使政府的突发公共事件应急管理法制化,是紧急状态的认定、政府的紧急管理权、紧急状态的法律责任等有法可依的法律保证,有利于保障政府突发事件应急管理的正当性和高效性。近几年,我国虽然加快了突发公共事件法制建设的步伐,相继出台了一系列法律法规。但是,在突发事件预防管理方面的法制建设还比较滞后,缺乏统一的、具有总纲性质的突发事件预防法律,对突发事件预防管理中地方政府及其部门的职责,以及公民的权利和义务等也缺乏明确的规定。不仅政府要完善相关法律法规,加大普法宣传教育力度,政府职能部门还要严格管理社会事务,依法履行监管职责,使现有的法律法规发挥出应有的保障作用。

二、完善责任机制和监督机制

1. 完善责任机制

为使统一指挥的公共危机管理体系高效运转,必须完善相关责任机制,建立切实有效的问责制,主要包括以下三个方面:

第一,明确职责权力。建立责任制的关键在于明确每一项突发公共事件应对工作中的政府相关职责,细化和明确相关部门、组织的管理范围和相关部门的职责与任务,将责任明确到每一个工作机构和相应人员。同时,根据实践进一步明确、调整各项责任,激励政府和其相关部门切实履行在突发公共事件预防管理中的责任,恪尽职守,实现各部门协调合作,密切配合。必须充分认识到明确职责不是为了追究责任,也不是为了行政处罚,而是为了激励政府各部门做好突发事件预防管理。因此,政府及其相关部门的应急管理职责和规定必须体现各个阶段的责任平等,不能"重治轻防",只重视突发事件发生后的应对责任,而忽略突发事件发生前的预防、预控职责。

第二,明确责任追究。问责制的有效推行,依赖于问责对象的权责明晰和相关法律法规的完善。我国目前出台的一系列涉及行政问责的法律法规和纪律制度都比较抽象,缺乏统一的标准和规范,操作性有限。浓厚的人为色彩,再加上权责不清,给一些政府部门和公务人员提供了辩解和推卸责任的机会。归纳起来主要有三个方面的问题:首先,程序不清。各级政府往往只注重事后表彰奖励,疏于问责、追究,是否问责一般取决于上级领导对事件的关注程度,具有较大的随意性。其次,问责不当。为了平息一些影响重大的突发公共事件造成的社会舆论压力,往往不该问责的被追究责任,成为"替罪羊";该问责的依然高枕无忧,这纵容了一些领导干部在应急管理中的不作为行为。最后,问责不全。问责的对象仅仅局限于在应急管理中失职、渎职的有关人员,纵容了在突发事件预防管理中不作为的相关人员,使一些领导干部习惯于做"太平官"。

第三,优化激励导向。长期以来,我们存在"防范突发事件得不到奖励,解决突发事件给予表彰"的错误倾向,即平时默默无闻地做着预防突发事件发生工作的人与各种表彰制度无缘,得不到上级应有的肯定。这种倾向就会导致突发公共事件应急管理存在严重的"重治轻防"问题。因此,我们必须大力弘扬先进模范事迹,加强正面典型的示范导向作用,重新审视现行的奖励机制,科学定位激励导向。

针对以上三个方面,必须建立一整套切实可行的问责法律体系,细化相关问责的程序、标准和范围,明确相关岗位和人员的法律责任,深入分析每个环节、步骤和岗位应承担的责任。走出突发公共事件发生并对社会和公众造成了一定的危害后果,才开始启动问责程序,追究相关人员责任这种问责滞后的制度性误区,必须根据责任大小,对相关人员进行责任追究,增强他们的忧患意识,以正确的问责和激励,促进突发公共事件预防管理各项措施的落实。

2. 完善监督机制

突发公共事件应急管理的监督制度可以促进应急管理工作的顺利开展,让责任制确实落到实处,对应急处置工作的经验教训进行总结。负责检查监督的领导与专门从事检查监督的督察部门要严格按照法律的规定,切实承担起监管的责任,督促企业、社会组织切实按照法律法规落实各项管理防范措施,确保社会的安全稳定。

同时,要充分发挥媒体监督与公众监督作用。舆论监督,是宪法、法律和党赋予媒体的使命和责任,是民主监督的一个重要方面,也是党和政府监督机制的重要组成部分。媒体应与政府积极合作,对政府有关事件进行新闻报道和舆论监督。一方面,媒体应及时向公众公开政府在突发事件处理中的对策,解释政府行为;另一方面,新闻媒体也应通过与政府之间的互动,向政府传递目前社会的舆论状态与公众的心理状态,从而帮助政府根据公众舆论对突发事件应对措施进行相应的调整。这样既可满足社会民众对知情权的要求,也是推进社会公平正义的需要;既有利于突发事件的应对,也实现了政府、媒体、公众三者之间的良性互动。

三、建立良性突发公共事件应急管理机制

1. 建立突发公共事件预警机制

及时有效的预警预测,不仅能够为预防管理提供方向,还有利于及时采取防范措施,消除突发公共事件诱发因素,防止突发公共事件的发生。突发公共事件预警系统应充分利用现代信息和通信技术,满足及时性、准确性和公开性的要求,通过建立警源监测机制、警兆识别机制、警情分析机制、警度评估机制,对预警对象和范围、预警指标、预警信息进行监测和研究,及时对潜在的或现实的安全隐患因素进行预警判断,评估即将发生的突发事件的危害程度并决定是否发出应急警报,及时地采取相应预防措施,减轻突发公共事件造成的破坏性,从而实现防患于未然的目的。

2. 建立健全突发公共事件应急预案

突发公共事件应急管理预案是指根据评估、分析或经验总结,针对潜在的或可能发生的突发公共事件的类别和影响程度,事先制订的应急处置方案。应急管理预案是指导和应对各种突发公共事件的基础。建立健全的应急预案,可确定突发公共事件中应急处理的范围和体系,使应急管理中的每项工作都有详细具体的规定,保证应急主体可以在突发公共事件发生前、发生中、发生后的每个阶段及时做出应急响应,并按照其中的规定有条不紊地开展工作,以确保各项工作有序、有效,尽可能地化解可能导致突发事件发生的风险隐患,最大限度地避免、减少突发公共事件的发生;而当不可避免的突发公共事件发生后,可尽量降低事件损失,提高灾后恢复和重建的质量。

3. 建立健全多元参与机制

党的十八大报告指出，"要加快形成党委领导、政府负责、社会协同、公众参与、法治保障的社会管理体制。"小政府、大社会"成为现代公共管理的基本理念。我们要充分认识社会力量的地位和作用，逐步建立健全非营利组织和公众的民主参与制度和渠道，充分发挥非政府组织、企业和民众等社会力量在应对和处置突发公共事件中的作用。首先，要强化社会公众参与的作用，调动社会公众参与应急管理的积极性；其次，要提高非政府组织参与的地位，充分发挥社会公众的主观能动作用；再次，要营造企事业单位参与的良好环境，提高社会应对风险的能力；最后，要注重加强全球合作，广泛寻求国家间的支持和援助。健全政府主导管理、部门协调、军地结合、全社会共同参与的多元主体复合型体系，使多种社会力量融合在一起，优势互补。

4. 建立突发公共事件善后总结评估机制

善后评估能对整个应急管理起到一个反馈的作用，对于提升应急管理水平、预防突发公共事件发生都具有重要意义。

政府要通过真实的突发公共事件应对总结评估，对突发公共事件诱发原因和突发公共事件处置过程进行深入分析，针对突发公共事件处置过程中暴露的问题与不足，总结在组织机构、管理技术和运作程序上的经验与教训，推进管理机构、管理模式和运作程序的改革，加快应急管理体制、机制创新，完善各类应急预案与案例库，为日后突发公共事件决策处置提供参考，为应急管理体系创新提供实践基础与改进方向，促进政府应急管理能力的不断提高。

第2章

应急信息采集技术

第一节　应急信息采集

一、应急信息采集概述

应急信息有时也被称为危机信息,两者的定义角度各有不同,但其实质大抵相同。目前,国内尚没有应急信息和危机信息的统一定义,大部分学者习惯于将两者混用,即将应急信息和危机信息视为同一概念,认为是与突发事件应急管理有关的一类特殊信息。

应急信息是指在突发事件发生的前后,为应对和解决因突发事件而引发或带来的一系列相关问题和影响,而收集、产生和公开的有关事件经过、事件进展、政府措施、相关政策等方面的信息。应急信息是一个内涵及外延都极为广泛的概念。就其内涵而言,应急信息涉及突发事件应急工作中的方方面面,从预防和降低突发事件危害的前期准备,到事后的后续处理和恢复工作,凡是与突发事件相关的信息都包含在此概念内。就其外延来说,应急信息并不仅仅是来源于政府内部,而应是个人或社会群体都可以参与、筛选并向政府提供的信息,这些信息涉及政治、经济、社会、自然地理和媒体等多个方面。

应急信息首先必须服务于政府对突发事件的预防、应急指挥和应急处理工作。另外,应急信息的服务范围也不能仅仅局限于政府内部,更要为人民服务,对人民负责,让人民最大程度地了解事件的真相,及时准备、及时预防,从而降低突发事件对人民物质和精神方面带来的伤害。突发事件具有引发突然性、目的明确性、瞬间聚众性、行为破坏性和状态失衡性的特点,这就决定了政府必须将应急信息采集作为其日常管理工作的重要一环,引起重视,而不能只将其视为一项临时性的应急任务。

应急信息采集是指根据应急管理的需要,通过各种渠道和形式获取相关信息的过程。采集及时、准确、全面的信息，是应急信息管理的基础和前提。"准确及时、先进可靠的信息采集，是危机管理工作的基础，对整个信息系统活动的成败将产生决定性的影响"。由此可以看出，作为服务于应急决策的信息，尤其是在信息沟通不畅、时间紧迫以及信息的准确性和有效性难以保证的突发事件的状况下，其来源、渠道、实用性和可靠性等是十分重要的。因此，在收集应急信息时，应该特别注意它的基本源和基本点，其中，基本源是指应急信息的来源和流通渠道，基本点是指应急信息的实用性、可靠性等。

因此，要采集应急信息，首先要弄清楚应急信息的来源。在实际的应急行动中，可以将不同的信息来源概括为三类：第一类，来源性信息源，通常是指有关部门已经建立起来的数据库、成果库、文献库等。在应对突发事件的过程中，那些需要提前准备好的信息，如基础背景信息、相关的法律法规信息、安全知识、应急预案以及救灾可调用的人员、物资、财产等信息主要来源于此类信息源。第二类，根源性信息源，是指产生信息的最原始的事物。这类信息需要通过一定的方法、手段或仪器，从实际事物自身中获取。在突发事件应对的过程中，如受灾对象信息、受灾损失信息以及灾害现场动态信息等信息主要来源于根源性信息源。第三类，智能性信息源，主要是指各类应急人员的知识、经验和应急过程中各类模拟人类思维的决策系统及辅助决策系统。在突发事件发生的过程中，突发事件形成的原因、前兆、开始时间、持续时间、发生地点、影响范围、破坏强度、动态变化情况等信息大多来源于智能性信息源，通常是通过综合分析来源性信息和根源性信息等得到的综合信息。

另外，突发事件的突发性也决定了应急信息采集渠道的多样性。只有通过多渠道的应急信息采集，才有可能捕捉到突发事件的种种蛛丝马迹，提供早期的预警。突发事件往往是在人们意料之外或不可预测的情况下突然爆发的，如 2008 年四川汶川地震、2013 年四川芦山地震等，这使得人们对突发事件的发生缺乏准确的预测甚至毫无防备。如果能提前预测地震发生的相关信息，绝大部分的损失都是可以避免的，因此，要认真研究事物之间的种种联系。尤其是在信息技术如此发达的今天，更要通过多种渠道获取信息，相互比较以确定信息采集渠道的正确性。另外，渠道的正确性在一定程度上也能提高应急信息的实用性和可靠性。

二、应急信息采集原则

突发事件的突发性决定了应急信息的高度不对称性，这种不对称性主要表现在信息的不及时、不准确、不完全以及不连续四个方面。因此，在突发事件应对过程中，应急信息采集必须遵循以下原则。

1. 应急信息采集要抓住重点

突发事件的发展变化往往是不确定的，因此许多信息也会随着事态的发展而不断变化，再加上时间紧迫、信息沟通不畅等因素的影响，使得应急管理能得到的准确、有用的信息十分有限。因此，在采集应急信息的时候，要尽可能提供重要的、关键的信息给决策者,不必太过于苛求信息的全面性、完整性。另外,由于人们对突发事件发生发展的机理认识有限,也会造成决策者对危机信息认识的不全面。

2. 应急信息采集要及时

在应对突发事件时,时间就是生命。只有及时反映事物发展的最新情况,才能使应急信息发挥最大的效用。通常情况下,在应急信息从突发事件现场传递给决策者的过程中,由于信息采集人员的不重视等因素的影响,最高决策者对信息的掌握可能出现滞后。另外,从应急信息的提取到加工,进而得到有用的信息需要花费一定的时间,这也会在一定程度上占用决策者用于决策的思考时间。因此,要尽可能排除人为的非正常干扰因素,保证信息采集的及时性。

3. 应急信息采集要准确

应急信息的真实可靠是决策者做出正确决策的重要前提。应急决策的过程实际上是一个信息输入和输出的过程,从问题的发现到目标的确定,再到解决方案的制定以及最后方案的实施,在这一系列的步骤中,在每一步信息的传递和反馈过程中,都有可能会造成信息的失真。因此,应急信息采集和应急决策过程应尽量减少中间环节,这样才能尽可能地避免信息的失真,确保信息的准确性和有效性。另外,还需要构建专门的应急信息采集机构,设置严密有效的监督网络来加强对应急信息采集的监督。

4. 应急信息采集要连续

突发事件从发生、发展到结束是一个持续渐进的动态变化过程。因此,在进行应急信息采集时,应该对事件发展的一系列状态和变化的特征信息进行持续不断的收集,尤其是对于某些具有特殊性质的突发事件,如 SARS 等烈性传染性疾病,更要重点强调信息采集的信息统计、监测报告以及追踪调查的连续性,以对将来可能发生的情况做出及时有效的预警。另外,连续有效的应急信息采集还能进一步保证应急信息的客观、全面和准确性。

三、应急信息采集的意义

面对突发事件,缺乏信息和信息超载或信息失真,都非常可怕,它甚至可能成为使突发事件失去控制的导火线,所以,对应急信息进行有效采集和管理,快速、及时、准确地获取应急信息并发挥其最大的效用,在应急管理工作中显得尤为重要。

第一,应急信息采集的有效性是预防突发事件发生的基础。在突发事件潜伏期,应急信息采集最大的作用在于对突发事件的预警与防范。尤其是近年来,突发事件管理已由原来的强调事后应急转向强调事前预防,所以应急信息的作用显得更为重要,显然已经成为预防突发事件爆发的基础。实践表明,绝大多数突发事件在发生前都有一定的先兆或一段时间的潜伏期。此时,应急信息就是发现突发性事件苗头的基本依据。因此,要重视对信息的收集与分析,这在一定程度上可以防止重大突发事件的发生,这也是实现突发事件管理的预警与防范的基础。

第二,应急信息的有效采集有助于保障应急决策的科学性。突发事件应急信息的有效采集和储备是对突发事件进行科学决策的依据。一方面,有效采集突发事件爆发前的信息有助于对突发事件做出快速决策,尽可能防止突发事件的爆发或减少其带来的损失。另一方面,突发事件爆发期的应急信息采集有助于对突发事件做出快速反应,并为突发事件的解决提供高效的解决方案,是成功应对突发事件的关键。由此可见,在应对突发事件的过程中,科学决策的每一个环节都建立在有效的应急信息采集的基础上,因此,应急信息的高效采集是突发事件成功解决的有力保障。

第三,应急信息采集是政府应急信息管理的前端环节,提高应急信息采集的有效性,有助于全面提升政府应急管理的能力。作为突发事件应急管理的主体,政府能否对突发事件做出迅速反应,并有效地控制、消除危机,在很大程度上取决于完备的有效信息管理机制,而应急信息采集作为应急信息管理的前端环节,其关键性作用更是不言而喻。因此,可以通过对突发事件进行应急信息采集、分析等,将各类突发事件的应对和解决方案有效整合,建立应急预案库,为应急管理部门提供一套应对各类突发事件的有效的现成机制。一旦突发事件发生,就能第一时间启动应急预案,提高突发事件应对效率,从而全面提升政府应急管理的能力。

第二节　应急信息采集的技术手段

一、RFID 信息采集技术

RFID(Radio Frequency Identification)技术,又称无线射频识别,是一种通信技术,可通过无线电信号识别特定目标并读写相关数据,而无须在识别系统与特定目标之间建立机械或光学接触。无线电的信号是通过调制成无线电频率的电磁场,把数据从物品的标签上传送出去,以自动辨识与追踪该物品。某些标签在识别时从识别器发出的电磁场中就可以得到能量,并不需要电池;有些标签本身拥有电源,可以主动发出无线电波(调制成无线电频率的电磁场)。标签包含了电子存储的信息,数米之内都可以识别。与条形码不同的是,射频标签不需要在识别器的视线之内,也可以嵌入被追踪物体之内。许多行业都运用了射频识别技术,将标签附着在一辆正在生产中的汽车中,厂方便可以追踪此车在生产线上的进度。射频标签也可以附于牲畜与宠物上,以便于对牲畜与宠物进行积极识别(积极识别的意思是:防止数只牲畜使用同一个身份)。射频识别的身份识别卡可以使员工进入装有门禁的大楼,汽车上的射频应答器可以用来征收收费路段与停车场的费用。

RFID 技术起源于英国,在第二次世界大战中用于辨别敌我飞机身份,20 世纪60 年代开始商用。RFID 技术是一种自动识别技术,美国国防部规定:2005 年 1 月1 日以后,所有军需物资都要使用 RFID 标签;美国食品与药品管理局(FDA)建议制药商从 2006 年起利用 RFID 跟踪常造假的药品。沃尔玛、麦德龙等零售企业对

RFID 技术的应用更是推动了 RFID 在全世界的应用热潮。2000 年,每个 RFID 标签的价格是 1 美元。许多研究者认为 RFID 标签非常昂贵,只有降低成本才能得到大规模应用。2005 年,每个 RFID 标签的价格是 12 美分左右。现在,超高频 RFID 的价格是 10 美分左右。RFID 要大规模应用,一方面是要降低 RFID 标签价格,另一方面要看应用 RFID 之后能否带来增值服务。欧盟统计办公室的统计数据表明,2010 年,欧盟有 3% 的公司应用 RFID 技术,主要用于身份证件制作和门禁控制、供应链和库存跟踪、汽车收费、防盗、生产控制、资产管理。

1. RFID 技术的组成部分

应答器:由天线、耦合元件、芯片组成,一般来说都是用标签作为应答器,每个标签具有唯一的电子编码,附着在物体上标识目标对象。阅读器:由天线、耦合元件、芯片组成,读取(有时还可以写入)标签信息的设备,可设计为手持式 RFID 读写器或固定式读写器。应用软件系统 :是应用层软件,主要是对收集的数据进行进一步处理,并为人们所使用。

2. RFID 技术的特点

射频识别系统最重要的优点是非接触识别,它能穿透雪、雾、冰、涂料、尘垢和条形码无法使用的恶劣环境,阅读标签,并且阅读速度极快,大多数情况下不到 100 毫秒。有源式射频识别系统的速写能力也是射频识别系统重要的优点,可用于流程跟踪和维修跟踪等交互式业务。制约射频识别系统发展的主要问题是不兼容的标准。射频识别系统的主要厂商提供的都是专用系统,导致不同的应用和不同的行业采用不同厂商的频率和协议标准,这种混乱和割据的状况已经制约了整个射频识别行业的发展。欧美许多组织正在着手解决这个问题,并已经取得了一些成绩。标准化必将促进射频识别技术的大幅度发展和广泛应用。

另外,射频识别系统还具有其他一些特点。① 快速扫描。RFID 辨识器可同时辨识并读取数个 RFID 标签。② 体积小型化、形状多样化。RFID 在读取上并不受尺寸大小与形状的限制,不需为了读取的精确度而配合纸张的固定尺寸和印刷品质。此外,RFID 标签也可往小型化与多样化发展,以应用于不同产品。③ 抗污染能力和耐久性。传统条形码的载体是纸张,容易受到污染,但 RFID 对水、油和化学药品等物质具有很强的抵抗性。此外,由于条形码是附于塑料袋或外包装纸箱上,所以特别容易受到折损;RFID 卷标是将数据存在芯片中,因此可以免受污损。④ 可重复使用。现今的条形码印刷上去之后就无法更改,RFID 标签则可以重复地新增、修改、删除 RFID 卷标内储存的数据,方便信息的更新。⑤ 穿透性和无屏障阅读。在被覆盖的情况下,RFID 能够穿透纸张、木材和塑料等非金属或非透明的材质,并能够进行穿透性通信。而条形码扫描机必须在近距离而且没有物体阻挡的情况下,才可以辨读条形码。⑥ 数据的记忆容量大。一维条形码的容量是 50 字节,二维条形码最大的容量可存储 3 000 字节,RFID 最大的容量则有数兆字节。随着记忆载体的发展,数据容量也有不断扩大的趋势。未来物品所需携带的资料量会越来越大,对卷标所能扩充的容量需求也会相应增加。⑦ 安全性。由于 RFID 承载的是电子式信息，其数据内容可经由密码保护，使其内容不易被伪造及变造。

3. RFID 的工作原理

RFID 技术的基本工作原理并不复杂：标签进入磁场后，接收解读器发出的射频信号，凭借感应电流所获得的能量发送出存储在芯片中的产品信息（无源标签或被动标签），或者由标签主动发送某一频率的信号（Active Tag，有源标签或主动标签），解读器读取信息并解码后，送至中央信息系统进行有关数据处理。一套完整的 RFID 系统，是由阅读器、电子标签（即所谓的应答器）及应用软件系统三个部分组成的，其工作原理是：阅读器发射一特定频率的无线电波能量，用以驱动电路将内部的数据送出，此时阅读器便依序接收解读数据，送给应用程序做相应的处理。

以 RFID 卡片阅读器及电子标签之间的通信及能量感应方式来看，大致上可以分成感应耦合及后向散射耦合两种。一般低频的 RFID 大都采用第一种方式，而较高频大多采用第二种方式。阅读器是 RFID 系统信息控制和处理中心，根据使用的结构和技术不同，可以是读或读/写装置。阅读器通常由耦合模块、收发模块、控制模块和接口单元组成。阅读器和应答器之间一般采用半双工通信方式进行信息交换，同时阅读器通过耦合给无源应答器提供能量和时序。在实际应用中，可进一步通过 Ethernet 或 WLAN 等实现对物体识别信息的采集、处理及远程传送等管理功能。应答器是 RFID 系统的信息载体，应答器大多是由耦合元件（线圈、微带天线等）和微芯片组成无源单元。

4. RFID 产品的分类

RFID 技术中衍生的产品大概有三大类：无源 RFID 产品、有源 RFID 产品、半有源 RFID 产品。

无源 RFID 产品发展最早，也是发展最成熟、市场应用最广的产品。比如，公交卡、食堂餐卡、银行卡、宾馆门禁卡、二代身份证等。无源 RFID 在我们的日常生活中随处可见，属于近距离接触式识别类。其产品的主要工作频率有低频 125 kHz、高频 13.56 MHz、超高频 433 MHz，超高频 915 MHz。

有源 RFID 产品是最近几年慢慢发展起来的，其远距离自动识别的特性决定了其巨大的应用空间和市场潜质。在远距离自动识别领域，如智能监狱、智能医院、智能停车场、智能交通、智慧城市、智慧地球及物联网等，有源 RFID 产品有重大应用。产品主要工作频率有超高频 433 MHz，微波 2.45 GHz 和 5.8 GHz。

有源 RFID 产品和无源 RFID 产品特性不同，决定了其不同的应用领域和不同的应用模式，也有各自的优势所在。但在本节中，我们着重介绍于有源 RFID 和无源 RFID 之间的半有源 RFID 产品，该类产品集有源 RFID 和无源 RFID 的优势于一体，在门禁进出管理、人员精确定位、区域定位管理、周界管理、电子围栏及安防报警等领域有着很大的优势。

半有源 RFID 产品结合有源 RFID 产品及无源 RFID 产品的优势，在低频

125 kHz 频率的触发下,让 2.45 GHz 的微波发挥优势。半有源 RFID 技术,也可以称为低频激活触发技术,利用低频近距离精确定位,微波远距离识别和上传数据,来解决单纯的有源 RFID 和无源 RFID 没有办法实现的功能。简单地说,就是近距离激活定位,远距离识别及上传数据。

5. RFID 技术的优势

RFID 是一项易于操控,简单实用且特别适合用于自动化控制的灵活性应用技术。RFID 可在各种恶劣环境下自由工作,短距离射频产品不怕油渍、灰尘污染等恶劣的环境,可以替代条形码,例如用在工厂的流水线上跟踪物体;长距离射频产品多用于交通上,识别距离可达几十米,如自动收费或识别车辆身份等。射频识别系统主要有以下几个方面的系统优势:

① 读取方便快捷:数据的读取无需光源,甚至可以透过外包装来进行。② 有效识别距离更长:采用自带电池的主动标签时,有效识别距离可达到 30 米以上。③ 识别速度快:标签一进入磁场,解读器就可以即时读取其中的信息,而且能够同时处理多个标签,实现批量识别。④ 数据容量大:数据容量最大的二维条形码(PDF417),最多也只能存储 2 725 个数字;若包含字母,存储量则会更少;RFID 标签则可以根据用户的需要扩充到数十 K。⑤ 使用寿命长,应用范围广:其无线电通信方式,使其可以应用于粉尘、油污等高污染环境和放射性环境,而且封闭式包装使得其寿命大大超过印刷的条形码。⑥ 标签数据可动态更改:利用编程器可以向标签写入数据,从而赋予 RFID 标签交互式便携数据文件的功能,而且写入时间比打印条形码更短。⑦ 更好的安全性:不仅可以嵌入或附着在不同形状、类型的产品上,而且可以为标签数据的读写设置密码保护,从而具有更高的安全性。⑧ 动态实时通信:标签以每秒 50~100 次的频率与解读器进行通信,所以只要 RFID 标签所附着的物体出现在解读器的有效识别范围内,就可以对其位置进行动态的追踪和监控。

二、地理信息系统(GIS)信息采集技术

数据采集和输入是一项十分重要的基础工作,是建立 GIS 不可缺少的一部分。没有数据的采集和输入,就不可能建立一个数据实体,更不可能进行数据的管理、分析和成果输出。准确实时的数据是建立 GIS 的前提条件。因此,必须认真对待数据采集和输入。选择数据时,要确保数据真实,除了一些不可避免或无法预料的原因外,输入的数据应力求准确,否则将会影响最终结果的分析和正确评价。通常情况下,数据的采集、标准化、综合和自动录入是 GIS 数据采集的主要功能。

(一) GIS 数据来源

GIS 的数据来源非常广泛,既可通过传统手段野外实测获得,也可通过航天航空遥感、航测、全球卫星定位系统(GPS)等现代技术获得。不同的资料提供了不同形式的信息,不同的信息输入计算机,计算机处理的方法也不相同。大部分非数字信息主

要是通过矢量和栅格两种编码方式变成计算机可以接受的数字形式,送入计算机的数据库中存储。一些常规的统计数据、文字或表格等也可根据需要送入相应的数据库中。数据采集必须根据 GIS 建立的内容、目的和用途来决定搜集的范围和种类。

1. 地图数据

地图数据是 GIS 的主要数据来源。地图的种类不同,研究的对象不同,应用的部门不同,图件编制的内容也不同。按内容划分,包括各种比例尺的普通地图和专题地图。普通地图是以相对平衡的详细程度来表示地球表面上的自然地理和社会经济要素,主要表示居民地、交通网、水系、地貌、境界、土质、植被等。实测的或较大比例尺的地形图具有较高的几何精度,真实反映区域地理要素的特征。专题地图重点反映某一种或几种专门的要素,对于各种不同比例尺的专题地图,常常提供如地质、地貌、土壤、植被和土地利用等原始资料。为了便于输入,可将地图分解为点、线和面三个基本要素。图件的内容可以采用不同的编码方式,使用不同的处理设备。

2. 遥感图像

遥感数据为 GIS 的重要信息源。从卫星或飞机上获取的图像信息主要有胶片和数字磁带两种记录形式。胶片是一种模拟信号,必须通过 A/D 转换装置将模拟量转换成数字量后,才能送入计算机内进行存储和分析。数字磁带是一种数字图像记录,简称 CCT。用户得到 CCT 磁带后可以根据磁带密度要求将数据读入计算机,然后通过图像处理系统的监视器显示图像,供用户分析。遥感数据对 GIS 硬件和软件要求较高,在硬件上应选择扩展型配置,在软件上需解决矢量数据和栅格数据的兼容和互换问题。ARC/INFO、ERDAS、MAPGIS 等 GIS 软件已具备两种数据结构互换功能。

3. 数字资料数据

各种数据形式的原始资料,包括社会经济数据、人口普查数据、野外调查或监测数据,例如环境污染监测数据,地质钻井数据,磁力、重力、地震等地球物理数据,气象、水文观测数据等。这些统计数据一般都和一定范围内的统计单元或观测点联系在一起。因此,搜集这些数据时要注意包括研究对象的特征值、观测点的几何数据和统计资料的基本统计单元。统计数据是 GIS 建立属性数据库必不可少的资料,常常在分析中起着重要的作用。我国统计工作正朝信息化方向发展,除以传统的表格方式提供使用外,还建立起各种规模的数据库,数据的建立、传送、汇总开始使用计算机。各类统计数据可由计算机键盘有组织地输入,也可用磁带或软盘作为介质,将数据送入计算机,如果将统计数据转变成图形形式显示出来就更加直观。在 GIS 中,统计数据存储在属性数据库中,常可与其他形式的数据一起参与分析。

4. 文字报告

在土地资源管理信息系统、灾害监测信息系统、水质信息系统、森林资源管理信息系统等专题信息系统中,各种文字说明资料对确定专题内容的属性特征起着重要的作用。在区域信息系统中,文字报告是区域综合研究不可缺少的参考资料。文字报告还可以用来研究各种类型地理信息的可靠程度和内容的完整性，以便决定地理信息的分类和使用。文字说明资料是 GIS 建立的主要依据，必须认真加以研究，准确送入计算机系统，使搜集资料更加系统化。

（二）GIS 数据采集及管理

随着计算机技术的快速发展，GIS 技术逐渐与计算机领域中的许多新技术相结合。例如：面向对象技术、3S 技术、网络技术、多维空间技术、图像处理技术等都能直接应用到 GIS 应用系统之中。现就本书提到的技术介绍如下。

1. 面向对象技术

面向对象的设计思想已经被广泛地使用在计算机各种软件的设计与实现之中，利用此方法可以抽象出物理世界中各种复杂的事物，也为人们通过软件系统的方式解决问题提供了既简单又灵活的设计思想方法。对于地理空间中较为复杂琐碎的信息，可以通过面向对象的技术进行抽象封装并应用在 GIS 中，使得地理空间信息变得监测直观、结构清晰、组织管理有序。面向对象的 GIS 优点：将地理空间中涉及的地理实体封装成单个对象，使得系统数据组织结构变得直观、清晰，避免以往用复杂的关系表进行存储；以面向抽象的对象为基础，避免分层的思想；利用面向对象的分类结构及组装结构，用户可以根据自己的实际应用定义新的对象，组装数据的结构。

2. 3S 技术

3S 指的是遥感（RS，Remote Sensing）、地理信息系统（GIS，Geographic Information System）和全球定位系统（GPS，Global Positioning System）。3S 技术就是将三者有机地结合在一起，即将 RS、GIS、GPS 与网络技术、通信技术等有机整合在一起的一项综合技术。首先，GIS 与 GPS 的结合，此种组合是利用 GIS 中的电子地图和 GPS 中的数据接收机的实时差分定位技术，完成 GPS 和 GIS 组合的各种导航系统，用于车辆定位、道路交通、汽车和轮船的自动或无人驾驶等。其次，GIS 与 RS 的结合，对于各种各样的 GIS，RS 是其重要的数据来源和对数据更新的一种操作手段，GIS 可以提供 RS 图像处理所需的大多数辅助数据，以提高遥感图像的信息量以及分辨率，从而提高遥感图像的相应处理和解释精度。再次，GIS、GPS 和 RS 三者的整合，3S 是集 RS、GIS 和 GPS 技术的功能于一体的整合技术，是具有高度自动化、实时化和智能化的系统，是空间信息实时采集、处理、更新，动态分析当前形式和提供决策辅助信息的有力手段。

3. 数据库技术

空间数据的管理主要分两种：一种以文件形式管理；另一种是采用数据库管理空间数据。另外，也可以将空间数据与属性数据关联起来，统一存储在关系数据库管理系统之中，使用关系数据库管理所有的地理数据。对不同的应用，系统将根据实际情况采用适合的数据库管理方式。系统数据流程的分析：第一步，通过调研得到系统需要采集及管理的数据信息，启动对应的数据采集方式；第二步，分析采集到的数据类型,对数据进行归类,并录入到相应的数据库文件中;第三步,根据查询条件对数据库进行操作(添加数据、删除数据、修改数据);第四步,将数据库中的数据以规定的格式导出,保存导出文件。系统中所涉及的数据有两类:空间数据和属性数据。对于图形数据,一般需要采用分幅和分层的方法来管理。所谓分幅,是指将幅面比例较大的地图按对象元素的特征(行政区等)进行划分,便于空间数据的存储、显示和分析;所谓分层,是指在分幅的基础之上,按照地图的内容进行划分,不同的内容属性属于不同的层,将图形数据按点、线、面三种要素进行分层,分层是为了更有效地组织和管理空间数据。系统中的属性数据将以关系数据表的形式存在于数据库中,由管理人员通过界面输入数据库中。设计的数据库表以对象 ID、对象名、所属图层作为列项,如下所示:点表(p_id,p_name,layer),线表(l_id,l_name,layer),面表(s_id,s_name,layer),属性表(id,name,layer,property)。

在数据库的建立中,一般将地理空间中的图形数据存储为文件形式,属性数据则采用关系数据库的方式存储,然后将空间数据与属性数据通过关键字关联起来。具体的实现方式是:对于图形数据,由于 GIS 应用系统的开发是基于高级语言编程进行的,所以可通过在程序中以打开/关闭的方式来操作图形数据文件,应用系统的用户界面操作应和对图形数据的处理进行一体化;对于属性数据,通过关系数据库管理系统的相关操作进行数据管理。

三、通信监控信息采集技术

(一)监控系统功能分析

应急通信系统通常是指借助有线/无线综合通信平台及数字集群调度通信技术建立的一种专用通信系统。它在战备、抗洪和抢险救灾中做出了不可磨灭的贡献,今后在执行重大机动通信任务时,仍是不可或缺的。但目前我国许多地区还没有形成一定规模的统一的应急通信系统,有的只是分类别、分地区、分部门的良莠不齐的应急通信基础设施。突发事件的特点:发生时间的不确定性;发生地点的不确定性;发生地点的环境特殊性;严重的破坏性;应急通信启动的紧迫性。因此,应急通信系统具有即时性、可靠性、移动性、抗毁性等特点。

一个国家的公众通信网络、应急通信网络通常是由多种不同性质的互联互通的电信网络组成的,它们基于不同的技术和架构。网络类型具体包括电路交换网络、卫星网络、无线网络、专用集群网络和 IP 多媒体通信网络。应急通信系统是由上述各种网络、硬件设备、软件等组成的,并应用于不同的环境中。同时,各种环境和其他因素(如人为破坏、器件老化等)对集成化先进制造系统的正常运行都会造成影响。为了保证这类系统能够连续可靠、无故障地运行并发挥应有效能,就必须实时监测系统的运行状况并对其实施有效的控制。监控系统是指针对应急通信系统及各种网络和设备的工作状态及环境进行监控,并采取相应措施进行组织、管理和维护,用以保障

各种系统连续可靠、无故障地运行并发挥出应有效能的一种技术手段。

应急通信监控系统是为了保障应急通信系统的正常运行,虽然应急通信系统使用频度不高,但是一旦投入使用,就必须保证其不间断、无故障地运行;否则,应急系统就起不到应有的作用,就无法成为突发事件中可以依靠的通信系统了。可见,监控系统是应急通信不可或缺的一部分,它包括以下五个部分:数据采集(包括设备数据的采集、链路数据的采集、软件数据的采集),数据预处理,移动代理,故障诊断和数据恢复。

1. 数据采集

数据采集是监控系统工作的第一步,目的是收集整个通信系统中各种硬件、软件的实时状态信息,是数据预处理、故障诊断的数据源。因此,数据采集端采集到的数据全面与否、数据质量的高低、采集效率的高低在很大程度上影响着监控系统的运行。数据采集的对象包括三类,分别是设备类数据采集、链路类数据采集、操作系统及软件类数据采集。另外,数据采集还包括域内和域间两级的数据采集,其中域内数据采集采用分发移动代理的方式实现,域间数据采集采用集中式数据采集的方式实现。

2. 数据预处理

数据预处理是为了提高数据传输效率、提高故障诊断效率而对数据进行的数据转换、数据集成、数据归约等操作。数据集成将多数据源中的数据进行合并处理,解决语义模糊性并整合成一致的数据进行存储。数据归约将辨别出需要挖掘的数据集合,缩小处理范围,减小处理的数据量。

3. 移动代理

移动代理是指能够在计算机环境中移动的软件代理。移动代理系统由移动代理平台和代理环境共同组成。移动代理通过利用代理平台提供的服务和资源在代理环境中自主地移动并执行指定的任务。移动代理很大程度上提高了系统的工作效率。

4. 故障诊断

故障诊断是监控系统的关键组成部分,可对采集到的数据进行判断以得到系统的状态信息,同时给出相关的提示信号,以及需要时触发数据恢复功能。故障诊断包括域内故障诊断以及域间故障协同诊断,还要求能够实现故障的异地诊断。远程协作诊断模块的功能是协助本地诊断系统,共同完成本地不能诊断的故障。

5. 数据恢复

数据恢复是指将系统发生故障或遭到损坏的数据的状态恢复到可正常运行的状态,并将其支持的业务功能从不正常的状态恢复到可以接收的状态而涉及的活动和流程。数据恢复通过远程唤醒和"快照"等技术来实现。

(二)监控对象的特点

随着信息技术和网络技术的发展,应急通信监控系统更加趋于网络化和分散化。

网络化的监控系统是应急通信监控系统发展的必然趋势。把被监控设备、链路和操作系统及应用软件抽象为网络中的一个节点,把被监控系统看作一个网络系统,一方面可以依靠网络对整个系统中的设备运行状况进行及时了解和控制,另一方面可以借鉴当前研究得已比较成熟的网络管理技术,对被监控网络进行有效管理。

数据预处理的对象分为三类,分别是设备类、链路类、软件类。具体来说,设备类采集对象包括计算机、路由器、交换机、网桥、光端机等。它们对应的数据指标包括:操作系统版本、背板带宽、背板能力、传输速率(Mbps)、串口端口号、CPU 利用率、CPU 主频、带宽利用率、电压、丢弃率、抖动转移性能、端口带宽、端口类型、端口数、端口吞吐量、端口状态、E1 接口状态、发射功率、风扇状态、工作电压、工作频率、工作湿度、工作温度、工作状态等。链路类采集对象包括无线局域网、数传电台、以太网、令牌环网等。其对应的数据指标包括:包延迟变化、带宽、丢包率、静默、连通性、令牌丢失率、流量、退避时间、退出站点数目、吞吐量、网络有效性、询问效率延迟、延迟、延迟抖动、占空比等。软件类采集对象包括进程通用信息、进程相关的性能信息、系统性能信息、日志信息、网络信息、CPU 信息、文件系统信息等。其对应的数据指标包括:标志位、尺度、磁盘读出队列、磁盘读出字节数、磁盘队列、磁盘名、磁盘写入队列、磁盘写入字节数、创建时间、CPU 使用情况、存储器使用情况、等待进程使用率、非分页池、分页池、分页输出、分页输入、父进程标识符、工作集、广播地址、IP 地址、计算机名、交换空间空闲数、交换空间使用率、交换空间使用数、交换空间总数、进程标识符、进程名称、进程数、进程中的线程数量等。

(三)监控系统体系结构

常用的三种监控体系结构分别是:集中式监控体系结构、完全分布式监控体系结构和分层分布式监控体系结构。鉴于监控系统所需的实时性、可操作性、处理的高效性,以及监控对象自身的特点,应急通信监控系统采用分层分布式多域体系结构。相比集中式结构,它的负荷小,处理效率高;相比简单的分层式结构,它的域首节点处理信息量较小,当网络规模增大时,管理关系的复杂性不至于非线性增长,可扩展性好。

层次结构是按照上下级进行划分的逻辑概念,实际上所有节点在功能上、地理位置上仍然是分布式结构。域首负责每个域的管理,域首和域首之间依据对等实体间完全对称的协作方式完成监控任务。组织结构中的协作形式有两种:域首和域成员的协作、域首和域首的协作。将监控对象划分为多个域后,减小了传统监控体系结构中主监控结点的压力,域内节点的数据只需交由该域的域首即可。

第三节　应急信息采集与处理

一、应急信息问题分析

应急信息采集、处理是应急管理的基础,只有掌握大量突发事件信息,才能准确判明突发事件的性质；应急信息采集、处理是应急管理的基本手段，只有充分开发利用应急信息资源，才能及时有效地开展应急救援。因此，应急信息采集与处理是应急信息管理的首要环节和重要内容。同时，在应急信息采集与应急信息处理过程中，应急信息的质量也十分重要，采集、处理并得到更高质量的应急信息是整个应急管理的关键。

应急信息采集、处理是突发事件应急信息管理的源头和前提，对整个应急信息管理活动的成败有决定性影响。没有信息采集和处理，应急信息的组织、加工、存储、上报、利用等也就成了无本之木、无源之水；没有应急信息采集、处理，应急信息资源的充分开发和有效利用就成了无米之炊和无水之饮。当前，信息采集的多渠道、形式的多种类、结构的复杂性以及数量的海量性使传统信息采集和处理方式已经无法适应网络环境下应急信息管理的需求。当前，应急信息处理面临的困境和问题主要表现在信息源遴选缺乏有效性、应急信息与应急需求不匹配和应急信息质量参差不齐三个方面。

1. 应急信息源遴选缺乏有效性

在突发的公共事件中，事件本身及处置涉及的信息载体不只是报纸、电视、广播等传统媒体，还有更加快速、复杂、广阔的网络平台。与此同时，在不同的应急事件中，各媒体平台的信息量、权威性均有所差别。因此，传统的应急信息采集方式，既不能做到信息采集的全面性，也很难做到信息采集的准确性。

2. 应急信息与应急需求不匹配

由于当前突发公共事件在信息传播速度、效率方面与传统媒介时期相比发生了质的改变，不同阶段、不同部门、不同信息报送渠道需要获得不同的应急信息，因此，采集到的应急信息普遍存在与应急处置需求不匹配的现象，应急处置急需的决策信息得不到满足，相当比例的应急信息可能存在冗余、缺失等结构性问题。因此，需要对应急信息进行必要的匹配处理。从这一角度看，传统或单一的信息处理方式在当前的应急信息处理中表现出明显的不足。

3. 应急信息质量参差不齐

高质量的应急信息是应急管理提升效率、决定成败的关键，而在当前的应急信息处理中，由于缺乏有效的信息质量评价，导致后续的应急处置面临诸多困难。目前，应急信息质量评价既缺乏有效且较为通用的评价指标，也缺乏行之有效的评价方法，对信息质量的评价更多地依赖于采集者和使用者临时的主观体验，缺乏合理性和有效性。

因此，应从应急需求的角度讨论应急信息采集，从匹配处理和过滤处理的角度构建多阶段的应急信息处理方法，在 Web 环境下，研究基于信息主体特性的应急信息采集方法，从主体责任划分的角度研究应急信息匹配处理的方法，并基于信息质量评价构建应急信息过滤处理的方法，从而为后续的应急处置奠定基础。

二、Web 环境下的应急信息采集方法

什么才是有效的应急信息采集与处理呢？重要的一点是，必须保证应急信息来源及其采集方式的有效性。信息主体多元化的趋势使得应急信息采集面临诸多困难。一方面，不是所有来源的应急信息都可靠且实用，不同来源的信息会有各自的缺陷或盲点，应根据需要进行遴选，以利于处理；另一方面，也不是每一种方式都能采集到可满足不同应急人员需要的应急信息，需要有针对性地选择恰当方式。尤其是对网络信息的筛选，如博客、微博、微信、播客、个人空间、电子邮件、手机视频、论坛、DV短片等内容更不能不加区分地进行处理，否则，处理不当导致错误，只会误事。因此，准确界定应急信息主体，从信息主体多元化的角度甄别应急信息来源，把握良好的获取方式，有效采集应急信息，不仅是应急信息处理的基础和前提，而且还关乎应急管理的方向与成效。

信息来源是多样化的，同样，信息主体也是多样化的。信息主体或来源不仅体现了信息载体的多种多样，也体现了信息机构的纷繁复杂。信息主体不仅包括纸质的图书资料，也包括电子文献资料；不仅有多种多样的信息储存和流通的组织，也有创造信息的各个机构。在应急管理活动中，突发事件信息可按不同主体类型来分类。而从应急信息采集的角度出发，可将应急信息主体划分为社会公众、组织机构、实物型、文献型和电子型。

社会公众是信息的使用者，也是信息的创造者，并具有交流及时性、强化感知性、主观随意性、瞬时易变性等特点。组织机构是使社会有机体充满活力的细胞，就应急管理而言，各级各类应急主体主要是通过内外应急信息交流来应对并控制突发事件的，它既是社会信息的大规模集散地，也是发布各种应急信息的主要源泉，并具有权威性、垄断性的特点，应重点采集。实物型信息源给应急人员提供了充分认识突发事件的物质条件，是应急信息采集不可缺少的组成部分。实物型信息源具有形态直观性、反映真实性、信息隐蔽性、分布零散性等特点。文献型信息源是指承载着系统化知识信息的各种载体信息源，是应急管理中最常用、最重要的信息源。文献型信息源具有内容系统性、流动稳定性、使用便捷性、管理可控性、时间滞后性等特点。电子型信息源主要是指依赖于电子通信技术、设备进行采集、处理、存储、传递的信息源。从数据的结构看，电子型信息源可分为文字数据库、数值数据库、声像数据库和多媒体数据库等，是应急信息采集中的一种新型信息源，具有功能多样性、管理动态性、技术依赖性等特点。

当今世界，随着现代信息技术和网络应用的飞速发展，信息载体和传输方式的不断改变，网络信息日益成为信息世界的主流，从形式到内容、由广度到深度、自时间到空间无不丰富多彩、纵横无边、瞬息万变。网络应急信息选择是在网络信息特性分析和网络信息评估的基础上，通过网页收集、网络信息挖掘、网络信息过滤等技术，由网络应急信息采集系统自动完成。网络信息采集技术主要是利用网络平台，进行网络

信息采集,如网络信访接待、网络收集案件线索等,可借此了解群众呼声,化解社会矛盾,对预防突发事件的发生具有重要意义。从技术层面来看,网络信息采集主要采用了以下几项技术。

1. 网页收集技术

网络信息收集主要是通过各种搜索引擎技术手段实现的。搜索引擎主要包括搜索、索引、检索和用户接入四个功能部分。其中,搜索功能主要依靠一个连续工作的计算机程序,这一程序从某一初始网络页面或网络站点的 URL 出发,遍游整个网络环境,主动发现、获取各种类型的网络页面信息;当该程序进入某个网络页面时,它通过信息技术手段完成信息获取,并得到可用的 URL 链接,完成对下一个要访问的站点的选择,并接着转向该站点和网页继续进行信息搜索。通过对搜索得到的信息实施索引操作,形成面向数据库的索引库。检索功能模块则是参照用户的查询要求,依据相关度评价,从索引库中快速检索出数据文档并对检出的结果进行排序反馈。用户接口则将检索器检出的查询结果显示出来,供用户使用。

虽然网页收集与搜索引擎在技术上有很多相似之处,但两者的目的与方式仍有差别:一方面,网页收集是为特定用户查找和积累信息并最终形成知识而建立起来的,面向某一领域的特定主题;而一般搜索引擎是为了满足各类用户对各种网络信息的查询需要,面向所有网络用户。另一方面,网页收集系统是一个实时搜索系统,它根据用户提供的主题词,直接在网络上搜索并抓取,提交给用户的是网络信息资源本身而不仅仅是链接;而普通搜索引擎是依据用户提供的检索词在其索引库中检索相关内容,提交给用户的只是相关内容的链接。

2. 数据挖掘技术

网络信息规模庞大且复杂,通过数据挖掘技术对网络信息进行有效处理是至关重要的。网络机器人(Robot)可将收集到的大量信息按照不同的标准进行分类和打包处理,但 Robot 目前仍无法实现网络信息的准确分类,且局限于获取网络上的静态信息,但有价值的信息却通常存储在动态网络数据库中。数据挖掘技术在充分利用 Robot、全文检索等已有的、成熟的信息技术的同时,还能够以知识库技术为支撑,将人工智能、模式识别、神经网络等方面的技术进行综合使用。对已获取的数据样本,使用归纳整理、智能学习、统计分析等手段获取相应的内在特性,在此基础上,通过信息过滤技术筛选出更符合客户需求的信息,并进一步得到更有价值的知识和规律。因此,以挖掘技术为基础的智能搜索引擎系统,不仅可以对网络页面信息进行自动标识判别和差异化信息提取,也可以利用网络站点设置的查询接口,实施对数据仓库的遍历操作,并按照一定规则对遍历结果实施自动化分析整理,然后将最终结果增加到本地的信息库中。

在进行网络信息的数据挖掘工作时,通常用具有标志性的词条及其权重来替代目标信息。在实施匹配操作时,利用筛选的特征项来度量未知文本信息与目标信息的相关性。在网络环境中进行信息挖掘工作可按以下步骤进行:首先,设定目标样本,作为筛选信息的标准;其次,按照目标文本的词频特征,在统计词典中筛选得到目标文本的特征向量,并赋以权重;再次,资源发现,主要是借助搜索引擎来明确目标站点,通过 Robot 程序获取静态的网络页面,从而得到目标站点中的动态信息,形成网络资源索引库;最后,对信息特征进行匹配,主要是筛选得到源信息的特征向量,比较这一特征向量与目标文本的特征向量的异同,将满足要求的信息提供给用户。

3. 网络信息过滤技术

对网络信息收集系统性能的评价,除了及时率、费用率和劳动耗费等指标外,主要衡量指标就是收全率和收准率。对信息收集系统而言,收全所有网页几乎是不可能的,因此,收准率便成为网络信息收集系统追求的目标。而基于智能代理的网络信息过滤技术,目的正是剔除与用户不相关的信息,以提高网络信息的收准率。事实上,通过网络信息过滤,一方面能够削减冗余信息的传递,减少信道资源的浪费,并对网络中信息资源的流量、方向、速度进行优化;另一方面还能够提高用户获取信息的效率,减少用户不必要的认知压力,并使用过滤操作中的反馈机制,为用户提供更准确的信息,拓宽用户的视野。信息过滤的主要方法是基于内容的信息过滤,此外也有协同过滤。

基于内容的信息过滤技术是信息过滤最基本的方法,该方法是通过概率统计、人工智能等相关技术实施过滤操作。主要过程包括:第一,建立用户的偏好模型用以指代用户的信息需求;第二,将文本集中的各个文本进行分类标记、词频统计、赋权等操作,建立文本向量集,由此度量出用户信息向量以及各个文本向量的相似程度;第三,依据相似程度,为用户反馈相应的结果。在引入信息反馈机制的前提下,过滤系统还能够通过自主学习,参照用户的信息反馈,更改系统设置,以提高下一次搜索的精准度;完善过滤模型,以逐步贴近用户需求。协同过滤主要包括两种模式,一种是基于用户的协同,一种是基于项目的协同。协同模式一方面可以向用户反馈符合其需求的信息,另一方面也能屏蔽无用信息。协同过滤不仅可以通过用户相似性来提供信息,也可以帮助用户发现感兴趣的新信息。在突发事件管理中,应急处置对应急信息的依赖性越来越高,单一的信息过滤方案并不能满足不断复杂化、快速化的网络信息过滤需求,需要通过多种过滤技术和过滤方法的综合使用来更好地满足应急处置需要。信息过滤技术将在应急管理工作中发挥越来越重要的作用。

三、基于信息特征的应急信息采集方法

基于信息主体的不同,信息可以划分为静态信息和动态信息,也可以划分为非公开信息和公开信息。其中,动态信息主要是指能够从信息源中产生,且并未采用符号、代码标记下来的信息;与之相对应,静态信息主要是指经过编辑加工,采用符号、代码标记下来的信息。公开信息是指来自大众传媒、公共信息服务或其他公开渠道的信息;而非公开信息通常是指来自非公开途径甚至采取了一定保密措施的信息。通常情况下,静态的、公开的信息相对更易于获取,但也往往更易出现滞后的情形;而

动态的、非公开的信息虽然在获取上更加困难,却有着更高的使用价值。

（1）常态下的应急信息选择

因信息需求的目的差异,应急管理中的常态信息采集类型与一般信息的采集类型也有所不同,其采集途径主要侧重各类统计数据、实践调查、报表分析等资料。

（2）非常态下的应急信息选择

大众媒体主要是指新闻信息传播过程中的媒介和载体,主要包括报纸、广播、电视以及由此产生的具有新闻性质的影片、期刊等。大众传媒不仅是一股重要的传播力量,其信息传播网络也是我们及时获取应急信息的重要手段。根据应急管理的总体要求,各级组织的相关部门或机构,不但要制定应急处置预案,建立应急救援队伍,还应当建立重大危险源与重大安全事故隐患报备、评估、监控和整改制度,定期对本单位的安全状况进行检查,发现安全事故隐患必须及时整改和消除。要准确反映突发事件形成时的真实情形,就必须从事件亲历者或目击者那里获取第一手资料;要客观全面地把握突发事件,还必须进行实地调研。实地调研方法主要包括访问调查法和观察法两种。

第3章
应急通信技术

第一节　应急通信发展状况

一、应急通信概述

现代意义的应急通信，一般指在出现自然的或人为的突发性紧急情况导致（包括重要节假日、重要会议等）通信需求骤增时，综合利用各种通信资源，保障救援、紧急救助和必要通信所需的通信手段和方法，是一种具有暂时性的、为应对自然或人为紧急情况而提供的特殊通信机制。"应急通信"一词，对许多人来说可能显得陌生而专业，但若提起"飞鸽传书"、"烽火告急"、"鸡毛信"等人类早期的应急通信手段，大家一定都能理解。在"应急"概念的基础上，"应急通信"是应对突发事件时的支持性通信。"应急通信"对应的英文是"Emergency Communication"，直译成中文则是"紧急事件通信"。此外，国际上常常使用另外两个相关的词：减灾通信（TDR，Telecommunications for Disaster Relief），意思是为灾害发生地区内部或对外的通信提供设备，这是针对设备而言的；应急通信服务（ETS，Emergency Telecommunications Service），意思是利用现有电信网络和业务系统来支持应急通信服务。

从概念分析来看，应急通信显然不是一种通信方式，而是一组支持不同应急需求的、具有不同属性的通信方式。例如：支持国家重大突发事件监视和预测的通信系统；支持地方发现和处理突发事件的通信系统；支持灾区最高指挥员实施现场指挥的通信系统；支持现场抢救的通信系统；现场电视转播系统；灾区现场应急通信技术支持系统；灾区群众自救和呼救应急通信；灾区群众对外通信。

在突如其来的大型自然灾害和公共突发事件面前，常规的通信手段往往无法满足通信需求。应急通信正是为应对自然或人为紧急情况而提供的特殊通信机制，目的是在通信网设施遭受破坏、性能降级、异常高话务量或特殊通信保障任务的情况下,采用非常规的、多种通信方式组合的技术手段(有线、无线、卫星、集群通信等),来恢复国际、国家、地区或本地的通信能力,以便使应急人员无论何时何地、采用何种接入方式,都能尽可能地利用残存和临时部署的通信资源建立通信连接,在应急情况下最大限度地保障通信畅通,从而达到及时报告灾情、实施紧急救援、降低灾害损失和保障灾后重建的目的。应急通信可为各类紧急情况提供及时有效的通信保障,是综合应急保障体系的重要组成部分。应急通信具有时间和地点不确定性、通信需求不可预测性、业务紧急性、网络构建快速性和过程短暂性等特点。

应急通信与社会和技术的发展息息相关,并且不同机构对于应急通信可能会有不同的理解。应急通信的内涵将随着通信行业和技术的发展不断发展变化。另外,必须要明确的是:应急通信是公用通信网的重要组成部分,可以视为公网的延伸和补充,而不应将应急通信与公网隔离开来。而且,应急通信既包括应急通信技术手段,也包括应急组织管理的方式方法,是技术和组织管理的统一。

总体来看,应急通信系统承担的任务包含 3 个方面:① 平时为公用通信网提供补充服务;② 为突发事件提供通信保障,这也是应急通信承担的主要任务和职责;③ 战时为作战提供支持。按照应急任务的性质不同,可以分为应急服务和应急保障。应急服务主要是指为预定的重大社会、经济和外交活动提供业务支撑;而应急保障主要是指为重大通信事故、突发公共事件和自然灾害提供通信保障。

二、国内外应急通信的发展状况

长期以来,许多国家都高度重视应急通信网络的研究和开发工作,尤其是欧美发达国家和亚洲的日本。美国从 20 世纪 70 年代就开始建设最低限度应急通信网,用于确保美国当局应对紧急事件的指挥调度。"9·11"事件之后,美国投入巨资建设与因特网物理隔离的政府专网,推行通信优先服务计划并利用自由空间光通信(FSO,Free Space Optics)、微波接入全球互操作(WiMAX,Worldwide Interoperability for Microwave Access)和无线保真(Wi-Fi,Wireless Fidelity)等通信新技术来提高应急通信保障能力。

日本目前已建立起较为完善的防灾通信网络体系,如中央防灾无线网、防灾互联通信网等。中央防灾无线网是日本防灾通信网的骨架网络,由固定通信线路、卫星通信线路和移动通信线路构成。防灾互联通信网可以在现场迅速连通多个防灾救援机构以交换各种现场救灾信息,从而有效地进行指挥调度和抢险救灾。与此同时,国际上许多标准化组织都在积极从事应急通信相关标准的研究,如 ITU-R,ITU-T,ETSI(European Telecommunications Standards Institute,欧洲电信标准化协会)和 IETF(Internet Engineering Task Force,因特网工程任务组)等。ITU-R 主要从预警和减灾的角度对应急通信展开研究,包括利用固定卫星、无线电广播、移动定位等向公众提供应急业务、预警信息和减灾服务;ITU-T 对开展国际紧急呼叫以及增强网络支持能力等方面进行研究,主要包括应急通信服务和减灾通信业务两大领域。

ETSI 主要关注紧急情况下政府/组织之间以及政府/组织和个人之间的通信需求；IETF 对应急通信的研究涵盖通信服务需求、网络架构和协议等多个方面。

我国应急通信的发展大致可以分成 3 个阶段，第一个阶段是 1998 年以前，第二个阶段是 1998 年—2003 年，第三个阶段是 2003 年—2008 年。其中有三个标志性事件，第一个事件是 1998 年的抗洪和信息产业部的改革；第二个事件是 2003 年的抗击 SARS，国务院主要以制定应急预案为标准；第三个事件是 2008 年的抗震抢险。另外，我国也从 2004 年开始正式启动应急通信相关标准的研究，内容涉及应急通信综合体系和标准、公众通信网支持应急通信的要求、紧急特种业务呼叫等。与此同时，国内许多企业也在积极研发应急通信相关产品，如中兴的 GT800、华为的 GOTA 和中科院浩瀚迅无线技术公司的 MiWAVE 等。

当前，我国在应急通信保障方面的研究工作可以归纳为以下几类：① 充分挖掘现有通信和网络基础设施(包括电信网、蜂窝网和互联网等)的潜能，通过增强网络自愈和故障恢复能力来提升其应急通信保障能力；② 针对现有应急通信系统缺乏有效的统一调度和指挥的问题，考虑如何实现跨部门、跨系统的统一指挥调度平台，使各个专网之间以及专网与公网之间实现有效互联互通，中兴的 GT800 就属于此类产品；③ 针对一些部门的应急通信系统带宽过窄，不足以支持视频图像等宽带多媒体业务的问题，考虑采用各种宽带无线接入技术(如 WiMAX)来支持业务的高速率传输；④ 针对各专用应急通信系统缺少统一规划和互通标准的问题，着手启动应急通信相关标准的制定；⑤ 研究应急通信资源的有效布局和调配问题，如优化通信基站的选址和频道分配来满足应急区域的通信覆盖要求。

近年来，我国应急通信研究重点围绕公众电信网支持应急通信展开工作，对于现有的固定和移动通信网，主要研究公众到政府/机构、政府/机构到公众的应急通信的业务要求和网络能力要求，包括定位、就近接入、电力供应、基站协同、消息源标识以及紧急特种业务呼叫的路由、紧急业务的定位等。另外也考虑在互联网上如何支持紧急呼叫，包括用户终端位置上报、用户终端位置获取、路由寻址等关键问题。上述研究工作有效地推动了国内应急通信系统和相关平台的建设和发展，增强了各种应急突发情况下的通信保障能力。不难发现，有关应急通信保障的研究工作大多没有充分关注和利用已在通信领域崭露头角的无线自组网技术，也没有考虑融合多种通信技术手段提供全方位、可靠的应急通信保障，而是过多强调发展集群通信、无线短波通信和卫星通信系统。

此外，不同应急情况下不同的用户群体对应急通信的需求有很大不同，必须有针对性地选取适当的应急网络组织方式和通信技术手段。以集群通信系统为例，目前的专用集群通信系统具备资源调度和组呼功能，在应急通信系统中发挥了重要作用。但是，集群通信系统依赖于固定的基站，主要提供语音和短消息服务，通信速率较低，难以胜任在应急突发情况下快速部署网络并提供可靠通信服务的要求。需要指出的是，虽然我国的应急通信保障体系建设有了很大发展，但还是存在技术和体制落后、应急物资供给和资金投入不足等问题,与应急通信的要求还有很大差距。

三、应急通信的网络组成与技术

1. 应急通信网的构成

在应急通信过程中,会使用现有的固定有线网、蜂窝移动网、互联网等公众通信网络,也会用到集群、卫星、短波等专用通信网络,广播、电视、报纸等公众传媒网络以及传感网、Ad Hoc网络等现场监控和救援网络。专网在应急通信中基本用于指挥调度,而公网基本用于公众报警、公众之间的交流以及政府对公众的安抚与通知等。应急通信网络是一种涉及多种通信技术手段的异构网络,根据事发的时间、地点和基础设施网络的受损程度,其网络构成是不确定的、多样的和动态变化的。因此,在设计应急通信网络时,很难有一个统一、完美的体系架构,需要根据实际需求进行全面考虑,选择合理的应急通信技术手段,并进行有效的整合。一般情况下,首选应急突发事件发生后残存的基础设施网络,然后根据需要部署其他网络。固定有线通信网能够提供高速和稳定的通信信道,通话费用较低,适用于大数据量的实时传输,但是受到线缆的限制,并不是任何时间和地点都可以使用。

移动通信支持动中通,灵活方便,更适合应急通信需求,但其覆盖范围和所能承载的业务有限。卫星网络通信距离远,且不受地面条件的限制,能够迅速实现靠地面传输手段无法满足的地点之间的通信,特别是在面积大、地面通信线路不发达的地区。但是,卫星通信网络建设投入大、传输速率相对较低、通话费用高,适用于极端情况下的应急通信。数字集群系统可实现组呼、单呼、广播以及短消息和分组数据传输业务,适用于应急指挥调度。

随着互联网的不断普及,其应急通信能力逐渐得到认可,并发挥了重要作用。互联网可以提供包括E-mail、即时通信、文件传输、流媒体在内的多种通信服务,具有网络覆盖范围广、信息传递量大、费用低的优点,但也有在突发情况下容易发生网络拥塞而不能快速响应的问题。无线自组网是移动通信技术和计算机网络技术融合的产物,具有网络自组织和协同合作的特征,非常适合组建应急通信网络来协调各类人员展开救援行动和应对突发事件。无线自组网的典型实例包括Ad hoc网络、无线传感网和Mesh网络,它们具有鲜明的技术特色和应用领域,在应急通信场合均能发挥重要作用,这些无线自组网技术的有机融合必将加强应急突发场合下的通信保障能力。

2. 应急通信保障的技术

应急通信技术并不是独立存在的新技术,而是很多技术在应急方面的应用,各类技术通过不同组合满足不同应急通信需求。目前,与应急通信相关的技术包括公众通信网、数字集群、无线传感器、Ad hoc自组织、微波、视频会议和视频监控、安全和加密、定位、卫星通信、GIS等多个技术领域。选择何种技术手段取决于紧急突发事件的性质,并且要考虑通信中断的原因。具体来讲,通信中断(或阻塞)的常见原因如下：

① 通信基础设施（如光缆、铜缆、无线基站、交换设备、机房）的损坏，使事发地区的通信网络特别是与外界的主要通信干线被切断。

② 供电中断，进而导致通信设施瘫痪。

③ 交通中断，使预先准备的应急通信设备和人员难以进入现场。

④ 事发地区人们的恐慌和其他地区人们的关注。即使当地通信网络没有受到损坏，也会因出现远超过当地通信网络设计负荷的呼叫和话务量而导致网络瘫痪，使得紧急的信息难以有效地传递。

从应急突发事件的实际情况来看，以上 4 种情况虽然破坏程度不同，但往往会同时发生，不仅使得事发地区原有的通信网络瘫痪，还使得采用应急通信手段紧急恢复通信也变得困难，导致事发地区在相当长的时间内无法恢复正常通信，从而与外界隔绝。根据上面的分析，在进行应急通信和灾害备份通信的设计或制定相关预案时，必须慎重考虑中继、电力、交通以及超负荷业务量这 4 个因素的影响。

在长途中继方面，地面光缆和铜缆的优势是：容量大、性价比高，但易遭地震、水灾等自然灾害的破坏。因此在灾害情况下，采用微波和卫星通信作为中继电路备份是较好的选择，也可以考虑利用无线自组网技术进行多跳中继。

在电力方面，当灾害导致大规模停电发生时，根据国内外的实际经验来看，由于规模导致的成本问题，很难为所有的无线基站、微波中继塔提供备份供电；而卫星通信由于自成体系，对电力的要求最低，只需要事先为相关卫星终端配备 1 台小型便携发电机，就可以在灾难发生时为相关地区或单位提供基本的对外联络。无线自组网可以由多部电台临时构成，对电力供应的要求也较低。

在解决交通阻断对通信的影响方面，一旦灾害发生，无论多么轻便灵活的应急通信手段（如卫星手持终端），也都需要在交通恢复后（包括采用非常规的运输手段，如地震灾害中动用直升机）才可以运进灾区，为了避免通信的恢复依赖交通恢复的尴尬局面，只有在灾难发生前，建立灾害备份通信系统，才可以在灾后确保通信不致中断。

关于灾后恐慌引起的网络阻塞对关键通信的影响，通常采用 2 种办法来解决。一是建立政府部门或企业专门的应急指挥通信系统，不和民用网络有任何关联，目前多采用数字集群系统；二是建立政府或企业的卫星灾害备份通信系统。这是因为当卫星通信作为接入网时，由于和当地的接入网没有任何关联，电话或数据上传到卫星后直接到达设在异地或本地与长话局相连的卫星通信关口站，因此可以避免灾后恐慌引起的当地网络阻塞。无线自组网同样能够发挥传递关键通信的作用，而且组网快速、灵活、稳定性强。在应急突发事件发生后，为了保证国家指挥当局和重要部门做出快速有效的反应并顺利完成指挥控制任务，应根据应急突发事件的级别优先保证重要部门和重要人员在危急时刻的通信联络。本书针对不同级别的应急事件，列出了不同级别下应急通信保障服务对象的通信要求和技术手段，以作参考，见表 3-1。

表 3 - 1　不同突发事件下的应急通信需求

级　别	应急指挥机构	现场救援机构	待援用户	普通用户	技术手段
特别重大	保障与救援机构之间的重要语音和数据通信	保证与应急指挥机构和待援用户的重要语音和数据通信	尽量保证紧急热线通畅	对通信质量不作保证	各种通信手段并用
重大	保障与救援机构和待援用户之间的重要语音和数据通信	保证与应急指挥机构和待援用户的重要语音和数据通信	保证紧急热线畅通	保证短消息畅通	各种通信手段并用
较大	保障与救援机构和待援用户之间的基本语音和数据通信	保证与应急指挥机构和待援用户的基本语音和数据通信	保证紧急热线和即时消息畅通	保证短消息和基本的语音通信	路由迂回、数据灾备、应急通信车、互联网等
一般	保障与救援机构和待援用户之间的视频、语音和数据通信	保证与应急指挥机构和待援用户的视频、语音和数据通信	保证紧急热线和即时消息畅通	保证短消息和语音通信	路由迂回、路由自愈和数据灾备

3. 应急通信技术存在的意义

当今社会,日益增多的大型集会类事件给现有通信系统带来极大的压力;同时,诸如地震、火灾、恐怖事件等突发事件也在不断地考验着政府及相关职能机构的工作能力、办事效率。提高政府及其主要职能机关的应变能力、反应速度越来越成为一个焦点话题。在大型集会时,数以万计的人集中在一起,某些区域的通信设施处于饱和状态,严重的过载会使通信瘫痪直至中断;在消防事件中,当建筑物被毁严重时,楼体内的通信设施基本处于瘫痪状态,周边的公用通信网无法完成指挥调度的功能,对图像、视频的支持度也比较低;在公安办案尤其是重大恐怖事件的处理过程中,国家、地方领导需要实时地掌握案发现场的状况,此时图像、视频监控的作用尤其重要;在破坏性极大的自然灾害面前(比如汶川地震),包括通信设施、交通设施、电力设施在内的基础设施完全被毁,灾区在一定程度上处于孤城的状态,所有的现场信息都需要实时地采集、发送、反馈。在上述这些情况下,无线应急通信系统是至关重要的。

应急通信体系在城市遭到突发灾害或事故时,承担着及时、准确、畅通地传递第一手信息的"急先锋"角色,是决策者正确指挥抢险救灾的中枢神经。应急通信只有在突发灾害来临时,真正做到及时、准确、畅通地传递抢险救灾信息,而不是变成紧急情况时的哑巴和瞎子,才能把好城市安全管理的第一道关。2008 年 5 月 12 日,四川汶川发生 8 级地震,包括汶川在内的多个县级重灾区内通信系统全面阻断,昔日高效、便捷的通信网络遭受毁灭性打击而陷入瘫痪。网通、电信、移动和联通四大运营商在灾区的互联网和通信链路全部中断。四川省多地长途及本地话务量上升至日常10 倍以上,成都联通的话务量达平时的 7 倍,短信是平时的两倍,加上断电造成传输中断,电话接通率是平常均值的一半,短信发送迟缓,整个灾区霎时成了"信息孤岛"。

不同情况对应急通信有着不同的要求：

① 由于各种原因发生突发话务高峰时，应急通信要避免网络拥塞或阻断，保证用户正常使用通信业务。通信网络可以通过增开中继、应急通信车、交换机的过负荷控制等技术手段扩容或减轻网络负荷。无论什么时候，都要能保证指挥调度部门正常的调度指挥。

② 当发生交通运输事故、环境污染事故灾难或者传染病疫情、食品安全等公共卫生事件时，通信网络首先要通过应急手段保障重要通信和指挥通信，实现上述灾害发生时的应急目标，满足通信需求。另外，由于环境污染、生态破坏等事件的传染性，还需要对现场进行监测，及时向指挥中心通报监测结果。

③ 当发生恐怖袭击、经济安全等社会安全事件时，一方面要利用应急手段保证重要通信和指挥通信；另一方面，要防止恐怖分子或其他非法分子利用通信网络进行恐怖活动或其他危害社会安全的活动，并通过通信网络跟踪和定位非法分子，抑制部分或全部通信，防止非法分子利用通信网络进行破坏。

④ 当发生水灾、旱灾、地震、森林草原火灾等自然灾害时，通信网络可能出现的情况是：自然灾害引发通信网络本身出现故障造成通信中断，通过应急手段保障重要通信和指挥通信。应急通信的目标是利用各种管理和技术手段尽快恢复通信，保证用户正常使用通信业务，并实现应急指挥中心/联动平台与现场之间的通信畅通；及时向用户发布、调整或解除预警信息；保证国家应急平台之间的互联互通和数据交互；疏通灾害地区通信网话务，防止网络拥塞，保证用户正常使用。

第二节　应急通信技术分析

一、应急通信技术热点与难点

1. 应急通信技术热点

传统的应急通信通常以卫星通信、集群通信、微波等技术为主。随着宽带、无线、异构等新技术的出现，为应急通信带来了更快速、更方便、功能更强大的解决方案，产生了很多技术热点，可以实现高效快捷、形式多样的应急通信。一个完整的应急通信过程通常包括应急指挥中心、公众通信网/专用通信网、应急现场这3个关键环节。技术热点也集中在这3个方面，具体说明如下。

① 公众通信网包括现有的 PSTN/ISDN、PLMN（Public Land Mobile-Communication Network，公众陆地移动通信网）、互联网以及下一代网络等，是应急通信的支撑网络，用于紧急情况报警、应急指挥中心与现场的通信连接等，涉及的技术热点包括下一代网络对应急通信能力的支持、互联网对应急通信的支持、优先路由、过载控制、对用户的定位等。

② 对于应急通信现场，首先，要保障指挥通信顺畅并支持动中通，通常以无线方

式为主,使用集群、卫星、WiMAX、Ad Hoc 网络和 P2P 等技术手段,快速部署通信网络,提供通信保障。其次,要满足监测与预警的需求,尤其是出现重大灾害事故时,现场的监测与预警显得尤为重要,可以采用无线传感器、图像监控、数据处理、数据挖掘和移动定位等关键技术,加强对现场的监控以及对各种灾害事故的实时信息智能处理。

③ 应急指挥中心是应急通信的指挥决策中心,该中心必须保证不同职能部门的应急指挥系统之间的互联互通和信息共享,确保指挥系统的高可靠性和稳定性,并能将各种信息图文并茂地展现给指挥人员。采用的技术包括容灾备份、数据复制、数据统计评估、GIS、专家系统、信息加密、视频会议和多媒体技术等。

2. 应急通信技术难点

为了实现快速、灵活地组建异构应急通信网络,方便、安全和可靠地在应急指挥中心和现场传递指挥控制信息和现场监视的数据,并且支持应急现场救援机构之间的协同通信,应急通信仍需要解决以下技术难点。

① 快速可部署性。应急通信对反应时间有很高要求,因此应急系统和网络应该做到方便快捷地规划和部署。

② 自配置和自管理。与传统通信网络相比,应急网络系统应该减少人为干预和管理,应该为自我识别、自我配置提供尽量好的连通性,包括分配 IP 地址和分配信息。

③ 电源便捷性和功率控制。网络设备和终端应该能够利用本地可用的各类电源,支持即插即用。采用各种机制来控制和节省电源,通过功率控制来控制网络拓扑,提高资源使用率和数据传输可靠性。

④ 网络的异构性。应急网络是一种可以根据需要合理整合多种网络类型和技术手段的混合式异构网络。网络中包括各种通信设备和终端,如卫星设备、通信车、便携式电台、电脑、PDA、微波接力设备、无线传感器等,必须解决异构网络的互联和互操作问题。

⑤ 可靠性和顽存性。应急通信网络必须足够健壮、系统必须高度可靠、保障最低限度通信。

⑥ 安全性。应急突发环境多样,可能处于敏感的地理环境和政治氛围中,传递的信息要视情况提供特定的安全保护,并考虑采用基于角色的访问控制和基于策略的网络管理方式。

⑦ 可扩展性。应急通信网络规模可大可小,大到遍及全球的传染病疫情的应急监控网络,小到处置交通事故的应急现场网络,因此网络必须具有良好的可扩展性和可裁减性,这也对底层的路由、地址分配、资源管理等机制提出了较高要求。

⑧ 跟踪定位。在应急通信中,各种人员的位置信息至关重要。可以考虑根据 RFID、GPS、信号到达强度、信号到达角度等多种方式来确定各类人员的位置,并提供基于用户位置和状态的服务,也就是所谓的情景感知服务。

⑨ 服务质量。应急通信系统应针对不同的用户和业务特性提供有差别的服务质量保障,在确保重要指挥控制信息可靠、及时传递的同时尽量保障其他用户和业务的通信需求。

二、应急通信技术比较

在信息时代,通信已经成为人们工作、生活中不可或缺的重要组成部分。尤其是在重大自然灾害发生时,更加能凸显出通信的关键作用。作为和水力、电力一样重要的基础设施,通信是报告灾情、组织实施救援必不可少的技术手段。可以说,保障灾难发生后的通信畅通,就是保住了灾区救援、尽量降低灾害损失的生命线。应急通信是指出现突发性紧急情况时,综合利用各种通信资源,保障救援、紧急救助和必要通信所需的通信手段和方法。应急通信并不是独立存在的新技术,而是很多技术在应急方面的特殊应用。面对不同的紧急情况,需要的应急通信技术手段也不尽相同。

下面介绍几种常用的应急通信技术手段。

1. 卫星通信

卫星通信是地球站之间通过通信卫星转发器所进行的微波通信。面对地震、台风、水灾等自然灾害,卫星通信能够发挥不可替代的重要作用。在陆地、海缆通信传输系统中断,以及其他通信线缆未铺设到之处,它能帮助人们实现信息传输。由于受自然条件的影响极小,因此卫星电话等通信手段可以作为主要的救灾临时通信设备。

卫星通信工作在微波波段,主要用于长途通信,利用高空卫星进行接力通信。通信卫星通常可分为同步通信卫星和非同步通信卫星。其中,高轨道同步通信卫星是运行在约 36 000 km 上空的静止卫星。位于印度洋、大西洋、太平洋上空的三颗同步卫星,信号基本可以覆盖全球。卫星的高度高,要求地球站发射机的发射功率也要大、接收机灵敏度要高,天线增益高。一些覆盖一个地区或国家的通信卫星高度则可以低一些。非同步通信卫星为运行在 500～1 500 km 上空的非静止通信卫星,采用多颗小型卫星组成一个星座。如果能够实现在世界任何地方上空都能看到其中一颗星,则这个星际通信就可覆盖全球。低轨道通信卫星主要用于移动通信和全球定位系统。

卫星通信的主要业务包括卫星固定业务、卫星移动业务和 VSAT 业务。

（1）卫星固定业务

卫星固定业务使用固定地点的地球站开展地球站之间的传输业务。提供固定业务的卫星一般使用对地静止轨道卫星,包括国际、区域和国内卫星通信系统,在其覆盖范围内提供通信与广播业务。覆盖我国的国内卫星包括中星 1、6、6B、9、20、22号,中国鑫诺 1、3 号,亚洲 1A、2、3S、4 号,亚太 1、2R 号等十几颗静止卫星。在应对地震等灾害时,带有卫星地球站的应急通信车可以利用国内静止卫星的转发器,给灾区对外界的通信和电视转播提供临时传输通道。

（2）卫星移动业务

卫星移动业务与地面移动通信业务相似，可以提供移动台与移动台之间、移动台与公众通信网用户之间的通信。国际上目前可以使用的卫星移动通信系统主要包括两类：对地静止轨道（GEO）卫星移动通信系统主要用于船舶通信，也可用于陆地通信，其中波束覆盖到我国的系统有国际海事卫星系统和亚洲蜂窝卫星系统；非静止轨道（NGEO）卫星移动通信系统目前覆盖全球的只有三个——"铱星"、"全球星"和轨道通信系统。

（3）VSAT 业务

甚小天线地球站（VSAT）系统，是指由天线口径小、并用软件控制的大量地球站所构成的卫星传输系统。VSAT 系统将传输与交换结合在一起，可以提供点到点、点到多点的传输和组网通信。VSAT 系统大量用于专网通信、应急通信、远程教育和"村村通"工程等领域。地震中，通过临时架设 VSAT 网络，可以在已修复的移动通信基站或临时架设的小基站与移动交换机之间提供临时通信链路，恢复灾区的移动通信。

2. 无线集群通信

无线集群通信源于专网无线调度通信。与专网调度相比，集群调度具有共用载频、共用设施（机房、移动交换机、基站、天线、电源等）、共享覆盖区、共享通信业务、分担费用等优点。无线集群通信与公众移动电话的不同点在于：集群通信以组呼为主，用户之间有严格的上下级关系，用户根据不同的优先级占用或抢占无线信道，呼叫接续快（300～500 ms），且以单工、半双工通信为主要通信方式。

（1）组呼为主

无线集群通信可以进行一对一的选呼，但以一对多的组呼为主。集群手机面板上有一个选择通话组的旋钮，用户使用前先调好自己所属的通话小组，开机后即处在组呼状态。一个调度台可以管理多个通话小组，在一个通话组内所有的手机均处于接收状态，只要调度员点击屏幕组名或组内某个用户，按 PTT（Push To Talk）键讲话，组内用户均可听到。调度员可对部分组或全部组发起群呼（广播）。

（2）不同的优先级

调度员可以强插或强拆组内任意一个用户的讲话，且不同用户有不同的优先级，信道全忙时，高优先级用户可强占低优先级用户所占的信道。

（3）按键讲话

在无线集群通信中，其无线终端带有 PTT 发送讲话键，按下 PTT 键时打开发信机，关闭收信机；松开 PTT 键时关闭发信机，打开收信机。

（4）以单工、半双工为主

无线集群通信中为节省终端电池与少占用户信道，用户间通话以单工、半双工为主。

（5）呼叫接续快

从用户按下 PTT 讲话键到接通话路时间短,但对指挥命令而言,若漏去一两个字,有可能会造成重大事故。

（6）紧急呼叫

无线集群终端带有紧急呼叫键,紧急呼叫具有最高的优先级。用户按紧急呼叫键后,调度台有声光指示,调度员与组内用户均可听到该用户的讲话。

无线集群通信技术在正常情况下,用于公安、交通、大型企业等的通信联络;在战争、灾难等情况下,则可用于应急指挥、调度。在抗震救灾工作中,无线集群通信可用于指挥、调度灾区的救援、医护、安置、治安、物质供应、后勤等各部门的工作,从而使灾区的抢救工作得以有序进行。目前,我国正在从模拟集群通信向数字集群通信过渡,常见的数字集群技术体制主要有基于 GSM 技术的华为 GT800、GSM－R,基于CDMA 技术的中兴 GoTa,摩托罗拉的 TETRA 等。

3. 地面微波通信

微波通信是用微波作为载体传送信息的一种通信手段。微波是指波长 1 mm～1 m或频率为 300 MHz～300 GHz 范围内的电磁波。地面微波中继通信具有通信容量大、传输质量高等优点,但随着光纤通信的出现,微波通信在通信容量、质量方面的优势不复存在。然而,在地震、洪水等自然灾害发生时,常常伴随着通信光缆的断裂。这时候,微波通信就能够大显身手,通过微波线路跨越高山、水域,迅速组建电路,替代被毁的支线光缆、电缆传输电路,在架设线路困难的地区传输通信信号。另外,在修复公众网基站、架设应急无线集群基站、联通交换机之间的 E1 电路等方面,地面微波也可以发挥重要的作用。

4. 无线电台

无线电台在救灾过程中也能发挥重要作用,其中以城市广播为主。此外,军用无线电台和个人电台（业余电台）同样能发挥作用。通过城市 FM 和 AM 广播,无线电台可以向受灾群众传送外界的关心,同时,受灾群众通过收音机也可以了解到当地的受灾和救灾状况。虽然无线电台并不能进行对讲通信,但也能间接起到灾区与外界互动的作用。

通过军用和个人业余无线电台也可以进行应急通信。其中,业余无线电台简称业余电台（Amateur Radio Station）,是经过国家主管部门正式批准,业余无线电爱好者为了试验收发信设备、进行技术交流和探讨、通信训练和比赛而设立的电台。只设收信设备者为业余收信台,简称"SWL"（Short Wave Listener）。目前,在全世界范围约有 300 多万部业余无线电台,且绝大部分是个人业余电台。短波电台受自然条件影响很小,因此可以作为重要的救灾临时通信设备。短波在应急通信中非常适用,适合县乡一级的应急通信需要,不需依靠额外的传输介质,且传输距离可达几百公里,机动性好、成本低。

要建立一套全方位、立体的应急通信体系,需要充分利用各项技术的优势,针对不同需求,灵活组织协调。目前,应急通信体系建设已经在全球范围获得了各国政府的高度重视。ITU、IETF、ATIS 等国际标准化组织也在积极进行应急通信相关标准的研究。我国也正式启动了应急通信相关标准的研究,针对个人紧急情况和公众紧急情况分析应急通信的需求,对紧急业务路由和定位、公网支持应急通信、集群通信、视频监控、无线自组织、安全等各个方面进行研究。

三、应急通信领域的新技术

(一) 物联网

1. 物联网的定义

物联网是新一代信息技术的重要组成部分,也是"信息化"时代的重要发展阶段,其英文名称是"Internet of Things(IoT)"。顾名思义,物联网就是物物相连的互联网。这有两层意思:其一,物联网的核心和基础仍然是互联网,是在互联网基础上延伸和扩展的网络;其二,其用户端延伸和扩展到了任何物品与物品之间,进行信息交换和通信,也就是物物相息。物联网通过智能感知、识别技术与普适计算等通信感知技术,广泛应用于网络的融合中,也因此被称为继计算机、互联网之后世界信息产业发展的第三次浪潮。物联网是互联网的应用拓展,与其说物联网是网络,不如说物联网是业务和应用。因此,应用创新是物联网发展的核心,以用户体验为核心的创新2.0 是物联网发展的灵魂。物联网的定义:利用局部网络或互联网等通信技术把传感器、控制器、机器、人员和物等通过新的方式联在一起,形成人与物、物与物相联,实现信息化、远程管理控制和智能化的网络。物联网是互联网的延伸,它包括互联网及互联网上所有的资源,兼容互联网所有的应用,但物联网中所有的元素(所有的设备、资源及通信等)都是个性化和私有化。

2. 物联网的发展

物联网最初在 1999 年提出,是指通过 RFID、红外感应器、全球定位系统、激光扫描器、气体感应器等信息传感设备,按约定的协议,把任何物品与互联网连接起来,进行信息交换和通信,以实现智能化识别、定位、跟踪、监控和管理的一种网络。简而言之,物联网就是"物物相联的互联网"。中国物联网校企联盟将物联网定义为当下几乎所有技术与计算机、互联网技术的结合,实现物体与物体之间、环境以及状态信息的实时共享以及智能化的收集、传递、处理、执行。广义上说,当下涉及信息技术的应用,都可以纳入物联网的范畴。

研究人员在著名的科技融合体模型中,提出了物联网是当下最接近该模型顶端的科技概念和应用。物联网是一个基于互联网、传统电信网等信息承载体,让所有能够被独立寻址的普通物理对象实现互联互通的网络,其具有智能、先进、互联三个重要特征。国际电信联盟(ITU)在发布的 ITU 互联网报告中,对物联网做了如下定义:通过二维码识读设备、RFID 装置、红外感应器、全球定位系统和激光扫描器等信息传感设备,按约定的协议,把任何物品与互联网相连接,进行信息交换和通信,以实现智能化识别、定位、跟踪、监控和管理的一种网络。

根据国际电信联盟的定义,物联网主要解决物品与物品(Thing to Thing,T2T),人与物品(Human to Thing,H2T),人与人(Human to Human,H2H)之间的互连。但是与传统互联网不同的是,H2T 是指人利用通用装置与物品之间的连接,从而使得物品连接更加简化,而 H2H 是指人之间不依赖于 PC 而进行的互联。因为互联网并没有考虑到对于任何物品连接的问题,故我们使用物联网来解决这个传统意义上的问题。物联网顾名思义就是连接物品的网络,许多学者在讨论物联网时,经常会引入一个 M2M 的概念,可以解释为人到人(Man to Man)、人到机器(Man to Machine)、机器到机器(Machine to Machine),从本质上而言,人与机器、机器与机器的交互,大部分是为了实现人与人之间的信息交互。

3. 物联网的产业化

物联网是指通过各种信息传感设备,实时采集任何需要监控、连接、互动的物体或过程等各种需要的信息,与互联网结合形成的一个巨大网络。其目的是实现物与物、物与人,所有的物品与网络的连接,方便识别、管理和控制。物联网在 2011 年的产业规模超过 2 600 亿元人民币。构成物联网产业五个层级的支撑层、感知层、传输层、平台层,以及应用层分别占物联网产业规模的 2.7%、22.0%、33.1%、37.5%和 4.7%。而物联网感知层、传输层参与厂商众多,成为产业中竞争最为激烈的领域。

在产业分布上,国内物联网产业已初步形成环渤海、长三角、珠三角,以及中西部地区等四大区域集聚发展的总体产业空间格局,其中,长三角地区产业规模位列四大区域之首。与此同时,物联网的提出为国家智慧城市建设奠定了基础,有利于实现智慧城市的互联互通协同共享。《计算机学报》刊发的《物联网体系结构与实现方法的比较研究》一文对其体系结构、实现方法进行了分析介绍。物联网相关的四大关键领域如图 3-1 所示。

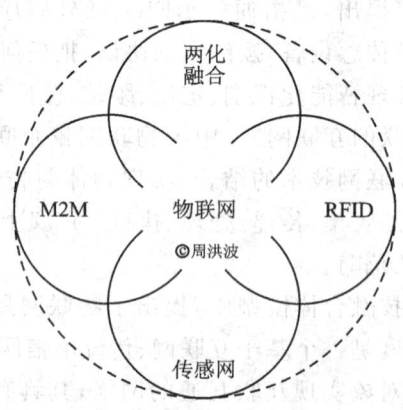

图 3-1 物联网四大关键领域

在物联网应用中，有三项关键技术：

① 传感器技术：这是计算机应用中的关键技术。大家都知道，到目前为止，绝大部分计算机处理的都是数字信号。自从有计算机以来，就需要传感器把模拟信号转换成数字信号，计算机才能处理。

② RFID 标签：这也是一种传感器技术，RFID 技术是融合无线射频技术和嵌入式技术为一体的综合技术，RFID 在自动识别、物品物流管理方面有着广阔的应用前景。

③ 嵌入式系统技术：这是综合了计算机软硬件、传感器技术、集成电路技术、电子应用技术为一体的复杂技术。经过几十年的演变，以嵌入式系统为特征的智能终端产品随处可见，小到人们身边的 MP3，大到航空航天的卫星系统。嵌入式系统正在改变着人们的生活，推动着工业生产以及国防工业的发展。如果把物联网用人体做一个简单比喻，传感器相当于人的眼睛、鼻子、皮肤等感官；网络就是神经系统，用来传递信息；嵌入式系统则是人的大脑，在接收到信息后要进行分类处理。这个例子很形象地描述了传感器、嵌入式系统在物联网中的位置与作用。

物联网将是下一个推动世界高速发展的"重要生产力"，是继通信网之后的另一个万亿级市场。业内专家认为，物联网一方面可以提高经济效益，大大节约成本；另一方面可以为全球经济的复苏提供技术动力。美国、欧盟等都在投入巨资，深入研究探索物联网。我国也正在高度关注、重视物联网的研究，工业和信息化部会同有关部门，正在新一代信息技术方面开展研究，以形成支持新一代信息技术发展的政策措施。

此外，物联网普及以后，用于动物、植物和机器、物品的传感器与电子标签及配套的接口装置的数量将大大超过手机的数量。物联网的推广将会成为推进经济发展的又一个驱动器，为产业开拓了又一个潜力无穷的发展机会。按照物联网的需求，需要按亿计的传感器和电子标签，这将大大推进信息技术元件的生产，同时增加大量的就业机会。

4. 物联网在国内的发展

物联网拥有业界最完整的专业物联产品系列，覆盖从传感器、控制器到云计算的各种应用，还包括产品服务、智能家居、交通物流、环境保护、公共安全、智能消防、工业监测、个人健康等各种领域，构建了"质量好、技术优、专业性强，成本低，满足客户需求"的综合优势，持续为客户提供有竞争力的产品和服务。物联网产业是当今世界经济和科技发展的战略制高点之一。据了解，2011 年，全国物联网产业规模超过了2 500 亿元。2014 年 2 月 18 日，全国物联网工作电视电话会议在北京召开，中共中央政治局委员、国务院副总理马凯出席会议并讲话。他强调，要抢抓机遇，应对挑战，以更大决心、更有效措施，扎实推进物联网有序健康发展，努力打造具有国际竞争力的物联网产业体系，为促进经济社会发展做出积极贡献。

马凯指出，物联网是新一代信息网络技术的高度集成和综合运用，是新一轮产业革命的重要方向和推动力量,对于培育新的经济增长点、推动产业结构转型升级、提升社会管理和公共服务的效率和水平具有重要意义。发展物联网必须遵循产业发展规律,正确处理好市场与政府、全局与局部、创新与合作、发展与安全的关系。要按照"需求牵引、重点跨越、支撑发展、引领未来"的原则,着力突破核心芯片、智能传感器等一批核心关键技术;着力在工业、农业、节能环保、商贸流通、能源交通、社会事业、城市管理、安全生产等领域,开展物联网应用示范和规模化应用;着力统筹推动物联网整个产业链协调发展,形成上下游联动、共同促进的良好格局;着力加强物联网安全保障技术、产品研发和法律法规制度建设,提升信息安全保障能力;着力建立健全多层次多类型的人才培养体系,加强物联网人才队伍建设。

(1)创新 2.0 模式

邬贺铨院士指出,物联网是互联网的应用拓展,与其说物联网是网络,不如说物联网是业务和应用。因此,应用创新是物联网发展的核心,以用户体验为核心的创新2.0 是物联网发展的灵魂。物联网及移动泛在技术的发展,使得技术创新形态发生转变,以用户为中心、以社会实践为舞台、以人为本的创新 2.0 形态正在显现,实际生活场景下的用户体验也被称为创新 2.0 模式的精髓。其中,政府是创新基础设施的重要引导者和推动者,比如,欧盟通过政府搭台、PPP 公私合作伙伴关系构建创新基础设施来服务用户,激发市场及社会的活力。用户是创新 2.0 模式的关键,也是物联网发展的关键,而用户的参与需要强大的创新基础设施来支撑。物联网的发展不仅将推动创新基础设施的构建,也将受益于创新基础设施的全面支撑。作为创新 2.0 时代的重要产业发展战略,物联网的发展必须实现从"产学研"向"政产学研用",再向"政用产学研"协同发展转变。

(2)两化融合模式

2012 年 2 月 14 日,中国的第一个物联网五年规划——《物联网"十二五"发展规划》由工信部颁布。之后不久,工信部批复广东顺德创建"装备工业两化深度融合暨智能制造试点"。顺德提出在智能产品方面将打造一批"无人工厂"。制造业的无人化或许将为中国制造业的升级提供一条路径。李广乾认为,智能化是信息化与工业化"两化融合"的必然途径,其技术核心无疑就是物联网,但要权衡好投入与产出,量力而行。

邬贺铨则指出,以前提"两化融合"还比较泛泛,而物联网是"两化融合"的切入点,可以大大促进信息化的应用。物联网大量的应用是在行业中,包括智能农业、智能电网、智能交通、智能物流、智能医疗、智能家居等。国家发展物联网的目的不仅是产生应用效益,更要带动产业发展。有了物联网,每个行业都可以通过信息化提高核心竞争力,这些智能化的应用就是经济发展方式的转变。在 2012 年,中国物联网产业市场规模达到 3 650 亿元,比上年增长 38.6%。从智能安防到智能电网,从二维码普及到智慧城市落地,物联网正四处开花,悄然影响人们的生活。专家指出,伴随着技术的进步和相关配套的完善,在未来几年,技术与标准国产化、运营与管理体系化、

产业草根化将成为我国物联网发展的三大趋势。

（3）行业现状

就像互联网需解决最后1公里的问题，物联网其实需要解决的是最后100米的问题。在最后100米，可连接设备的密度远远超过最后1公里，特别是在家庭中。家庭物联网应用（即我们常说的智能家居）已经成为各国物联网企业全力抢占的制高点。作为目前全球公认的最后100米主要技术解决方案，ZigBee得到了全球主要国家前所未有的关注。这种技术比现有的Wi-Fi、蓝牙、433M/315M等无线技术更安全、可靠，同时其组网能力强、具备网络自愈能力并且功耗更低，这些特点与物联网的发展要求非常贴近，目前已经成为全球公认的最后100米的最佳技术解决方案。

（二）物联网技术框架

1. CASAGRAS框架发展

CASAGRAS是欧盟支持的项目计划，主要是支持与协调全球RFID相关活动与标准化，其全称为"Coordination And Support Action for Global RFID-related Activities and Standardization"。参与此计划的专家除来自欧洲外，还来自中国、日本、韩国以及美国，其最终的报告"RFID and The Inclusive Models For The Internet of Things"于2009年9月发布。由于该份文件已经考虑到国际面向有关法规、标准与其他落实物联网的条件以及RFID在其中的角色，所以除了帮助欧洲委员会发展物联网策略与实施路径，该份报告也可作为各国发展物联网技术应用之参考。

对IoT的概念以及它与物理世界的接口技术或方法进行了解之后，计划目标已经过修订而不只紧抱RFID技术，也接受其他识别（Identification）、位置（Location）、通信与数据撷取技术。以下三种硬件技术以及关联分层，可作为落实物联网的基础：识别与数据撷取技术组成物理接口层；固定的、移动的、无线的以及有线的通信传输技术，以关联接口支持数据与语音传输；网络技术（与通信传输技术组合）促进以应用与服务为目的所支撑的对象群集。

此外，软件、中间软件构件以及关联通信协议（协议提供联结与驱动硬件的方法），再加上服务查找支持，这就构成一个完整的操作系统或体系。CASAGRAS框架已被相关的欧洲组织引用到欧盟政策文件中，如"European Policy Outlook RFID"文件，建议须植入"处理能力"（Processing Capability），作为说明物联网模式有用的关键因素。CASAGRAS三个模式：仅读取RFID数据载体模式；以RFID为基础的附加对象，联结数据模式（很显然地，有读写功能以及附加数据携行能力）；以RFID和其他前沿技术（Edge Technology）为基础的加值的对象，联结数据模式，包括感知数据撷取、延伸数据携行能力以及其他属性，如地点或定位能力。

2. 物联网技术的融合

大部分物联网的基础模式都具有数据载体，其本质上是携行唯一识别码的被动式RFID卷标，每一个卷标经由无线频道会有被询问与响应能力。但这种卷标本身无处理数据能力,卷标之间也没有通信设施。应用程序使用这些数据载体,是依赖"识别码"作为寻址方式,以便在远程储存附着于该品项的信息。标签被读取器、询问器(Interrogator)或网关(Gateway)装置以无线方式与卷标通信方式质问,更进一步则与支持应用的信息管理系统沟通传输数据(本文中使用"询问器"这个字来统称读取器、基地台或网关器)。询问器也许是固定式或移动式的装置,询问器装置与主机之间的通信联结可能是有线或无线方式,根据装置形态,需要不同的接口与通信协议。询问器也许能执行一些特定的处理功能,或具有与其他询问器或网关装置沟通与联网的能力。必须知道,主动式 RFID 装置可执行两种功能:一是应答式卷标功能,二是询问器的功能;在另外的环境里,询问器的功能则是收集或整理范围内其他 RFID 装置传来的数据,这种能力适当地展开,便能大大强化 IoT 的实现。

主机系统控制应用程序的需要,利用品项编码方案促动特定品项的支持功能,驱动以及传输适当响应,包括导致一些实体驱动的部分。主机系统一再地经由有线或无线传输信道以及网络联结,根据应用程序要求进一步的通信,系统联网能力也许包括因特网与全球信息网。

当物联网简易的模式,以 RFID 和其他无线电波为基础的前沿技术被提出来时,更进一步的"融合模式"必须考虑到它与实体世界接口的潜能。同时,在连通性方面必然发生无数的变化,它有可能出现一些很实际且容易实行的系统。当融合模式在它的现状以及现实环境中有更高的需求时,那就表示经过设计、标准支撑的方法已达到某阶段的愿景。框架考虑能分别进到相关不同层级,以区别实体世界对象与整合于演化中的因特网之间的不同。

3. 物联网技术层级

物联网技术层级包含物理层、询问器/网关层、信息管理应用与企业层以及更广的通信与因特网层。

(1)物理层

在其中,经由联结数据载体技术(含 RFID)的对象的使用,物理对象或事物(Thing)被识别与转换成为物联网的功能构件。被识别的对象,可被分群或联网执行特定应用需求。附加功能的装置,由传感器、空间位置、全球定位以及地区通信设施所形成,也许被用来达成网络建构,或单一装置系统作业。在物联网内的装置构成节点,"处理能力"被视为区别特色的重点。在发展处理电能、降低成本以及体积微小化方面,开发植入式或附着式处理节点于应用对象的期待正在增温中。这些装置的距离、弹性以及网络,无疑对应用范围有重大影响。

欧洲委员会 2006 年报告——"从 RFID 到物联网"中提到:普遍的网络系统确认支撑通信网路的装置如下:纯被动式装置,当它被质询时会产生固定的数据输出;具有适度处理电力的装置,可格式化载体信息,具有时间与地点相关不同内容的能力;感应式装置,当被质询时,能产出与传递环境或品项状况的信息;增强处理能力的装置,装置间在没有人力介入之下可自行决定通信、引出某种程度的智能能力进入网络

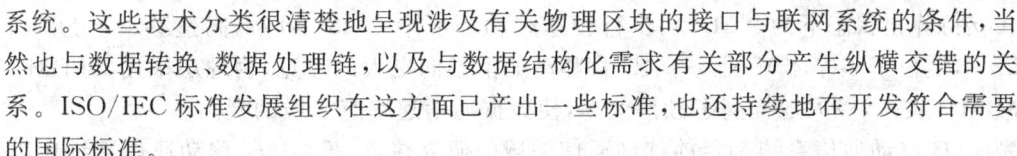

系统。这些技术分类很清楚地呈现涉及有关物理区块的接口与联网系统的条件,当然也与数据转换、数据处理链,以及与数据结构化需求有关部分产生纵横交错的关系。ISO/IEC 标准发展组织在这方面已产出一些标准,也还持续地在开发符合需要的国际标准。

假如不全都是 RFID 装置,当不明确指出其含义时,上述技术本质上就是以 RF 为基础的结构。层级区分是根据不同 AIDC 技术提供不同功能性层级。他们必然包括 RFID 作为一层,但其他层级能延伸到整个 AIDC 技术范畴,包含线性条形码、二维条形码、光学数据、记录装置、触碰式记忆装置以及自然特征范围识别技术,如识别人体的生物辨识系统。物理世界的接口显然也是以无线电波为基础的通信技术,有一些联结对象是包含 Wi-Fi、蓝牙、Zigbee、近场通信(NFC)以及其他提供较广域通信的设施(GPRS、3G)。宽带与移动网络,以及在实现物联网的前沿层(Edge Layer)中关联的服务发展,能增加更多面向与机会。

这些技术范畴与功能的丰富性,在应用、创新与企业关联对象实现中,呈现实质的决定因素;对应用框架而言,它们是有贡献的。在这个基本层级上,可让不同数据撷取装置进行辨识。在物联网体系结构内融入它们,理想上要求发展符合全球通用数据撷取的协议,以便能随插即用(Plug-and-Play)。当然,要以这种方式定义这些层级,得等到所有前沿技术所涵盖的便利设施移入一段时日之后才能做到。

(2)询问器/网关层

在对象关联装置之间,以及询问器与信息管理系统之间有效地提供接口。固定的宽带以及移动性通信技术,会产生物联网要求的连通功能。询问器与网关装置的联网技术,也可视为这一层重要的基础结构特色,也分担物联网内重要的角色。在实体世界应用里面,有关驱动以及控制装置的接口是这一层中最重要的特色。

(3)信息管理应用与企业层

这是与询问器及网关装置层接口的信息管理层,提供支撑应用与服务的功能性平台。联网技术与提供智慧能力的设施,在落实物联网过程中构成更重要的特色。

(4)更广的通信与因特网层

提供其他结构与网络(含因特网)接口。虽然每一层间的接口是必需的,但接口也许会绕过某一层以增加弹性,并对连通应用与服务对象的选择更为自由。以网络为基础的结构以及要求网关器支撑的部分也更加弹性。此外,无所不在的运算与联网系统的发展,以整合的通信能力提供物联网基础设施关键的技术,并与现存的与演化中的因特网整合。

(三)物联网技术应用

进入 20 世纪 90 年代以来,移动通信系统飞速发展,从传统的通信业务逐渐向互联网、多媒体等宽带业务发展,为新一代电力 ICT 网络的无线接入带来新的选择。随着 3G 在全世界范围的大规模商用,其已成为目前通信领域讨论的热点,传输速率在支持静止状态下为 2 Mb/s,步行慢速移动环境中为 384 kb/s,高速移动下为 144 kb/s,定位于多媒体 IP 业务。4G 将移动通信推向更大的带宽,物理层采用 OFDM - MIMO 技术,极大地提高了频谱效率,使数据通信速率有了质的提高。

4G 移动通信系统是目前移动通信领域的研究热点,虽然 3G 移动通信系统比以往的移动网络已有巨大的进步,但是离目前用户对移动通信系统的期望仍有差距。所以,世界各地都展开了对 4G 的研究和讨论。在中国,China 4G World 于 2009 年 5 月 13—14 日在北京召开,会议内容包括 LTE(Long Term Evolution,长期演进),VoLTE 和 Mobile Backhaul,研讨中,LTE 备受关注。LTE 是未来主流的移动通信技术,LTE R8 标准已于 2009 年 3 月完全冻结,这意味着 LTE 正式进入商用化研发的倒计时,完全能够满足 2010 年商用的需要。基于 LTE - Advanced 的研究已经在 3GPP(3rd Generation Partnership Project,第三代合作伙伴计划)进行,3GPP 已经向 ITU 提交了基于 LTE 演进的 4G 候选技术的初稿。

应急通信指挥车(图 3 - 2)是现场通信的核心,通过 PDA、手提电脑、单兵视频采集等终端,采用 4G 宽带无线技术进行通信,与指挥中心通过卫星、光纤或微波链路建立连接。

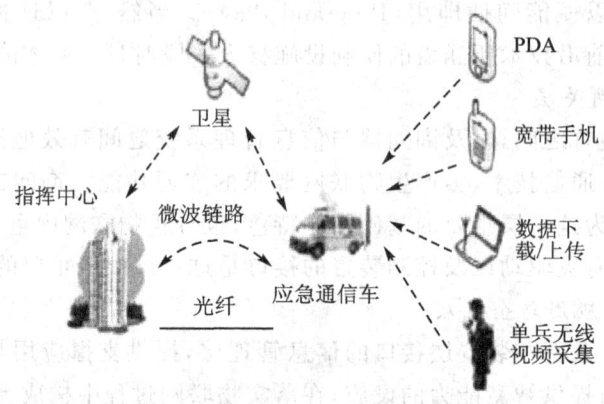

图 3 - 2　应急通信指挥车

单兵视频采集终端通过无线方式将现场视频数据传送到应急通信指挥车,PDA、智能手机、手提电脑等终端通过无线接入到应急通信指挥车进行通信,这都需要大量的数据传输。系统采用 OFDM 作为无线通信技术,同时结合 MIMO,在发端和收端配备多个天线,利用空间分集和复用,提高信道容量。由于子载波间相互正交,接收端可采用相关技术将子信道的信息分开,子信道之间的相互干扰很小。OFDM 的抗频率选择性衰落和抗多径效应等性能优异,能在恶劣的地理环境中提供高质量的通信。被视为准 4G 技术的 LTE,其系统传输带宽可在 1.5～20 MHz 范围内灵活配置,峰值传输速率上行可达 50 Mb/s,下行达到 100 Mb/s。LTE - Advanced 系统带宽设计为 100 MHz,考虑的峰值速率上行达 500 Mb/s,下行达 1 Gb/s。利用这样的数据速率,单兵视频采集终端能够向应急通信指挥车回传清晰的现场视频和图像数据,PDA、宽带手机等终端也能够进行高速的数据上传/下载和通信。

移动通信从 3G 发展到 4G,数据传输速率不断提高,提供的业务向移动互联网、手机电视、视频通话等多媒体 IP 方向发展,业务种类更多,服务质量更高。未来的电力 ICT 网络,将是一个高带宽、IP 化、多级 QoS 保障、提供多种业务的信息通信网络平台。无线通信网络可以作为其有线网络的延伸,提供更丰富、灵活和方便的接入方式,从多方面满足电力 ICT 网络无线通信的需求。

第三节　应急通信系统

一、应急通信系统背景概述

应急通信作为一种特殊的通信业务,核心是针对紧急情况,综合利用通信手段提供通信服务,是应急体系的重要组成部分。其通信环境的特殊性,与公众通信网络也有所不同,不仅是技术方面,还涉及管理一体化的联动应急。如何建立完善的应急通信系统,在不同场景建立相应的快速响应机制,及时保证有效通信,是通信保障的终极目标。公众通信的服务群体通常是常态的社会民众生活及活动,其网络规模、频谱利用率、话务质量及接入数目都与应急通信差异很大。公众通信设备所考虑的冗余配置,无法应对应急通信灾害发生时的破坏和冲击。应急通信的主要适用对象具有一定专业性质,如消防救灾和城市管理等,针对性强,服务要求明确。此外,公众通信网络的业务主要是一对一的沟通联络,没有特别的优先级别;而应急通信基本是"一对多"的组播或广播方式,等级分工要求严格,协作要求进行统一调度。相比较而言,应急通信在吞吐量、丢包率、优先级、网络安全、无缝连接和扩展性上都有更高的要求。这也是专业探讨应急通信体制建立的主要原因。

当突发事件发生时,政府、公众、个体之间的协调,现场的指挥调度都是在应急通信保障体系的基础上实施的。应急事件发生后的抢救通信,需要短期、广泛、高强度的业务需求。应急通信系统是否完善,已经成为紧急处理情况的核心支柱,技术和架构是否完善,是影响应急响应效率与成果的关键因素。下面介绍 4 种应急通信方式。

1. 卫星通信系统

卫星是目前各国紧急通信保障的主要手段,依据其不受地理环境限制、覆盖范围广、无线连接等优势,为紧急通信保障提供了强大的技术支持。在重大事故发生时,无论是通信卫星、广播卫星、导航卫星或是遥感成像卫星,都发挥着重要作用,如为广大群众提供语音、数据、视频等多媒体服务,还帮助政府开展信息预警、灾情信息发布、安抚受灾群众等。

(1) 铱星通信系统

铱星通信最早提出为低轨道卫星,实现全球覆盖。该卫星利用数据处理交换、多点波束天线、星际链路等先进技术,实现卫星通信和地面蜂窝网之间的互通。铱星通信扩大业务之后,将数据业务和短消息并入整体的范围,降低消费和终端消耗。根据其全球覆盖和保密特性,铱星通信系统受到政府快速反应部门、抢险救灾部门、指挥调度部门、军队、海事部门、航空部门、能源部门等工作用户的青睐。这是美国的首要通信技术。欧洲的卫星通信技术也处于国际领先水平。紧急情况下,铱星通信系统可以提供预警广播、指挥调度、抢险救援和灾情图片传输等。欧洲各国独立或合作建设了诸多高性能卫星,其中,欧洲卫星公司的 Hot Bird 直播卫星为欧洲提供卫星电视直播和宽带通信业务,紧急情况下,还可以实现灾害预警、灾情信息、广大公众宣传、安抚、指导、告知等大范围发布能力。日本移动广播卫星公司委托美国劳拉空间系统公司研制的移动广播卫星"MBSAT"也为地面接收机传送高质量语音、数据和图像等多媒体信息,可用于远程医疗、远程教学、紧急救援等。

(2) GPS 等其他卫星通信

GPS 包括空间、地面控制和用户设备,依据其高精度、全天候、全球覆盖、定位迅速、操作简便等特点,应用于人员车辆导航、应急指挥救援、地理信息规划、建筑工程变形监测等,海洋应用方面包括船舶航线测定、实时调度与定位、海洋救援及水文、平台定位等,航空方面也应用诸多,包括飞机导航、低轨卫星定轨、低空飞行探测、遥感控制、导弹制导、载人航天防护探测等。

全球主要的其他导航卫星包括全球星通信系统、快鸟遥感成像卫星、加拿大阿尼克卫星系统、伽利略全球导航卫星系统、中国的"北斗"、SkyBridge 通信卫星、SPOT 遥感成像卫星系统。美国仅 2006 年年底,就发射了 1 815 颗卫星,可见卫星通信全球化趋势已经势不可挡。此外,欧洲也有多个卫星通信系统,如 SES 全球公司的 ASTRA 卫星系列、欧洲宇航局的 MAGSS - 14 卫星星座,Aero-spatiale、Alcatel、Ericsson 等公司加入的全球星项目,TelespaZio 和西门子公司参加的铱星项目,Arianespace 公司加入的 ElLipso 项目等。欧洲通信卫星 Eutelsat 公司和 SESAstra 公司合作的 Eutelsat W2A 卫星和国际移动卫星公司的 Europasat 卫星分别于 2009 年和 2011 年发射,这些卫星携带 Ku 频段、C 频段转发器以及 S 频段载荷,为欧洲、非洲、中东、印度洋群岛等地区提供电视广播、数据网及互联网通信服务,还可以在紧急突发情况下开展有力的通信保障支持。日本作为灾害频发的地区,通过丰富的经验教训,在应急通信上已经建立了较为完善的地面专网,移动广播卫星和 KIZUNA 宽带多媒体通信卫星,都可以提供高速率传输。

2. 基于公用电信网的应急通信

公用电信网作为目前用户最多、影响最大的公众通信方式,在突发和紧急情况发生时,其在通信保障上具有举足轻重的地位。若公用电信网没有遭到破坏,可用于政府与政府间、政府与公众间、公众与公众间的应急通信等。在突发情况下,公众用户需求激增,话务量往往超过最初设定的初始容量,极易造成网络通信拥塞。部分公用设施损坏严重,只有采取一些必要措施限制普通用户使用。对此,各发达国家都有各自的应对公用电信网的措施。

911 电话报警系统是覆盖全美的紧急救助服务系统,可实现多部门联合行动,整合警察、消防、医疗救助、交通事故处理和自然灾害抢险等多方面职能。目前,美国有2.2 万多个 911 电话报警系统中心,集中指挥消防、公共卫生、警察和政府综合行政管理的专职人员,通过指挥中心实现报警快速应答、缩短调度时间和现场信息共享等。加拿大的 911 报警电话中心,由警察机构负责,并且建立了公务员编制的专业应急救援队伍,涉及消防、通信、建筑物倒塌救援、狭窄空间救援、高空救援及生化救援等多专业。欧洲国家也有各自的公用电信通道,英国的 999 报警系统是全世界最早利用公用电信网络的紧急报警系统之一。

此外,政府应急电信业务计划也有了阶段性的进展。美国政府应急电信服务(GETS)由白宫直接指挥,在现有的公用电信技术基础上升级管理。GETS 提供的清晰语音、安全语音、传真和低速服务,可在突发紧急情况处理时,确保授权用户的固定电话、传真机、手机等普通终端的紧急通信,通过个人识别码进行认证接入,利用部分专用和公用网络实现优先级服务、可选路由及其他增值服务等,为国家安全和紧急待命计划提供紧急接入与高特级选择处理功能。针对无线网络,美国国家安全委员会提出了相应的无线优先服务(WPS)计划和电信优先服务(TSP,Telecommunications Service Priority),为紧急待命计划人员提供优先"端到端"呼叫服务。英国政府启动了"访问过载控制(ACXOLC)"机制,为应对突发公共事件而制定临时性通信管制,该措施在不得已的情况下将对特定区域的公众用户进行通信限制或关闭,保证关键部门信息通畅。日本政府则建议普通用户在紧急情况下利用互联网传递信息,并尽量使用短信通信,缩短通话时间,增加手机定位和手机邮件应用,手机内嵌收音机和留言电话功能。在技术层面,日本政府还推出了多路接入系统,在突发情况下帮助各运营商共享通信基站资源,进而实现跨运营商通信资源统一协调调度,最大程度上保证更多用户需求。

3．集群应急通信系统

集群通信系统的覆盖范围小于卫星通信网和公用电信网,但作为专用网络则具有组网灵活、响应速度快、群组通话方便等优势。北美地区的集成数字增强型网络(iDEN,Intergraed Digital Enhanced Network)准确地根据市场定位和业务特性差异化升级变化,成为数字集群应用上最具代表性的网络。其覆盖全美,获得了企业用户、政府、警察、指挥调度、应急救援等部门和机构的青睐,覆盖区域遍及亚洲的日本、韩国、菲律宾、新加坡以及美洲的美国、加拿大、墨西哥等国家,用户超过 3 000 万。TETRA(Trans European Trunked Radio,全欧集群无线电)是欧洲电信标准协会(ETSI)颁布的最具代表性且应用最广泛的欧洲数字集群标准,非常适用于政府、军队、警察、消防、应急救援、突发事件管理等特殊部门。法国 EADS 公司的 TETRA系统、意大利 DELEX 公司的 Elettra 系统、德国 A/S 公司的 Accessnet 系统、德国Siemens 公司的 Accessnet 系统、荷兰 Rohil 公司的 TETRA－Node 系统、西班牙

Tettronic 公司的 Nebula 系统,已经成为庞大的产业链和产业群体。

日本在应急通信系统上更是积累了丰富的经验和硕果,建立了"中央防灾无线网"、"消防防灾无线网"、"防灾行政无线网"等一系列由固定通信线路、卫星通信线路、移动通信线路多部分组成的应急指挥调度系统。另外,应不同专业不同部门的要求,日本还建设了多个专用的通信网络,如水防通信网、警用通信网、防卫通信网、海上保安通信网、气象专用通信网等。

4. 军事通信网络

美国的军事通信系统,是世界各国军事通信建设最完善、技术最先进的配置系统,全空间多方位地涵盖了海陆空多个空间维度的不同兵种先进专用通信系统。为了满足军事化管理调动的需求,还成立了由"自动电话网"、"自动数字网"、"自动保密电话网"等组成的"国防通信系统",主要用于保障美国总统、国防部长、情报机关,以及战略部队的通信联络,为固定基地的机动部队提供中枢通信。特别是为核潜艇指挥控制而建设的"塔卡木"(TACAMO)机载甚低频通信,已逐渐成为美国军方对核潜指挥调度的核心抗毁通信,利用其机动灵活的特点,保证战略潜艇部队的功用。

与此同时,英国天网(Skynet)卫星系列、法国西拉库斯(Syracuse)卫星系列成为欧洲军用日常通信的代表,具有强定位、抗干扰、抗窃听和抗核辐射等能力,有效地增强了北大西洋公约组织成员国之间高效安全的语音数据通信服务的承载。

二、我国应急通信系统存在的问题及可行性

应急通信不同于常规的公众通信网络,它有着公众通信网络不具备的特点,比如突发性、需求容量不均衡、破坏未知性、快速部署性、节能性以及业务支持性等,所以需要应用的网络技术也各不相同。在突发的应急通信场合,只有将不同的通信技术相互协助,将有线、无线或卫星组合起来,才能满足各类用户所需要的快速灵活可靠的通信服务需求。

1. 现有应急通信网络存在的主要问题

我国虽然也是地震多发的国家,但在应急通信网络的建设方面远没有日本等发达国家成熟规范。我国的应急通信网络建设如何构建应该统筹考虑,从 1998 年到 2008 年,应急通信网络体制一直处在逐渐规范化和健全化的过程中,内容涉及应急通信体系标准的建设。在公众通信临时支撑和特种业务呼叫等方面,政府也和国内的许多企业积极配合,产生了良好的发展势头。然而不可忽视的是,我国的应急通信网络依然存在体制落后,资金投入不足等问题,"微联动"、"小联动"的模式在灾区范围内很难奏效。

目前,在通过卫星技术实现应急通信时,存在着零散化的问题。由外国设备拼凑的卫星系统与终端链路之间的兼容性等问题,始终让人困忧。由于卫星通信的通信容量不大,我国在建设中曾经放弃了备份链路的建设过程。国内研发的减缓与停滞,导致我国在移动卫星业务中的被动地位,实现完善的通信安全服务更是遥遥无期。

此外,与卫星技术相关联的地面站终端设备由于准备不充分,灾难事故突然发生时采购设备难以协调,通信的稳定性和安全性存在很大隐患。卫星管理体制的不健全,协调规划难以统一,资源频谱利用率令人担忧。此外,卫星通信本身也有弊端,比如网络建设成本过高,投入太大,传输速率相对较低,通信费用高。由于卫星通信设备和花费成本过高,配置较少,因而它不适用于灾区内部指挥;灵活性较差,传输线受限,时延较长,存在不可避免的日凌中断和星烛现象等,也限制其在应急通信领域的发挥,必然要与其他网络模式互补互助才可行。

此外,应急通信所发生的时间和地点均无法长期备属,这种突发特征导致即使预期到灾难的发生,也不能充分准备,更不能及时通知和疏散人群。同时,突发事件发生时,往往会造成局部通信激增,无论是原有的公众通信网络,还是已经遭受破坏的网络,都容易引起网络拥塞甚至瘫痪。由于不同基础通信设施的破坏程度不同,电力设备的供应需求也不同,如何定位准确,就近接入,基站协同地部署支撑,成为应急通信面临的巨大挑战。此外,针对应急通信的快速配置要求,往往需要网络能够自愈和自配置管理,电源支撑使用周期延长,同时对视频,音频和图像传输具有可辨的质量保证。以上这些,都要求设计的应急通信网络系统能够进行统一指导,快速反应,常备不懈,最大化实现网络利用率。

2. 可行性

卫星传输本质是一种微波传输,将中继器设在通信卫星,已经成为覆盖全国的主要传输方式,很好地弥补了靠地面无线传输和有线网传输的覆盖不足问题。无可非议,卫星通信虽然存在不完善的地方,但在应急通信网络的架设中有着不可替代的作用。与传统的地面微波和有线网络相比,卫星通信具有下列优势。

① 覆盖面积广泛,三颗同步卫星基本可以覆盖全球的通信,按我国的面积,一颗卫星可以全部覆盖,彻底解决覆盖盲区的弊端。② 投资省、建设快。一个卫星地面接收站的价格仅需几万元,一个卫星地球站仅需两三千万的投资,相比于地面微波和有线网的覆盖投入,可以节省几百倍甚至上千倍的投资,而且时间大大缩短。③ 传输质量高、维护方便。在卫星传输的过程中,转发环节相对较少,失真较小且传输质量相当高。故运维的工作量小,故障率低,减少成本损失。当卫星的地面站和地球站建成之后,无论是运行成本还是故障率都相当低,运行相当稳定。运用数字卫星广播系统,每个电视节目基本占用带宽 7 MHz 左右,每个转发器可实现 5 套电视节目的同时传输,若编码方式较为理想,可达到 10 套以上。相比之下模拟卫星则只能转发一套电视节目。无论是卫星转发器还是地面接收器,都可以传输多套电视节目,接收几十套节目等,大大降低了地球站和地面站的运行成本。数字卫星所传输的图像质量与误码率相关,只需要误码率较低就可以保证图像质量的稳定。而不像模拟卫星传输,根据信号的载噪比保证图像质量,这就要求发射功率通常在数百瓦(C 波段)至千瓦(Ku 波段范围),才能达到载噪比大于 17dB。

Wi-Fi 是目前最成熟有效的局域网连接方式,它较为理想地把计算机网络和无线通信技术进行了融合,既满足了便携式设备的要求,又可以满足局域网中常用的图文、视频和电子邮件的需求。Wi-Fi 因其免费的使用频段、较低的成本消费而备受欢迎。801.11 作为 Wi-Fi 联盟的标准,将不同厂商的产品兼容并行,通用竞争。该准则在保证 Qos 的基础上,基本达到数据速率为 2 Mbps 的传输性能。而后期,IEEE802.lib 作为前者的补充相继推出,通信速率也提高到 11 Mbps,甚至 IEEE801.11a 达到了 54 Mbps 的传输速率。802.lie 可以增强扩展应用和分布效率,802.llf 则支持不同厂家的分布式操作互联协议,802.llg 在 802.lib 的基础上将速率提高到 20 Mbps 以上,802.llh 则是管理频谱和传输功率,802.Hi 是改进 MAC 层的安全认证。

Wi-Fi 以其较为广泛的覆盖范围、较快的传输速率、广泛的分布方式、较高的吞吐性能和灵活的移动特性,在无线局域网中占有中流砥柱的地位。组网方式通常通过一个 AP 和无线网卡,就能够将有线传输转换为无线通信的方式,在媒体控制层担任有线与无线之间的桥梁。相比较而言,Wi-Fi 链路技术的覆盖范围和承载业务虽然有限,但移动灵活多变,可根据不同的组网方式进行扩散和外联。

第4章

应急数据处理技术

第一节　数据概述

一、数据及其表示

（一）数据的含义

数据是指所有能输入到计算机并被计算机程序处理的符号的介质的总称，是用于输入电子计算机进行处理，具有一定意义的数字、字母、符号和模拟量等的通称，是组成地理信息系统的最基本要素。

数据的种类很多，按性质分为：① 定位的，如各种坐标数据；② 定性的，如表示事物属性的数据（居民地、河流、道路等）；③ 定量的，反映事物数量特征的数据，如长度、面积、体积等几何量或重量、速度等物理量；④ 定时的，反映事物时间特性的数据，如年、月、日、时、分、秒等。

数据按表现形式可分为：① 数字数据，如各种统计或量测数据；② 模拟数据，由连续函数组成，又分为图形数据（如点、线、面）、符号数据、文字数据和图像数据等。另外，数据按记录方式分为地图、表格、影像、磁带、纸带；按数字化方式分为矢量数据、格网数据等。在地理信息系统中，数据的选择、类型、数量、采集方法、详细程度、可信度等，取决于系统应用目标、功能、结构和数据处理、管理与分析的要求。

数据结构是指相互之间存在着一种或多种关系的数据元素的集合和该集合中数据元素之间的关系组成。数据结构又分为逻辑结构和物理结构。数据的逻辑结构是指反映数据元素之间的逻辑关系的数据结构。其中的逻辑关系是指数据元素之间的前后件关系，与它们在计算机中的存储位置无关。逻辑结构包括：① 集合，数据结构中的元素之间除了"同属一个集合"的相互关系外，别无其他关系；② 线性结构，数据结构中的元素存在一对一的相互关系;③ 树形结构,数据结构中的元素存在一对多的相互关系;④ 图形结构,数据结构中的元素存在多对多的相互关系。

数据的物理结构指数据的逻辑结构在计算机存储空间的存放形式,是数据结构在计算机中的表示(又称映像)。它包括数据元素的机内表示和关系的机内表示。由于具体实现的方法有顺序、链接、索引、散列等多种,所以,一种数据结构可表示成一种或多种存储结构。

数据结构不同于数据类型,也不同于数据对象,它不仅要描述数据类型的数据对象,而且要描述数据对象各元素之间的相互关系。数据类型是一个值的集合和定义在这个值集上的一组操作的总称。数据类型可分为两类:原子类型、结构类型。一方面,在程序设计语言中,每一个数据都属于某种数据类型。类型明显或隐含地规定了数据的取值范围、存储方式以及允许进行的运算。可以认为,数据类型是在程序设计中已经实现了的数据结构。另一方面,在程序设计过程中,当需要引入某种新的数据结构时,总是借助编程语言所提供的数据类型来描述数据的存储结构。

(二) 数据元素的含义

数据元素的机内表示(映像方法):用二进制位(bit)的位串表示数据元素。这种位串通常被称为节点(node)。当数据元素由若干个数据项组成时,位串中与个数据项对应的子位串称为数据域(data field)。因此,节点是数据元素的机内表示(或机内映像)。关系的机内表示(映像方法):数据元素之间的关系的机内表示可以分为顺序映像和非顺序映像,常用的两种存储结构为顺序存储结构和链式存储结构。顺序映像借助元素在存储器中的相对位置来表示数据元素之间的逻辑关系。非顺序映像借助指示元素存储位置的指针(pointer)来表示数据元素之间的逻辑关系。

数据是信息的载体,是可以被计算机识别、存储并加工处理的描述客观事物的信息符号的总称,是所有能被输入计算机且能被计算机处理的符号的集合,是计算机程序加工处理的对象。客观事物包括数值、字符、声音、图形、图像等,它们本身并不是数据,只有通过编码变成能被计算机识别、存储和处理的符号形式才是数据。

数据元素是数据的基本单位,在计算机程序中通常作为一个整体考虑。一个数据元素由若干个数据项组成。数据项是数据结构中讨论的最小单位。数据元素有两类:若数据元素可再分,则每一个独立的处理单元就是数据项,数据元素是数据项的集合;若数据元素不可再分,则数据元素和数据项是同一概念,如整数"5"、字符"N"等。例如,描述一个学生的信息的数据元素可由下列 6 个数据项组成,其中的出生日期又可以由三个数据项:"年"、"月"和"日"组成,则称"出生日期"为组合项,而其他不可分割的数据项为原子项。

二、数据存储

（一）数据存储的含义

数据存储是数据流在加工过程中产生的临时文件或加工过程中需要查找的信息。数据以某种格式记录在计算机内部或外部存储介质上。数据存储要命名，这种命名要反映信息特征的组成含义。数据流反映了系统中流动的数据，表现出动态数据的特征；数据存储反映系统中静止的数据，表现出静态数据的特征。常用的存储介质为磁盘和磁带。数据存储组织方式因存储介质而异。在磁带上，数据仅按顺序文件方式存取；在磁盘上，则可按使用要求采用顺序存取方式或直接存取方式。数据存储方式与数据文件组织密切相关，其关键在于建立记录的逻辑与物理顺序间的对应关系，确定存储地址，以提高数据存取速度。

（二）DAS 存储

DAS(Direct Attached Storage)，即直接附加存储。DAS 这种存储方式与我们普通的 PC 存储架构一样，外部存储设备都是直接挂接在服务器内部总线上，数据存储设备是整个服务器结构的一部分。DAS 存储方式主要适用于以下环境：

1. 小型网络

因为网络规模较小，数据存储量小，且也不是很复杂，采用这种存储方式对服务器的影响不会很大。另外，这种存储方式也十分经济，适合拥有小型网络的企业用户。

2. 地理位置分散的网络

虽然企业总体网络规模较大，但在地理分布上很分散，通过 SAN 或 NAS 在它们之间进行互联非常困难，此时各分支机构的服务器也可采用 DAS 存储方式，这样可以降低成本。

3. 特殊应用服务器

在一些特殊应用服务器上，如微软的集群服务器或某些数据库使用的原始分区，均要求存储设备直接连接到应用服务器。

在服务器与存储的各种连接方式中，DAS 曾被认为是一种低效率的结构，而且也不方便进行数据保护。直连存储无法共享，因此经常出现的情况是：某台服务器的存储空间不足，而其他一些服务器却有大量的存储空间处于闲置状态却无法利用。如果存储不能共享，也就谈不上容量分配与使用需求之间的平衡。DAS 结构下的数据保护流程相对复杂，如果做网络备份，那么每台服务器都必须单独进行备份，而且所有的数据流都要通过网络传输。如果不做网络备份，那么就要为每台服务器都配一套备份软件和磁带设备，因而备份流程的复杂度会大大增加。与直连存储架构相比，共享式的存储架构，比如 SAN（Storage Area Network）或者 NAS（Network Attached Storage）都可以较好地解决以上问题。于是我们看到，DAS 被淘汰的进程越来越快了。可是到 2012 年为止,DAS 仍然是服务器与存储连接的一种常用模式。事实上,DAS 不但没有被淘汰,近几年似乎还有回潮的趋势。

(三) NAS 存储

NAS(网络附加存储)方式则全面改进了以前低效的 DAS 存储方式。它采用独立于服务器、单独为网络数据存储而开发的一种文件服务器来连接存储设备,独自形成一个网络。这样一来,数据存储就不再是服务器的附属,而是作为独立网络节点而存在于网络之中,可由所有的网络用户共享。NAS 的优点:

① 真正的即插即用:NAS 是独立的存储节点存在于网络之中,与用户的操作系统平台无关,真正的即插即用。

② 存储部署简单:NAS 不依赖通用的操作系统,而是采用一个面向用户设计的、专门用于数据存储的简化操作系统,内置了与网络连接时所需要的协议,因此使整个系统的管理和设置较为简单。

③ 存储设备位置非常灵活。

④ 管理容易且成本低。

NAS 数据存储方式是基于现有的企业 Ethernet 而设计的,按照 TCP/IP 协议进行通信,以文件的 I/O 方式进行数据传输。

(四) SAN 存储

SAN 存储方式创造了存储的网络化。存储网络化顺应了计算机服务器体系结构网络化的趋势。SAN 的支撑技术是光纤通道(Fiber Channel,FC)技术。它是 ANSI 为网络和通道 I/O 接口建立的一个标准集成。FC 技术支持 HIPPI、IPI、SCSI、IP、ATM 等多种高级协议,其最大特性是将网络和设备的通信协议与传输物理介质隔离开,使多种协议可在同一个物理连接上同时传送。

1. SAN 组成

SAN 的硬件基础设施是光纤通道,用光纤通道构建的 SAN 由以下三个部分组成:

① 存储和备份设备:包括磁带、磁盘和光盘库等。

② 光纤通道网络连接部件:包括主机总线适配卡、驱动程序、光缆、集线器、交换机、光纤通道和 SCSI 间的桥接器。

③ 应用和管理软件:包括备份软件、存储资源管理软件和存储设备管理软件。

2. SAN 的优势

① 网络部署容易。

② 高速存储性能。因为 SAN 采用了光纤通道技术,所以它具有更高的存储带宽,存储性能明显提高。SAN 的光纤通道使用全双工串行通信原理传输数据,传输速率高达 1062.5Mb/s。

③ 良好的扩展能力。由于 SAN 采用了网络结构,扩展能力更强。光纤接口提

供了 10 千米的连接距离,这使得实现物理上分离,不在本地机房的存储变得非常容易。

(五) DAS、NAS 和 SAN 三种存储方式比较

存储应用最大的特点是没有标准的体系结构,这三种存储方式共存,互相补充,可以很好地满足企业信息化应用。

从连接方式上对比,DAS 采用存储设备直接连接应用服务器,具有一定的灵活性和限制性;NAS 通过网络(TCP/IP,ATM,FDDI)技术连接存储设备和应用服务器,存储设备位置灵活,随着万兆网的出现,传输速率有了很大的提高;SAN 则是通过光纤通道(Fibre Channel)技术连接存储设备和应用服务器,具有很好的传输速率和扩展性能。三种存储方式各有优势,相互共存,占到了磁盘存储市场的 70% 以上。SAN 和 NAS 产品的价格仍然远远高于 DAS。许多用户出于价格因素考虑选择了低效率的直连存储而不是高效率的共享存储。

客观地说,SAN 和 NAS 系统已经可以利用类似自动精简配置(thin provisioning)这样的技术来弥补早期存储分配不灵活的短板。然而,它们消耗了太多的时间来解决存储分配的问题,以至于给 DAS 留下了足够的时间在数据中心领域站稳脚跟。此外,SAN 和 NAS 依然问题多多,至今无法解决。

三、数据库

(一) 数据库的含义

数据库(Database)是按照数据结构来组织、存储和管理数据的仓库。数据库产生于六十多年前,随着信息技术和市场的发展,特别是 20 世纪 90 年代以后,数据管理不再仅仅是存储和管理数据,而转变成用户所需要的各种数据管理的方式。从最简单的存储了各种数据的表格到能够进行海量数据存储的大型数据库系统,数据库不仅有很多种类型,并在各个方面都得到了广泛的应用。

数据库还是以一定方式储存在一起、能为多个用户共享、具有尽可能小的冗余度的特点、与应用程序彼此独立的数据集合。数据库是依照某种数据模型组织起来并存放在二级存储器中的数据集合。这种数据集合具有如下特点:尽可能不重复,以最优方式为某个特定组织的多种应用服务,其数据结构独立于使用它的应用程序,对数据的增、删、改、查由统一软件进行管理和控制。从发展的历史看,数据库是数据管理的高级阶段,它是由文件管理系统发展起来的。

数据库的基本结构分三个层次,反映了观察数据库的三种不同角度。以内模式为框架所组成的数据库叫做物理数据库;以概念模式为框架所组成的数据库叫概念数据库;以外模式为框架所组成的数据库叫用户数据库。

1. 物理数据库

它是数据库的最内层,是物理存储设备上实际存储的数据的集合。这些数据是

原始数据,是用户加工的对象,由内部模式描述的指令操作处理的位串、字符和字组成。

2. 概念数据库

它是数据库的中间一层,是数据库的整体逻辑表示。概念数据库指出了每个数据的逻辑定义及数据间的逻辑联系,是存贮记录的集合。它所涉及的是数据库所有对象的逻辑关系,而不是它们的物理情况,是数据库管理员概念下的数据库。

3. 用户数据库

它是用户所看到和使用的数据库,表示了一个或一些特定用户使用的数据集合,即逻辑记录的集合。数据库不同层次之间的联系是通过映射进行转换的。

(二)数据库的类型

数据库是一个单位或是一个应用领域的通用数据处理系统,是属于企业和事业部门、团体和个人的有关数据的集合。数据库中的数据是从全局观点出发建立的,按一定的数据模型进行组织、描述和存储。其结构基于数据间的自然联系,可提供一切必要的存取路径,且数据不再针对某一应用,而是面向全组织,具有整体的结构化特征。数据库中的数据是为众多用户共享其信息而建立的,已经摆脱了具体程序的限制和制约。不同的用户可以按各自的方法使用数据库中的数据;多个用户可以同时共享数据库中的数据资源,即不同的用户可以同时存取数据库中的同一个数据。数据共享性不仅满足了各用户对信息内容的要求,同时也满足了各用户之间信息通信的要求。

数据库通常分为层次式数据库、网络式数据库和关系式数据库三种。而不同的数据库是按不同的数据结构模型来联系和组织的。

1. 层次结构模型

层次结构模型实质上是一种有根结点的定向有序树(在数学中,"树"被定义为一个无回的连通图)。高等学校的组织结构图就像一棵树,校部就是树根(称为根结点),院系、专业、教师、学生等为枝点(称为结点),树根与枝点之间的联系称为边,树根与边之比为1:N,即树根只有一个,树枝有 N 个。按照层次模型建立的数据库系统称为层次模型数据库系统。IMS(Information Management System)是其典型代表。

2. 网状结构模型

按照网状数据结构建立的数据库系统称为网状数据库系统,其典型代表是DBTG(Database Task Group)。用数学方法可将网状数据结构转化为层次数据结构。

3. 关系结构模型

关系式数据结构把一些复杂的数据结构归结为简单的二元关系(即二维表格形式)。例如,某单位的职工关系就是一个二元关系。由关系数据结构组成的数据库系统被称为关系数据库系统。在关系数据库中,对数据的操作几乎全部建立在一个或多个关系表格上,通过对这些关系表格的分类、合并、连接或选取等运算来实现数据的管理。

因此,可以概括地说,一个关系称为一个数据库,若干个数据库可以构成一个数据库系统。数据库系统可以派生出各种不同类型的辅助文件和建立它的应用系统。

四、应急数据管理

（一）应急数据的必要性

城市灾害不仅具有一般灾害的特性,还具有自己的特性,如致灾因素及灾种的多样性、灾害关系的连发性、灾害的人为性、灾害损失的严重性以及灾害与城市建设的同步增长性等。针对城市灾害的特点,城市防灾应当将综合防灾与单项防灾相结合、防、抗、救相结合,城市防灾与城市建设相结合,实行统筹安排、系统规划。但是,单项防灾已经很复杂,要实现城市系统的综合防灾就更不容易了。这要求我们运用集成管理的思想,将城市中的各类灾害与资源进行系统管理,给防灾应急研究提供更丰富的资料,使防灾应急处理有更加完备准确的依据,提高单项及综合防灾应急能力。

随着信息技术的飞速发展,越来越多的城市采用信息技术来进行防灾应急管理,取得了一些成果。但是,城市结构日渐复杂,与防灾应急相关的数据量十分庞大,在从数据采集到应用的各个环节上给相关部门的管理带来许多困难,往往因数据不全面不及时给防灾应急以及灾害应对造成负面影响。当灾害来临,若是没有拿出恰当的防灾应急措施,不仅会影响救灾,甚至可能会由于错误的判断带来更大的灾害,因此数据管理是防灾应急研究中至关重要的一部分。

（二）应急数据内容

为了更好地对城市灾害的防灾和应急进行研究,并且在灾害发生时能够采取有效的应急措施,相关部门应当建立包含城市信息、灾害信息和防灾应急信息在内的数据库,这三类数据是城市防灾应急的必要条件,缺一不可。

1．城市信息

城市信息是所有数据的基础,只有充分了解一个城市的状况,才能够更好地了解灾害给城市带来的损失和造成的影响,从而充分利用城市中的设施和资源,研究和制订有效的防灾应急措施。城市信息应当包含:城市地形、面积、人口和经济分布,生命线工程等基础设施信息,重要单位和职能部门等。

2．灾害信息

灾害信息体现了城市中可能发生的灾害以及灾害发生时可能造成的后果。通过研究灾害的原理和历史数据,可以从理论和实践中找出更加有效的防灾应急措施,这是城市防灾应急数据的重要内容。如:城市可能会遭受的灾害,各类灾害对城市造成的影响和损失,历史灾害等。

3. 防灾应急信息

在城市信息和灾害信息的基础上,进行有针对性的研究,制订相应的防灾应急方案、城市建设过程中相关的防灾减灾措施等,这些都是重要的防灾应急数据。防灾应急中所需的信息包括:灾害发生后需要立即修复的设施和可以应用的各类资源,避灾疏散场所等设施,还有应急过程中需要进一步投入的人员、物资等。

以上这三种数据相互联系,共同构成防灾应急信息数据库,其中包含各种各样的数据,主要可以分为基础数据、模型数据和历史数据三类。

(三)数据管理流程

数据反映了重要的信息,为保证这些信息的及时和准确,应当设立专门的部门对数据进行详细深入的管理和研究。然而现状是,我们常常在为某个特定目标需要收集数据的时候,才进行少量的数据采集,缺乏长期和细节的管理,导致数据在应用时出现严重不足、缺失和陈旧的问题,并且数据大多没有经过处理。而通过对数据进行处理也能够得到一些新的启发。数据管理应当是一个长期的过程,而不是短期的工作,主要包含采集与更新、分类与统一、分析与可视化、共享与输出等环节。数据随着城市的发展在不断变化,因此这些环节应当是一个循环的过程。

1. 采集与更新

数据的采集与更新实质上是客观实体数据化的过程。数据资料多种多样,如文字、图形、图表、照片等;数据格式多种多样,需要以不同的形式、由不同的人员进行输入和管理。随着时间序列的延长,相关的灾害信息及社会、经济、环境数据会发生变化,需要不断更新和补充完善,因此应由专门的人员或部门对数据进行监督和管理,进行定期更新或检查,保证数据的及时准确。

2. 分类与统一

数据数量众多,在应用时都要涉及查询与检索,因此在保存原始数据的基础上,应当基于查询与检索的目标,对数据进行处理。虽然采集与更新数据时就应有统一的数据标准,但是为获取更多的数据信息,人们会从更多的来源中获得并不符合统一标准的数据类型,因此要对其进一步分类处理,使数据整齐划一,并且能够满足查询与检索的要求。城市防灾应急信息数据库应包含基础数据库和专业数据库。

3. 分析与可视化

有些数据一经采集便束之高阁;有些只是进行了初步的处理,直到需要的时候才去寻找其中的规律;有些数据因此流失或失去体现价值的机会。其实,每个数据都有其价值,所以应当对数据进行专门的分析与可视化处理,有很多的科学理论都是通过分析数据得出的。

4. 共享与输出

信息的共享能够促进防灾应急工作的研究,减少数据的重复工作。但是,并不是所有的数据都可以共享。所以,可以共享和输出的数据有哪类哪些,也应设定统一的

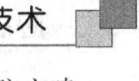

标准,并进行处理、分类、保存管理。防灾应急数据在科研、统计、应急、重建和防灾建设方面的需求各有不同,有时需要数据清晰简洁,有时需要数据丰富充足。因此,要保证数据的丰富,又要避免数据冗余,使应急计算迅速准确,必须对数据进行规范有序的管理。

(四) 数据管理的发展

各种防灾应急信息数据繁复错杂,海量数据的管理已经完全离不开信息技术的应用,随着信息技术的发展,防灾应急数据管理的相关技术和软件也越来越先进。

1. 数据表达与处理

地理信息系统(GIS)是表达、处理及应用与地理分布有关的专业数据的技术,已经越来越广泛地应用于城市防灾应急的研究。GIS 软件可以方便快捷地体现防灾应急的各类空间和属性数据,是数据管理过程中不可或缺的重要工具。而近年来,3D技术不仅成为热点,也得到了快速的发展,虚拟现实 3D 技术与 GIS 技术的结合为防灾应急信息数据的管理开拓了更加广阔的空间。

2. 数据库管理

存储海量数据的软件工具有很多,如 Oracle、SQL Server 等,此外,ArcSDE 等技术也为数据库和 GIS 的应用管理提供了更有利的条件。ArcSDE 是 ArcGIS 与关系数据库之间的 GIS 通道,通过 ArcSDE,ArcGIS 可以在 DBMS 中轻而易举地管理一个共享的、多用户的空间数据库。

3. 数据共享

WebGIS 基于 Internet 平台进行信息发布、数据共享、交流协作,实现 GIS 信息的在线查询和业务处理等功能,它的诞生为数据共享带来了飞跃,为防灾应急管理的研究提供了更加广阔的平台。

第二节　应急数据分析

一、数据分析概述

(一) 数据分析原理

数据分析是指用适当的统计分析方法对收集来的大量数据进行分析,提取有用信息和形成结论,而对数据加以详细研究和概括总结的过程。这一过程也是质量管理体系的支持过程。在实用中,数据分析可帮助人们做出判断,以便采取适当行动。数据分析的数学基础在 20 世纪早期就已确立,但直到计算机的出现才使得实际操作成为可能,并使得数据分析得以推广。数据分析是数学与计算机科学相结合的产物。

在统计学领域,有些人将数据分析划分为描述性数据分析、探索性数据分析以及验证性数据分析。其中,探索性数据分析侧重于在数据之中发现新的特征,而验证性数据分析则侧重于对已有假设的证实或证伪。探索性数据分析是指为了形成值得假设的检验而对数据进行分析的一种方法,是对传统统计学假设检验手段的补充,该方法由美国著名统计学家约翰·图基(John Tukey)命名。定性数据分析又称为"定性资料分析"、"定性研究"或者"质性研究资料分析",是指对诸如词语、照片、观察结果之类的非数值型数据(或者说资料)的分析。

(二)数据分析步骤

数据分析有极广泛的应用范围。典型的数据分析可能包含以下三步:

① 探索性数据分析:数据刚取得时,可能杂乱无章,看不出规律,通过作图、造表、用各种形式的方程拟合、计算某些特征量等手段探索规律性的可能形式,即往什么方向和用何种方式去寻找和揭示隐含在数据中的规律性。

② 模型选定分析:在探索性分析的基础上提出一类或几类可能的模型,然后通过进一步的分析从中挑选一定的模型。

③ 推断分析:通常使用数理统计方法对所定模型或估计的可靠程度和精确程度做出推断。

(三)数据分析方法

数据分析主要的方法包括:

1. 列表法

将实验数据按一定规律用列表方式表达出来是记录和处理实验数据最常用的方法。设计表格时要求对应关系清楚、简单明了、有利于发现相关量之间的物理关系;此外还要求在标题栏中注明物理量名称、符号、数量级和单位等;根据需要还可以列出除原始数据以外的计算栏目和统计栏目等;最后还要求写明表格名称,主要测量仪器的型号、量程和准确度等级,有关环境条件参数如温度、湿度等。

2. 作图法

作图法可以醒目地表达物理量间的变化关系。从图线上还可以简便地求出实验需要的某些结果(如直线的斜率和截距值等),读出没有进行观测的对应点(内插法),或在一定条件下从图线的延伸部分读到测量范围以外的对应点(外推法)。此外,还可以把某些复杂的函数关系通过一定的变换用直线图表示出来。例如,半导体热敏电阻的电阻与温度关系为:取对数后得到,若用半对数坐标纸,以 lgR 为纵轴,以 $1/T$ 为横轴画图,则为一条直线。

此外,数据分析还包含这些分析方法:简单数学运算(Simple Math)、统计(Statistics)、快速傅里叶变换(FFT)、平滑和滤波(Smoothing and Filtering)、基线和峰值分析(Baseline and Peak Analysis)。

(四)网络数据分析

由于现在数据的获取大多数都通过互联网进行,因此,分析网站的数据来源在相关的应急数据管理中具有较大的实际意义。Avinash Kaushik 在他的 *Web Analytics* 一书中将数据的来源分为 4 部分:点击流数据(Clickstream)、运营数据(Outcomes)、调研数据(Research/Qualitative)和竞争对手数据(Competitive Data)。点击流数据主要指的是用户浏览网站时产生的数据。运营数据主要指用户在网站中应用服务或者购买产品时记录下来的数据。调研数据主要是网站通过某些用户调研手段(线上问卷或者线下调研)获取的一些定性数据。Competitive Data 直译为竞争对手数据可能不太合适,因为根据 Avinash Kaushik 的阐述,它更像是跟网站有业务关系或竞争关系或存在某种利益影响的一切网站的可能数据来源。在获取上述几类数据的同时,也许我们还可以从其他方面获取一些更为丰富的数据。下面是我对网站分析数据获取途径的整理:

1. 网站内部数据

网站内部数据是网站最容易获取到的数据,它们往往就存放在网站的文件系统或数据库中,也是与网站本身最为密切相关的数据,是网站分析最常见的数据来源,我们需要好好利用这部分数据。

2. 服务器日志

随着网站应用的不断扩张,网站日志不再局限于点击流的日志数据。如果你的网站提供上传下载、视频音乐、网页游戏等服务,那么很明显,你的网站服务器产生的肯定不仅是有用户浏览点击网页的日志,也不只有标准的 apache 日志格式的日志,更多的 W3C、JSON 或自定义格式的输出日志也给网站分析提供了新的方向。

网站分析不再局限于网页浏览的 PV、UV、转化流失等,基于事件(Events)的分析将会越来越普遍,将会更多地关注用户在接受网站服务时的整个流程情况,如上传下载是否完成,速度如何;用户是否观看了整部视频,视频的加载情况如何;用户在玩网页游戏时的操作和体验分析等。Google Analytics 已经支持了基于事件的分析——Event Tracking,通过 JS 的动作响应获取数据,但是还存在着一定的局限性。

3. 网站分析工具

通过网站分析工具获得数据是一个最为简便快捷的方式,从原先的基于网站日志的 AWStats、Webalizer,到目前非常流行的基于 JS Tags 的 Google Analytics、Omniture 的 SiteCatalyst,及 JS 和网站日志通吃的 WebTrends。通过网站分析工具获得的数据一般都已经经过特殊计算,较为规范,如 PV、UV、Exit Rate、Bounce Rate 等,再配上一些趋势图或比例图,通过细分、排序等方法让结果更为直观。上面的这些数据虽然还可以通过统计网站日志获得,但网站分析工具的优势在于:能通过一些嵌入页面的 JS 代码获得一些有趣的结果,如 Google Analytics 上的 Overlay 或者也叫 Click Density——网站点击密度分布,及一些其他的网站分析工具提供的点击热图,甚至鼠标移动轨迹图。这些分析结果往往对网站优化和用户行为分析更为有效。

4. 数据库

对于一般的网站来说,存放于数据库中的数据可以大致分为 3 个部分:网站用户信息,一般提供注册服务的网站都会将用户的注册账号和填写的基本信息存放在数据库里面;网站应用或产品数据,就像电子商务的商品详细信息或者博客的文章信息,如商品信息会包含商品名称、库存数量、价格、特征描述等;用户在应用服务或购买产品时产生的数据,最简单的例子就是博客上用户的评论和电子商务网站的用户购买数据,如购买时间、购买的用户、购买的商品、购买数量、支付的金额等。

5. 其他类型的数据

其他一切网站运营过程中产生的数据,有可能是用户创造的,也有可能是网站内部创造的,其中有一大部分我们可以称其为线下数据(Offline Data),如用户的反馈和抱怨,它可能通过网站的交流论坛,也有可能通过网站公布的客服电话、即时通信工具等来获得,如果你相信"客户中心论",那么对于这些数据的分析显然必不可少;另外一部分来源就是网站开展的线下活动、促销或推广,衡量它们开展的效果或投入产出,以便于之后更好地开展类似的线下推广。外部数据:网站分析除了可以从网站内部获取数据以外,通过互联网这个开放的环境,从网站外部捕获一些数据可以让分析的结果更加全面。互联网环境数据:即使你的网站只是一个很小的网站,但如果想让你的网站变得更好,或者不至于跟不上互联网的前进脚步,那么建议你关注一下互联网的发展趋势,可以上 Alexa 查一下互联网中顶级网站的访问量趋势;看看 com-Score 发布的数据或者艾瑞的数据分析报告;如果经营电子商务网站,淘宝数据中心也许会让你感兴趣。

(五)数据分析过程

数据分析过程的主要活动由识别信息需求、收集数据、分析数据、评价并改进数据分析的有效性组成。

1. 识别信息需求

识别信息需求是确保数据分析过程有效性的首要条件,可以为收集数据、分析数据提供清晰的目标。识别信息需求是管理者的职责。管理者应根据决策和过程控制的需求,提出对信息的需求。就过程控制而言,管理者应识别需要利用哪些信息支持评审过程输入、过程输出、资源配置的合理性、过程活动的优化方案和过程异常变异的发现。

2. 收集数据

有目的地收集数据,是确保数据分析过程有效的基础。组织需要对收集数据的内容、渠道、方法进行策划。策划时应考虑:将识别的需求转化为具体的要求,如评价供方时,需要收集的数据可能包括其过程能力、测量系统不确定度等相关数据;明确由谁在何时何处,通过何种渠道和方法收集数据;记录表应便于使用;采取有效措施,防止数据丢失和虚假数据对系统的干扰。

3．分析数据

分析数据是将收集的数据通过加工、整理和分析，使其转化为信息。通常的方法有：老七种工具，即排列图、因果图、分层法、调查表、散步图、直方图、控制图；新七种工具，即关联图、系统图、矩阵图、KJ法、计划评审技术、PDPC法、矩阵数据图。

4．过程改进

数据分析是质量管理体系的基础。组织的管理者应在适当时，通过以下这些问题的分析，评估其有效性，即提供决策的信息是否充分、可信；是否存在因信息不足、失准、滞后而导致决策失误的问题；信息对持续改进质量管理体系、过程、产品所发挥的作用是否与期望值一致；是否在产品实现过程中有效运用数据分析；收集数据的目的是否明确，收集的数据是否真实和充分，信息渠道是否畅通；数据分析方法是否合理，是否将风险控制在可接受的范围；数据分析所需资源是否得到保障。

二、应急数据管理中的数据挖掘

（一）数据挖掘的基本概念

数据挖掘（Data Mining），又译为资料探勘、数据采矿。它是数据库知识发现（KDD，Knowledge-Discovery in Databases）中的一个步骤。数据挖掘一般是指通过算法从大量的数据中搜索隐藏于其中的信息的过程。数据挖掘通常与计算机科学有关，并通过统计、在线分析处理、情报检索、机器学习、专家系统（依靠过去的经验法则）和模式识别等诸多方法来实现上述目标。数据挖掘利用了如下一些领域的思想：① 来自统计学的抽样、估计和假设检验；② 人工智能、模式识别和机器学习的搜索算法、建模技术和学习理论。数据挖掘也迅速地接纳了来自其他领域的思想，这些领域包括最优化、进化计算、信息论、信号处理、可视化和信息检索。数据挖掘在一些其他领域也起到重要的支撑作用，特别是需要数据库系统提供有效的存储、索引和查询处理的领域。源于高性能（并行）计算的技术在处理海量数据集方面常常是重要的。分布式技术也能帮助处理海量数据，并且当数据不能集中到一起处理时更是至关重要。

数据挖掘中常使用的方法主要有：分类（Classification）、估计（Estimation）、预测（Prediction）、相关性分组或关联规则（Affinity grouping or association rules）、聚类（Clustering）、复杂数据类型挖掘（Text，Web，图形图像，视频，音频等）、可视化（Visualization）。分类：首先从数据中选出已经分好类的训练集，在该训练集上运用数据挖掘分类的技术，建立分类模型，对于没有分类的数据进行分类。估计：估计与分类类似，不同之处在于，分类描述的是离散型变量的输出，而估计处理连续值的输出；分类的类别是确定的，估计的量是不确定的。预测：通常，预测是通过分类或估计起作用的，也就是说，通过分类或估计得出模型，该模型用于对未知变量的预言。从这种意义上说，预言其实没有必要分为一个单独的类。预言的目的是对未来未知变量的预测,这种预测是需要时间来验证的,即必须经过一定时间后,才知道预言的准确性如何。关联规则:决定哪些事情将一起发生。聚类:聚类是对记录分组,把相似的记录放在一个聚集里。聚类和分类的区别是:聚类不依赖于预先定义好的类,不需要训练集。可视化是对数据挖掘结果的表示方式。一般只是指数据可视化工具,包含报表工具和商业智能分析产品(BI)。例如通过 Yonghong Z–Suite 等工具进行数据的展现、分析、钻取,将数据挖掘的分析结果更形象,深刻地展现出来。

(二)数据关联规则的过程

数据关联是数据库中存在的一类重要的可被发现的知识。若两个或多个变量的取值之间存在某种规律性,就称为关联。关联可分为简单关联、时序关联、因果关联。关联分析的目的是找出数据库中隐藏的关联网。有时,人们并不知道数据库中数据的关联函数,即使知道也是不确定的,因此关联分析生成的规则带有可信度。关联规则挖掘发现大量数据中项集之间有趣的关联或相关联系。Agrawal 等于 1993 年首先提出了挖掘顾客交易数据库中项集间的关联规则问题,以后诸多的研究人员对关联规则的挖掘问题进行了大量的研究。他们的工作包括:对原有的算法进行优化,如引入随机采样、并行的思想等,以提高算法挖掘规则的效率,对关联规则的应用进行推广。关联规则挖掘在数据挖掘中是一个重要的课题,最近几年已被业界所广泛研究。

关联规则挖掘过程主要包含两个阶段:第一阶段必须先从资料集合中找出所有的高频项目组(Frequent Itemsets),第二阶段再从这些高频项目组中产生关联规则(Association Rules)。关联规则挖掘的第一阶段必须从原始资料集合中找出所有高频项目组。高频的意思是指某一项目组出现的频率相对于所有记录而言,必须达到某一水平。一项目组出现的频率称为支持度(Support),以一个包含 A 与 B 两个项目的 2–itemset 为例,我们可以经由支持度的计算公式求得包含{A,B}项目组的支持度,若支持度大于或等于所设定的最小支持度(Minimum Support)门槛值,则{A,B}称为高频项目组。一个满足最小支持度的 k–itemset,则称为高频 k–项目组(Frequent k–itemset),一般表示为 Large k 或 Frequent k。算法从 Large k 的项目组中再产生 Large k+1,直到无法再找到更长的高频项目组为止。

关联规则挖掘的第二阶段是要产生关联规则。从高频项目组产生关联规则,是利用前一步骤的高频 k–项目组来产生规则,在最小信赖度(Minimum Confidence)的条件门槛下,若一规则所求得的信赖度满足最小信赖度,称此规则为关联规则。例如:经由高频 k–项目组{A,B}所产生的规则 AB,其信赖度可经由信赖度计算公式求得,若信赖度大于或等于最小信赖度,则称 AB 为关联规则。关联规则挖掘通常比较适用于记录中的指标取离散值的情况。如果原始数据库中的指标值是取连续的数据,则在关联规则挖掘之前应该进行适当的数据离散化(实际上就是将某个区间的值对应于某个值)。数据的离散化是数据挖掘前的重要环节,离散化的过程是否合理将直接影响关联规则的挖掘结果。

（三）关联规则的分类

按照不同情况，关联规则可以进行如下分类：

（1）基于规则中处理的变量的类别，关联规则可以分为布尔型和数值型

布尔型关联规则处理的值都是离散的、种类化的，它显示了这些变量之间的关系；而数值型关联规则可以和多维关联或多层关联规则结合起来，对数值型字段进行处理，将其进行动态的分割，或者直接对原始的数据进行处理，当然数值型关联规则中也可以包含种类变量。例如：性别＝"女"＝＞职业＝"秘书"，是布尔型关联规则；性别＝"女"＝＞avg（收入）＝2 300，涉及的收入是数值类型，所以是一个数值型关联规则。

（2）基于规则中数据的抽象层次，关联规则可以分为单层关联规则和多层关联规则

在单层的关联规则中，所有的变量都没有考虑到现实的数据是具有多个不同层次的；而在多层的关联规则中，对数据的多层性已经进行了充分的考虑。例如：IBM 台式机＝＞Sony 打印机，是一个细节数据上的单层关联规则；台式机＝＞Sony 打印机，是一个较高层次和细节层次之间的多层关联规则。

（3）基于规则中涉及的数据的维数，关联规则可以分为单维的和多维的

在单维的关联规则中，我们只涉及数据的一个维，如用户购买的物品；而在多维的关联规则中，要处理的数据将会涉及多个维。换言之，单维关联规则是处理单个属性中的一些关系；多维关联规则是处理各个属性之间的某些关系。例如：啤酒＝＞尿布，这条规则只涉及用户购买的物品；性别＝"女"＝＞职业＝"秘书"，这条规则就涉及两个字段的信息，是两个维上的一条关联规则。

（四）数据挖掘算法

数据挖掘中的常用算法有以下几种。

1. Apriori 算法

Apriori 算法是一种最有影响的、挖掘布尔关联规则频繁项集的算法。其核心是基于两阶段频集思想的递推算法。该关联规则在分类上属于单维、单层、布尔关联规则。在这里，所有支持度大于最小支持度的项集称为频繁项集，简称频集。

该算法的基本思想是：首先找出所有的频集，这些项集出现的频繁性至少和预定义的最小支持度一样。然后由频集产生强关联规则，这些规则必须满足最小支持度和最小可信度。然后使用第1步找到的频集产生期望的规则，产生只包含集合的项的所有规则，其中每一条规则的右部只有一项，这里采用的是中规则的定义。一旦这些规则被生成，那么只有那些大于用户给定的最小可信度的规则才被留下来。为了生成所有频集，使用了递推的方法。可能产生大量的候选集，以及可能需要重复扫描数据库，是 Apriori 算法的两大缺点。

2. 基于划分的算法

这个算法先把数据库从逻辑上分成几个互不相交的块,每次单独考虑一个分块并对它生成所有的频集,然后把产生的频集合并,用来生成所有可能的频集,最后计算这些项集的支持度。这里分块的大小选择要使得每个分块可以被放入主存,每个阶段只需被扫描一次。而算法的正确性是每一个可能的频集至少在某一个分块中保证的。该算法是可以高度并行的,可以把每一分块分别分配给某一个处理器生成频集。产生频集的每一个循环结束后,处理器之间进行通信来产生全局的候选 k -项集。通常,这里的通信过程是算法执行时间的主要瓶颈;而另一方面,每个独立的处理器生成频集的时间也是一个瓶颈。

3. FP -树频集算法

针对 Apriori 算法的固有缺陷,J. Han 等人提出了不产生候选挖掘频繁项集的方法:FP -树频集算法。采用分而治之的策略,在经过第一遍扫描之后,把数据库中的频集压缩进一棵频繁模式树(FP - tree),同时依然保留其中的关联信息,随后再将 FP - tree 分化成一些条件库,每个库和一个长度为 1 的频集相关,然后再对这些条件库分别进行挖掘。当原始数据量很大的时候,也可以结合划分的方法,使得一个 FP - tree 可以放入主存中。实验表明,FP - growth 对不同长度的规则都有很好的适应性,同时在效率上较之 Apriori 算法有巨大的提高。

(五) 数据挖掘在应急管理中的应用

应急管理对消除事故隐患,最大限度地降低事故危害程度,保障人员生命和财产安全,起到了不可替代的作用。目前,众多企业和单位都拥有了自己的应急救援与辅助决策支持系统(以下简称应急决策支持系统)。日常管理中,该系统进行应急决策资源信息的采集和更新、预案的制订及完善;在突发事件发生时,该系统辅助决策者进行应急指挥决策;应急处置完成后,该系统及时进行善后处理以及对应急救援进行评估和修正,从而不断完善和提升组织应对安全事件的处理能力。

应急决策支持系统在国内安全领域的应用越来越广泛,但目前该系统还存在以下不足:

① 大多数突发事件发生后复杂多变,数据信息量庞大,在应急决策中往往需要高度复杂的知识推理,因此,应急管理中许多问题难以通过建立数学模型、运用数值计算的方法来求解。如何在海量数据中提取出隐藏在数据背后的模式、趋势和规则,如何在预测未来趋势的数据中自动生成有关模式和异常事件的假设,这都是有待解决的问题。

② 传统的应急决策支持系统对模型的依赖性较强,模型的好坏直接关系到决策支持系统的成败。使用模型库有借鉴专家经验、减少试验次数等优点,但模型库也有致命的缺陷,如模型参数较难确定、模型因子和多种研究模型的选取存在问题等。

③ 应急决策支持系统的开发具有滞后性。现代社会事件日益复杂,变量参数以及运行数据越来越庞大,因此应急决策支持系统应具备一定的自主知识学习能力,以应对环境

变化和技术更新。

数据挖掘就是从大量的、不完全的、有噪声的数据中,提取隐含在其中的、事先不知道的、但又潜在有用的信息的过程。数据挖掘是一个高度归纳和演绎的过程,挖掘的结果是一些未知的模式(知识),未知的模式可能适应不同的业务需求。现阶段,各种业务应用中的数据信息量巨大,甚至海量,但我们很难从这些数据之中获取对我们有利的潜在内部规律和知识,数据挖掘技术的出现正好解决了这个问题。数据挖掘技术的应用主要包括:概念描述、关联规则、分类和预测、聚类、偏差型知识五种。数据挖掘技术也包含许多算法,如决策树、关联规则、聚类模式、神经网络、粗糙集、概念格、遗传算法、序列模式、贝叶斯等,每种算法可适用于多个应用领域。

(六) 应急业务中的数据挖掘

应急救援决策支持业务包含定性判断、定量计算和半定性半定量分析。由于同一个数据挖掘任务有多种数据挖掘算法满足需求,每种数据挖掘算法又有各自的特点和限制条件,因此靠一种或几种数据挖掘技术不能满足其科学性和实用性。应急业务主要包括应急预测与报警、动态安全风险分析、事故动态演化过程分析和应急业务全流程综合评价等几个部分,但针对每部分,应急业务应根据应急目标选用数据挖掘算法。

1. 应急预测与报警

应急预测与报警可以选用神经网络、关联规则、序列模式、分类方法和孤立点分析等数据挖掘方法。关联规则方法应用最为广泛,其目的在于挖掘隐藏在突发事故相关参数中的内在关联关系。序列模式方法与关联规则方法类似,它寻找的是可能发生的事故在时间上的相关性、延续性。分类方法可为每个突发事故或事件归类,然后根据历史数据推测出未来的趋势。孤立点分析可从设备运行数据中发现极端异常记录,而异常记录一般隐含偏离正常运行的安全事件。

2. 动态安全风险分析和事故动态演化过程分析

动态安全风险分析可以选用关联规则、序列模式、分类方法和聚类模式等数据挖掘方法。关联规则方法可挖掘隐藏在运行参数之间的关联关系,以此分析事故发生即扩散的过程。序列模式方法可挖掘出事故的相关性、延续性,可以辅助事故的动态演化过程进行分析。分类方法可将动态安全风险水平进行分级,并通过概念描述方法来确定每个等级的内涵与阈值。

3. 应急处置方案辅助决策

应急处置方案辅助决策可以选用决策树、粗糙集理论、关联规则和遗传算法等数据挖掘方法。粗糙集理论可用于数据简化、数据意义评估、对象相似性或差异性分析、因果关系及泛化式数据挖掘等。遗传算法可以求解应急处置方案的组合优化问题,通常用枚举法很难求出最优解,但可以把主要精力放在寻求满意解上,而遗传算法是寻求这种满意解的最佳工具之一。

4. 应急业务全流程综合评价

应急业务评价可以选用关联规则、分类方法和聚类模式等数据挖掘方法。关联规则方法可挖掘应急处置方案之间的关联规则,以此分析事故应急决策的科学性和实用性。聚类模式方法可将几种应急救援方案进行模糊聚类,再比较各类的优劣程度。

三、应急管理中的云计算

(一)云计算基本概念

云计算(Cloud Computing)是基于互联网的相关服务的增加、使用和交付模式,通常涉及通过互联网来提供动态易扩展且经常是虚拟化的资源。云是网络、互联网的一种比喻说法。过去,人们在图中往往用云来表示电信网,后来也用云来表示互联网和底层基础设施的抽象。因此,云计算甚至可以让你体验每秒 10 万亿次的运算能力,这么强大的计算能力可以模拟核爆炸、预测气候变化和市场发展趋势。用户通过电脑、笔记本、手机等方式接入数据中心,按自己的需求进行运算。云计算是分布式计算(Distributed Computing)、并行计算(Parallel Computing)、效用计算(Utility Computing)、网络存储(Network Storage Technologies)、虚拟化(Virtualization)、负载均衡(Load Balance)、热备份冗余(High Available)等网络技术发展融合的产物。

美国国家标准与技术研究院(NIST)定义:云计算是一种按使用量付费的模式,这种模式提供可用的、便捷的、按需的网络访问,进入可配置的计算资源共享池(资源包括网络、服务器、存储、应用软件、服务),这些资源能够被快速提供,只需投入很少的管理工作,或与服务供应商进行很少的交互。如 XenSystem,以及在国外已经非常成熟的 Intel 和 IBM,各种"云计算"的应用服务范围正日渐扩大,影响力也不可估量。由于云计算应用的不断深入,以及对大数据处理需求的不断扩大,用户对性能强大、可用性高的 4 路、8 路服务器的需求出现明显提升,这一细分产品同比增速超过 200%。

云计算是通过使计算分布在大量的分布式计算机上,而非本地计算机或远程服务器中,令企业数据中心的运行与互联网更相似。这使得企业能够将资源切换到需要的应用上,根据需求访问计算机和存储系统。好比是从古老的单台发电机模式转向了电厂集中供电的模式。它意味着计算能力也可以作为一种商品进行流通,就像煤气、水电一样,取用方便,费用低廉。最大的不同在于,它是通过互联网进行传输的。

(二)云计算的特点

被普遍接受的云计算特点如下:

① 超大规模。"云"具有相当的规模,谷歌云计算已经拥有 100 多万台服务器,亚马逊、IBM、微软、雅虎等的"云"均拥有几十万台服务器。企业私有云一般拥有数百上千台服务器。"云"能赋予用户前所未有的计算能力。

② 虚拟化。云计算支持用户在任意位置、使用各种终端获取应用服务。所请求的资源来自"云",而不是固定的有形的实体。应用在"云"中某处运行,但实际上用户无须了解,也不用担心应用运行的具体位置。只需要一台笔记本或者一个手机,就可以通过网络服务来实现我们需要的一切,甚至包括超级计算这样的任务。

③ 高可靠性。"云"使用了数据多副本容错、计算节点同构可互换等措施来保障服务的高可靠性,使用云计算比使用本地计算机可靠。

④ 通用性。云计算不针对特定的应用,在"云"的支撑下可以构造出千变万化的应用,同一个"云"可以同时支撑不同的应用运行。

⑤ 高可扩展性。"云"的规模可以动态伸缩,满足应用和用户规模增长的需要。

⑥ 按需服务。"云"是一个庞大的资源池,用户可按需购买;云可以像自来水、电、煤气那样计费。

⑦ 极其廉价。由于"云"的特殊容错措施,用户可以采用极其廉价的节点来构成云。"云"的自动化集中式管理使大量企业无须负担日益高昂的数据中心管理成本。"云"的通用性使资源的利用率较之传统系统大幅提升,因此用户可以充分享受"云"的低成本优势,经常只要花费几百美元、几天时间就能完成以前需要数万美元、数月时间才能完成的任务。云计算可以彻底改变人们未来的生活,但同时也要重视环境问题,这样才能真正为人类进步做贡献,而不是简单的技术提升。

⑧ 潜在的危险性。云计算服务除了提供计算服务外,还提供了存储服务。但是,云计算服务当前垄断在私人机构(企业)手中,而他们仅仅能够提供商业信用。政府机构、商业机构(特别是像银行这样持有敏感数据的商业机构)对于选择云计算服务应保持足够的警惕。一旦商业用户大规模使用私人机构提供的云计算服务,无论后者的技术优势有多强,都会不可避免地让这些私人机构凭"数据(信息)"的重要性挟制整个社会。对于信息社会而言,"信息"是至关重要的。另一方面,云计算中的数据对于数据所有者以外的其他云计算用户是保密的,但是对于提供云计算的商业机构而言却是毫无秘密可言的。所有这些潜在的危险是商业机构和政府机构选择云计算服务,特别是国外机构提供的云计算服务时,不得不考虑的一个重要因素。

(三) 云应急

近年来,云计算技术的发展为网络化分布的 IT 资源优化和分配提供了先进思想,给各行各业带来了重大影响。作为一种服务化的计算模式,云计算为应急管理提供了新的思想和强有力的辅助手段。借鉴云计算的核心思想、运营模式和相关技术,人们可对应急资源进行服务化管理,可以提高应急管理的科学性和有效性。由此,本文提出一种更为敏捷、智能、灵活、高效、资源可扩展的智慧型应急管理新模式——云应急(CEM,Cloud Emergency Managing),以探索突发事件应急管理模式的发展方向和趋势。

近年来,云计算、云制造等一系列全新的服务化资源提供模式的提出和物联网技术的发展,为突发事件应急管理模式提供了新的思路。云计算的核心思想是:引入第三方提供资源的网络运营方——"云",将大量用网络连接的分布式(计算)资源统一管理和调度,构成一个资源能力池,向用户提供按需服务。任何资源拥有者都有机会向云端提供可用资源,因此,"云"中的资源在使用者看来是可以无限扩展的。同时,云端通过对用户需求的辨识,帮助用户发现和匹配资源池中合适的资源,并以服务的形式随时将资源提供给用户按需使用。

突发事件应急响应和处置所必需的可用应急资源通常由政府各应急部门和其他组织提供,各个部门通过信息沟通使用分散分布的各种应急资源。如果可以打破应急资源物理分布于不同部门、地区之间的"墙",通过在逻辑上对一切可用应急资源的统一管理调配来实现应急联动、协同,则应急效率和应急效果都将得到显著改善。不同突发事件的应急管理可以按照事件的不同类型和等级转化为不同的应急需求。应急管理的目标就是充分感知变化的应急需求,统一规划和配置应急资源,以满足各种突发事件应急管理的需求。突发事件应急管理模式可以借鉴"云"的思想,构建第三方应急资源网络——"应急云",采用物联网接入技术、虚拟化技术和决策支持技术,提高应急资源的可扩展性和可控性,全面感知和理解应急管理需求,智能化分析情景变化,动态生成和调整并行应急管理过程,使应急管理工作协同、有序、灵活、及时、高效进行。

1. 云应急定义

云应急是一种基于"云"的思想和现代服务管理的思想,利用先进的网络技术、智能决策支持技术,通过构建并运营云应急服务平台,以有效管理、调配可扩展的应急资源为目的,可为应急需求者提供定制应急服务的智慧型应急管理新模式。这种应急管理模式具有网络化、敏捷化、智能化以及灵活、高效、随需应变的特征。

云应急技术旨在将情景感知技术、情景分析技术、预案管理技术、资源保障管理技术及其他相关技术与云计算、物联网、资源虚拟化、服务化、智能决策支持等技术相融合,实现各类物理应急资源和网络应急资源逻辑上的集中管理,在应急管理全生命周期过程中,随着突发事件情景和应急需求的变化而动态进行资源发现、匹配、服务封装,最终提供可无限扩展、及时获取、按需提供、安全可靠的各类应急服务。

2. 云应急的概念模型

云应急模式的概念模型基于网络世界和物理世界的情景信息感知,主要由运营及服务平台、应急服务需求方构成。物理世界是物理应急资源提供方,通过物联网接入技术将全社会网络化分布的实时可用应急资源信息(如应急人员、应急物资等)采集汇聚到云应急服务平台上,纳入平台统一监控管理。网络世界存在着依托互联网的分布式实时可用的软应急资源(如数据中心、计算中心、决策模型、应用等),也由云应急服务平台采集、存储并统一管理。这些资源只是逻辑上的统一,物理上仍可以是网络化分散存在的。

云应急服务平台内部封装了所有应急管理活动以及数据、知识、物资、人员等资源,通过对物理世界和网络世界的在线感知,对于多源异构、海量、实时数据进行高性能采集、存储、计算和智能分析,动态调整并行应急管理过程,均衡调配应急管理资源,最终将应急资源按照应急管理实际需求转化为可直接调用的、高效可靠的应急服务,提供给不同的应急需求者(如应急分析人员、应急执行人员、应急决策人员和群众等)。云应急管理模式通过对云应急平台内部可扩展资源的有序化统一管理,极大地减轻了应急需求端的负担,提高了应急管理的灵活性和高效性。

3. 云应急的特征

情景过程导向。在应急管理中,固定数量的资源与单一的解决方案无法对仍处于进程中的突发事件做出及时、灵活的响应。云应急管理模式采用基于"情景-应对"的管理范式,如图 4-1 所示。在对突发事件情景充分感知和对应急需求充分分析的基础上,动态和智能地生成、调整以及重组应急预案(方案)和应急过程,根据不同的应急需求和应急任务流程调用不同的应急服务。

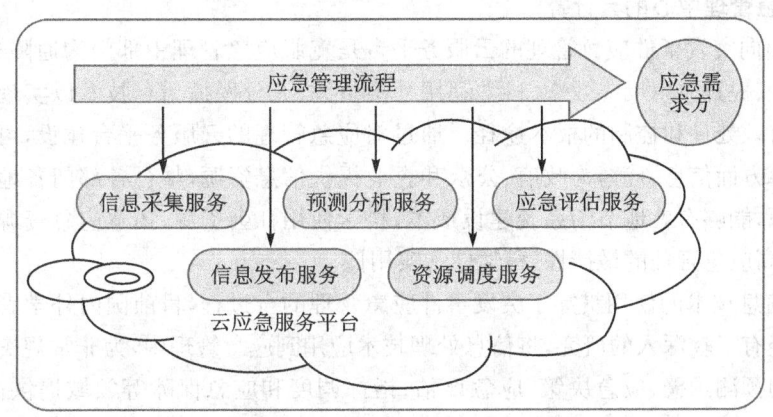

图 4-1　情景应对下的应急服务

信息、知识全面整合。云应急服务平台快速实时地对物理世界和网络世界的突发事件情景信息和应急资源信息进行采集、传输、存储。平台提供标准化的异构信息集成接口,云应急模式概念模型实现应急管理业务信息(如应急预案库、案例库、物资库、队伍库、专家库、GIS 库、模型库、数据库等)的全面整合,并对海量历史信息进行分类管理、挖掘分析,形成可共享知识,为云应急管理模式下的应急管理活动提供决策支持。

智能决策,协同运作。云应急基于云应急平台实现了信息、知识的全面整合,可提供智能化的决策支持;通过对各个应急联动部门的救援队伍、设备物资、专家等应急资源的虚拟化汇聚管理,形成了基于智能决策的云应急协同网络;通过对应急资源的按需调配,确保应急管理工作灵活、高效、有序进行。

虚拟化、可扩展的应急资源管理模式。在云应急模式中,不论是人力、设备物资等物理资源,还是应用、计算和数据等网络资源,都通过虚拟化技术实现逻辑上的汇聚,根据不同的并行应急需求进行重新规划、组合、协调、利用,以达到最有效利用。由于物联网接入技术的应用,云应急服务平台可以更方便地应对突发事件发生时的大量临时性需求,实现社会闲置资源的随时多渠道(如购买、捐献、征用和租赁等)接入、注销和跟踪管理维护,使网络化分布的应急资源提供方迅速与网络化随机分布的应急资源需求方实现最优化匹配,极大地提高应急资源来源的可扩展性和应急资源储备的动态伸缩性。

提供标准化、可重用的服务。快速响应服务是资源和过程的封装,是面向用户需求的全面或部分的解决方案。应急资源需求者往往难以在宝贵而短暂的救援时间内根据当时的事件应急情景需求,有效使用原子级的应急资源。有鉴于此,云应急管理模式提供给应急需求方的是可以解决不同突发事件应急需求,实现部分或全部应急管理功能的及时高效的应急服务。云应急服务平台通过对应急管理过程和应急资源的匹配和服务封装提供标准化可重用的应急服务,如应用软件服务、决策支持服务、运输服务、救援服务等。

(四) 应急管理云服务体系

1. 应急管理中心的云计算

构建面向突发事件应急管理的云服务平台是克服应急管理中部门沟通障碍、加快应急反应速度、提升应急反应效率、科学利用社会资源、充分发挥信息技术以实现对非常规突发事件有效处理和控制的根本途径。通过对应急管理的云服务平台建设,可以有效地融合社会各方面信息资源,为政府、公众和企业提供信息资源,整合各部门各地区的存储和计算资源,能够有效地节约系统建设成本,科学使用社会资源,拓宽应急资源的来源渠道,从而提高应急管理的敏捷性、科学性和实用性。

现代信息技术的使用贯穿于突发事件应急管理的全过程,目前国内外学者对信息处理技术已经有了较深入的研究,将信息处理技术应用到应急管理中,为非常规突发事件应急管理中的预测预警、应急决策、应急评估、指挥调度和应急保障等领域提供信息支持。应急管理的云服务平台是将信息处理技术理论研究推向实际应用的需要。我国应对大规模的非常规突发事件的应急机制主要是由国务院统一指挥,根据应急工作的实际需要,提出是否成立地方各级应急指挥部。将各部门各地区的应急资源进行有效集成是应急管理过程中一项重要的任务。面向非常规突发事件,应急管理的云服务体系为集成这些分散的、割裂的应急资源,从技术架构、服务模式和应用集成等方面提供了平台、方法和关键技术支持,是改变应急系统建设各自为政的现状、降低建设成本、提高应急管理效率、满足应急管理复杂多变的需要的关键。

提供应急管理服务的主体是政府各部门,针对政府各部门架构的特点,可以将面向非常规突发事件应急管理的云服务类型分为:公有云、私有云、混合云和外部云四种。私有云主要是政府部门建立在部门内部的云服务,根据自己所需的业务和功能开发云服务。在应急事件中,部门私有云只负责部门职责所在的应急服务,如交通部门专门处理交通应急预案。私有云最大的特点就是:数据的安全性和系统的可靠性。

面向非常规突发事件应急管理的公有云主要来源于两个方面,一是在需要各部门协作的应急事件中,原来部门提供的公开的云服务;二是其他大型公共信息服务商提供的云计算服务,如 Google,Amazon,Microsoft。公有云的最大优点就是服务应用及信息都存放在公有云的提供者处,降低了各部门建设系统的成本,提高了资源利用率。同时,公有云最大的问题也在于数据的分布式存储,在安全性方面存在一定风险。

混合云模式是指公有云模式和私有云模式的混合。面向非常规突发事件,应急管理的云服务平台通过将公有云和私有云有机地结合起来,形成一个统一的整体,为需要这些服务的政府内部工作人员、应急管理决策部门和社会公众所使用。另外,非常规突发事件

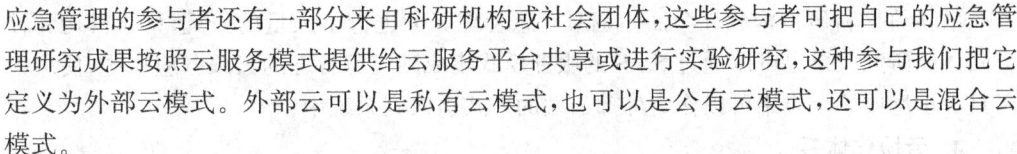

应急管理的参与者还有一部分来自科研机构或社会团体,这些参与者可把自己的应急管理研究成果按照云服务模式提供给云服务平台共享或进行实验研究,这种参与我们把它定义为外部云模式。外部云可以是私有云模式,也可以是公有云模式,还可以是混合云模式。

2. 云存储体系

云存储体系是解决非常规突发事件应急管理中这种不确定的分布式大规模海量数据存储的有效方式。云存储体系的典型特征是存储的虚拟化,通过网络监测、实时统计的各种分散异构的信息资源,统一存储在存储体系中,经过虚拟化后,支持采用统一的标准对海量异构数据进行收集、融合和管理,进行存储和计算的相互支持,实现高效的虚拟数据服务。

突发事件应急管理的计算负载变化大,既有分级管理分层次计算的特点,又有在区域范围方面不断变化,有可能迅速扩展到相当大的区域的特点。支持这种应急管理的云计算体系需要随时集结或释放大量的计算资源,完成多种分布式的应用,需要对计算资源的使用进行优化管理。基于 IaaS、PaaS 和 SaaS 的云计算体系主要通过集中式云计算服务结构、分布式云计算的应用服务集成结构和云间服务集成结构来满足高强度的计算功能伸缩性。突发事件应急管理的过程中,涉及不同的参与主体,其中既有各个部门的垂直管理体系,又有同一行政区域相互平行的职能部门,有时还需要外部研究机构提供支持,构成一个综合交错的服务模式,各个主体使用的系统平台千差万别。云协作体系的目标是建立一个统一集中的协同平台,不同主体通过服务的应用,为相关协同管理部门提供既统一又逻辑独立且个性化的协同服务。

3. 云计算体系

云计算体系主要包括三种结构:基于 SaaS/PaaS 的应急管理基本业务应用的集中式云计算服务结构,在集群计算的基础上开发核心业务过程的云计算服务;基于分布式云计算的应用服务集成结构,使得各种决策工具等小型或单个应用可以作为外部云应用的形式引入到系统中;云间服务集成结构,能够根据事态发展集成不同层次和不同区域的云计算系统。

突发事件信息的特点要求计算功能能有高强度的伸缩性,各部门在原有计算资源的基础上,构建各部门协作的集群计算体系,按照应急管理体系架构的特点,分部门、分层级管理集群计算体系资源的调度和优化,在分部门、分层级的集群计算资源的支持下,对应急管理云存储体系进行优化、调度和评价,经过虚拟化后的云计算资源和存储资源,以 IaaS 的模式提供服务。

在突发事件应急管理的过程中,在集群计算的基础上开展对应急服务的服务发现、服务描述和服务规约等工作,进行应急关键业务的开发。基于 PaaS 和 IaaS 的应急管理服务模式,不仅能够针对非常规突发事件不断演化的特点,提供满足高时效性的应急服务,能够根据事态发展集成不同层次和不同区域的云计算系统,在应对由于信息的高爆发性造成的计算能力和存储能力伸缩性的要求时,也能够提供按需供给的计算能力和存储能力。

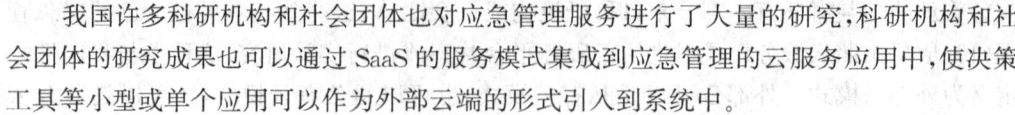

我国许多科研机构和社会团体也对应急管理服务进行了大量的研究,科研机构和社会团体的研究成果也可以通过 SaaS 的服务模式集成到应急管理的云服务应用中,使决策工具等小型或单个应用可以作为外部云端的形式引入到系统中。

4. 云协作体系

突发事件应急管理要求各部门各层级的相关应急部门相互协作,共同完成对应急事件的控制。为适应非常规突发事件应急管理中的多部门协作管理模式的需要,建立在云存储体系和云计算体系基础上的云协作体系,不仅要求同一地区同一层级的各部门相互协作,还要求跨部门和跨层级的相互协作。

建立在云存储体系的各地区各部门的存储资源,以 IaaS 的服务模式对突发事件应急管理提供支持。非常规突发事件应急管理由于信息的爆炸性,要求相关部门可以提供海量存储的存储资源。各部门基于云计算技术建立的存储资源,在日常满足单独部门的同时,为非常规突发事件应急管理提供云存储服务,在充分利用存储资源的同时,还为应急管理提供了必要的支持,达到了存储资源相互协作的目的。

在各部门原有计算资源基础上建立起来的云计算体系,可为突发事件的应急管理提供强大的按需供给的计算资源,在基于 IaaS 服务模式的云计算体系下,负责对应急管理的数据调度、优化和评价,同时提供 PaaS 服务模式的应急管理核心业务的开发,支持动态演化的应急管理服务应用的需求。在应对大规模的突发事件中,由国务院对应急管理统一调度,可以对各部门各层级的云计算体系和云存储体系进行调度,以保证应急工作的顺利开展。在应急事件相对较小的应急管理过程中,可由当地人民政府,负责对各部门的云计算和云存储体系进行领导和指挥,以达到多部门相互协作,综合处理,对事件全面控制的目的。

部分科研机构或社会团体在日常工作中的研究成果,在应对突发事件的过程中,可通过外部云的形式集成到应急管理平台中,以 IaaS、PaaS 和 SaaS 的形式向政府应急管理部门提供服务,支持以云服务为基础、快速组织满足突发事件全过程管理和全方位服务的软件体系。各部门的公有云、私有云和科研机构的外部云相互支持、相互协调,组成一个有机的应急服务整体,不同主体以服务应用相互协作,为应急管理相关部门提供一个标准化和个性化统一的协同服务。

第三节　大数据下的应急管理

一、大数据概述

(一)大数据的定义

移动互联网、物联网和云计算技术的迅速发展,拉开了移动云时代的序幕,大数据问题(Big Data Problem)就是在这样的背景下产生的,它已成为学术界和相关产业界的热门话题,并成为信息技术领域的重要前沿课题之一。*Nature* 和 *Science* 等相继出版专刊,专门探讨大数据带来的机遇和挑战。著名研究机构 Gartner 将其定义为:大数据是指需要新处理模式才能具有更强的决策力、洞察发现力和流程优化能力的海量、高增长率和多样化的信息资产。相较于传统的数据,人们将大数据的特征总结为 5 个 V,即体量(Volume)大、速度(Velocity)快、模态(Variety)多、辨识(Veracity)难和价值(Value)大密度低。国外的大数据研究工作主要集中在如何进行大数据存储、处理、分析以及管理的技术及软件应用上。在学术界,*Nature* 早在 2008 年就推出了 *Big Data* 专刊,从互联网技术、超级计算、生物医学等方面专门探讨有关大数据的研究。2012 年 3 月,美国公布了旨在提高和改进人们从海量信息数据中获取信息能力的"大数据研发计划"。2012 年 7 月,日本推出"新ICT 战略研究计划",其中重点关注大数据应用,将大数据定位为战略领域之一。

大数据就是互联网发展到现今阶段的一种表象或特征,没有必要神化它或对它保持敬畏之心,在以云计算为代表的技术创新大幕的衬托下,这些原本很难收集和使用的数据开始变得容易利用,通过各行各业的不断创新,大数据会逐步为人类创造更多的价值。

想要系统地认知大数据,必须要全面而细致地分解它。我们可从三个层面来展开:第一层面是理论,理论是认知的必经途径,也是被广泛认同和传播的基线。人们可以从大数据的定义理解行业对大数据的整体描绘和定性;从对大数据价值的探讨来深入解析大数据的珍贵所在;洞悉大数据的发展趋势;从大数据隐私这个特别且重要的视角审视人和数据之间的长久博弈。第二层面是技术,技术是大数据价值体现的手段和前进的基石。人们可以分别从云计算、分布式处理技术、存储技术和感知技术的发展来说明大数据从采集、处理、存储到形成结果的整个过程。第三层面是实践,实践是大数据的最终价值体现。人们可以分别从互联网的大数据、政府的大数据、企业的大数据和个人的大数据四个方面来描绘大数据已经展现的美好景象及即将实现的蓝图。

(二) 大数据的应用

在具体的实际应用方面,大数据也显现出了它的价值所在。谷歌公司通过对人们在网上检索的词条与疾病中心的数据进行分析处理,及时有效地判断出了流感的传播来源,为公共卫生机构提供了有价值的信息。乔布斯通过大数据辅助癌症治疗,丹麦癌症协会通过大数据研究手机是否致癌等。美国最大的西奈山医疗中心(Mount Sinai Medical Center)通过使用来自大数据创业公司 Ayasdi 的技术,分析大肠杆菌的全部基因序列,包括超过 100 万个 DNA 变体,来了解为什么菌株会对抗生素产生抗药性。医疗行业的大数据不仅量大,而且繁杂,其中蕴涵的信息价值也是丰富多样。英特尔全球医疗解决方案架构师吴闻新等人也预测了医疗行业数据的快速增长,特别是影像数据和 EMR 电子病历数据。英特尔协助用友医疗进行了合理的架构分析和指导,对于基于大数据分析的解决方案进行了深入的探索和研究,并且制订了基于英特尔大数据解决方案的区域卫生数据中心建设目标,即文档快速检索,存储模式满足数据模式的更新,透明化扩展容量和性能。美国俄亥俄州运输部(ODOT)利用 INRIX 的云计算分析处理大数据,以此了解和处理恶劣天气的道路状况,减少了冬季连环撞车发生的概率,方便了人们的出行。在能源行业,SaaS 型软件公司 Opower 使用数据分析提供消费用电的能效。

与国外相比,国内对大数据的研究和应用还处在起步阶段。2012 年 5 月,香山科学会议组织了以"大数据科学与工程———一门新兴的交叉学科"为主题的会议,深入讨论了大数据的理论与工程数据研究、应用的方向,指出目前最重视的都是大数据分析算法和大数据系统效率,通过研究大数据的关系网络整体而全面地研究大数据。同年 6 月,中国计算机学会青年计算机科技论坛举办了"大数据时代,智谋未来"学术报告会,就大数据时代的数据挖掘、体系架构理论、大数据安全、大数据平台开发与大数据现实案例进行了全面的讨论。目前,大数据技术在许多领域得到了应用。例如:Yoo 等(2014)利用现代统计和机器学习方法对医疗大数据进行分析,将分析结果用于疾病的诊断;李伟等(2013)构建了油田勘探数据管理模型和数据访问基础架构,解决了油田实际应用中所面临的交叉复用、信息可见、信息传承等大数据问题。Gantz 等(2011)、冯芷艳等(2013)分别对商务管理、大城市亟待解决的交通问题进行相关的研究和实验,应用实例表明,营销策略的制订、智能化的交通管理方面都得益于大数据的分析。总之,尽管大数据具有巨大的价值,但总体来说大数据的研究还处在初始阶段。范小茜等(2014)研究了大数据时代下的治安防控问题,重点探索治安防控数据的处理对策。柴卫平(2013)基于深圳公安如何推进视频建设运维机制、完善配套管理措施、构建人才应用体系、深化应用智能技术,研究了大数据时代视频工作面临的新问题、新情况。冯冠筹(2014)结合公安工作的实际和发展前景,提出科学运用大数据原理,实施国家安全、维稳态势、治安形势、社会管理、民意导向、民生服务等预测,着力推动公安工作的科学持续发展,并认为在实施警务预测时必须解决优化技术架构、全警采集信息、规范信息存储、搭建运用平台等问题。

(三) 大数据中的多源异构数据问题

为解决多源异构数据处理问题,早期人们提出了数据集成技术并展开了广泛研究,但是没有解决数据的语义异构问题。后来,许多学者尝试将人工智能领域的本体引入到异构数据的聚合中,用以解决数据语义异构问题。对多源异构数据的处理,一般可采用数据集成和数据融合的方法,常见的数据集成方法主要有:联邦数据库法、数据仓库法、中介器法。数据融合方法主要是基于语义数据模型的数据分析和处理方法,如骨架法等。目前,传统的关系型数据仍是最为成熟的数据表示方法之一,其主要优点是:实体间联系固定,具有良好的完整性支持;描述自然、直观、容易理解;建立在严格的数学概念的基础上,概念单一,实体与实体间的联系都用关系表示,数据结构简单、清晰。缺点是:对数据操作限制比较多,而且随着应用环境的扩大,数据库的结构越来越复杂,不利于用户掌握;其DDL、DML 语言复杂,用户不容易使用,无法解决语义异构。除传统的关系型数据之外,半结构化数据也是一种重要的数据表示方法,半结构化数据是指缺乏严格模式结构的数据,通常可以用文档树来描述。

作为表示半结构化数据的标准之一,XML 被广泛应用于异构数据交换。虽然 XML

作为一种有效的异构数据交换格式得到了广泛应用并逐渐为人们所接受,但 XML 无法解决数据的语义异构问题。第一,XML 中存在很多模式级规范,如 XML schema 或 DTD,因此不能假设所有数据都基于一致的命名方法,即不同的概念可能使用相同的标签集进行表示;第二,同一概念可能使用不同的标签集表示,即无法保证具有相同概念的异构数据使用相同的标签集;第三,XML 文档内过多的冗余导致其处理困难,且无法将分散于多个标签集中的数据合并为统一的信息。第四,XML 数据模式是一个文本可扩展语言,而不是一种元数据语言,如果纯用 XML 语言来进行元数据建模,那么灵活性就会受到阻碍。因此,有学者引入了本体技术来解决异构数据的聚合以及异构数据融合中的语义异构问题。随着多源异构数据融合研究的深入,人们已经不仅仅满足于将相互关联的分布式异构数据源进行简单的集成和封装,常规的数据共享和集成已不能满足用户在数据语义和知识上的需求。本体因其具有良好的概念层次结构和对逻辑推理的支持,为知识表示打下了良好的基础,因其可以重用,从而避免了重复的领域知识分析。本体统一的术语和概念使知识共享和集成成为可能。通过语义分析,基于本体的多源异构数据融合方法将数据中具有相同概念或者相同语义的数据进行归类和抽取,从而将数据表示成若干个类及其相互关系的集合,挖掘数据的深层内涵。

二、大数据在应急管理中的应用

(一) 大数据应急基本框架

大数据在应急管理中的应用方式分为两部分:大数据技术和大数据思维。大数据技术既包括诸如数据仓库、数据集市和数据可视化等旧技术,也包括云存储和云计算等新技术;而大数据思维则是从海量数据中发现问题,用全样本的思维来思考问题,形成了模糊化、相关性和整体化的考虑方式。大数据技术与思维相互融合和作用,共同形成了大数据的应用,并对包括应急管理在内的很多公共管理领域产生了巨大影响。如英国皇家联合军种国防研究所 2013 年的报告提出,大数据的应用包含四个特征:快速的收集、分析、决策和反应机制;在分析和结论方面有极高的可信度;无论是在个人还是群体的行为预测方面都应该更有预见性和更高的准确度;重视数据和充分利用,最好是能够多次使用数据。

按照突发事件发生的时间顺序,整个应急管理大致可以分为事前、事中和事后三个阶段,包括预防准备、监测预警、应急处置、善后恢复等多个环节。由于当前大数据在应急管理中大多处于技术应用阶段,并没有针对应急管理中大数据的应用进行严格分类,因此本文根据应急管理最简单的时间序列划分法,探讨了大数据在应急管理中事前、事中和事后应用的基本框架(见图 4 - 2)。

当然,由于应急管理针对的事件类型不同,并非所有的应急管理领域都会涉及大数据在三个过程中的应用。有时候可能并不需要进行数据的重新收集和硬件系统的整合,而只需要进行管理模式和思维的变化,就可以形成新的大数据应用方式,这也是大数据在应急管理甚至是公共管理应用中不同于纯技术导向应用的核心所在。

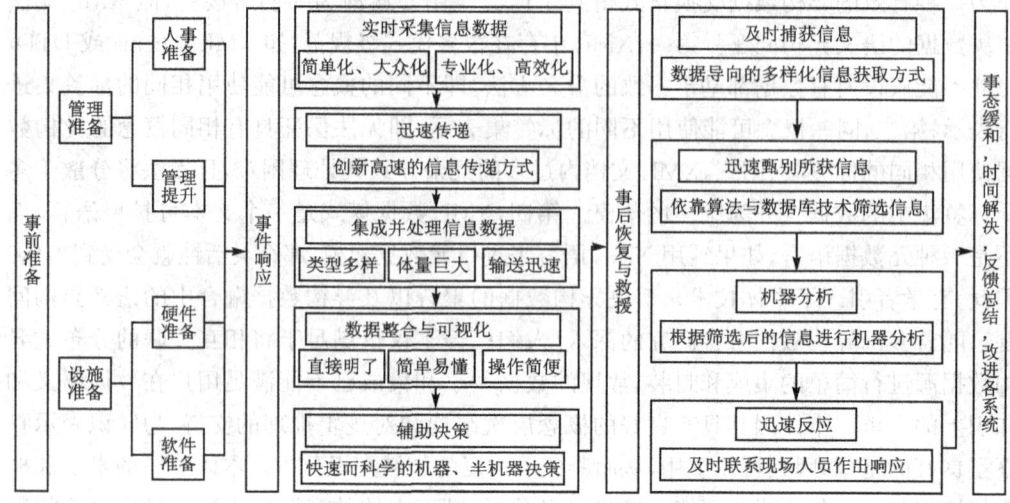

图 4 - 2　大数据在应急管理中的应用框架图

由于应急管理三个阶段的任务不同,且不同性质的突发事件也有发生机理和破坏方式的差异,所以在针对不同突发事件进行应急管理时,所侧重的应对阶段也有所不同。如地震、海啸等事件发生突然,现场反应时间很短,进行"事中响应"非常困难,需要着重预防和救援;而森林火灾等预防困难,救援难度大,现场应对更为重要。因此,就需要根据突发事件的不同特点,在不同阶段应用大数据,以起到事半功倍的效果。

(二)事前准备中的大数据

在事前准备阶段,需要为大数据的应用进行相应的管理和设施准备。管理准备指的是与大数据管理、大数据方法相匹配的人事准备和管理提升。设施准备指的是大数据应用所需要的硬件和软件设施。硬件设施主要涉及新技术背景下的数据采集,而软件设施不但涉及新数据的采集,也可以针对旧有数据进行分析和挖掘。

1. 大数据的人事准备

人事准备主要是对中上层管理人员和基层管理人员的培训和管理。中上层要进行相应的领导体制变革和知识培训,下层则可能要新设机构、增加专业技术人员和信息采集人员,并做好培训。为了响应大数据时代的到来,在管理层面,如美国政府在 2009 年任命了联邦政府首任首席信息官,负责指导联邦信息技术投资的政策和战略规划,负责监督联邦技术应用的有关支出、监管企业等,以确保在联邦政府范围内,系统互通互联、信息共享、确保信息安全和隐私。此外,首席信息官还与首席技术官紧密合作,来推进总统有关大数据应用的技术设想。英国提出"相关部门必须重视大数据,需要任命两名三星上将担任'大数据'监督官,或者国防安全部门内部的大数据指挥官;这两名上将应该分别来自国防部和联合部队司令部,并分别负责两部分的大数据工作。"而基层管理人员需要进行相应的培训。英国皇家联合军种国防研究所的"大数据化"则建议帮助国防部门转变成为"大

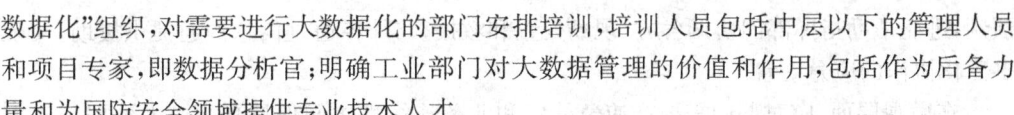

数据化"组织,对需要进行大数据化的部门安排培训,培训人员包括中层以下的管理人员和项目专家,即数据分析官;明确工业部门对大数据管理的价值和作用,包括作为后备力量和为国防安全领域提供专业技术人才。

2. 大数据的设施准备

设施准备主要指为大数据的应用提供基础设施,随着技术的不断发展,"传感器"将成为大数据应用中的重要一环。20 世纪 60 年代以来,美国为预防风暴和海浪袭击建立了海浪检测系统。2005 年,国家数据浮标中心在原有设备的基础上架设了大量新型海洋地理传感器,包括海浪流向传感器等。此项目传感器实时产生大量数据,用以实时监测海浪情况。按照该项目划分,全美海岸线被分为 7 个部分,每个区域的分支网路都是先独立布点,然后在区域联网的支持下,根据海浪运动的物理原理扩展联网。全部联网完成以后,整个监测网包括 296 个传感器:其中 56 个分布在远海,60 个分布在大陆架外部,47 个分布在大陆架内部,133 个分布在海岸线附近。其中,有 115 个布点是 2005 年最新增加的布点,另外有 128 个布点已完成海浪流向测量的升级。这项计划产生了极大的社会价值。根据数据统计,商业捕捞是全美最危险的职业之一。在 2008 年,该中心的报告称,该年度渔业从业者每十万人中的死亡人数为 155 人,而全美所有行业的平均死亡人数仅为每十万人中 4 人。与渔业相关的所有死亡因素中,79％是由天气原因造成的,其中 40％是由巨浪导致。虽然无法具体统计出海浪预测系统的预报拯救了多少人,但毋庸置疑的是,更好的实时海浪监测系统就意味着能救更多人。

大数据设施的准备还包括软件准备。软件的升级包括算法的更新,分析方法和数据处理方法的改进,多源数据的融合分析。在阿富汗,英军曾使用相关技术绘制一种"人肉炸弹地图",将信息导入数据库,通过生物识别数据和图像来识别当地人口,判断关键信息,从而找出可能出现的恐怖分子。在阿富汗战争最激烈的时期,美国国防高级研究计划局曾派遣数据科学家团队和可视化技术团队到阿富汗。在一个名为"Nexus7"的计划中,这些团队将卫星数据与地面监控数据相融合,用以观察道路网中的交通流,以便作战人员定位并摧毁简易爆炸装置。由于地面监控和卫星图像等硬件设备早为英美联军所部署,在阿富汗反恐作战中,图像处理技术、多源数据融合技术和可视化技术才是充分挖掘原有数据并使之产生价值的关键所在。

(三) 事中响应的大数据

1. 大数据的来源

在事中响应阶段,大数据的应用能为政府、第三方组织或个人开展应急响应提供很大便利。对于政府而言,大数据化的应急管理意味着技术支撑基础上的融合与协作,它不但为协作带来很大便利性,也保证了日常业务连续性和应急处置及时性之间的平衡。对第三方组织或个人来说,大数据可以为应急管理提供更加便捷灵活的手段。

在宏观层面,整个应急响应可以分为决策指挥、现场应对和外界援助三个层面,这之间以海量数据信息、高效计算能力和数据传输能力为基础,实现信息有效沟通和机器预测预判,进而帮助指挥部门协调各方、现场处置和救援、与外界通过信息沟通提供援助,实现多元化协作的应急处置。

在微观层面,应对部门需要在应急处置和业务连续性之间保持平衡。大数据基础上的决策支持系统将成为强大的信息管理系统,能够做到实时报告,而且操作简易,是能够同时集合多项关键指标的高效指挥决策辅助系统。在大数据决策支持系统支撑下,交通、医护、警务、市政基础设施管理等部门需要及时沟通,为突发事件的处置提供有力的犯罪打击、充足的物力资源、及时的导航信息和必要的建筑图纸等。不同部门提供的信息,都需要纳入到大数据支撑的决策支持系统。如警务系统在接到报警后,将信息发送到决策支持系统,系统进行分析,确定事件的类型和位置,信息会在电子地图上显示,根据实践情况同时列出关键设备需求表,随后进行危机通报与应急响应。同时,交通部门将路况信息、可用资源和监控数据传输到决策支持系统,系统进行可视化操作,确定通行路段和避免经过的路段,确定路线。医护部门根据决策支持系统的信息实时跟踪状态,可以有效调配可用资源,提高响应速度,与地理信息系统和地图系统相连以后,救护效率也会提高。

2. 大数据信息基础:地理信息系统

自发式地理信息是随着网络地图普及而出现的。普通民众可以在几乎没有相关专业知识的情况下,依靠自动或半自动的处理设备,使用地理信息系统绘制地图。特别是在20世纪90年代以后,随着网络和GPS设备的普及,普通人进行定位和地图关联变得更加容易。这种方法在"大数据"概念出现之前就已有所应用。在谷歌的"我图"(My Maps)服务出现后,普通人也可以完成往常只有绘图师才能完成的任务。民众可以通过官方公布的坐标、自身获取的定位数据,或者网上未经证实的地理位置进行整理、关联、绘图,然后发布到网上。这一过程所使用的大多为开源数据,数据类型多样且大多非结构化。这种方法在应对南加州的森林大火时屡有应用,主要用来绘制火情地图以指导人们逃生和避险。

森林大火一直是南加州地区的梦魇。2007年7月—2009年5月期间发生的四场大火尤为惨烈。扎卡大火(Zaca Fire)始于2007年7月,持续两个月,当时的居民主要依靠报纸、广播和电视新闻组成的政府信息系统了解火情,信息传递慢且获取被动。2008年7月,临近城市地带发生了盖普大火(Gap Fire),由无数帖子和网络相簿组成的自发式地理信息已经能为政府信息提供有益补充。到了2008年11月,圣巴巴拉附近的山上发生了茶叶大火(Tea Fire),网上迅速出现了各类自发式地理信息、文字报告、图片和视频。尽管谷歌没有立刻将这些信息整理发布,但是已经有一些当地报纸和社团组织办的网站来整理这些资料。同时,一些志愿者也发现了,如果将搜集和编译后的分散信息整合进谷歌地图之类的电子地图,就可以制作出比政府信息还要方便快捷的灾害地图。2009年5月,杰苏斯塔大火(Jesusita Fire)爆发,许多组织和个人迅速建立了自发式地图站点,及时整合不断出现的自发式的地理信息和官方信息。政府公布的火灾边界图就是根据不断更新的市民报告做出的。在火灾后期,共有27个自发式在线网站,其中最广为人知的一个网站点击量超过60万。这个网站提供了许多灾害期间的必要信息,如火灾位置、疏散命令、紧急避难所位置等。市民可以在政府通知之前自行选择撤离或采取防护措施。

由于政府信息缺乏良好的沟通渠道和证实信息的充分资源，所以其从产生到传递总是比自发式地理信息慢。尽管来自民间的信息也有可能产生错误，从而导致一些没有必要的撤离。但通过以上案例可以明显看出，自发式预报由误报而导致的不必要的撤离成本远比政府漏报的成本低，其应对灾害的重要意义也显而易见。

在整个事中响应阶段，大数据的应用包括实时高效的数据信息收集、信息数据的迅速传递、多源数据集成处理、数据结果的可视化合成和最终实现机器或半机器化的辅助决策。在数据收集方面，根据应急管理主导者的不同有两种发展趋势：政府主导的专业应急管理团队信息收集逐渐专业化和高效化；以社会大众和社会媒体为依托的第三方应急管理力量则将信息收集方式发展为简单化和大众化的方式。在信息传递方面，大数据实时高效的特点要求信息传递方式不断创新，速度不断加快。在数据的集成处理方面，根据大数据本身的特点，数据集成处理也具有巨量化、多样化和快速化的特点。在可视化合成方面，应急管理所需的可视化结果必须简明直接和通俗易懂，第三方组织所使用的可视化方法还需要具有操作简便等特点。只有这样，大数据才能为事中响应提供快速而科学的机器决策或半机器决策。

（四）事后恢复与重建的大数据

1. 灾后大数据来源

大数据在应急管理事后的应用主要是在救援与恢复重建。目前在应急管理应用上比较新颖的是使用"分众（Crowd Sourcing）"的方式。分众是指大众通过网络分散完成工作任务，并通过整合后在网络上提供服务的一种方式。这个过程中使用的信息来源分散，体量巨大，并采取机器决策或半机器决策的方式利用信息。使用分众方法进行事后恢复与救援可以分为四个阶段：捕获信息、甄别加工信息、机器分析、迅速反应。捕获信息的方式可以是通过 GPS 定位发送自己的位置，也可以是通过社交网络发送某条文字信息。搜集到的信息会被汇集到分众平台上，这个过程可能需要机器与人协调完成。一些难以处理的信息会分配给志愿者进行加工，使之转变为计算机能识别的数据。如法语区内一条推特（Twitter）的信息可能并不适用于第三方软件处理，这时就需要志愿者先将这条信息翻译成英语，再将其中的关键信息提取分类，变得可为计算机处理。计算机会自动剔除无用和冗杂的信息，根据语义分析捕获含有有效信息的词条。随后，经过格式化的信息可以被计算机可视化或者作为统计资料加以利用，经过整合的信息可以发布在网上供众人浏览和使用。应急处置人员可以根据计算机的建议设计救援路线，配置救援装备，以最快速度抵达救援地点。

在 2010 年海地地震救援中，以"目击者"为代表的非营利网站利用分众方法起到了重要作用。总结分众式操作方法可知，在灾害救援的过程中，需要有三个明确分工的角色完成整个操作：亲历地震的当地监测员、关联开放数据的网络操作员和救援组织中的信息官。

2. 灾后大数据管理人员

当地监测员通常是正在灾区的当事人。只要灾区当事人有一部能上网的手机，他就可以成为灾害应对活动中的一部分。当事人可以用多种方式发送求救信息,如利用推特或者脸书(Facebook)。推特可以通过话题标签将信息分类标注,经过分类标注的开源信息更容易被第三方识别和捕获。

网络操作员通过捕获信息的第三方平台浏览到信息,并对信息进行处理。当求救信息是软件不支持的语言时,需要有另外的操作员(志愿者)完成翻译工作。随后,一条求救信息就可以被解析成几个不同的要素,从而由计算机进行识别和可视化。比如,"目击者"网站使用十个要素来描述一条信息,这些要素包括信息、标题、日期、位置(地点名称或者坐标)和需求等。这些要素是"海地目击者"团队设定的,每条信息中蕴含的需求都可以归入不同的类别中。然后,"目击者"报告平台利用 CSV 文档和简单信息聚合订阅(RSS Feed)的方式使得报告简易可读。最后,"目击者"还用一个交互式地图来公布实时报告。

信息官指的是救援组织中负责搜集和处理信息的管理人员。信息官可以在网站上获取求救信息,从而迅速做出反应。信息官至少可以确定目前急需的人道主义援助内容和地点。虽然开源信息的可信性并不能完全保证,但是,分众信息及其可视化在灾后最初的2~3 天内,应用价值非常高。它可以用来指导灾情确认、救援实施以及其他可能需要协调的工作。尽管采用分众的方式捕获信息已经非常便捷,但由于突发事件的紧急性,信息的实时接收与处理还是存在一定难度,分众平台上信息的真实性和准确性还需要确认。对信息官而言,如果能有时间提前学习平台的使用方法并了解其话语体系,灾后救援的效率将大幅提高。目前,已有研究者通过相互关联的开源数据和分众处理的操作方法解决学习障碍、信息描述不清和真实性待定这三个问题。由于应急管理领域本身专业词汇缺乏且定义不清,在线共制平台的服务尚不完善,有时候也存在难以把信息官的数据端接入互联开源数据等问题。虽然该方法存在不足,但按照目前的应用情况看,这种分众的方式潜力却非常巨大。

第 **5** 章
应急决策方法与技术

第一节　现代决策理论

一、决策理论概述

决策理论是把第二次世界大战以后发展起来的系统理论、运筹学、计算机科学等综合运用于管理决策问题，形成的一门有关决策过程、准则、类型及方法的较完整的理论体系。决策理论已形成了以诺贝尔经济学奖得主赫伯特·西蒙为代表人物的决策理论学派。决策理论是有关决策概念、原理、学说等的总称。"决策"一词通常指从多种可能中做出选择和决定。行政决策理论是用以指导和阐释行政决策的理论依据。行政决策理论形成于 20 世纪 30—40 年代。首先提出行政决策观点的是美国学者 L·古立克。他在《组织理论》一文中认为，决策是行政的主要功能之一。其后，美国学者 C·I·巴纳德在《行政领导的功能》一书中，认为行政决策是实现组织目标的重要战略因素。这些观点对后来的行政决策理论颇有影响。但行政决策理论体系的形成，并使其在行政学中占有重要的地位，则是由美国行政学家西蒙实现的。1944年，他先在《决策与行政组织》一文中提出了决策理论的轮廓。

行政决策理论的种类较多，不同学者阐述问题的角度也各不相同。其中具有代表性的理论包括以下几种。

（一）完全理性决策论

完全理性决策论又称客观理性决策论。其代表人物有英国经济学家 J·边沁、美国科学管理学家 F·W·泰勒等。他们认为，人是坚持寻求最大价值的经济人。经济人具有最大限度的理性，能为实现组织和个人目标而做出最优的选择。其在决策上的表现是：决策前能全盘考虑一切行动，以及这些行动所产生的影响；决策者根据自身的价值标准,选择最大价值的行为对策。这种理论是假设人在完全理性下进行决策,而不是在实际决策中的状态。

(二) 连续有限比较决策论

连续有限比较决策论的代表人物是西蒙。他认为人的实际行动不可能完全理性,决策者是具有有限理性的行政人,不可能预见一切结果,只能在供选择的方案中选出一个"满意的"方案。行政人对行政环境的看法简化,往往不能抓住决策环境中的各种复杂因素,而只能看到有限几个方案及其部分结果。事实上,理性程度对决策者有很大影响,但不应忽视组织因素对决策的作用。

(三) 理性、组织决策论

理性、组织决策论的代表人物为美国组织学者 J·G·马奇。他承认个人理性的存在,并认为由于人的理性受个人智慧与能力所限,必须借助组织的作用。通过组织分工,每个决策者可以明确自己的工作,了解较多的行动方案和行动结果。组织给个人提供一定的引导,使决策有明确的方向。组织运用权力和沟通的方法,使决策者便于选择有利的行动方案,进而增加决策的理性。而衡量决策者理性的根据,是组织目标而不是个人目标。

(四) 现实渐进决策论

现实渐进决策论的代表人物是美国的政治经济学者 C·E·林德布洛姆。他的理论基点不是人的理性,而是人所面临的现实,并对现实所做渐进的改变。他认为决策者不可能拥有人类的全部智慧和有关决策的全部信息,决策的时间、费用又有限,故决策者只能采用应付局面的办法,在"有偏袒的相互调整中"做出决策。该理论要求决策程序简化,决策实用、可行并符合利益集团的要求,力求解决现实问题。这种理论强调现实和渐进改变,受到了行政决策者的重视。

(五) 非理性决策论

非理性决策论的代表人物有奥地利心理学家 S·弗洛伊德和意大利社会学家 V·帕累托等。该理论的基点既不是人的理性,也不是人所面临的现实,而是人的情欲。他们认为人的行为在很大程度上受潜意识支配,许多决策行为往往表现出不自觉、不理性的情欲,表现为决策者在处理问题时常常感情用事,做出不明智的安排。

行政决策理论的发展趋势是:① 强调人的判断对决策的影响。如行为决策论探讨决策者寻求次优行为的方法;社会判断论认为决策者受不同性质环境的影响会造成判断上的失实;归属决策论强调决策者在环境变量的作用下会受偶然因素的影响。② 行政决策理论应用范围扩大。如将决策方法应用于行政管理的有效性分析;把决策理论引入突发性危机的研究;把决策理论应用于政策分析领域,以研究导致政策失误的原因和场合。

二、现代决策理论概述

（一）现代决策理论的含义

现代决策理论强调从认知心理学的角度研究决策问题，这的确是西蒙的重要贡献，但并不等于说在西蒙之前没有人从心理学的角度去研究决策问题。传统的规范决策理论有两个基本概念：一是效用；一是概率，而这两个概念都与心理机制有关。因此，许多主张采用效用期望值作为决策准则的传统决策论者，为了解释其效用变化律的特点，往往也求助于心理学的研究。如 G・T・费希纳于 1860 年提出的"感觉强度的变化与刺激强度的对数变化成正比"的定律，往往被看成是解释效用递减律的依据。至于概率方面，自从 20 世纪 30 年代 F・P・拉姆齐提出可根据主观概率做出决策以来，人们就开始关心研究形成主观概率的心理机制。但所有这些方面的心理学研究都具有三个特点：一是它的心理学依据都是早期的比较初步的东西；二是它的目的比较单纯，只是为了证明传统规范性决策的正确性；三是它所研究的心理机制十分狭隘，远没有说明和解释现代决策行为中的复杂现象。

西蒙等人从认知心理学的角度研究了人类决策的基本规律，研究了决策思维的信息输入、加工及输出过程，并将这些研究成果扩展到计算机科学的研究范围，用计算机程序来模拟人的决策过程，产生了人工智能的新科学，为现代决策理论奠定了坚实的理论基础，为决策科学的发展做出了划时代意义的贡献。现代决策理论的奠基者西蒙认为，理性假设和经济的标准无法确切说明管理的决策过程，进而提出了"有限理性"和"满意"标准。

1. 有限理性

人的理性是介于完全理性和非理性之间，即人是有限理性的，因为在高度不确定和极其复杂的现实决策环境中，人的知识、想象力和计算力是有限的。特别是在风险型决策中，与经济利益相比，决策者对待风险的态度起着更为重要的作用。决策者往往厌恶风险，倾向于接受风险较小的方案，尽管风险较大的方案可能带来较为可观的收益。

2. 满意原则

在有限理性的假设下，决策者如何决策？决策者往往只求满意的结果，而不愿费力寻求最佳方案。导致这一现象的原因有：决策者不注意发挥自己和别人继续进行研究的积极性，满足于在现有的可行方案中选择；决策者本身缺乏有关能力，有时出于个人的某些考虑而做出自己的选择；评估所有的方案并选择其中的最佳方案，需要花费大量时间和金钱，且还可能得不偿失等。由于上述原因的存在，因而决策追求的是一种满意的决策，而不是一种最大化的决策，即一个解决方案"足够好"的决策，这也是决策的原则。

（二）现代决策理论分类

现代决策理论认为,由于人们的有限理性,决策只能找出"令人满意的"或"足够好的"方案,而不可能找出"最好的"决策。现代应急决策理论的主要内容如下：

1. 管理决策论

认为管理就是决策,制订计划是决策,选定方案也是决策。组织的设计、部门方案的选择、决策权限的分配等,是组织上的决策问题;实践中的比较、控制手段的选择等,是控制上的决策。决策贯彻了管理的各个方面和全部过程,是全部管理活动的中心。

2. 决策过程论

认为决策是一个过程,包括三个阶段。第一阶段是搜集情报阶段,又称参谋活动阶段。在这个阶段,要搜集企业所处环境中有关经济、技术、社会等方面的情报,还要搜集企业内部的详细情报。同时,对这些情报进行分析,找出问题,确定决策目标,以便为后面计划的拟订和选择提供依据。第二个阶段是拟订计划阶段,又称设计活动阶段。这个阶段的工作是以企业要解决的问题为目标。根据搜集的情报,拟订几个方案,并对它们进行预测分析、可行性分析和数理论证。第三个阶段是选定计划阶段,又称选择活动阶段。即根据当时的情况和对未来的预测、分析,对比各备选方案的论证结果,综合评价,选出最优或满意的方案。对这个选定的方案还要进行科学实验,其正确性得到鉴定后才能编制计划、贯彻执行,并对执行情况进行监控,以修正偏差。

3. 决策准则论

现代决策论的核心是所谓"令人满意准则"。现代决策论是相对于古典决策论来说的。古典决策论把人看成是有绝对理性的"理性人"或"经济人",在决策时本能地按照最优化原则来选择备选方案,因而这是一种建立在绝对逻辑基础上的封闭式的决策模型。西蒙认为,"理性人"假说是没有根据的,因为人的头脑能够思考和解答问题的容量,与问题本身的规模相比是非常渺小的。因此,在现实中要找到最优的决策方案是非常困难的,甚至是不可能的。西蒙提出。决策的准则有两条:第一是满意准则,即被采纳的决策不一定是最优的,但却是各方面满意的;第二是相关准则,即决策时不考虑一切可能发生的情况,只考虑与问题有关的特定情况。

4. 决策技术论

决策技术论是指对各种各样的决策进行深入细致的分析,提出有针对性的方法,发展相应的决策技术。决策理论学派和系统论、控制论、信息论,与计算机科学的关系是非常密切的。这主要表现在以下几个方面:第一,决策理论学派创始人西蒙在"三论"与计算机科学方面的研究成果颇丰。第二,决策理论学派认为,管理就是决策,而决策是由许多阶段、许多步骤而组成的系统,这个系统中的每一个步骤,都是建立在搜集到足够丰富的信息资料的基础上,并且通过信息反馈来加以调节和控制,这就使管理变成了"三论"的具体运用。第三,决策理论学派所主张的决策,要求尽可能量化,建立数学模式,进行计算。但由于决策问题很复杂,内外因素很多,要完全把这些因素考虑进去而求得满意答案几乎是不可能的,所以决策理论学派认为,只能把主要的、基本的因素考虑进去而求得满意结果;即使结果满意,计算工作量也是很大的,离开了电子计算机有时是很难办到的,计算机科学的兴起是决策理论学派得以存在和发展的基础。第四。决策理论学派重点是要解决决策本身的科学性问题,它告诉决策者怎样处理信息、怎样建立模型、怎样进行可行性分析、怎样用计算机、怎样根据计算结果做出选择等。但它并未进行决策的社会性、群众性和文化性方面的研究。

5. 现代决策理论评价

现代决策理论认为,决策是指在一定的环境条件下,决策者为了实现特定目标,遵循决策的原理和原则,借助于一定的科学方法和手段,从若干个可行方案中选择一个满意方案,并付诸实施的全过程。它既包括制订各种可行方案,选择满意方案的过程,又包括实施满意方案的过程。现代决策理论既重视科学的理论,又重视人的积极作用。

现代决策理论吸收行为科学、系统理论以及运筹学等新兴学科的理论和方法,突出体现了决策在管理中的地位。因此,通常认为管理的过程就是决策的过程,科学的决策是提高管理水平的手段。

三、应急决策理论

(一)应急决策的发展

随着社会经济的不断发展和人们价值观标准的不断更新,生产质量与安全事故也越来越受到社会大众的关注。这些在社会生产与生活中突然发生的事故对人们和生产管理者来说都是极大的考验,已经持续成为大众关注的焦点,一旦处理不当就会造成巨大的人身和财产损失。2003 年 SARS、2004 年禽流感、2006 年的松花江水污染、2008 年的南方雪灾以及汶川地震使人们深刻认识到公共安全与应急管理的重要性。在获得突发事件相关信息后,根据危机态势和发展阶段进行动态的应急决策以及采取相关措施减少损失,并展开相关研究具有重要的现实意义和价值。

应急决策是突发事件应急管理的先导,应急决策水平的高低直接影响着突发事件应急管理的成败。世界著名的政策科学家叶海尔·德罗尔曾经说过:"危机决策是逆境中政策制定的一种特殊方式,它对许多国家具有极大的现实重要性,对所有国家则具有潜在的至关重要性。危机越是普遍或致命,有效的危机决策就越显得关键。"本文拟从应急决策本身的特征入手,对应急决策的约束条件及对策进行分析。

在应急决策研究中,西方学者建立了各种各样的模型。著名的有斯坦福学派的刺激反应模型,用以分析决策者的威胁感受、时间压力、交流沟通、信息处理和方案评估过程;敌意互动模型,主要研究危机的升级过程;压力模型,研究压力对决策质量的影响;心理模型,研究偏见、价值观、个人经历对决策的影响;组织模型,研究决策组织标准运作程序对危机决策的作用;理性行为模型,研究决策者对付出和收益的理性计算与最终决策的关系。

西方学者建立起来的上述模型,主要是从三个视角对应急决策进行解释:一是心理-认知视角。该视角侧重于研究人的认识过程,认为认知和心理因素直接影响决策者对问题的认知与界定,进而影响危机决策的质量与速度。二是官僚-组织视角。该视角主要分析决策单位内部关系的组织运作,认为决策单位是由政府领导人以及政府的核心部门负责人组成的,这些机构拥有不同的决策资源,具有不同的职责,对决策机构形成不同的影响力。三是议程-政治视角。该视角从社会情境与行动者的相互约束及行动过程等不同角度出发,认为危机决策议程是行动者在特定的社会情景下进行建构的结果。需要说明的是,应急决策可能是不同因素共同作用的结果,不能仅从某一个角度去进行解释与分析,应根据应急决策本身的属性及约束条件进行综合分析。

我国颁布的《突发事件应对法》对突发事件做出如下定义:突然发生的,造成或可能造成严重社会危害,需要采取应急处置措施予以应对的自然灾害、事故灾难、公共卫生事件和社会安全事件。突发事件的发展阶段一般包括事件发生、事件恶化、事件处置、事后恢复等多个阶段。突发事件应急决策是突发事件处理过程中的决策,即在重大突发事件发生后,在短时间内搜集、处理相关信息,明确问题与目标,分析评价各种预案并选择适用的方案,组织实施应急方案,跟踪检验并调整方案,直至事件得到控制为止的一个动态过程。

目前,国内外关于应急决策的研究主要集中在突发事件演化路径与动力研究、突发事件演化中的耦合模式研究、应急资源分配与调度、应急响应决策支持与指挥调度系统等方面。对应急决策理论和方法的探讨还处于初步阶段,应急决策的普遍原理和一般理论尚未成形。

(二) 应急决策的特点

突发事件具有发生、发展、演变的不确定性、灾害程度难以预计等特征,需要针对应急事件发展演变的不同阶段,在应急预案的基础上制订应急处置方案,应急决策是利用应急预案知识进行决策规划的动态过程。与常规决策相比,应急决策具有以下特点:

1. 决策的必要性不同

重特大突发事件发生之后,其发展过程极不确定,损害后果严重且难以预料。此时,决策者所重视的核心价值和根本利益面临着严峻的威胁,甚至整个组织都会有全面崩溃的可能。在这种情况下,作为公共利益代表人的政府无论如何必须做出某种决策,以决定对突发事件的处置。而在常规条件下,公共决策的做出可能不必如此迫切,政府既可以在当前做出决策,也可以等待之后某一个更加合适的时机再做出决策,甚至可以不做出任何决策。

2．决策的目标取向不同

非常规条件下的应急决策,目标十分单一,就是尽快控制公共危机的蔓延,尽量减少危机造成的损失,最大限度地保护民众的生命和财产安全。为了实现这一目标,政府必要时可以舍弃公共行政中的其他目标。常规决策则与此不同,可能需要同时平衡存在内在冲突的多种公共目标,在实现核心目标的同时还希望可以兼顾某些相对次要的目标。此外,如何在决策过程中充分体现民主性,从而保证公民民主权利的实现,本身也是常规公共决策的内在目标。也就是说,在常规决策中,民主本身就具有构成性的价值。而在应急决策中,这样的价值是完全可以被舍弃的。

3．决策的约束条件不同

任何公共决策都是在一定的时间、信息、人力和技术条件下做出的,应急决策所面临的约束条件比常规决策要严苛得多,具体表现在:① 决策时间紧迫,决策者对于危机的处理只有极其有限的反应时间,因为事件的突然爆发,迫使决策者必须在短时间内做出决策;② 决策信息有限,决策信息的有限性可能表现为信息不完全、信息不及时或信息不准确;③ 决策的人力资源紧缺,由于时间紧迫,而且有关决策问题的信息和可供选择的备选方案都极为有限,因此,决策者往往要承受巨大的决策压力,在一定程度上必须依靠个人的直觉判断做出决策;④ 技术支持稀缺,决策者依赖的交通工具、通信设施、计算机辅助系统等专业设备可能在危机发生后失灵,给决策工作带来很大困难。其中,有关决策信息的缺乏构成危机决策最大的制约因素。

4．决策的程序不同

常规决策追求科学性与民主性,为了实现前者,决策者需要对多套决策方案进行反复研究、论证,并征求专家的意见,甚至需要进行一定范围内的试验;为了满足后者,又需要引入各种民主机制,如民意调查、有公众参与的听证会、投票机制,等等。而在应急决策条件下,由于时间紧迫,这些机制可能会被统统抛弃,仅仅依赖决策者的个人判断来做出决定。这种判断往往只来源于决策者的经验和直觉,而不是基于科学的论证和通过民主机制达成的共识。

5．决策的效果不同

常规决策所处的决策环境和政策执行环境是确定的。因此,对于常规决策可能取得的效果,决策者可以通过一定的方法来加以预测和监控。由于某些常规决策还具有重复性,因此,在决策做出的当时就可以凭借历史经验预见到决策效果。另一方面,在常规情况下,决策者可以通过完整的行政监督系统,通过各种手段来推动决策的落实,保证决策意图的实现。总之,常规决策的效果是可测、可控的。应急决策则与此相反,它是决策者在极其有限的时间内凭借有限资源做出的,甚至只是决策者个人经验、智慧、直觉的产物。因此,应急决策的后果往往难以预先做出判断,而且事实最终可能证明这种决策方案是错误的,甚至可能是违法的。

四、应急决策与常规决策比较

突发事件发生以后,应急决策主体面临的情况复杂无序,首先必须解决的是决策主体决策活动的流程问题。突发事件应急决策流程模型(如图5-1所示)针对事件发生阶段的特点,为应急决策提供了基本的思路。模型将整个突发事件应急管理分为三个大阶段:突发事件爆发、应急抢险阶段和善后处理阶段,模型重点要解释的是应急抢险阶段的决策工作。突发事件发生后,决策组结合突发事件相关信息、应急预案、应急物资、救援队伍等情况制订综合的救援方案,首先是将涉险人员疏散到安全地带,同时展开突发事件控制和次生灾害的预防工作。在人员解救和突发事件控防过程中,要做到随时汇报现场实际情况,以确保决策组能够在信息充足的情况下做最佳的决策。在人员安置和突发事件善后处理过程中,要及时地进行总结、丰富事故案例数据库、更正完善应急预案、进行相应的应急准备。决策过程中要注意的几个关键点包括:

突发事件信息:信息汇报工作必须解决好突发事件信息的描述标准以及汇报程序问题。描述标准:包括突发事件发生时间、地点、类型等基本情况,一般也包括遭受突发事件影响的范围和危害程度说明,以及现场的一些影像资料等。汇报程序:包括突发事件责任单位内部、相关单位之间以及决策主体之间的信息汇报程序。

突发事件控防:解救涉险人员和展开突发事件控防有时候是同步展开的。在突发事件控防过程中,首先要当机立断控制突发事件负面影响的扩大,通过一定的决策

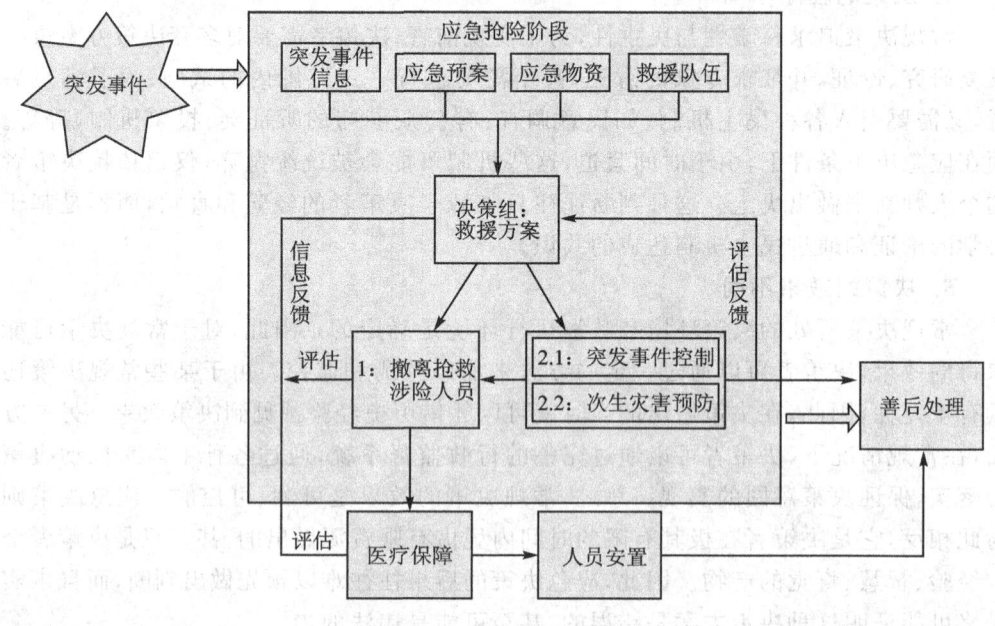

图5-1　应急决策流程概念模型

目标价值标准决定采取的方案;在次生灾害预防当中,要依据现场情况分析可能出现的次生灾害,充分做好后勤支援保障。

善后处理方案比选:突发事件的善后处理工作对象主要包括突发事件涉及的实体以及社会大众。对于涉及的实体,需要依据破坏情况进行可恢复性评估,然后制订、分析、比选善后恢复方案。针对社会大众需要分析评估突发事件对社会大众心理的影响,尽快制订方案,医治社会大众的心理和感情上的创伤,消除突发事件引起的社会行为和心理活动后遗症,以尽快恢复社会经济生产和生活秩序。

与常规决策相比,突发事件应急决策在目标、决策主体、决策方法、决策约束条件等多个方面存在显著的差异(如表 5 - 1 所示)。

表 5 - 1　应急决策与常规决策对比

比较项目	常规决策	应急决策
决策机构	常设的集体决策主体	高度集权的临时性决策主体
决策背景	常态环境下进行的规范化、程序化决策	紧急状况下进行的非程序化、快速决策
决策约束条件	相关信息较多,是确定信息下的决策,后续获得的信息有助于决策全面性,资源约束相对宽松	决策时极度缺乏决策所需的相关信息数据,获得的信息具有极大的随机性和不确定性,后续获得信息对决策更具影响,各类资源均具有较强约束
决策方法	正常状况下的常规决策方法	突发事件的预警、灾害控制、资源调用等都有独特的决策方法
决策目标	目标明确,相对稳定,相对单一	目标多样性,呈阶段动态性变化,考核相对较难
决策效果	追求最优化,不会过分偏离目标	追求满意结果,难以衡量预期目标和最终目标的一致性

五、应急决策的特殊性

(一)应急法制特点

在法理学上,一般认为秩序"是法律所要实现的最基本的价值,它构成法律调整的出发点,也是法律所要保护和实现的其他价值的基础"。因此,对秩序的追求"永远是法律调整的首要任务。"但在平常状态下,法律及其实施均处于正常的社会秩序之下,无须重点强调秩序的重要意义。相反,在平常状态下被高度强调的是法律的实施必须依照实体法和程序法进行,否则公权力机关就要承担一定的法律责任,乃至政治责任。

应急法制与常态法制的一个根本区别在于,常态法制可以在相对平稳、正常的社会经济秩序下被实施,法律的执行者与适用者主要考虑法律实施的个案正义和微观效果即可。但应急法制要么是在相对不平稳、不正常、秩序相对缺失的环境中运行，要么是法律秩序受到严重的干扰和威胁，在这种情况下，法律的首要目标是尽快控制突发事件并消除其影响，使社会恢复到正常的、安全的、稳定的状态。秩序构成了物质世界永恒运动和人类社会生存的基础，因此，秩序应当成为应急法的首要价值。在我国的《突发事件应对法》中，"秩序"一词共出现了 13 次，"安全"一词共出现了 26 次，其出现频率之高充分表明了应急法制中秩序和安全价值的重要性，这一点应当引起研究者的重视。其他如保障人权、约束公共权力以避免其滥用只是应急法次要的目标。如果公共危机无法消除，应急状态不能结束，社会秩序——特别是治安秩序、市场秩序就不可能恢复正常，无论是国家、社会，还是个人的生活都会受到严重的干扰。

在应急法上，秩序维护在价值排序上具有相对于人权保障的优先性，主要表现为人权保障的立足点的变动。在应急法制中对人权的保障，只是立足于最低保障而不是充分保障，由此才产生了应急法上一个重要的课题——人权克减及其底线，因此，应急法中存在着大量的人权程序性保障缩减和实体性缩减。当然，应急法将人权保障置于相对靠后的价值序列，其目的在于增强应急法的弹性，为应急决策提供保障和支撑以尽快恢复正常的秩序状态。在社会恢复到常态之后，人权保障在价值排序上将重新获得优先性。

（二）应急决策制度在法律实施目标上的特殊性

基于秩序价值在应急法上的优先性，我们可以认为，应急法的首要目标就是要保证各种公共危机应对方法和策略在应急管理过程中能够被顺利地实施，从而将社会秩序恢复到可以重新实施正常法制的安全状态。而这些危机应对方法和策略被采用的过程，就是应急决策的过程。那么，在法律上保证这种决策活动能够顺利地进行，无疑就是应急决策制度的目标所在。

基于应急决策制度在法律实施上的特殊目标，笔者认为，构成应急决策制度的法律规范将主要发挥两个方面的功能：一是指引功能，二是评价功能。而这两种功能与常态下的法律有所不同。

首先，作为一种规范化、制度化的安排，法律的核心内容并不在应急管理的方法和技术，而在于为紧急情形下做出和实施决策的行为提供相对确定的行为模式。在这里，这种行为模式可以是应急决策主体必须遵循的某种确定性指引，也可能仅仅是指导性的规定，旨在为应急决策主体提供一种相对成熟、相对稳定可靠的经验法则。应急决策制度中的指引性规定应当以后者为主。

其次，法律的评价作用在应急决策制度上只能是间接的。法律作为一种行为标准和尺度，具有客观、普遍判断衡量人们的行为有效或合法与否的作用。常态法制为一定主体的行为提供了直接而明确的评价标准，而法律对应急决策行为的评价作用则应有所不同。对应急决策行为的评价并不能仅仅从法律中寻找已经设定的行为规

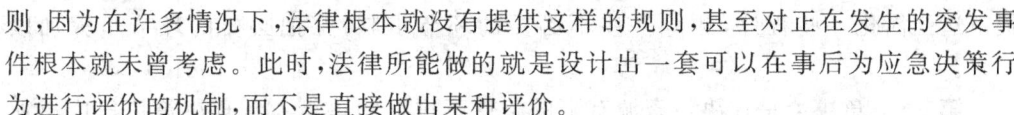

则,因为在许多情况下,法律根本就没有提供这样的规则,甚至对正在发生的突发事件根本就未曾考虑。此时,法律所能做的就是设计出一套可以在事后为应急决策行为进行评价的机制,而不是直接做出某种评价。

第二节　应急决策分析方法

一、应急决策分析

应急决策分析,一般指从若干可能的方案中通过决策分析技术,如期望值法或决策树法等,选择其一的决策过程的定量分析方法。主要应用于突发事件决策、非常规突发事件决策分析学等方向。

大多数的应急决策理论是规范性的,即应急决策理论以假设一个具有完全信息的、可实现精度计算的、完全理性的理想决策者的方式达到最优的决策(在实际中,某些所谓"最好"的情景并不是最大,最优也可能包含在一个具体的或近似的最大值)。这种规范模型的实际应用(人们应当如何决策)被称为应急决策分析,其目标是帮助人们进行进一步良好决策的工具和方法论。应急决策支持系统是一种系统的、综合的、用这种方法开发的软件工具。由于人们通常的行为并不与公理一致,经常违反了其最优性。关于这种现象的相关研究称为描述性学科。这种描述性的模型试图描述人们在实际中是怎么做的。由于规范和最优的决策通常测试假设是违背人们的实际行动,因此规范性模型和描述性模型建立了关联。对实践中发生应急决策允许进行进一步的测试,可能会放松规范模型中对完全信息、理性和其他方法的约束。最近几十年,越来越多的研究者对"行为决策论"产生兴趣,这种研究对重新评价理性应急决策理论的要求做出了贡献。

突发事件应急决策是一种典型的非常规决策。它与常规决策相比,具有以下几个方面的差异:

第一,应急决策属于权变式决策。突发事件发生后,外在环境变动急剧,对事件的发展和可能造成的影响没有经验性知识进行指导,一切都是瞬息万变的。同时由于人类理性有限,决策者没有掌握决策相关状况的所有信息,所以不确定性由此产生。突发事件的这种高度的不确定性,导致决策者必须根据事态的发展实行权变式决策。

第二,应急决策属于在有限时间内的非程序性对策性决策。在突发事件应对过程中,决策者与决策对象的竞争特别激烈,不是事件得到顺利、迅速应对,就是决策者或其代表的一方损失惨重,具体表现在时间上的紧迫竞争,谁赢得了时间,谁就处于有利地位。同时,突发事件应对决策属于典型的非程序性决策,由于决策问题和决策背景的特殊性,决策者根本不可能也没有时间按照标准化的操作规程进行决策。因此,只要能够实现决策的目标,提高决策的效率,就可以在不损害决策的合理性的前提下适当简化一些程序,删除一些不必要的环节步骤,并把必要的环节步骤加以综合。

第三,应急决策是在决策资源有限的条件下进行的决策。常规决策可以广泛地动员公众、专家等力量,一个决策方案可以集中政府机构、社会组织、个体、公众、媒体等力量进行自上而下、自下而上的反复讨论;可以采用计算机信息处理和模拟系统,甚至可以在局部地区先试点后推行。而突发事件应急决策资源有限,来不及组织和动员社会资源以及其他力量参与决策。决策资源的有限性尤其表现在应急决策信息的有限性方面。应急决策信息的有限性主要体现在以下三个方面:首先,信息不完全。由于突发事件事态发展本身的随机性和不确定性,很多信息是随事态的发展而演变的。但在危机情景下,由于时间的紧迫性,决策者不可能在非常有限的时间内掌握和控制所有的事态发展信息。其次,信息不及时。由于突发事件事态发展的急剧变化性,而且,信息要从事发现场传输到应急指挥决策机构,中间还得经过好几个组织的中介运作。因此,最高决策者对危机信息的掌握和控制就会有滞后。最后,信息不准确。应急决策在信息的反馈和处理过程中,信息极容易失真,其正确性和有效性很难得到保证。有限理性论认为,人类永远不可能达到一种全知全觉的情境,所有决策追求的不可能是最佳方案而只能是满意方案。人可能带有主观判断,政策分析条件也是有限的,分析资料会有短缺。

二、应急决策分析的步骤与构成要素

(一) 应急决策分析步骤

应急决策分析一般分四个步骤:一是形成决策问题,包括提出方案和确定目标;二是判断自然状态及其概率;三是拟定多个可行方案;四是评价方案并做出选择。常用的决策分析技术有:确定型情况下的决策分析,风险型情况下的决策分析,不确定型情况下的决策分析。

第一,确定型情况下的应急决策分析。确定型决策问题的主要特征有4方面:一是只有一个状态;二是有决策者希望达到的一个明确目标;三是存在着可供决策者选择的两个或两个以上的方案;四是不同方案在该状态下的收益值是清楚的。确定型决策分析技术包括用微分法求极大值和用数学规划等。

第二,风险型情况下的应急决策分析。这类决策问题与确定型决策只在第一点特征上有所区别:风险型情况下,未来可能状态不只一种,究竟出现哪种状态,不能事先肯定,只知道各种状态出现的可能性大小(如概率、频率、比例或权重等)。常用的风险型决策分析技术有期望值法和决策树法。期望值法是根据各可行方案在各自然状态下收益值的概率平均值大小,决定各方案的取舍。决策树法有利于决策人员将决策问题形象化,可把各种可以更换的方案、可能出现的状态、可能性大小及产生的后果等,简单地绘制在一张图上,以便计算、研究与分析,同时还可以随时补充和修正。

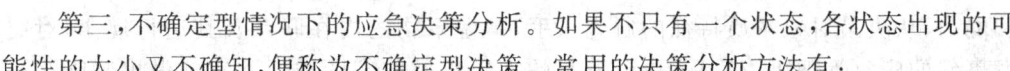

第三,不确定型情况下的应急决策分析。如果不只有一个状态,各状态出现的可能性的大小又不确知,便称为不确定型决策。常用的决策分析方法有:

① 乐观准则。比较乐观的决策者愿意争取一切机会获得最好结果。决策步骤是从每个方案中选一个最大收益值,再从这些最大收益值中选一个最大值,该最大值对应的方案便是入选方案。

② 悲观准则。比较悲观的决策者总是小心谨慎,从最坏结果着想。决策步骤是先从各方案中选一个最小收益值,再从这些最小收益值中选出一个最大收益值,其对应方案便是最优方案。这是在各种最不利的情况下从中找出一个最有利的方案。

③ 等可能性准则。决策者对于状态信息毫无所知,所以对它们一视同仁,即认为它们出现的可能性大小相等。于是这样就可按风险型情况下的方法进行决策。

(二) 应急决策分析的构成要素

应急决策分析是一门与经济学、数学、心理学和组织行为学密切相关的综合性学科。它的研究对象是决策,它的研究目的是帮助人们提高决策质量,减少决策的时间和成本。因此,决策分析是一门具有创造性的管理技术。应急决策分析包括发现问题、确定目标、确定评价标准、方案制订、方案选优和方案实施等过程。应急决策分析通常有如下构成要素:

① 决策主体。决策是由人做出的,人是决策的主体。在决策分析过程中,只承担提出问题或分析和评价方案等任务的决策主体称为"分析者",而在决策分析过程中,能做出最后决断的决策主体称为"领导者"。

② 决策目标。决策必须至少有一个希望达到的目标。决策是围绕着目标展开的,决策的开端是确定目标,终端是实现目标。决策目标既体现了决策主体的主观意志,也反映了客观事实,没有目标就无从决策。

③ 决策方案。决策必须至少有两个可供选择的可行方案。方案有两种类型:第一,明确方案,具有有限个明确的具体方案;第二,不明确方案,只说明产生方案的可能约束条件,方案个数可能是有限个,也可能是无限个。

④ 结局。结局又称自然状态。每个方案实施后可能发生一个或几个可能的结局,如果每个方案都只有一个结局,就称为"确定型"决策;如果每个方案至少产生两个以上可能的结局,就称为"风险型"决策或"不确定型"决策。

⑤ 效用。每一方案各个结局的价值评估称为效用。可根据各个方案的效用值大小来评估方案的优劣。

三、应急决策定性分析方法

定性决策法又称主观决策法,是指在决策中主要依靠决策者或有关专家的智慧来进行决策的方法,是一种"软技术"。应急管理决策者运用社会科学的原理并依据个人的经验和判断能力,采取一些有效的组织形式,充分发挥各自丰富的经验、知识和能力,从决策对象本质特征的研究入手,掌握事物的内在联系及其运行规律,对突发事件的应急管理决策目标、决策方案的拟定以及方案的选择和实施做出判断。这种方法适用于受社会、经济、政治等非计量因素影响较大、所含因素错综复杂、涉及社会心理因素较多以及难以用准确数量表示的综合性问题。这种"软技术"方法是应急决策采用的主要方法,它弥补了"硬"方法对于人的因素、社会因素等难以奏效的缺陷。"硬"、"软"两类技术相互配合,取长补短,才能使决策更为有效。定性决策方法有很多种,常用的有人员决策法、专家会议法、头脑风暴法、德尔菲法等,其中德尔菲法(Delphi Technique)是最具代表性的方法。尤其在长远的战略决策中,由于许多条件的不确定性,德尔菲法特别适用。

(一)德尔菲法

德尔菲法采用背对背的通信方式征询专家小组成员的预测意见,经过几轮征询,使专家小组的预测意见趋于集中,最后做出符合市场未来发展趋势的预测结论。德尔菲法又名专家意见法或专家函询调查法,是依据系统的程序,采用匿名发表意见的方式,即团队成员之间不得互相讨论,不发生横向联系,只能与调查人员发生关系,通过反复地填写问卷以集结问卷填写人的共识及搜集各方意见,可用来构造团队沟通流程,应对复杂任务难题的管理技术。

德尔菲法本质上是一种反馈匿名函询法。其大致流程是:在对所要预测的问题征得专家的意见之后,进行整理、归纳、统计,再匿名反馈给各专家,再次征求意见,再集中,再反馈,直至得到一致的意见。其过程可简单表示如下:匿名征求专家意见—归纳、统计—匿名反馈—归纳、统计……若干轮后停止。由此可见,德尔菲法是一种利用函询形式进行的、集体匿名思想交流过程。它有三个明显区别于其他专家预测方法的特点,即匿名性、多次反馈、小组的统计回答。

在德尔菲法的实施过程中,始终有两方面的人在活动,一是预测的组织者,二是被选出来的专家。首先应注意的是,德尔菲法中的调查表与通常的调查表有所不同,它除了有通常调查表向被调查者提出问题并要求回答的内容外,还兼有向被调查者提供信息的责任,它是专家们交流思想的工具。德尔菲法的工作流程大致可以分为以下四个步骤,在每一步中,组织者与专家都有各自不同的任务。

1. 开放式的首轮调研

首先,由组织者发给专家的第一轮调查表是开放式的,不带任何框框,只提出预测问题,请专家围绕预测问题提出预测事件。因为,如果限制太多,会漏掉一些重要事件。其次,组织者汇总整理专家调查表,归并同类事件,排除次要事件,用准确术语提出一个预测事件一览表,并作为第二步的调查表发给专家。

2. 评价式的第二轮调研

首先,专家对第二步调查表所列的每个事件做出评价。例如,说明事件发生的时间、争论问题和事件或迟或早发生的理由。其次,组织者统计处理第二步专家意见,整理出第三张调查表。第三张调查表包括事件、事件发生的中位数和上下四分点,以及事件发生时间在四分点外侧的理由。

3. 重审式的第三轮调研

第一,发放第三张调查表,请专家重审争论;第二,对上下四分点外的对立意见作一个评价;第三,专家给出自己新的评价(尤其是在上下四分点外的专家,应重述自己的理由);第四,专家如果修正自己的观点,也应叙述改变理由;第五,组织者回收专家们的新评论和新争论,与第二步类似,统计中位数和上下四分点;第六,总结专家观点,形成第四张调查表。其重点在争论双方的意见。

4. 复核式的第四轮调研

首先,发放第四张调查表,专家再次评价和权衡,做出新的预测。是否要求做出新的论证与评价,取决于组织者的要求;其次,回收第四张调查表,计算每个事件的中位数和上下四分点,归纳总结各种意见的理由以及争论点。

值得注意的是,并不是所有被预测的事件都要经过上述四步。有的事件可能在第二步就达到统一,而不必在第三步中出现;有的事件可能在第四步结束后,专家对各事件的预测也不一定都能达到统一。不统一也可以用中位数与上下四分点来下结论。事实上,总会有许多事件的预测结果是不统一的。

(二)头脑风暴法

头脑风暴法出自"头脑风暴"一词。所谓头脑风暴(Brain-Storming),最早是精神病理学上的用语,指精神病患者的精神错乱状态,如今的意思转变为无限制的自由联想和讨论,其目的在于产生新观念或激发创新设想。在群体决策中,由于群体成员心理相互作用影响,易屈于权威或大多数人意见,形成所谓的"群体思维"。群体思维削弱了群体的批判精神和创造力,损害了决策的质量。为了保证群体决策的创造性,提高决策质量,管理上发展了一系列改善群体决策的方法,头脑风暴法是较为典型的一个。

采用头脑风暴法组织群体决策时,要集中有关专家召开专题会议,主持者以明确的方式向所有参与者阐明问题,说明会议的规则,尽力创造融洽轻松的会议气氛。主持者一般不发表意见,以免影响会议的自由气氛,由专家们"自由"提出尽可能多的方案。

头脑风暴何以能激发创新思维?根据 A·F·奥斯本及其他研究者的看法,主要原因有以下几点:① 联想反应。联想是产生新观念的基本过程。在集体讨论问题的过程中,每提出一个新的观念,都能引发他人的联想,相继产生一连串的新观念,产生连锁反应,形成新观念堆,为创造性地解决问题提供了更多的可能性。② 热情感染。在不受任何限制的情况下,集体讨论问题能激发人的热情。人人自由发言、相互影响、相互感染,能形成热潮,突破固有观念的束缚,最大限度地发挥创造性的思维能力。③ 竞争意识。在有竞争意识的情况下,人人争先恐后,竞相发言,不断地开动思维机器,力求有独到见解,新奇观念。心理学的原理告诉我们,人类有争强好胜的心理,在有竞争意识的情况下,人的心理活动效率可增加50%或更多。④ 个人欲望。在集体讨论解决问题的过程中,个人的欲望自由不受任何干扰和控制,是非常重要的。头脑风暴法有一条原则:不得批评仓促的发言,甚至不许有任何怀疑的表情、动作、神色。这就能使每个人畅所欲言,提出大量的新观念。

头脑风暴法应遵守如下原则:一是庭外判决原则(延迟评判原则)。对各种意见、方案的评判必须放到最后阶段,此前不能对别人的意见提出批评和评价。认真对待任何一种设想,而不管其是否适当和可行。二是自由畅想原则。欢迎各抒己见,自由鸣放,创造一种自由、活跃的气氛,激发参加者提出各种荒诞的想法,使与会者思想放松,这是智力激励法的关键。三是以量求质原则。追求数量。意见越多,产生好意见的可能性越大,这是获得高质量创造性设想的条件。四是综合改善原则。探索取长补短和改进办法。除提出自己的意见外,鼓励参加者对他人已经提出的设想进行补充、改进和综合,强调相互启发、相互补充和相互完善,这是智力激励法能否成功的标准。五是突出求异创新,这是智力激励法的宗旨。六是限时限人原则。

(三) 专家会议法

专家会议法是指根据规定的原则选定一定数量的专家,按照一定的方式组织专家会议,发挥专家集体的智能结构根效应,对预测对象未来的发展趋势及状况,做出判断的方法。头脑风暴法就是专家会议预测法的具体运用。专家会议有助于专家们交换意见,通过互相启发,可以弥补个人意见的不足;通过内外信息的交流与反馈,产生"思维共振",进而将产生的创造性思维活动集中于预测对象,在较短时间内得到富有成效的创造性成果,为决策提供预测依据。但是,专家会议也有不足之处,如有时心理因素影响较大;易屈服于权威或大多数人意见;易受劝说性意见的影响;不愿意轻易改变自己已经发表过的意见,等等。

专家会议法的基本原则:

第一,挑选的专家应有一定的代表性、权威性。

第二,在进行预测之前,首先应取得参加者的支持,确保他们能认真地进行每一次预测,以提高预测的有效性。同时,也要向组织高层说明预测的意义和作用,取得决策层和其他高级管理人员的支持。

第三,问题表设计应该措辞准确,不能引起歧义。征询的问题一次不宜太多,不要问那些与预测目的无关的问题,列入征询的问题不应相互包含。所提的问题应是所有专家都能答复的问题,而且应尽可能保证所有专家都能从同一角度去理解。

第四,进行统计分析时,应该区别对待不同的问题。对于不同专家的权威性应给予不同权数而不是一概而论。

第五,提供给专家的信息应该尽可能的充分,以便其做出判断。

第六,只要求专家做出粗略的数字估计,而不要求十分精确。

第七,问题要集中,要有针对性,不要过分分散,以便使各个事件构成一个有机整体;问题要按等级排队,先简单后复杂,先综合后局部。这样易引起专家回答问题的兴趣。

第八,调查单位或领导小组意见不应强加于调查意见之中,要防止出现诱导现象,避免专家意见向领导小组靠拢,以至得出专家迎合领导小组观点的预测结果。

第九,避免组合事件。如果一个事件包括专家同意的和专家不同意的两个方面,专家将难以做出回答。

四、应急决策定量分析方法

从决策问题的性质来看,它可分为程序化和非程序化决策;从所涉及和影响的范围看,它分为战略、战役和战术决策;从问题描述的性质看,它分为定量决策和定性决策;从目标数量和属性的多少看,它分为单目标、多目标决策和单属性、多属性决策;从决策问题的考虑方式看,它分为动态决策和静态决策;从参与决策人数多少看,它分为群决策和单一决策。此外要谈的是从状态空间分类的确定型、风险型和不确定型决策。

(一)确定型决策

确定型决策的主要任务是借助一定计算分析把每个可行方案的结果计算出来,然后通过比较,把结果最好的方案选出来,做出方案和行动方案。如果一个问题的自然状态完全确定,不存在任何未知之处,那这个问题就好解决了,运用确定型决策的方法如直观法、盈亏平衡分析法、线性规划法等得出行动方案即可。

(二)风险型决策

在决策风险型问题时,可以运用以下几个原则。

1. 安全度准则

这种办法是先确立一最低限度基准值 x^*,报酬值大于这一基准值的把握越大越好,记为 $\phi(a^*) = \max R_i(x^*)$,这是一个概率分布函数,用概率分布函数的解法可以求出最优解。

安全度准则明显把安全度放在第一位,尽量回避风险,追求最大可能性,至于报酬是否理想倒在其次。所以,当一个问题事关生死存亡,有牵一发而动全身之重要性时,宜采取这种决策原则。如小型企业从银行借贷用以转向生产,在确定转产项目时就可以用安全度准则进行决策。而银行面临这一类的贷款要求时,也宜用这一准则去衡量借方的项目。

2. 贝叶斯准则

这一准则就是取最大的平均收益期望值,即 $\phi(a^*) = \max E(X_i)$,它来源于贝叶斯定理,即根据先验概率计算出后验概率,然后求出最大平均期望值。可以用决策表法、决策矩阵法或决策树法来求出最优解。

贝叶斯原则反映了决策者对最大总平均报酬（或最小总平均损失）的追求，而将风险置之度外。因此，在这个原则下，风险型决策问题就变成了确定型决策问题。然而，这个原则贯穿了概率论的思想，只有在多次重复时，这种平均值才有意义，而且重复次数越多，准确性越高。这么看来，如果追求最大总收益，或进行一次性决策就不宜采用这种原则。例如，某一出版社欲推出一套文教图书，该出版社如何对投资额、印数、投放市场的时间等做出决策呢？首先经过多年运作，各个出版社对文教图书的市场已有了深刻的了解，可算是多次重复，各种概率可以从以往的调查数据中获得。众所周知，投资文教图书的风险很小。因此综合这些考虑，采用贝叶斯原则进行决策比较合理。

3. $\mu - \alpha$ 原则

这是一个中庸的决策原则，将收益和风险综合考虑，既不一味追求报酬，又不追求完全躲避风险，甚至还可以反映对风险的不同偏好。记为：

$$\phi(a^*) = \max \phi(\mu_i, \sigma_i)$$

当 $\alpha > 0$ 时，风险厌恶：

$$\phi(u_i, \sigma_i) = \mu - \alpha\sigma$$

当 $\alpha = 0$ 时，风险中立：

$$\phi(\mu_i, \sigma_i) = \mu - \alpha(\mu^2 + \sigma^2)$$

当 $\alpha < 0$ 时，风险追求：

$$\phi(\mu_i, \sigma_i) = \mu - \alpha\sigma^2$$

$\mu - \alpha$ 原则兼顾了期望收益与方案风险，特别具有平衡性。但由于原则中考虑了风险的偏爱度，也就有了一定的主观性。这对客观决策是一个不确定因素，所以我们说它不具备普适性。

4. 最大可能值原则

简言之，它选择的是最有可能实现（即概率最大）的最大报酬，即

$$\phi(a^*) = \max u_i k$$

我们通常认为，在一次性决策中，要取得期望值是不可能的，而概率最大的状态最有可能真正发生。基于这种考虑，选择最大可能值原则进行决策，未来获得最大报酬的可能性就会最大。但当各种状态的概率相差不大时，这个原则并非最佳选择。

5. 伯努利原则

这个原则的出发点是以效用期望值代替损益期望值来衡量某个行动的优劣，用效用函数 $u: C \to R$ 可以绘制出效用曲线图，效用曲线相对反映了效用值的大小。

（三）不确定型决策

不确定型决策方法又称非确定型决策、非标准决策或非结构化决策，是指决策人无法确定未来各种自然状态发生的概率的决策。不确定型决策所处的条件和状态都与风险型决策相似，不同的只是各种方案在未来将出现哪一种结果的概率不能预测，

因而结果不确定。不确定型决策是在无法估计系统行动方案所处状态概率的情况下进行的决策。不确定型决策的基本方法是：先用效用值表示各种可能的后果，构造一张支付表，再用一定的评价准则来评定各个方案的优劣，从而选出最优方案。若有 n 种行动方案（$a_1, a_2, \cdots, a_n$）可供选择，可能出现 m 个状态（$\theta_1, \theta_2, \cdots, \theta_m$），方案 α_i 在状态 θ_j 所出现的后果用效用值表示，记作 $C_{ij} = (a_i, \theta_j)$，即可得出构造矩阵表，又称支付表。根据支付表，可用不同准则评价方案的优劣，从而选出最优行动方案（或称最优策略）。常用的准则有拉普拉斯准则、瓦尔德准则、赫维兹准则、混合准则和萨沃格准则。

不确定型决策的主要方法有：等可能性法、保守法、冒险法、乐观系数法和最小最大后悔值法。

1. 等可能性法

等可能性法，也称拉普拉斯决策准则。采用这种方法，是假定自然状态中任何一种方案发生的可能性是相同的，通过比较每个方案的损益平均值来进行方案的选择。在利润最大化目标下，选择平均利润最大的方案，在成本最小化目标下选择平均成本最小的方案。

2. 保守法

保守法，也称瓦尔德决策准则，小中取大的准则。决策者不知道各种自然状态中任一种方案发生的概率，决策目标是避免最坏的结果，力求风险最小。运用保守法进行决策时，首先在确定的结果下，力求风险最小。运用保守法进行决策时，首先要确定每一可选方案的最小收益值，然后从这些方案的最小收益值中，选出一个最大值，与该最大值相对应的方案就是决策所选择的方案。

3. 冒险法

冒险法，也称乐观决策法，大中取大的准则。决策者不知道各种自然状态中任一种方案可能发生的概率，决策的目标是选最好的自然状态下确保获得最大可能的利润。冒险法在决策中的具体运用是：首先，确定每一可选方案的最大利润值；然后，在这些方案的最大利润中选出一个最大值，与该最大值相对应的那个可选方案便是决策选择的方案。由于根据这种准则决策也能有最大亏损的结果，因而称之冒险投机的准则。

4. 乐观系数法

乐观系数法，也称折衷决策法、赫维兹决策准则。决策者确定一个乐观系数 $\varepsilon = (0.5, 1)$，运用乐观系数计算出各方案的乐观期望值，并选择期望值最大的方案。

5. 最小最大后悔值法

最小最大后悔值法，也称萨凡奇决策准则。决策者不知道各种自然状态中任一种方案发生的概率，决策目标是确保避免较大的机会损失。运用最小最大后悔值法时，首先要将决策矩阵从利润矩阵转变为机会损失矩阵；然后确定每一可选方案的最大机会损失，并计算出各方案的最大后悔值（后悔值＝各个方案在该情况下的收益－

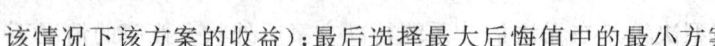

该情况下该方案的收益）；最后选择最大后悔值中的最小方案。

6. 系统交易方法

系统交易方法，是指交易者运用交易系统来帮助解决交易过程中的信息收集、信息处理、交易决策、交易计划、交易执行等问题的系统性的交易方法。系统交易方法具有纯粹技术分析性、客观性、数量化、机械化、程序化、资金管理制度化、风险控制制度化、系统性和一致性等特点。

采用系统交易方法，使得交易决策活动具有系统性和一致性，这对于交易者达到长期的稳定的获利具有根本意义。如果一个交易者采用系统交易方法进行交易决策活动，那么系统发出的每笔交易指令都具有相对稳定的获胜概率和期望收益率。这样一来，虽然交易系统发出的交易指令只具有一个获利的概率，交易系统不能保证每一个交易指令都能够获利，但是我们知道每一个交易指令的获利率的概率分布，这就使得在系统交易方法指导下的交易决策成为一种风险型决策。

确定交易系统发出的交易指令的获利率的概率分布，这一任务在交易系统投入实战之前，已经由历史数据检验这一道工序完成。相对于系统交易方法而言，还存在一种交易方法，那就是非系统交易方法。在一般情况下，非系统交易方法往往是完全不确定性决策。普通的散户投资者往往采用非系统交易方法，普通的散户投资者的交易决策往往是完全不确定性决策。一个交易者从非系统交易方法到系统交易方法的进化，实质上是从完全不确定性决策到风险型决策的飞跃。风险型决策的系统交易方法有利于交易者运用现代投资组合理论和方法，进行多种类型的分散化投资，降低系统交易整体运作风险，这一点对于非主力大资金非常有利。

五、多目标决策分析方法

多目标决策问题最早是由法国经济学家帕雷托于 1896 年从政治经济学角度提出的，他把很多本质上不可比较的目标化成一个单一的最优目标进行研究。1944年，冯·诺依曼和摩根斯坦从对策论的角度提出了多个决策人彼此之间有相互矛盾的多目标决策问题。1961 年，库普曼斯从生产和分配的活动分析中提出了多目标决策问题，并首次使用了"有效向量"这个概念，即现代多目标决策中的"非控解"的概念。同年，库图和塔克从数学规划角度提出了向量函数极大化问题，并推导出"有效解"存在的最优条件。1961 年，查思斯和库伯引入的目标规划（Goal Programming）是早期的多目标决策方法，其准则是使目标值和实际达到值两者之间差的绝对值之和最小。1963 年，LA·扎德从控制论的角度提出了多目标决策问题。1968 年，杰欧弗里奥思（Geoffrion）从数学规划角度提出了向量最优化问题的真有效解的概念，并给出了该解存在的充分和必要条件。

1968 年，约翰逊系统地给出了关于多目标决策模型的研究报告，这是多目标决策这门学科发展的一个转折点。到 20 世纪 70 年代末期，多目标决策已经成为运筹学、管理科学中最有动力并且应用广泛的领域之一。目前，多目标决策的研究和应用还在继续。20世纪70年代末80年代初,美国沃顿商学院的托马斯·萨提提出的层次分析法(AHP,Analytical Hierarchy Process)是指可以把定性的目标定量化,同时是可以对多准则问题的准则优先排序,或对多目标决策方案的优劣进行排序的一种方法。该方法允许决策人采用一种层次结构模型去模拟复杂的决策问题,从而显示出问题的最终目标(Goal)、决策目标(Objectives)、子目标(Sub-Objectives)、决策方案(Alternatives)之间的相互关系。这种方法的特点是:在对复杂的决策问题的本质、影响因素及其内在关系等进行深入分析的基础上,利用较少的定量信息使决策的思维过程数学化,从而为多目标、多准则或无结构特性的复杂决策问题提供简便的决策方法。

在多目标决策问题中,有的目标可以用一个或几个决策准则直接进行评价和比较;有的目标难以直接评价,需要将它们分解成若干级别较低的子目标,直到可以直接用一个或几个准则进行比较和分析为止。这样就形成一个分层结构复杂的目标准则体系。最上一层,通常只有一个目标,称之为总体目标;最下一层,其中的每个子目标都可以用单一准则评价,称为方案层;合理地给出表示每个可行方案满意程度的数值,称为满意度。构建多目标决策问题的目标准则体系,是多目标决策分析的前提。多目标决策问题有两个共同特点:一是目标之间的不可公度性,也就是指目标之间没有统一的衡量标准,因此难以比较。二是目标之间的矛盾性,即是说多目标决策问题的各个备选方案在目标间存在某种矛盾,如果采用一种方案去改进某一目标的值,会使另一目标的值变坏。

多目标决策问题根据决策情况的不同可以分为两类:一类问题的备选方案数目有限,称为有限方案的多目标决策或者多属性决策(Multiple Attributes Decision-making)。另一类问题的备选方案可以有无限多个,称为无限方案的多目标决策,其中存在若干决策变量,这些决策变量之间、决策变量与各属性之间都存在着复杂的因果关系,这种问题的决策情况包括整个问题的求解过程。第一类问题求解的核心是对各备选方案进行评价,排定这些方案的优劣次序;第二类问题求解的关键是优化问题,一般要用数学规划求得最优解或非劣解。

(一)层次分析法

层次分析法是将与决策总是有关的元素分解成目标、准则、方案等层次,在此基础之上进行定性和定量分析的决策方法。该方法是美国运筹学家、匹茨堡大学教授萨蒂于20世纪70年代初,在为美国国防部研究"根据各个工业部门对国家福利的贡献大小而进行电力分配"课题时,应用网络系统理论和多目标综合评价方法,提出的一种层次权重决策分析方法。层次分析法将一个复杂的多目标决策问题作为一个系统,将目标分解为多个目标或准则,进而分解为多指标(或准则、约束)的若干层次,通过定性指标模糊量化方法算出层次单排序(权数)和总排序,以作为目标(多指标)、多方案优化决策的系统方法。

层次分析法将决策问题按总目标、各层子目标、评价准则直至具体的备投方案的顺序分解为不同的层次结构,然后用求解判断矩阵特征向量的办法,求得每一层次的各元素对上一层次某元素的优先权重,最后用加权和的方法递阶归并各备择方案对总目标的最终权重,此最终权重最大者即为最优方案。这里所谓"优先权重"是一种相对的量度,它表明各备择方案在某一特点的评价准则或子目标,标下优越程度的相对量度,以及各子目标对上一层目标而言重要程度的相对量度。层次分析法比较适合具有分层交错评价指标的目标系统,而且目标值又难于定量描述的决策问题。其用法是构造判断矩阵,求出其最大特征值,及其所对应的特征向量 W,归一化后,即为某一层次指标对于上一层次某相关指标的相对重要性权值。

层次分析法的基本步骤如下:

1. 建立层次结构模型

在深入分析实际问题的基础上,将有关的各个因素按照不同属性自上而下地分解成若干层次,同一层的诸因素从属于上一层的因素或对上层因素有影响,同时又支配下一层的因素或受到下层因素的作用。最上层为目标层,通常只有 1 个因素,最下层通常为方案或对象层,中间可以有一个或几个层次,通常为准则或指标层。当准则过多时(譬如多于 9 个),应进一步分解出子准则层。

2. 构造成对比较阵

从层次结构模型的第 2 层开始,对于从属于(或影响)上一层每个因素的同一层诸因素,用成对比较法和 1~9 比较尺度构造成对比较阵,直到最下层。

3. 计算权向量并做一致性检验

对于每一个成对比较阵计算最大特征根及对应特征向量,利用一致性指标、随机一致性指标和一致性比率做一致性检验。若检验通过,特征向量(归一化后)即为权向量;若不通过,需重新构造成对比较阵。计算最下层对目标的组合权向量,并根据公式做组合一致性检验,若检验通过,则可按照组合权向量表示的结果进行决策,否则需要重新考虑模型或重新构造那些一致性比率较大的成对比较阵。

4. 构造判断矩阵

层次分析法的一个重要特点就是用两两重要性程度之比的形式表示出两个方案的相应重要性程度等级。如对某一准则,对其下的各方案进行两两对比,并按其重要性程度评定等级。记为第 X 和第 Y 因素的重要性之比,表 5-2 列出了萨提给出的 9个重要性等级及其赋值。按两两比较结果构成的矩阵,称作判断矩阵。判断矩阵具有如下性质:

计算权重向量。为了从判断矩阵中提炼出有用信息,达到对事物的规律性的认识,为决策提供科学依据,就需要计算判断矩阵的权重向量。

定义:判断矩阵,如对……成立,则称:满足一致性,并称为一致性矩阵。

一致性矩阵 A 具有下列简单性质:

① 存在唯一的非零特征值,其对应的特征向量归一化,叫权重向量;

表 5－2　比例标度表

因素 X 比因素 Y	量化值
同等重要	1
稍微重要	3
较强重要	5
强烈重要	7
极端重要	9
两相邻判断的中间值	2,4,6,8

② 列向量之和经规范化后的向量,就是权重向量;

③ 任一列向量经规范化后的向量,就是权重向量;

④ 对全部列向量求每一分量的几何平均,再规范化后的向量,就是权重向量。

因此,对于构造出的判断矩阵,就可以求出最大特征值所对应的特征向量,然后归一化后作为权值。根据上述定理中的性质 2 和性质 4,即得到判断矩阵满足一致性的条件下求取权值的方法,分别称为"和法"和"根法"。而当判断矩阵不满足一致性时,用"和法"和"根法"计算权重向量则很不精确。

5．一致性检验

当判断矩阵的阶数时,通常很难构造出满足一致性的矩阵来。但判断矩阵偏离一致性条件又应有一个度,为此,必须对判断矩阵是否可接受进行鉴别,这就是一致性检验的内涵。

可见,层次分析法不仅原理简单,而且具有扎实的理论基础,是定量与定性方法相结合的优秀的决策方法,特别适用于定性因素起主导作用的决策问题。

（二）多目标群决策

早期群决策理论的基本原则是:决策群体的最优选择应该使社会福利函数达到极大,或者群体效用极大。20 世纪 70 年代以后,关于群决策研究主要由两类学者沿两条不同的途径进行:一是社会心理学家通过实验的方法,观察分析群体相互作用对选择转移的影响;另一途径是经济学家对个体偏好数量集结模型的研究。20 世纪 80 年代,群决策理论的研究和方法应用发展到了一个新的阶段,已经拓展为几个不同而又相互联系的领域:偏好分析、群效用理论、社会选择理论、委员会决策理论、投票理论、一般对策论、专家评估分析、量化因子集结、模糊群体决策理论、经济均衡理论以及群决策支持系统等。

对群决策问题的研究起步较晚,又具有内在复杂性,同时群决策理论既是决策理论的前沿,也是决策理论最为薄弱的部分。故目前,群决策理论和方法的研究还很散落,尚未形成一定的框架体系。因此,群决策理论的研究还存在着许多问题,而且其在实践中的应用也还需要进一步研究。现在,群决策理论研究主要是静态的偏好集结模型,而实际上它是使一个信息反复交流最终达成一致的动态过程,所以应该加强对群决策过程的研究。

多目标群决策要素构成如下:

1. 决策人

决策人是某个人或由一些人组成的群体,他们直接或间接地提供最终的价值判断,据此可以排定各备选方案的优劣。群决策的决策人个数是多于两个的。

2. 指标体系,或称目标集

如前所述,目标是决策人希望达到的状态。为了清楚地阐明目标,可以将目标表示成层次结构。最高层目标是促使人们研究问题的原动力,但是它过于笼统,不便运算,需分解为具体且便于运算的具体目标。

3. 属性集和代用属性

目标可以运算是指有办法衡量这一目标被达到的程度,而属性是对基本目标达到的程度的直接度量,也就是说,对每个下层目标要用一个或几个属性来描述目标的达到程度。但是,有些目标很难甚至无法找到属性来度量其达到程度,这时候我们用被称为代用属性的间接量来描述目标的达到程度。例如,科研的能力可以用论文、成果的数量等代用属性来描述。

4. 决策准则

为了从若干个非劣的备选方案中选定一个方案付诸实施,需要根据一定的原则去排列方案的优先次序或从中选择最佳调和解。这种原则就是决策准则,求解多目标决策的各种方法之间的一个重要区别在于所选择的决策准则不同。

有限多目标群决策问题的方案集是有限的,我们设方案集为 $\Lambda = (A_1, A_2, \cdots, A_m)$, $m \geqslant 3$,其中 A_i 表示方案。决策人的个数多于 2 个,我们设决策人集为 $P = (P_1, P_2, \cdots, P_n)$, $n \geqslant 2$。每个方案有 t 个属性,属性集 $X = \{X_1, X_2, \cdots, X_t\}$, $t \geqslant 1$。用 x_{ij} 表示方案 A_i 的属性 X_j 的值。f_j^k 是第 k 个决策人的目标 t 的函数,$k = 1, 2, \cdots, n$; $j = 1, 2, \cdots, t$,有限多目标群决策问题就是要求这 n 个决策人考察方案的 t 个属性,然后从中选择一个最优方案。

多目标决策的任务是从方案集中选取一个方案,使各目标函数值均达到最大,可表示如下:

$$\max(f_1^k(A), f_2^k(A), \cdots, f_t^k(A))$$
$$st. \ A \in \Lambda$$

由于目标间常常因为矛盾而找不到这样一个 A,使各目标函数值均取得最大值。为此,我们需要引入下面的解的概念:

定义 1 最优解:所谓问题的最优解 A^*,是指对所有 $j = 1, 2, \cdots, t$,下面的不等式均成立:

$$f_j(A^*) \geqslant f_j(A)$$

定义 2 非劣解:所谓问题的非劣解 A^*,是指找不到一个 $A \in \Lambda$,使得对所有 $j =$

$1,2,\cdots,t$，下面的不等式均成立：

$$f_j(A) \geqslant f_j(A^*)$$

而且，至少存在一个 j，使得：

$$f_j(A) \neq f_j(A^*)$$

定义 3　劣解：所谓问题的劣解 $\bar{A}$，是指对所有 $j=1,2,\cdots,t$，下面的不等式均成立：

$$f_j(A^*) \geqslant f_j(\bar{A})$$

其中，$\bar{A}$ 为最优解或非劣解。

显然，劣解是要舍弃的。

群决策模型。设 $A^{*k},k=1,2,\cdots,n$ 是第 k 个决策人的最优目标的解（最优解或非劣解），所有这 k 个解组成一个解集 $\Lambda^* = \{A^{*1},A^{*2},\cdots,A^{*n}\}$。$\psi$ 是一个从 Λ^* 到 Λ^* 的映射。群决策模型可以表示为如下形式：

$$A = \psi(\Lambda^*)$$

ψ 称为群集结规则，即是把各单个决策人的意见综合成群整体的意见的方法，例如过半数原则，有一半以上的决策人的目标函数解是 A_1，那么 $\psi(\Lambda^*)=A_1$。

有限方案多目标群决策问题的求解是一个很复杂的问题，我们可以将它分解为单个决策人有限多目标问题和群集结两个部分分别求解。

第三节　应急决策支持系统

一、决策支持系统概述

决策支持系统（DSS，Decision Support System）的定义有很多，一般认为 DSS 是一个交互式的、灵活的、可修改的、基于计算机技术的信息系统，用于帮助解决复杂的管理问题，提高决策水平。决策支持系统是以管理科学、运筹学、控制论、行为科学为基础，以计算机技术、仿真技术和信息技术为手段，针对半结构化的决策问题，支持决策活动的具有智能作用的人机系统。该系统能够为决策者提供所需的数据、信息和背景资料，帮助明确决策目标和进行问题识别，建立或修改决策模型，提供各种备选方案，并且对各种方案进行评价和优选，通过人机交互功能进行分析、比较和判断，为正确的决策提供必要的支持。它通过与决策者的一系列人机对话过程，为决策者提供各种可靠方案，检验决策者的要求和设想，从而达到支持决策的目的。

决策支持系统一般由交互语言系统、问题系统以及数据库、模型库、方法库、知识库管理系统组成。在某些具体的决策支持系统中，也可以没有单独的知识库及其管理系统，但模型库和方法库通常是必需的。由于应用领域和研究方法不同，导致决策支持系统的结构有多种形式。决策支持系统强调的是对管理决策的支持，而不是决策的自动化,它所支持的决策可以是任何管理层次上的,如战略级、战术级或执行级的决策。

自从 20 世纪 70 年代决策支持系统概念被提出以来,决策支持系统已经得到很大的发展。1980 年,斯普雷格提出了决策支持系统三部件结构(对话部件、数据部件、模型部件),明确了决策支持系统的基本组成,极大地推动了决策支持系统的发展。20 世纪 80 年代末 90 年代初,决策支持系统开始与专家系统(Expert System)相结合,形成智能决策支持系统(Intelligent Decision Support System)。智能决策支持系统既充分发挥了专家系统以知识推理形式解决定性分析问题的特点,又发挥了决策支持系统以模型计算为核心的解决定量分析问题的特点,充分做到了定性分析和定量分析的有机结合,使得解决问题的能力和范围得到了一个大的发展。智能决策支持系统是决策支持系统发展的一个新阶段。20 世纪 90 年代中期,出现了数据仓库(Data Warehouse)、联机分析处理(On-Line Analysis Processing)和数据挖掘(Data Mining)新技术,DW＋OLAP＋DM 逐渐形成新决策支持系统的概念,因此,智能决策支持系统便被称为传统决策支持系统。新决策支持系统的特点是从数据中获取辅助决策信息和知识,完全不同于传统决策支持系统用模型和知识辅助决策。传统决策支持系统和新决策支持系统是两种不同的辅助决策方式,两者不能相互代替,应该是互相结合。

把数据仓库、联机分析处理、数据挖掘、模型库、数据库、知识库结合起来形成的决策支持系统,即将传统决策支持系统和新决策支持系统结合起来的决策支持系统是更高级形式的决策支持系统,是综合决策支持系统(Synthetic Decision Support System)。综合决策支持系统发挥了传统决策支持系统和新决策支持系统的辅助决策优势,实现了更有效的辅助决策。综合决策支持系统是今后的发展方向。

由于 Internet 的普及,网络环境的决策支持系统将以新的结构形式出现。决策支持系统的决策资源,如数据资源、模型资源、知识资源,将作为共享资源,以服务器的形式在网络上提供并发布共享服务,为决策支持系统开辟一条新路。网络环境的决策支持系统是决策支持系统的发展方向。

知识经济时代的管理——知识管理(Knowledge Management)与新一代 Internet 技术——网格计算,都与决策支持系统有一定的关系。知识管理系统强调知识共享,网格计算强调资源共享。决策支持系统是利用共享的决策资源(数据、模型、知识)辅助解决各类决策问题,基于数据仓库的新决策支持系统是知识管理的应用技术基础。网络环境下的综合决策支持系统将建立在网格计算的基础上,充分利用网格上的共享决策资源,达到随需应变的决策支持。

二、决策支持系统的组成与分类

(一) 决策支持系统的组成

系统只是支持用户而不是代替用户判断。因此,系统并不提供所谓"最优"的解,而是给出一类满意解,让用户自行决断。同时,系统并不要求用户给出一个预先定义好的决策过程。系统所支持的主要对象是半结构化和非结构化的决策(即不能完全用数学模型、数学公式来求解)。它的一部分分析可由计算机自动进行,但需要用户的监视和及时参与。采用人机对话的有效形式解决问题,充分利用人的丰富经验,计算机的高速处理及存贮量大的特点,各取所长,有利于问题的解决。

决策支持系统的组成包括:模型库及其管理系统;交互式计算机硬件及软件;数据库及其管理系统;图形及其高级显示装置;对用户友好的建模语言。用户通过交互语言系统把问题的描述和要求输入决策支持系统。交互语言系统对此进行识别和解释。问题处理系统通过知识库系统和数据库系统收集与该问题有关的各种数据、信息和知识,据此对该问题进行识别,判定问题的性质和求解过程;通过模型库系统集成构造解题所需的规则模型或数学模型,对该模型进行分析鉴定;在方法库中识别进行模型求解所需算法并进行模型求解,对所得结果进行分析评价。最后通过语言系统对结果进行解释,输出具有实际含义、用户可以理解的形式。

① 网络/系统基础架构,由基本的软硬件系统构成,如交换机、路由器、主机设备、操作系统、数据管理系统等,该基础架构在为所有的高级管理系统提供服务的同时,还实现基本的信息服务功能。

② 业务管理系统,包括正在运行的应用,如各种基于关系数据库的事务性应用、办公自动化管理应用等,可实现政府日常的业务处理,所处理的数据是数据仓库的数据源。数据源的类型包括关系数据库、办公数据、平面文件等。

③ 数据仓库管理系统,实现数据分析、统计、查询、信息挖掘、辅助决策支持等功能。数据仓库管理系统由关系数据库管理系统作为支撑系统,其管理的数据源自对业务数据的抽取,数据抽取的方法包括数据复制、数据抽取网关等。数据交换模式包括数据仓库管理系统与数据网关程序之间交换;数据仓库管理系统与业务数据库管理系统之间交换;数据仓库管理系统直接提取数据(如平面文件数据、办公数据)。

④ 联机分析系统,实现分析、统计、查询、信息挖掘、趋势分析、辅助决策支持等功能。

⑤ 中间件、Web 及应用服务系统,实现三层结构的应用逻辑部分。

⑥ 数据仓库客户端应用,实现三层结构的应用表示逻辑,提供数据仓库系统的用户接口服务。客户端应用可以通过中间件、应用服务器及 Web 访问数据仓库应用,也可以直接通过 OLAP 服务实现。

⑦ 网络/系统管理,实现完整的网络及系统管理,管理的范围涉及系统的各个层次,如安全管理,备份、存储、恢复管理,开发管理,数据管理,监控管理等。

(二) 决策支持系统的分类

1. 群决策支持系统(GDSS)

群决策支持系统可提供三个级别的决策支持:

第一层次的 GDSS 旨在减少群体决策中决策者之间的通信，沟通信息，消除交流的障碍(如及时显示各种意见的大屏幕)，投票表决和汇总设备，无记名的意见和偏爱的输入，成员间的电子信息交流等。其目的是通过改进成员间的信息交流来改进决策过程，通常所说的"电子会议系统"就属于这一类。

第二层次的 GDSS 提供认识过程和系统动态的结构技术，决策分析建模和分析判断方法的选择技术。这类系统中的决策者往往面对面地工作，共享信息资源，共同制订行动计划。

第三层次的 GDSS 的主要特征是将上述两个层次的技术结合起来，用计算机来启发、指导群体的通信方式，包括专家咨询和会议中规则的智能安排。

2. 分布式决策支持系统(DDSS)

是由多个物理分离的信息处理结点构成的计算机网络，网络的每个结点至少含有一个决策支持系统或具有若干辅助决策的功能。与一般的决策支持系统相比，DDSS 有以下一些特征：

专门设计的系统，能支持处于不同结点的多层次的决策，提供个人支持、群体支持和组织支持。不仅能从一个结点向其他结点提供决策，还能提供对结果的说明和解释，有良好的资源共享。能为结点间提供交流机制和手段，支持人机交互、机机交互和人与人交互。具有处理结点间可能发生的冲突的能力，能协调各结点的操作，既有严格的内部协议，又是开放性的，允许系统或结点方便地扩展。同时，系统内的结点为平等成员，不形成递阶结构，每个结点享有自治权。

3. 智能决策支持系统(IDSS)

智能决策支持系统是决策支持系统(DSS)与人工智能(AI)相结合的产物，其设计思想着重研究把 AI 的知识推理技术和 DSS 的基本功能模块有机地结合起来。有的 DSS 已融进了启发式搜索技术，这就是人工智能方法在 DSS 中的初步实现。将人工智能技术引入决策支持系统主要有两方面原因：第一，人工智能因可以处理定性的、近似的或不精确的知识而引入 DSS 中；第二，DSS 的一个特征是交互性强，这就要求使用更方便，并在接口水平和在进行的推理上更为"透明"。人工智能在接口水平，尤其是对话功能上可以做出有益的贡献，如自然语言的研究使用使 DSS 能用更接近于用户的语言来实现接口功能。

4. 智能—交互—集成化决策支持系统(3IDSS)

随着 DSS 应用范围的不断扩大，应用层次的逐渐提高，DSS 已进入到区域性经济社会发展战略研究、大型企业生产经营决策等领域的决策活动中来，这些决策活动不仅涉及经济活动各个方面、经营管理的各个层次，而且各种因素互相关联，决策环境更加错综复杂。对于省、市、县等发展战略规划方面的应用领域，决策活动还受政治、社会、文化、心理等因素的影响，而且可供使用的信息又不够完善、精确，这些都给 DSS 系统的建设造成了很大的困难。在这种情况下，一种新型的、面向决策者、面向决策过程的综合性决策支持系统产生了，即智能—交互—集成化决策支持系统

(Intelligent,Interactive and Integrated DSS)。

集成化:在这种情况下,采用单一的以信息为基础的系统,或以数学模型为基础的系统,或以知识、规则为基础的系统,都难以满足上述这些领域的决策活动的要求。这就需要在面向问题的前提下,将系统分析、运筹学方法、计算机技术、知识工程、人工智能等有机地结合起来,发挥各自的优势,实现决策支持过程的集成化。

交互性:决策支持系统的核心内容是人机交互。为了帮助决策者处理半结构化和非结构化的问题,认定目标和环境约束,进一步明确问题,产生决策方案和对决策方案进行综合评价,系统应具备更强的人机交互能力,成为交互式系统(Interactive Systems)。

智能化:决策支持系统在处理难以定量分析的问题时,需要使用知识工程、人工智能方法和工具,这就是决策支持系统的智能化(Intelligent)。

应急决策支持系统包括软硬件支持层、信息支持层和决策辅助层三个层级,它们之间相辅相成,缺一不可,模型如图 5-2 所示。应急决策支持系统为整个突发事件的解决提供支持和决策建议,它主要依靠软科学的理论、方法和技术,日常的一些处理经验总结,相关的计算机技术。软硬件支持层要解决的关键问题有:数据采集、数据标准与格式分类、软硬件以及网络构建等。信息支持层要解决的关键问题有:地理信息资料的完善,特别是疏散路线、物资运输路线等特征的描述;各类应急资源的分布和配置;如何设置合理的预案库、模型库、以往案例库、知识库和专家库检索属性、特征以及快速有效的检索方法,以辅助符合现场实际或者类似事件的方案的制订。

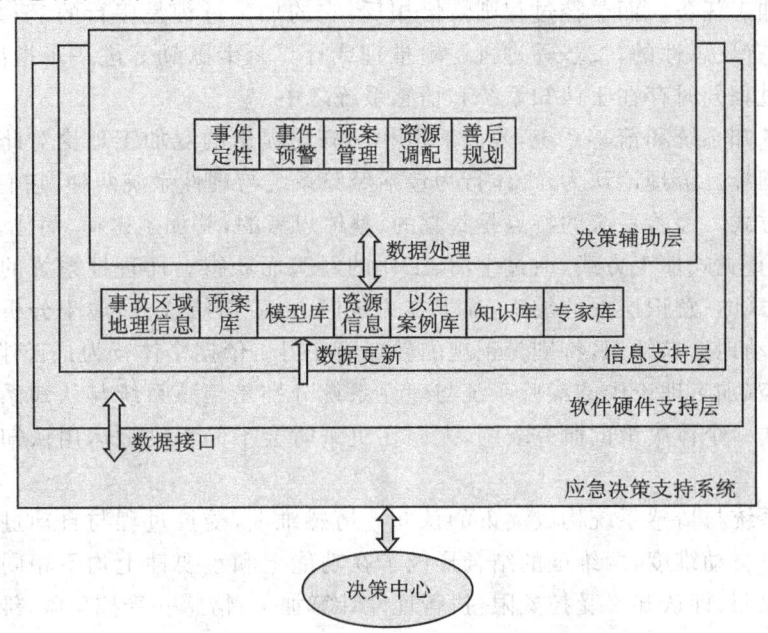

图 5-2 应急决策支持系统

决策辅助层要解决的关键问题有:根据现场实际情况结合模型库综合判定各种可能发展趋势,对突发事件定性,进行相应的预警工作和应急方案的调整,包括突发事件相关信息发布、应急预案选择、预案评估与动态调整、保障系统评估、资源的优化配置以及应急善后管理等。

三、应急决策分析框架

近年来,自然灾害、事故灾害、公共卫生事件、社会安全事件等危机事件频发,每一次危机状态都对社会经济和人民生命财产造成巨大损失。危机状态的突出特点是:具体、不可预期、非常规性、由系列事件形成的高度不确定性及其对组织首要目标的威胁或感知到的威胁。在这种状态下,管理者的决策不同于常规决策。面对危机状态中的突发性、不确定性、极度的混乱和恐惧,管理者能否做出快速、科学的决策,对危机事件的发展及其后果将产生重要影响。研究危机状态下管理者的应急决策模式,提高管理者的应急决策能力,已成为理论和实践中一个重要的前沿性课题。

(一)危机状态下管理者的决策维度

1. 个人决策维度

基于认知神经科学的研究成果,施耐德和谢扶林最早提出个体决策可划分为自动过程与受控过程。自动过程是平行的、无需努力的、反射性的、没有反思的、不为意识所知、下意识地做出某些行为,这些特点更利于大脑快速反应,并允许大脑同时处理大量的加工任务。而受控过程则恰恰相反,它的加工过程是串行的、努力的、仔细思考的、具有反思性的,按步骤进行逻辑推理或计算。卡默勒等进一步指出,自动过程和受控过程同时存在于认知系统和情感系统之中。

关于认知系统和情感系统,爱泼斯坦和帕齐尼提出的双加工理论对此进行了比较深入的阐释。该理论认为,个体行为包括经验系统与理性系统两种,它们是完全不同的思维方式。经验系统的特点是直觉的、整体思考的,其加工迅速、简化,与情感相联系,属于直觉式加工方式,通过生活、工作的经验而获得。而理性系统的特点是规则的、推理式的、意识层面的加工,加工方式缓慢、不带情绪成分,属于分析式加工方式,通过主动地追求知识,特别是正规的教育而获得。依据个体行为是否伴有情绪情感的参与,双加工理论中的经验系统与理性系统分别是情感系统与认知系统的另一种表述方式。个体决策的研究表明,人们在决策时会不同程度地运用认知系统和情感系统。

认知系统与情感系统构成决策的认知—情感维度,受控过程与自动过程构成决策的受控—自动维度,两维度的结合形成了在功能上和重要性上均不相同的个体决策的四个象限,即认知—受控象限:执行理性计算加工;情感—受控象限:纯粹属于这一象限的行为很少;认知—自动象限:语言和视觉感知过程;情感—自动象限:情感加工的主要方式。而个体决策需要在认知系统和情感系统、受控过程和自动过程之间进行畅通无阻的转换。近年来,越来越多的研究验证了认知—情感、受控—自动二维度各自的加工过程与互动过程。危机状态下管理者的应急决策是人类决策的一种,因此,认知—情感、受控—自动的二维分析框架适用于危机状态下的应急决策分析。

2. 应急决策维度

危机状态下时间的紧迫性要求应急管理者能够快速做出高质量的决策。以往的研究表明,危机状态下的应急决策不同于常规决策,决策者通常要处理那些偶发的、无先例可循的、非常规性的问题。在这种情况下,应急预案常常不能奏效。决策者难以照章行事,他们需要依靠自己的认知、情感等,迅速做出判断,运用直觉思维,创造性地解决问题。因此,应急决策多属于直觉决策。

克莱因的认知主导决策模型(Recognition Primed Decision Model)指出,特定领域的知识经验能够使个体快速地对情境进行分类,以便做出更有效的决策。该模型强调了应急决策中的认知因素,但未对应急决策中直觉式思维的性质进行明确界定。萨伊格等关于应急决策的观点比 RPD 模型更进一步,他们在肯定认知因素在应急决策中具有重要作用的同时,明确提出应急决策是一种直觉决策,并将情绪反应引入应急决策的分析之中。萨伊格等人的模型进一步指出,在应急决策中,显性知识与隐性知识均参与认知过程,显性知识与理性决策相联系,隐性知识和情绪反应与直觉决策相联系。萨伊格等人的模型不仅强调了应急决策中的认知系统与情感系统,而且直觉决策与理性决策的观点暗示出应急决策的认知系统包含着自动过程与受控过程。关于情绪的反应过程,佩索阿等人认为情绪反应既有自动过程,也有受控过程。整合佩索阿的观点与萨伊格等人的模型后,可知应急决策中情感系统也可分为情绪的自动加工和情绪的受控加工。基于以上分析,可见危机状态下管理者的应急决策由认知—情感、受控—自动二维度构成。

在危机状态下管理者应急决策的二维分析框架中,特定领域的显性知识与隐性知识分别构成应急决策认知系统的受控过程与自动过程。情绪反应的自动过程和受控过程构成应急决策的情感系统。并且,显性知识与情绪的受控加工和理性决策相联系,而隐性知识与情绪的自动加工和直觉决策相联系。

（二）应急决策维度对管理者决策的影响

应急决策的认知系统运用的知识由显性知识与隐性知识构成。对显性知识和隐性知识的划分源于迈克尔·波兰尼,他在《个人知识》一书中最早提出"隐性知识"的概念。波兰尼认为,人类的知识有两种,能系统表述的是显性知识;不能进行系统表述的是隐性知识。一个人知道的总比他能够讲述出来的要多。野中郁次郎提出,显性知识和隐性知识在相互转化中不断上升,形成知识螺旋。彼得·德鲁克认为,"隐性知识,如某种技能,是不可以用语言来解释的,只能通过演示证明它的存在,学习隐性知识的唯一方法是领悟和练习。"可见,隐性知识的获得与个体经验密切相关。认知系统中,隐性知识与显性知识主要通过应急决策知识的获得、提取和应用三个方面对应急决策产生影响,其中隐性知识的影响尤为重要。

应急决策中,隐性知识内隐地存在,与特定危机状态相关联,不易编码,难以表达与共享,与决策主体无法分离。隐性知识是即时的、存在于认知者正在进行的认知活动中,是一种动态存在的、稍纵即逝的在线知识。应急决策中的隐性知识在被提取和使用时是不自觉的、无意识的、根源于某种心智模式。由于隐性知识的激活、提取与使用是自动化的,并且是平行加工与快速展开的,则基于隐性知识的应急决策具有快速、自动、内隐、启发性与整体性的特点。因此,应急决策的隐性知识与直觉决策相联系。直觉式的应急决策不是按照逻辑逐步形成决策备选方案、制订行动路线,而是通过启发式对危机情境进行快速领悟后,自动激活大脑中已有的整套应急决策方案,一旦方案与危机情境相匹配,后续的应急决策加工过程便自动展开。

与隐性知识不同,应急决策的显性知识是高度组织化和格式化的、已被编码的知识。它一方面通过规范的教育培训而获得,另一方面是个体将自己的隐性知识通过知识螺旋转化而来。前者与个体的应急管理工作经验联系并不密切,后者却是长期工作经验外显化的结果。在提取和应用方面,应急决策的显性知识可以被自觉地、有意识地收集和提取、传播和使用,其过程是缓慢的、有意识的理性思维过程。它可以不依赖于特定的情境和认知主体而存在。由于危机事件的可重复性和可复制性非常低,加之危机事件具有时间压力大、信息量少、情景模糊等特点。所以尽管应急决策显性知识与理性决策相联系,但是固化的、进程缓慢的应急决策显性知识还是很难适应危机状态下的应急决策。

应急决策的显性知识与隐性知识在应急决策中的作用差异很大。基于显性知识的决策过程是一种受控决策过程,在应急决策中作用较小。而基于隐性知识的决策过程是一种自动决策过程,在应急决策中发挥着巨大的作用。对于应急管理者来说,他们的决策优势不是基于显性知识的理性决策,而是基于隐性知识的直觉决策。

情绪过程是个体在特定情境下,对刺激是否满足自己的需要以及满足需要程度的主观态度体验。情绪在决策中的作用日益突出,已成为影响应急决策的根本要素之一。泰勒将情绪激活划分为能量唤醒和紧张唤醒,前者类似于个体的警觉状态,后者类似于个体的焦虑状态。古(Koo)等认为,能量唤醒和紧张唤醒是个体情绪反应的关键变量。当个体对特定情境具有丰富知识经验、对环境具有控制力时,则处于情绪能量唤醒,该唤醒模式允许其他任务并发进行,类似于情绪的自动过程。而拥有较少知识经验的个体对环境缺乏控制力,则处于情绪紧张唤醒,该状态常常降低人们的并发处理能力,类似于情绪的受控过程。情感系统对应急决策的影响主要表现为:情绪能量唤醒和紧张唤醒对应急决策过程和决策问题的表征两方面。

情绪能量唤醒在诸多认知活动中发挥作用,通常情况下,对应急决策产生积极影响。能量唤醒的警觉状态使个体处于对环境中微小变化的动态检测和应对反应的一种准备状态。它允许同时加工多个任务,同时激活多个相关的知识经验,使应急决策摆脱了理性思维一步步减缓逻辑分析的束缚。情绪能量唤醒保证了应急决策复杂认知加工的并发性与流畅性,使应急决策表现为自动化与跳跃性的快速领悟过程。另外,情绪能量唤醒能够影响应急决策的信息表征。应急决策是决策任务在知识表征系统中的定位过程。一方面是外界决策信息在头脑中的内部表征过程,另一方面是已有应急决策信息表征的激活与匹配过程。危机状态下,管理者的情绪能量唤醒使其能对随时可能出现的重要信息保持一种持续性定向,及时更新应急决策的知识表征,为快速的直觉决策提供可靠的信息,使直觉式应急决策认知系统的平行加工成为可能。

与情绪能量唤醒不同,危机状态下情绪紧张唤醒的焦虑状态是一种心理能量的消耗,多数情况下对个体的应急决策产生消极影响。焦虑等消极情绪适合于个体进行理性决策,并且使决策者倾向于更加谨慎与保守。在情绪紧张唤醒状态下,个体的认知系统是序列加工,有利于理性的应急决策。但是,理性决策过程缓慢,不够灵活,不适应瞬息万变的危机情境,因而不适于应急决策。另外,在危机状态下,紧迫的时间压力、强大的组织压力和环境压力均会干扰管理者的应急决策,对心理压力的处理需要占用心理资源,使决策者容易忽略关键信息,这必然导致外界应急信息的内部表征发生扭曲,同时又激活不恰当的已有知识表征。两种表征的共同作用造成应急决策的低效率。

危机状态下,管理者的情绪能量唤醒与紧张唤醒在应急决策中的作用截然不同。能量唤醒在应急决策中作用较大,为危机状态下的直觉决策提供可能性。情绪紧张唤醒适合做出理性决策,但不适用于危机状态,在应急决策中作用有限。因而,危机状态下,情绪能量唤醒是有经验的管理者应急决策的情绪加工优势。

（三）危机状态下管理者应急决策维度的交互作用

危机状态下管理者的应急决策通过认知—情感、受控—自动两个维度上的加工过程来实现,两维度之间相互影响、相互转化。

首先,危机状态下管理者的应急决策维度包括认知—情感维度与受控—自动维度,该二维结构包括三层关系。应急决策的认知系统是受控过程还是自动过程,与管理者隐性知识的多少有关,或与管理者更多地使用显性知识还是隐性知识有关。当个体应急管理工作经验丰富时,拥有更多关于应急决策的隐性知识与经验,应急决策呈自动过程;相反,应急决策呈受控过程。

其次,情感系统总是影响着个体的认知系统。情感系统是受控过程还是自动过程,与管理者的情绪激活度有关。由于情绪能量唤醒能够调动更多的心理资源,有利于隐性知识的启动、激活与运用。因此,在危机状态下,应急决策的自动加工过程是协调的,隐性知识与情绪能量唤醒相互促进,相互激发;而应急决策的情绪紧张唤醒由于消耗心理资源而影响显性知识的提取与运用。所以,在危机状态下,应急决策的受控过程是拮抗的,显性知识与情绪紧张唤醒相互制约。

再次,认知—情感、受控—自动两个维度交互作用,主要通过决策者对危机情境拥有的知识经验来实现对应急决策的影响。当个体对危机状态只拥有显性知识而缺乏隐性知识时，对危机处理缺乏控制力，个体处于情绪紧张唤醒状态，只能进行加工速度较慢的理性决策。而当个体对危机状态拥有较多的隐性知识时，对危机事件具有较高的控制力，个体处于情绪能量唤醒状态，能进行加工速度快的直觉决策。

应急决策二维度之间的交互作用，体现为个体应急决策加工机制的功能整合，并共同构成危机状态下管理者应急决策的四种基本模式。

认知—受控决策模式与认知—自动决策模式。危机状态下，当个体对情境具有丰富知识经验，并且这些知识经验多以隐性知识存在时，个体执行加工速度快，且具有跳跃性的直觉决策，即认知—自动决策模式；相反，则执行认知—受控决策模式。尽管危机状态下的管理者有理性的追求，期望实现基于显性知识的理性决策，即认知—受控决策模式。但从危机发生时具有时间压力大、情境模糊、信息缺乏等特征来看，在危机状态下，应急管理者缺乏进行理性决策的条件。因而，基于隐性知识的认知—自动决策模式则成为危机状态下管理者最有效的应急决策模式之一。

情感—受控决策模式与情感—自动决策模式。危机状态下的情感系统与认知系统相伴随，并通过促进或阻碍认知系统来影响管理者的应急决策。管理者的情绪能量唤醒和紧张唤醒因其在应急管理领域经验的多少而异，具有丰富应急管理隐性知识的管理者在应急决策中处于情绪能量唤醒状态，即情感—自动决策模式；而具有较少隐性知识或更多依靠显性知识的管理者在应急决策中处于情绪紧张唤醒状态，即情感—受控决策模式。由于情感—受控决策模式对应急决策的认知系统具有消极影响，因而，基于情绪能量唤醒的情感—自动决策模式则成为危机状态下管理者最有效的另一种应急决策模式。上述四种应急决策模式不是完全孤立的，而是相互影响的。不同应急决策模式之间通过管理者对危机状态控制程度的变化而相互转化。基于隐性知识的认知—自动决策模式和基于情绪能量唤醒的情感—自动决策模式是危机状态下的两种有效的管理者应急决策模式。

第**6**章

应急物流理论与方法

第一节　应急物流理论

一、应急物流基本理论

（一）应急物流的定义

应急物流（Emergency Logistics）是指以提供突发性自然灾害、公共卫生事件等突发事件所需应急救援物资为目的，以追求时间效益最大化和灾害损失最小化为目标的特种物流活动。应急物流也具有空间效用、时间效用和形质效用。除了具有一般物流系统的六个基本要素即流体、载体、流向、流量、流程和流速外，由于在应急物流过程中通常存在紧迫的需求时间约束，所以应急物流还具有特殊的时间要素。一般物流既强调物流的效率，又强调物流的效益，而应急物流在许多情况下是通过物流效率的实现来完成其物流效益的实现。

在突发事件爆发时，为控制事态的进一步发展，向事件影响范围内供应救援物资，应急物流活动的主要目标是为事件处置提供基础物质条件。从广义上说，所有由于突发事件引起的、救援物资在时间与空间上的转移都可以称为应急物流。

但从物流活动的引发原因、需求时间及约束条件来分，向受灾地区供应物资的物流活动可以分为两类：一类是持续性救援物资的供应。它主要用于维持难民营运转区域饥荒救济等持续时间较长的物流活动。应急救援物资流转的约束条件，如物资数量、地点、环境等都比较确定。另一类为突发性救援物资供应。突发事件的爆发会立即引发大量的救援物资需求。突发性救援物资供应就是为了应对突发事件处置而产生的物资交付提前期较短甚至完全没有的物资供应活动。它要求在较短的时间内，筹措应急物资，组建物资供应网络，征集运输工具，以最快的速度实现应急物流的

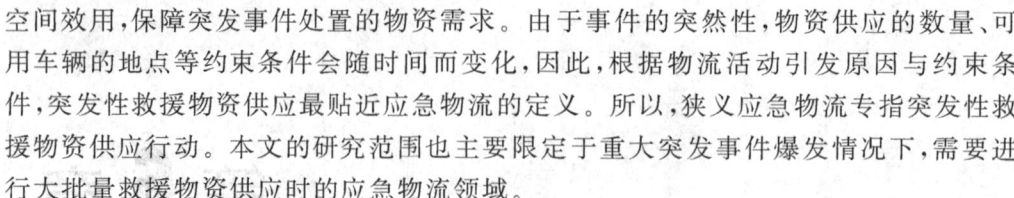

空间效用,保障突发事件处置的物资需求。由于事件的突然性,物资供应的数量、可用车辆的地点等约束条件会随时间而变化,因此,根据物流活动引发原因与约束条件,突发性救援物资供应最贴近应急物流的定义。所以,狭义应急物流专指突发性救援物资供应行动。本文的研究范围也主要限定于重大突发事件爆发情况下,需要进行大批量救援物资供应时的应急物流领域。

(二) 应急物流的属性

应急物流是由突发事件所引起的,目的是满足突发事件应急处置对救援物资的需求。由于突发事件与应急管理的特性,应急物流具备以下几个特殊属性:

1. 突然性

应急物流产生的原因是突发事件的发生,所以它最明显的特征就是突然性和不可预知性。在面对突然爆发、具有巨大潜在危害的突发事件时,应急物流必须立即从平时状态转入战时状态,在最短的时间内,实现救援物资的供应,保障突发事件应急管理的需要。所以,应急物流的时效性要求非常高。一般的商业物流运行方式已经不能满足应急情况下的物流需要,必须要有一套快速反应的物流系统来实现特定环境下救援物资的空间和时间效用。

2. 不确定性

应急物流的不确定性源于突发事件爆发时信息的高度缺失性。由于人们无法准确地预测突发事件持续时间、强度大小、影响范围等各种信息,使应急物流供应物资的品种数量具有较强的不确定性,会随事态发展发生剧烈变化。例如,2003年上半年在开始应对 SARS 事件时,应急管理人员无法准确把握事件处置所需要的防护及医疗用品的品种、规格、数量,各类防护服的规格和数量是随着人们对疫情的不断了解才逐渐确定下来。

3. 非常规性

由于突发事件具有危害迅速蔓延的特点,所以在应急物流运行过程中,许多一般物流的中间环节与功能要素被简化或省略,整个物流配送网络将显得非常紧凑。例如,应急物流的执行主体不持有运输工具,只有在需要实现救援物资空间效用时,才开始征用社会团体所拥有的运输工具来运输救援物资。库存物资在平时除根据使用期限定期更新外,基本不进入物流过程。

4. 弱经济性

应急物流最大的一个特点就是"急"。如果还是运用一般的物流理论与方法,在确定了物资需要数量、种类、地点等参数以后,再设计组建物资配送网络,招标采购供应物资,制订最小化成本的运输配送方案,则无法满足突发事件处置对应急物资的紧迫需要。在一些重大的灾害或事故中,一般物流的经济效益原则将不再作为物流活动的中心目标加以考虑。因此,应急物流目标具有明显的弱经济性,甚至在某些情况下还会成为一种纯消费性的行为。

5．复杂性与灵活性

由于突发事件的多范畴特性，对它的处置会涉及多个主体领域。所以，应急物流也具有复杂性，它所包括的问题会涵盖多个不同专业与领域。比如，应急救援物资的储备要根据当地环境，总结该地区易发性突发事件种类，然后才能确定储备物资的种类与数量；救援物资的运输要考虑路网的可靠性等。同时，由于突发事件的突发性及其发生发展的复杂性，在研究应急物流相关问题域的模型与算法时，必须在全面考虑约束条件的基础上具有较高的灵活性，可以随着事态的发展动态调整计划方案。

（三）应急物流的作业目标

应急物流的总目标是：在突发事件爆发时，快速、高效、经济地保障突发事件应急管理主体实施应急处置方案，维持受灾群众基本生活，满足伤病人员在救援物资上的需要，尽量减少突发事件所造成的损失。为了保证突发事件处置所需要的应急物资保障目标的实现，在应急物流系统与相关算法设计中，需要满足以下作业目标的要求：

1．快速响应

从应急物流的定义可以看到，应急物流追求时间效益最大化。也就是在最短时间延迟内实现救援物资的空间效用，满足突发事件处置对救援物资的需要。快速响应衡量应急物流的物资供给速度，它关系到应急物流系统能否及时满足需求主体。在某些突发事件应急管理中，能否快速获得应急处置所需要的救援物资决定了整个应急管理体系的成效。在应急物流系统中，广泛应用信息技术，加快信息传递速度；应用数学规划模型，搜索最快运输路径与车辆调度方式；使用各种高效运输方式等，都可以加快物流的响应速度。

2．满足需要

应急物流供应物资的品种与数量必须满足应急处置的需要。应急物流不但要像一般商业物流系统那样，供应足量物资，由于其不确定性，还要在突发事件发生伊始，在无法掌握突发事件相关信息的情况下，能够通过预测、评估将应急救援物资推向灾区，满足灾区对应急救援物资品种、数量的需要。只有及时地按照正确品种、足够数量实现救援物资向需求主体的空间位移，才能实现应急物流的空间效用最大化。否则，花费大量人力、物力，供应救援物资需求主体不需要的物资，将大大降低应急物流系统的成效，所以必须尽量避免应急物流中供需失衡问题的发生。

3．最小变异

变异是指与系统预期行为的偏差，它可以产生于任何一个领域的物流活动中。但是对于具有突发性、信息高度缺失性等特点的突发事件而言，变异更容易发生，也更难以控制。因为突发事件经常会伴随次生灾害、群体性事件等后续事件发生，例如台风引发泥石流，暴雨引发洪水。因突发事件而产生的应急物流也经常会面对一些无法预料的约束条件变化，如在运输救援物资时，所选择的运输路径由于路线上的桥梁涵洞倒塌而中断；所需要的救援物资数量大大增加；救援物资运输能力出现不足等，这些都会使应急物流的预期行为产生偏差。由于应急物资供应的延误成本非常高，有时可能会付出生命的代价，所以必须尽量减少系统偏差的发生，保证应急物资按时、按量地供给需求主体。这一方面应加强预案设计与演练，提高对物流系统偏差的应对能力；另一方面需要在应急物流领域的模型与算法设计上考虑到意外情况的产生，提高模型与算法的灵活性，以尽量减少物流过程与预期行为的偏差。

4. 降低成本

应急物流与一般商业物流一样，也具有降低物流成本的目标。因为政府在组织应急救援行动中会花费大量国家财政资金，考虑到我国还是发展中国家，在灾害预防与救助方面可以投入的资金有限，加之国内各类自然灾害、事故灾害频发，所以必须将有限的灾害救助资金切实花费到最需要的方面，不应该不计成本地将其投入到救援物资向需求主体的流动过程中。但是，与一般商业物流不同的是，应急物流降低成本的作业目标要服从快速响应、满足需要、最小变异的目标。也就是说，在应急物流的计划实施和控制中，必须保证在实现以上三个目标的基础上，通过降低储备物资库存水平，实行集约化的运输方式，提高单位物流能力；采取捐赠等各种节约、降耗方法，来实现降低物流成本的目标。如果只以成本为中心来组织应急物流活动，而不顾上述三个作业目标的要求，则应急物流就会迷失方向。

二、应急物流与商业物流的区别

一般商业物流是指在社会生产过程中，货物发生由供应者转向需求者的物理性位移，在创造时间、空间价值的过程中所具有的一般性物流活动，普遍适用于大多数行业所要求的物流过程。如果将一般商业物流抽象为管理从供应商到最终用户的货物、信息的流动过程，应急物流也可以抽象为管理从供给主体到需求主体的救援物资、信息的流动过程。但是，应急物流是因突发事件的爆发所引起的特种物流活动。因突发事件所表现出的突发性、信息高度缺失性等特征，所以应急物流与一般商业物流相比，存在较大差异。应急物流是一个非常态的过程，是所有种类的物流系统中最具有动态特征的系统。

一般商业物流是在物资品种确定、物流配送网络齐全、运输配送方案和供应渠道明确等变化幅度较小的环境中运行的物资流转过程，但是应急物流则完全不一样，因为应急管理主体必须要在突发事件爆发后较短时间内（通常是 24 小时内）开展救援行动。与此相对应，应急物流实施主体也要在没有充分掌握突发事件物资需求信息的情况下，立即开展配套的救援物资筹措、组织、装卸、运输、分发等保障工作，满足发生突发事件后短期内迅速出现的大批量救援物资需求。由于不存在订货与交货的提前期，应急物流要以最快的响应速度来实现救援物资的空间效用与时间效用，如果延误则可能会引起灾害蔓延、损失扩大的严重后果。在应急物流过程中，突出体现了时间就是生命的特点。因此，突发事件爆发时，政府应急主管部门（根据事件的类别、级别、通常是各级人民政府或专项灾害主管部门)应立即成立应急救援指挥中心,并协调组建应急物流执行机构(通常由各级民政部门负责牵头组建),负责具体救援物资保障工作。执行机构通常需要在没有充分掌握突发事件信息的条件下,分析、预测受灾群众与救援行动所需要的物资种类,再通过各级救灾物资储备库、紧急采购或捐赠捐助等多种渠道筹措应急物资。与此同时,根据突发事件的种类和级别建立物资供应网络,征集运输工具,以便快速实现物资从供给主体向需求主体之间的移动。因此,根据上述应急物流的产生、运作过程分析,应急物流与一般商业物流在目标、物流配送网络、物流推动力、物资库存、外部环境等方面存在较大差异。

(一)在物流目标方面的差异

在商业环境下,大多数行业物流活动的目标是:在满足一定客户服务水平的情况下,最小化物流成本或者通过合理组织物流经营活动最大化企业的利润。一般物流活动关注的是物流过程所提供的经济效益。而应急物流具有弱经济性,它的总目标是:快速供应救援物资,以满足在突发事件爆发后的短期内出现的大量救援物资需求。在应急物流中,物资供应的延误成本很高,尤其是在突发事件应急处置的启动阶段,可能会付出生命的代价。所以在应急物流中,必须要以最小的时间延迟来满足突发事件影响区域内需求主体所需的救援物资。所以,应急物流的目标首先是最小化需求满足延迟时间,其次才是降低物流成本。

(二)物流网络体系的差异

一般商业物流流程概括起来就是:通过配送网络将商品按时、按质、按量地送到指定地点,整个过程自获得消费者订单开始,经进货、仓储、配货、配装直至送货到目的地为止。应急物流系统也具有基本的物流形态,它是将救援物资自供应主体运输、配送到需求主体。不过,一般商业物流的参与角色联系密切,建有长期运转的配送网络,物流过程中的一切活动都是在维持一定客户服务水平的基础上,围绕成本最小化来组织实施。应急物流则完全不一样,突发事件爆发后,在事件发生地短时间内就会产生大量救援物资需求。应急物流执行机构经常会在无法准确掌握灾区物资需求种类、数量的条件下,根据有限的事件分类、级别等信息,分析、评估灾区所需救援物资的品种、数量,制订尽可能好的物流供应方案,设计、组建物流网络,部署各类临时物流节点与设施,通过救援物资储备库、民间捐赠或紧急采购等渠道筹措物资,并在临时物流设施中进行分拣、搬运、配送等操作,并最终运送到目的地,以最快的速度响应突发事件处置对救援物资的需要。随着事态的发展与信息的沟通,应急救援物资的品种、规模可能会发生较大变化,为了适应迅速变化的外部环境、约束条件,实现快速响应的目标要求,在物资流转运行过程中,许多物流的中间环节将被省略,执行的功能要素被简化,整个物流过程将表现得非常紧凑,体现出结构精干、功能要素简练的特征。

（三）在物流活动主体行为方面的差异

1. 物资流转的驱动力

目前在商业物流中，物流主体运输、配送商品，实现商品流转的驱动力是市场需求，由顾客订购，将商品从生产商仓库或生产线"拉到"顾客手中。而对于突发事件处置所需的救援物资而言，由于突发事件不可预测、突发事件爆发初期信息高度缺失的特点，在事件发生后的数小时或数天内，应急物流执行机构可能无法掌握灾区所需救援物资的确切种类、数量等数据。但是，突发事件爆发后，立即开展救援行动，可以有效控制事件影响范围的扩大，减少突发事件损失及对社会的影响。所以，即使应急物流主体没有得到确切的救援物资需求信息，也需要根据对突发事件级别与种类的判断，迅速组织应急救援物资的供应，在此过程中，救援物资是被推向受灾群众。只有在事件得到有效控制后，应急物流执行机构可以通过调查与信息沟通，掌握受灾群众对救援物资需要的准确数据时，应急物流系统中的救援物资供应才会从"推动模式"逐渐向"拉动模式"过渡。

2. 库存管理

一般商业物流具有相对稳定的市场需求，或者说需求变化趋势有一定的规律，通过预测和缩短订货周期、即时制等方法可以降低库存水平。而且库存的原料或商品种类也比较稳定。仓储的作用包括调整时间需求、运输整合、产品组合、提高服务水平、防范偶发事件和平稳物流过程等。但是，应急救援物资的库存则完全不一样。突发事件的突发性，让我们永远也无法准确预测下一次可能会对民众的生命财产造成巨大损失的突发事件的发生地点、种类、规模，从而也就无法准确预测救援物资需求产生的时间、地点、种类与数量。因此，需要在平时建立全面覆盖的救援物资储备网，以备不时之需。救灾物资储备可以归入不确定性存货一类，它的作用主要是应对突发事件。根据国家自然灾害救助预案，目前我国在天津、沈阳、哈尔滨、合肥、武汉、长沙等城市建立了中央救灾物资储备库，在各级地方政府、相关单位和组织也储备有相关的救援物资。其目的就是在突发事件爆发时，可以为事件发生地受灾群众提供必要的救援物资。增加救灾物资储备量可以更好地满足响应速度、满足需要、最小变异等应急物流作业目标要求。但是，在无法准确预测下一次大规模突发事件爆发的种类、地点、时间的情况下，无计划地大幅度增加救灾物资库存量，只会造成有限的突发事件预防经费被闲置在各地救援物资储备库中。所以，应急物流也具有成本与服务水平的二律背反性。为了在快速响应、满足需要与较低库存这些相互矛盾的作业目标之间取得平衡，使整个物流过程合理化，只有建立合理的库存结构、优化库存方式、增强现有各级应急救援库存物资的流动性。在突发事件爆发前，全面掌握各地现有库存物资的种类与数量，在事件爆发时就可以实现应急物资快速筹措与发运，制订在最小时间延迟下的运输配送计划，将应急物资快速运达需求点。通过加快库存物资时间效用来解决有限库存下应急救援物资的保障。

3. 物资的运输方式

商业物流的物资运输量虽然具有一定的波动性,但从长期来看,其具有稳定的变化规律,所以可以通过自建车队或外雇独立承运人,维持较低水平的运输车辆来满足商品运输的需要。而且,商业物流配送网络有固定的仓库、配送中心、供应点等设施。在一般商业物流中研究较多的是车辆路径选择问题,车辆从固定的车场出发,组织适当的行车路线,使车辆有序地通过它们,在满足一定的约束条件下,达到一定目标。但是,在应急物流运输中,一方面,由于在事件爆发后的短期内需要运输大量物资,例如在 2001 年印度古吉拉特邦里氏 7.9 级地震救援过程中,虽然当地的机场、公路等基础设施受到严重破坏,但在地震后的短短 30 天内,国际红十字会与其他 35 个人道主义救援组织一道,使用运输车辆 1 500 余次,将 255 000 个毛毯、34 000 顶帐篷,以及炊具一类的其他基本生活用品运输到灾区。另一方面,由于突发事件的爆发时间与地点的不确定性,赋予应急物资运输工具的零时差性。没有机构或组织能够持有大量平时闲置而仅仅在突发事件爆发时才投入使用的运输工具,加之突发事件物资需求的不确定性,使得需要的运载工具数量及运输能力也无法确定。所以,突发事件爆发后所需的救援物资运输工具基本全部靠临时征用,或者调用当地驻军车辆。在救援物资配送过程中,车辆没有固定出发点。而且由于供应与需求的变化,所以在运输过程中,运载工具完成运输任务后无须回到出发点。由此导致运输车辆没有特定的终点,而是根据任务的不同在灾区循环使用。在突发事件爆发时,临时征用的运输工具在初始阶段可能无法保证足够的数量,存在运载能力的约束,不能满足物资空间位移的需要。所以,要根据不同种类的应急物资的轻重缓急,确定不同的运输优先级,以满足不同紧急程度下运载工具载运能力的要求。

在应急救援物资运输过程中,为了加快物资的流动性,增加运量,可能会混合使用公路、航空等多种运输方式进行物资配送。而在某些情形下对于车辆无法到达的受灾区域,航空运输是唯一可用的物资运输方式。比如,在巴基斯坦大地震中,克什米尔灾区的道路完全被损坏,只能完全依靠直升机进行物资运输。因此,应急物流中运输功能的实现,需要解决多种运输方式下运输工具的调度问题。但是,目前商业物流配送领域的研究集中在单车种车辆以及多车种车辆的路线选择问题上,还没有延伸到多种运输方式的运输工具调度问题。

4. 在物流外部环境方面的差异

在商业物流过程中,物流的组织主体能够较为详细地掌握物流外部环境的相关信息,而且物流活动的外部环境在短期内变化较少。但在突发事件的影响下,应急物流主体在短期内不但很难掌握外部环境的确切信息,而且有时外部环境还会一直处于持续的剧烈变化状态。比如,车辆运输的路网环境在地震、洪水等自然灾害爆发时会受到破坏,应急决策人员在短时间内无法掌握灾区路网中各路段的受损情况,所以也就不能得到准确的路段通行时间,但这时却急需为装有第一批次救援物资的运输车辆选择行驶路径。再比如,突发事件会在不断的发展变化中衍生出另一类或其他性质的突发事件,比如洪水灾害可能导致发生瘟疫、饥荒以及社会动乱等一些群体性事件。一些自然灾害的爆发还会不断引起次生灾害,如台风会引发山洪、暴雨后会发生泥石流。这些都会影响到突发事件的处置。由于突发事件的多范畴特性,在突发事件应急处置的最初阶段,信息处于不对称状态。应急物流活动中的决策大都属于有限信息下的近优决策,这就要求应急物流系统中的相关模型与算法具有灵活性,可以随着突发事件的事态发展以及对相关信息的掌握,及时调整物流配送网络设计与物资运输计划。

三、我国应急物流体系存在的问题

(一)应急物流供应链结构不合理

由于应急物流是由突发事件所引起的非常规性活动,目前主要是由政府民政部门负责救灾物资供应。在突发事件爆发时,依托政府行政管理体制,采用级级上报、层层下拨的模式,进行需求信息的收集与救援物资的流转,从而使应急物流供应链呈现塔式结构,物资供应流程长、环节多,大大影响了突发事件爆发时应急救援物资的供应效率。例如,2003年2月23日,新疆巴楚地区发生了里氏6.5级地震,造成268人死亡,2 058人重伤,10 077多间房屋倒塌,当时正处于冬季,受灾群众缺乏御寒物资,急需帐篷。发生震灾当天,中央调拨的6 000顶帐篷从武汉中央物资储备库启运,在灾后第六天,才运抵灾区,整个供货周期长达五天。周期长的主要原因是:帐篷基本按照行政隶属关系进行运送,首先从武汉空运至乌鲁木齐,再从乌鲁木齐转运到喀什市,再由喀什市通过陆路运输到巴楚县,每经过一地,就需要清点物资、短暂存储、转运,增加了救援物资的供货时间,严重影响了救援物资的供应时效性。因此,为了及时响应突发事件所产生的应急救援物资需求,需要打破应急供应链的塔式结构。根据事件的种类与级别,组建统一的应急物流供应链,建立层次少、柔性好、结构精简的救援物资供应网络,尽可能提高救援物资的直供比例,实现应急物流快速响应的目标。

(二)国家级救灾物资储备中心布局不合理

救灾物资储备中心的主要功能是:在其他供应渠道还没有启用前,承担物资保障职能,力求使灾区24小时内能获得食品、衣被、帐篷等生活必需品。国家级储备中心布局是否合理对应急救援物资供应效率的高低影响很大。从提高物流服务水平的角度分析,救灾物资储备中心应该尽可能地靠近灾民,这样可以对灾民需求进行快速响应。以2003年为例,我国的地震灾害主要发生在西部(新疆2次,云南2次,青海、甘肃、内蒙古各1次)。不发达地区在遇到自然灾害侵袭时,会遭受更大的损失,更容易引起基础设施的大规模破坏,因为不发达地区的建筑结构和质量与发达地区相比存在一定差距,遇到地震、洪水等灾害时的抵抗能力较弱。另外,西部地区经济发展相对落后,灾民的生产自救能力也相对较差,在遇到自然灾害时,对外界的应急物资需求较强。而民政部在全国设立的 10 个中央级救灾物资储备中心却主要分布在中东部，如哈尔滨、沈阳、天津、合肥、郑州、武汉、长沙、南宁、西安和成都等地，致使救灾物资运距过远、运输时间长，影响了救灾工作的时效性。

（三）救援物资管理分散，物资保障成本较高

目前，我国应急救援物资实行的是多部门管理。突发公共事件应急救援中普遍需要的大宗救援物资供应由不同的部门负责，例如衣被、帐篷等生活类救援物资的储备、供应由民政部门负责，药品由卫生部门储备供应，粮食类物资由粮食部门储备运输。而运输工具由交通部门负责筹集调度。由于目前现行的应急救援资源分散在不同的行业，隶属于不同的部门，各责任部门按照自身的约束条件与获得的信息制订各自的物资保障计划，执行物资保障任务，致使现有的应急救援物资与装备无法有效整合，无法实现救援物资的统一调度、运输与发放。这种救援物资分散管理、分散储备的直接后果是：救灾过程中救援物资需求信息传递速度慢；物资运输、供应未能协调统一，救援物资运输车辆需求大，救灾保障成本高等问题十分突出。

（四）突发事件下救援物资供需失衡

目前应急救援物资按照行政隶属关系进行物资供应，其中需求信息先由受灾地区最底层的行政机构收集、汇总，由各级主管机构由下向上一级一级报送、汇总，直至到达该次突发事件对应级别的责任机构。而救援物资的供应也是按照一级一级下拨的方式，由负责机构筹集所需要的物资，再按照行政级别逐级向下分拨，直到最下层的行政机构接收后，再统一发给本辖区的受灾群众。按照这种方式组织应急物资供应，组成供应链的环节多，从需求产生到物资发放的迟滞时间长，容易造成供应与需求的偏差，当救援物资分发到灾民手中时，可能已不再符合需要。在地震抢险救援过程中，就出现过当地自来水供应已恢复，还继续向灾区运输瓶装水的现象。并且，目前我国救援物资捐赠基本属于应急捐赠，只有在突发事件发生时，通过政府号召，红十字会及各级政府才会组织本地区单位与群众捐赠。由于救灾信息不够畅通、捐赠组织繁多等原因，社会捐助物资很容易出现种类、时间上的供需失衡。在灾害救援初期，救援物资供应品种不能满足灾区需要。经过一段时间后，灾区某一类救援物资达到饱和，同类物资还在源源不断地运来，导致供应过多。

（五）行政命令容易造成物流运作成本代价高昂

突发事件一旦爆发，各级政府成立的救灾应急指挥部以危机处理作为压倒一切的中心工作，缺乏完善的应急物流系统的设计方案，以行政体制与行政命令来支撑应急物流运作。这种运作机制是一把"双刃剑"。一方面，以行政强制力为基础，统一组织指挥应急物流活动，应对小规模、短时期的应急物流活动，可以使整个物流流程表现得较为紧凑，保证所需应急物资迅速到位，对尽快解除突发事件的负面影响可以起到积极促进作用。但是另一方面，在面对大规模突发事件，尤其是自然灾害和公共卫

生事件时,由于需要的救援物资批量大、种类多,救援行动持续的时间长,缺乏应急物流阶段划分,且没有与之相适应的应急物流系统组织与设计方案,易出现全民齐上阵的局面。如果使用行政手段在全社会范围内征集各类资源、组织救援物资供应,由于不能通过行政手段有效协调不同利益团体的行为,无法长期维持应急物流系统高效运转,长期来看将造成应急物流的整体秩序紊乱,应急救援物资供应的社会成本高,效率低,响应时间长等问题。

第二节 应急物流中的物资管理

一、应急物资

灾害风险管理是对人类社会中存在的各种风险进行识别、估计和评价,并在此基础上优化各种风险管理技术,做出风险决策,从而对风险实施有效的控制,妥善处理风险所造成的损失,期望以最小的成本获得最大的安全保障。其中的"成本"是指风险分析研究对象的人力、物力、财力和资源的投入,即为了抵抗风险、减少风险损失需要的投入;"最大的安全保障"是指将预期的损失减少到最低限度,以及一旦出现损失时获得经济补偿的最大保证。

灾害风险管理主要包括灾害风险分析、风险评价及风险管理与决策这三部分内容。对灾害风险进行管理的过程就是从风险分析到风险评价再到风险管理与决策的一个周而复始的过程。灾害风险管理的目的就是要系统地认识、恰当地描述、正确地估测、合理地评价和制订对策以便有效地调控灾害。

重大自然灾害发生时,常常会伴随人员伤亡、建筑物倒塌、供水供电中断等情况。此时,灾害应急物流的重点是及时为灾民提供医疗救助以及衣、食、住等生活必需品。应急物资是指在应急物流的实施和保障中所采用的物资,是实施紧急救助和解决灾民衣、食、住、治的物资基础。

一般情况下,主要救灾物品可分为以下几类:第一类是生活类物品,包括救灾食物、饮用水、洁水设施、救灾粮油、照明器材等;第二类是救生类物品,包括救生舟、救生船、救生艇、救生圈、救生衣、探生仪器、破拆工具、顶升设备、起重机等;第三类为医用物品,包括医疗用品、急救药品、净水机械及净水剂、消毒液、防疫药物等;第四类为取暖御寒类物品,包括棉衣被、单棉帐篷、毛毯、燃料和燃具、防寒毡等。在突发性自然灾害和突发性公共卫生事件中,应急物资是应急物流管理的重要内容。应急物资来源主要是各地政府的救灾储备物资和社会各界的捐赠物资。

与普通物资相比,应急物资具有以下特点:

① 不确定性。由于灾情发生的时间、强度和影响范围具有不可预测性,这就决定了应急物资的数量、发放范围、运输方式等不能确定。

② 不可替代性。应急物资的用途非常特殊,是在特定环境下启用的特殊物资。

如疫情发生后使用的疫苗，战场救护用的血液等，都不能用其他物资代替。

③ 时效性。应急物资要发挥其本身的使用价值，就必须在一定的时间内送达需求者手中，才能发挥其效用和价值。超过时限就失去了应急的意义，也就不再称为"应急物资"了。

④ 滞后性。应急物资的启用是在灾情发生后，根据灾害的强度、波及范围而使用，时间上滞后于灾情的发生。

二、应急物流物资管理的主要内容

应急物资的管理是应急管理中一个重要的问题。在应急管理中，向事故地点及时提供充足的应急物资是应急管理的一项重要职能。应急物资及时快速地到达是有效应对的重要保障，没有物资的投入，应急活动往往只能是一句空话。

应急物资管理是对应急物资需求分析、筹措、储存、保障运输、配送和使用直至消耗全过程的管理，主要包括应急物资的筹措、应急物资的储备、应急物资的运输和配送。对应急物资进行妥善的管理能够最大限度地减少自然因素和人为因素对物资理化性质的影响，保证其价值的充分发挥。保证在应急情况下各种物资的合理配发和使用，是实现应急物流快速响应的重要物质基础，也是衡量应急物流保障水平的显著标志。

（一）应急物资的筹措

应急物资的筹措是应急物资保障的基础和首要环节，筹措工作的优劣直接关系物资保障水平和应急物流目标的实现。及时快速、质优价廉、品目齐全、足量适用是对应急物资筹措的基本要求。一般而言，应急物资的筹措主要有以下几种渠道：动用储备、社会各界的捐赠、应急采购、直接征用。虽然政府有一定的物资储备，但遇到大面积自然灾害时，储备物资可能无法满足灾民需求，需要社会各界捐赠。在灾害紧急救援期，应急物资实行定向募捐，重点面向有关生产企业，募集救灾食品、药品等急需物资。在救援中后期，可实行全社会募捐，面向所有企业及家庭募集衣服、生活用具等。

应急物资采购通常是在救灾抢险、战时动员等紧急状态下，为完成急迫任务而进行的采购活动，不仅时间要求比较高，而且应急物资采购量一般相当大。对于那些数量不足或不易长期保存的应急物资，要建立紧急采购程序。县市以上灾害管理部门要在灾害发生之前，提前与提供主要应急物资的供应商签订采购合同。一旦灾害发生，供应商可以以最快的速度，提供价廉质优的应急物资，以减少物资储备的成本和满足灾后紧急救助的需要。对突发事件进行管理和控制时，往往需要在不同地区之间对数量巨大、种类繁多的应急物资进行采购调拨。只有对应急物资的特性、需求、供应商、地理分布等非常了解，才能保证在灾情发生时，迅速、可靠地筹措到必需的物资。

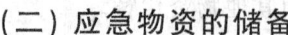
（二）应急物资的储备

物资储备一般是为保证国民经济按比例协调发展和应付战争、自然灾害等可能遭到的意外困难而进行的物资储存。实践证明，灾害应急物资的准备工作越充分，防灾、减灾、救灾的效果就越好。加强应急物资储备，可以为灾害救助提供物质保障，做到有备无患。

针对各种常见的公共突发事故及自然灾害，各地区应当建立突发事件应急处理物资储备机制，以便拥有充足的物资储备，确保发生突发公共事件时能及时高效地供应物资，有效应对各种紧急情况，将各种突发事件造成的危害降至最低限度。大量的有效物资储备可以大大压缩从灾害发生到救灾完成的间隔时间，减少采购和运输量，大大减少相关成本。

应急物资的战略储备是应急物资筹措的首选方式。为了应急需要，缩短物资供应时间的最佳途径是使用储备物资。政府救灾储备应实行实物储备与合同储备相结合的方式。合同储备是指由有关部门提前与提供主要应急物资如粮食、纯净水、方便食品、临时帐篷等的企业签订采购供应合同，一旦灾害发生，供应企业可迅速提供价廉质优的应急物资。这样既减少因储备物资产生的资金占用和保管费用，又能满足灾后紧急救援需求。

对于国家级应急物资储备仓库及储备中心的建设，要统筹规划、合理布局。在交通方便、物资丰富、灾害多发区应多设一些，其他偏远地区也要适当建设一批。为增强紧急救援期的应急物资供应，发挥中央救灾储备库的快速供应职能，应调整中央储备库布局，重点加强西北等灾害易发区的储备库建设。国家和省级应急物资可由规划下的州、市、县救灾仓库代储、保管，县市自身也要储备必要的应急物资。灾害发生后，应急物资由民政部门统一调拨，在最短时间内送达灾区。物资的出入库清单要输入专门的物资管理系统，通过计算机联网，使各级领导随时掌握储备物资的品种、数量，便于应急物资的及时调拨和严格管理，防止挪用、滥用现象的发生。

（三）应急物资的运输

应急物资的运输填平了物资与用户之间的空间距离，使得物流得以真正的实现。铁路、公路、航空及水路运输构成了运输的主要方式。应急物资的需求往往是突发性的、局部的需求，在运输方式和运输路径的决策中，成本最低的原则已不重要，有效压缩应急物资的运输时间才是关键目标。我国现有应急物流的运输往往不仅运用民用的运输力量，而且还动用军队、武警和民兵预备役部队的运输力量，这对于应急物流系统来说是个很好的机动保障，应根据物资的价值、数量和对运输条件的要求，选择合适的运输方式，尽量实现直达运输和联合运输。在灾难发生时，可以考虑开辟一定的绿色通道，保证物资运输的畅通，如简化检验检疫的手续和实行优先运输等。如果时间允许，可以采取相关的辅助或优化措施，以节约物流成本，保障应急物流的畅通、高效运作。

（四）应急物资的配送

灾害应急物流系统的特性有别于一般企业物流,灾害应急物流的配送过程充满了不确定因素且往往是在非常困难的条件下。同时,由于应急物资的配送问题直接关系到灾区居民的生死存亡,不存在订货和交货之间的提前期,因此灾害应急物流的最基本问题是:如何在有限的时间内,在不过度浪费成本的情况下,将各种应急物资从不同的供应端物资储备中心配送到一个或多个需求端灾区。

（五）应急物资的分配发放

在救灾紧急期,应急物资的发放应以政府组织为主;到中后期,可借鉴国外和企业物流运作经验,委托专业社会团体或企业开展。应急物资分配应遵循"先急后缓,突出重点"的原则,统筹安排,合理使用。通过引入专业社会团体或第三方物流企业,根据物资供应和灾民实际需要,分级分类进行物资的合理分配。这么做一方面可以提高应急物资分配效率,满足灾民需求,提高救灾效率;另一方面也可以有效避免应急物资发放过程中的人为不公及腐败现象;同时还可以减轻政府负担,实现指挥管理与物流分离,使政府更早地将工作重点转向生产恢复和生活重建的组织管理。

应急物资发放应严格按照国家有关部门的规定进行,如粮、食品、食油等应急物资,优先发给缺粮而又生活困难的灾民;饮料、营养品等应急物资,主要保证灾区儿童、病人;数量较少的毛毯等物资应主要发给灾区的光荣院、敬老院、福利院等。

三、应急物流物资网络结构

突发性的自然灾害一般扩展比较迅速,通常是区域性的。为了使各类物资能够在最短的时间送达灾区和相关的救灾机构,应该充分做好物资的有效调配工作。因此,合理设置灾害应急物流物资网络结构就显得尤为必要。

根据我国目前的救灾预案,在发生重大灾害时,灾区当地政府将迅速成立救灾指挥中心,同时在灾区设立灾民救助点。为提高应急物资的救灾效益,提高灾民救助点和社会捐赠之间的系统效益,根据现代物流管理共同配送、混合配送思想,在未受灾地区,救灾捐助集中区设立灾害应急物资收集中心,负责收集社会捐助的应急物资,将社会团体和民众捐助的各类物资集中分类、分级、包装,实行整车运输、专列运输来提高效益,控制应急物资运输成本。应急物资收集中心应根据灾区实际需求情况,按灾区需要发送物资,将灾区不需要的物资转交应急物资储存库备用,将救灾不适用的物资及时处理。通过收集中心的作业,可以有效提高应急物资收集效果,避免夏季救灾运送棉衣之类的无效作业和重复作业。

同时,在近灾区设立灾害应急物资配送中心,集中管理到达的各类应急物资,并负责应急物资的发放。应急物资配送中心还担负信息中枢职能,及时收集灾民需求,明确所需应急物资的种类、数量。通过应急物资收集中心及时将需求信息反馈给各捐助组织单位,提高社会捐助的针对性。配送中心主要负责从各地运送来的捐赠物资的短暂存放,药品、食品等的组合搭配,包装加贴救助点编号。配送中心宜设置在灾区外围、交通运输比较便利的地点,且空间具有可扩展性。设置数量视灾区规模而定,各个配送中心应该可以通过运输网络互相支援和联系。中心具体可采用通过式仓库的形式,有专门装卸台,仓库进出通道互不干扰。物资配送中心同时负责一些可重复使用的应急物资的回收、清理工作,在救灾结束后,将可重复使用的应急物资移交各级应急物资储备仓库。配送中心除具备应急物资管理功能外,还可以成为救灾需求和救灾供应的信息交换枢纽,及时准确地收集灾民对应急物资种类、数量的需求,并根据轻重缓急,迅速、准确地反馈给救灾指挥部和捐赠地政府的有关部门,以协调应急物资的供需平衡。根据配送中心提供的信息,未受灾地区政府可以有针对性地开展募捐,同时根据运输能力,合理安排已接受应急物资的运输。

难民救助点是应急物资的发放点,可设置在有大型空地的广场、学校或体育场。难民居住活动场所和应急物资存放点需分离。应急物资发放点应规划出合适的应急物资领取进出通道,避免应急物资发放混乱。

四、应急物流物资分配

自然灾害一旦发生,必将急需大量的应急物资以降低突发性公共事件或自然灾害带来的后继损失,若应急物资调配不当,则可能影响应急救援活动的开展,甚至会造成更加巨大的损失。为减轻自然灾害的影响,应急物流物资分配策略研究也成了当务之急。应急物资分配也是应急物资管理,是应急响应的重要组成部分,其目的是在灾害行为发生后及时采取有效措施,特别是物资供给措施,对受灾人群实施救助或阻止灾害的延续,从而尽最大可能消除或减小受灾系统的损失,具有处理对象复杂、处理量大、处理时间紧迫等特点。

在资源不足的情况下,合理的分配资源就显得尤为重要,能够在很大程度上弥补资源不足的缺陷。

(一) 应急物资分配特征

应急物流是以支持灾害发生前、中、后三阶段全过程所开展的物流活动,是围绕灾前有效预防、灾中抢救人民生命财产和紧急转移安置灾民、灾后恢复重建为主线所开展的一系列物流活动。由于人们无法准确地估计突发事件的持续时间、强度、影响范围等各种因素,使得应急资源配置的内容变得具有随机性。例如,2003年上半年SARS刚开始的阶段,人们对防护用品和医疗用品的种类、规格和数量都没有一个确切的把握。各类防护服的规格和质量要求是随着人们对疫情的不断了解而确定的。因此,在应急物资调配的过程中要统筹安排。对突发事件的管理和控制活动往往需要在不同地区间对数量巨大、种类繁多的应急物资进行调拨。

与一般的资源分配相比,灾害应急物流中的资源分配有以下特点:

1. 物资分配动态性

紧急环境下不确定因素随处可见,突发事件发展变化是不确定的,物资的需求是

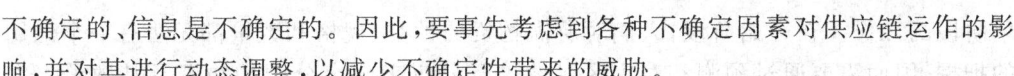

不确定的、信息是不确定的。因此,要事先考虑到各种不确定因素对供应链运作的影响,并对其进行动态调整,以减少不确定性带来的威胁。

突发事件本身的随机变化与动态等性质决定了应急管理的资源调配是一个动态的多阶段过程。突发事件的发生发展不可完全预见,很多因素综合作用于事件的发展,比如事件发生的地区、气候条件、救援工作的有效性等。所以,资源调度是一个动态的过程,因为一次调度救援资源很可能不能完全结束救援工作,这就需要第二次、第三次……直至完全消除灾情。由于突发事件的不确定性,所以资源的调度必须根据掌握的信息以及前一阶段的处置结果进行及时调整。例如,在资源调配中,不仅要考虑到当时的资源需求,而且要考虑到处置效果初步显现后的资源需求。即使有相应的预案或方案,也不能照搬照抄过来,而是要根据实际情况做出相应的决策,因此应急物资调配是一种过程动态管理。

随着突发事件需求物资的种类、数量、时间、地点的随机性增加,资源的需求会发生变化,其相应的物资分配策略也应随之改变,救援人员需要根据不同的任务等级、市场资源状况以及实际要求,随机处置,灵活确定决策方案。

2. 应急物资分配时效性

由于应急物流的突发性特点,即应急物流需求发生的时间具有极大的不确定性和应急物流需求时间约束的紧迫性,决定了在应急物流系统中,"时间"是一个重要的系统要素。

随着时间的不断发展,灾难所造成的损失必定会发生变化,发生的时间越长,可挽回的损失就越小,单位时间的损失是惊人的。民政部颁发的《民政部应对突发自然灾害工作规程》明确要求24小时以内中央救灾工作组到达灾区,这是一条极为特殊的规则。即在启动应急响应以后,国家必须派出相应的工作组在第一时间到达灾区,24小时内应急物资到位,需要中央支持的应急物资要开始调度,地方的应急物资要立即到达灾区,24小时内要对灾民的救助到位。无论应急物资有多少,哪怕是一袋方便面、一瓶矿泉水,都需要在当天发给灾民,使灾民及时得到政府的救助。这就要求有关部门做到:在自然灾害发生后,应急物流必须在最短的时间内快速高效完成。有关部门必须在事件发生后,制订出最有效的应急物资分配决策,以最快捷的流程和最安全的方式进行应急物资保障。

3. 应急物资分配阶段性

每一个自然灾害从酝酿、爆发、扩散直至最后的消失,都会经历几个不同阶段,每一阶段对物流的需求从物资种类到物资数量都各有不同,这些物资亦有轻重缓急之分。例如,在救灾最初阶段,在最初的几小时,人民的生命财产为第一重要的事情,紧急生命物资能否及时发放到位,对灾民生命的及时挽救、救援工作的有效开展等意义重大。在随后的灾害应急中,需继续对灾民提供衣、食、住等基本生活物资的补给,再往后还要涉及灾区重建等问题。可见,应急物资需求具有阶段性,应急物资的分配也体现阶段性特征。与一般资源调度的需求任务大不相同,救援物资的调度可能不是单阶段的工作。在开始阶段，人们对所需物资的种类、规格和数量都无法有一个确切的把握，因而需要通过预测和对灾区属性进行分析来确定分配的物资及其数量。之后，随着信息的更新，人们对灾情不断清晰明了，应急物资的分配也要随所完成任务的效果和所处环境的状态变化而变化，进行资源配置的动态调整，合理调配。

因此，在应急物资分配的过程中要统筹安排，需要根据当前救援的情况变化和前一阶段的救援效果，动态地多阶段调度资源，直至完全控制或消除灾害，妥善安置灾民的基本生活，及时指导地方开展恢复重建工作。

4. 应急物资分配高效性

由于应急物资需求的复杂性，加之事前无法准确预测灾害持续时间、强度、范围以及造成的危害程度等，这使得应急物资分配决策带有极大的不确定性。一旦前期决策失效，重新决策所带来的延误成本是不容忽视的。因此，物资分配决策方案应及时有效，向需求主体提供品种正确、数量足够的应急物资，并具备高度可靠性或柔性。

5. 应急物资分配社会性

应急物资的筹集过程往往通过全社会乃至全球的动员，其分配过程也需要社会力量予以支援。在汶川地震中，随着抗震救灾工作的开展，出现了物流运输资源紧缺的情况，各大慈善公益组织机构接收的大量应急物资无法及时向灾区输送，救灾急需拥有大量运输工具、专业的、经验丰富的、拥有成熟运输网络的运输力量，需要社会各界组织的通力合作，以便及时地输送物资、挽救生命和开展灾后重建。

（二）灾害应急物流中应急物资分配的影响因素分析

1. 灾害的类型

不同类型的灾害对应急物资的需求不同，其应急物资分配过程也就不尽相同，比如地震与飓风的应急物资需求就是不同的。为了有效应对，首先应该明确灾害的类型，这是制订有效应急物资分配决策的基础。

2. 灾害强度波及范围

灾情因素是影响应急物资分配的重要因素，包括受灾范围、受灾程度、灾害强度、灾害持续时间等。一般而言，受灾范围越大，受灾程度越严重，受灾损失越大，分配的应急物资就越多，反之就越少。

3. 灾害发生的地点、季节

不同地域的地理特征不同，灾害发生的季节不同，对物流的需求也不同，有必要单独研究、统计灾情、总结规律。例如，同样是地震灾害，如果一个是在人口密集的城市附近发生，另一个是在人烟稀少的戈壁发生，应急物资的分配决策肯定会有很大差异。

4. 灾区信息通畅程度

在灾害应急阶段，迫切需要协调各方物流资源，以免任意分配。通信中断或不畅会给救济供应、物流服务、救济需求之间的资源协调带来很大的不确定性。无法准确掌握紧急情况的详细资料，以及灾区反馈信息，会在很大程度上影响应急物资分配决策的调整。

（三）应急物资分配的原则

灾害事件的突发性、信息的高度缺失性以及灾害发展的不可预知性等特点都会影响到应急物资分配决策。制订合理的应急物资分配决策要遵循以下原则。

1. 时间效益最大化

当自然灾害或者应急事故发生时，人们总是期望应急物资能够尽快从分散的各地运送到事故地点。于是，应急时间最短成为应急问题的最主要优化目标，当然也是首先应该考虑并加以解决的问题。基于灾害应急物流的特殊性，在制订应急物资分配方案时，首要考虑的因素是在最短的时间内满足灾区人民的需要。物资分配决策的基本目标是：追求时间效益最大化，在最短的时间里实现应急物资的供给，满足受灾群体的物资需求。这就需要建立应急物流快速反应机制和与之相适应的组织保障机制来实现分配方案，将应急物资快速送达灾区。

2. 动态阶段化

自然灾害的不确定性和动态性等性质决定了应急管理的资源分配是一个动态的多阶段过程。不同阶段，实施重点也不同。应急物资分配需要根据灾害的级别和类别以及灾害发展的态势，对事件进行动态评估，确定应急物资的种类和数量，最大程度地满足应急资源的需求。分配方案需要随事件的不断发展和逐渐明朗的信息来进行调整，以最快的速度控制事件发展。这就需要完善的信息系统的支撑，随着信息的反馈，动态调整分配决策方案。

3. 物资效用最优化

由于供应能力，如服务点物资储备、人力、设备配置的短缺，投入到某需求点的资源的增加必然会导致投入到其他需求点的相同资源的减少。面对需求点数量和受灾程度大于出救点能力的情形，势必要求决策者利用有限的资源做出科学合理的选择，全部供给或优先供给部分需求点，对其他需求点实行不完全供给或多阶段供给。在应急物资有限的情况下，应急响应组织要努力选择一种最优的分配方案对各应急物资需求点进行物资供给，同时使得分配策略的效用最大，即灾区损失最小，以达到社会物资利用的最高效益和灾区需求利益的最大满足，使得有限的资源得到最大限度的有效利用。

实现效用最大化，应急物资分配应在需求预测的基础上遵循"先急后缓"、"突出重点"的原则，统筹安排、合理调配。

4. 利益协调化

在灾害救助实施过程中，除了考虑响应效率之外，应急物资配给和调度还应考虑不同受灾对象因地理分布、收入差距等导致的城乡和贫富差异的问题，这样才能实现系统最优。这对当前我国所进行的和谐社会建设具有重要意义。救灾的目的是减少灾害带来的损失。救灾工作应力求以相对少的投入提供最大的救助,要避免无谓的浪费。那种只要是为了救灾就不计成本的救灾思想应该摒弃。

第三节　城市应急物流体系建设

一、城市应急物流体系的建设现状

近年来,随着国家经济实力的迅速提升和政府对民生问题的关注,特别是经历了系列突发自然灾害的严峻考验后,在各级党委政府的组织下,城市应急管理和现代物流体系建设步入快速发展时期,取得了一系列的长足进步和发展成就,为进一步加快城市物流体系建设奠定了坚实基础。

(一)快速响应的城市应急物流指挥系统基本确立

新中国成立以来,国家领导人非常重视灾难救治,形成了军地联合指挥的传统。由于军队应对恶劣环境具有较强的适应性和执行刚性,解放军作为救援突击队和主力,在各种突发公共事件面前展示了不可替代的重要作用。各级城市形成了以市政府为统领、各业务单位协同作战、全民参与的突发事件应急处置体系,并在历次救灾实践中体现出强大的机动能力、快速的反应能力、系统的组织能力和协调能力。2010年,上海市以建设城市道路数字化管理中心为契机,率先在全国成立了交通战备应急指挥中心,该中心战时应战、平时应急,建立了综合保障、交通管制等 30 余支近 2 万人的专业保障队伍,并更新编配了道路清障、起重机械等保障设备,实现了上海应急运输保障资源实时可知、保障需求及时掌握、保障行动全程可控的目标。汶川地震灾情发生后,上海应急物流体系快速响应,从容应对一系列线路超长、品类复杂、供应时间紧迫的高强度应急物资保障任务。

(二)军民结合的城市应急物资筹措系统基本形成

我国城市经过多年的建设发展,基本建立了一个高效规范的军地双通道应急物资筹措渠道。但受多方面因素制约,政府在应急物资筹措方案上还有较大欠缺。汶川地震后,因为中央储备库的帐篷只有 15 万顶,缺口达 65 万顶,民政部对多个省市连续发出指令,要求各地民政部门想方设法筹集帐篷。天津在汶川地震后的 5 月 19 日零点接到指令,要求募集帐篷,当时"民政局大部分人都一夜没睡,连夜寻找企业、区县民政局以及可能有帐篷储备的机构,找到企业后,工作人员又紧急与相关企业签订合同。"5 月 21 日下午 3 点,最终筹措到 10 000 多顶帐篷,然而这批帐篷却几乎是天津市能筹集到的最后一批帐篷。城市没有建立一套齐全的应急物资供应商目录,是此次物资筹措人员工作被动的主要原因。物资储备是应急物资筹措的重要渠道。1998 年张北地震后,我国开始正式建立应急物资储备制度。目前,按照国务院《国家突发公共事件总体应急预案》和自然灾害类专项预案,我国已在沈阳、哈尔滨、合肥、天津、郑州、武汉、长沙、广州、成都、西安等城市设立了 5 个中央级救灾储备物资代储单位；在 31 个省（自治区、直辖市）和新疆建设兵团建立了省级救灾物资储备库；251个地级市建立了地级储备库。同时，地方政府也结合区位实际，组织开展了应急物资储备工作。应急物资储备体系的逐步建立和完善，在应对自然灾害等突发公共事件方面发挥着积极而重要的作用，在一定程度上解决了灾区和困难群众的生活困难，为在较短时间内恢复正常的生产、生活奠定了基础。

（三）综合立体的城市应急物资配送系统基本建立

我国的交通运输基础设施建设在不断地完善，达到了一个新的水平，结构和布局都得到了优化调整，并逐步将单一形式的地面交通发展成为铁、公、水、空、管综合方式的立体交通，构成了覆盖全国的交通综合保障网络，为应急物流的建设提供了重要的环境支撑，使得应急物流基本上能够实现物畅其流、物尽其用。从城市应急物资配送的外部环境来讲，到 2012 年，全国公路总里程达到了 373.02 万公里，公路密度为38.86 公里/百平方公里；全面建成"两纵两横三条重要路段"，"五纵七横"国道主干线系统；铁路营业里程达到 8 万公里，铁路货运发送量完成 32.9 亿吨，货物周转量完成 2.48 亿吨公里。以北京为例，截至目前，北京建设有 3 个设施齐全、管理先进的大型综合物流基地，即顺义的天竺物流基地、通州的马驹桥物流基地和房山的良乡物流基地，"十一五"期间，北京还建成了首都机场航空货运枢纽和丰台铁路路网编组枢纽。汶川地震之后，上海迅速构筑起快速响应的物流网络，上医、纺控、光明、百联等生产销售企业与交运、上航、东航、铁路、扬子江快运等运输企业联合，建立快速反应系统平台，实现无缝衔接，及时配送应急物质，平均每 10 小时可完成一批救灾物资从出库装箱，到机场或铁路的装机装车发送的全过程。

二、城市应急物流体系建设存在的问题

由于我国城市应急总物流体系建设起步较晚，加之受老旧观念束缚，体制机制滞后和建设站基础薄弱等多种因素制约，目前我国城市物流体系建设还存在很多问题。

（一）城市应急物流指挥系统协同运作不够顺畅

城市应急物流体系管理具备线性特点，涉及计划、财税、工商、经贸、内贸、外贸、交通、铁路、民航、邮政、海关、质检等多个政府部门，还要与军队进行沟通协调。由于现存条块分割的管理模式，使部门之间相互独立且协调不畅，很多工作需要权威主管部门推动才能展开。例如，2008 年雪灾后，因湖南、湖北部分市政府主要领导忙于两会，导致下属市政、电力、交通、气象等多部门在雪灾发生后基本"无作为"，决策机制相当混乱，直到国务院成立国务院救灾中心，最高领导层介入后，各地才开始逐步动员起来。这就反映了我国的应急体制现状，"城市一旦出点小乱子，已有的法制和机制内还能解决。一出大事情了，因为涉及部门比较多，反而没人管得了"。"什么事情一把手不亲自推动就难以应付；救灾机构繁多却造成机构集体失灵，以致需要再临时

成立一个上级机构来领导救灾行动"。

（二）城市应急物资筹措系统保障能力不够强健

相对快速发展的保障需求而言,应急物资筹措储备还存在以下不足:第一,在数量规模上,主要城市应急物资储备量、储备标准等远远落后于城市发展。例如,汶川大地震震后 48 小时内,中央和省属救灾储备库的帐篷就已被全部调空,但整个灾区的帐篷缺口还在 80 万顶以上。胡锦涛总书记为此亲自赶赴承担民政部紧急采购订单的浙江湖州生产企业。外交部在震后十天内两次呼吁,希望国际社会优先紧急提供更多的帐篷援助。第二,在品种结构上,物资储备品种比较单一,离紧急抢救以及灾民的多样化生活物资要求还有很大差距。例如,广州市仅在国家疾病预防控制中心才有少量防疫物资储备,医疗用药基本上依靠少量自备药械,而且主要针对的是 SARS 疫情、禽流感的个人防护和消杀药械,缺乏动态目标更新标准。第三,在空间应急保障上,城市房价攀升带动地价上涨,部分城市原有仓库用地已改为附加值较高的商业、住宅用地,空间应急保障难达需要。例如,北京已将引导物流资源从中心区向城市外围发展列入"十二五"规划。截至 2009 年 10 月,北京四环路以外的仓库占全市仓库总数的 75% 以上,大部分物流仓储设施已完成向五环、六环及临近国道和高速公路等交通便利地区的空间调整。然而,由于城市中心城区人口密度高,一旦突发事件发生,应急时刻入城路网遭到破坏,将难以第一时间满足从城外紧急调入应急物资的迫切需求。

（三）城市应急物资配送系统基础建设亟待加强

在城市基础建设规划中,存在因素考虑不周而导致的应急物资配送系统规划不合理的现象。例如,北京市的主要环城公路枢纽位于铁路之外,而铁路枢纽站、环城铁路圈又临近市区,这些公路枢纽对市区货物的集散配送都要越过铁路圈,造成了不合理的运输。根据北京市对 4 544 家物流企业的调查,北京工业企业和批发企业的自有仓储设施占到了全仓储总面积的 80.7%。而工商企业的自有仓储设施则相对规模较小且分布分散、使用率低,很难提供社会化服务;北京周边有仓库 13 418 个,仓库面积平均为 1 000 平方米、净高 4 米,设施低矮陈旧,每平方米仓库面积平均物流量仅为 28.6 吨/年,效率极低;物资入库后以人工分拣为主,误差大、效率低,导致到达灾区的物资良莠不齐,在增加物资运输、发放人员负担的同时,也造成了应急资源的浪费,直接影响了救灾效果。

（四）城市应急物流信息系统平台建设严重滞后

信息技术是构建现代应急物流体系的重要支撑力量,信息共享是实现城市物流系统有效运作的核心前提。目前,虽然网络技术得到了日新月异的发展,但由于基础条件相对薄弱,部分城市应急物流信息化建设程度偏低,缺乏标准化的城市应急物流标准化平台,致使应急指挥机构在应急情况下难以准确掌握详细的紧急信息和所需物资的生产、分布状况。应急物流信息系统不完善、信息报告不及时,导致难以清楚地掌握运力资源的质量情况,难以准确地进行分析判断,进而无法制订出正确的应急物流决策,来满足应对紧急状态的客观要求。以武汉为例,因现代信息技术应用水平落后,湖北武汉市物流产业建设发展遇到了极大的瓶颈。目前,武汉市应急物流信息基础落后的状况主要体现在两个方面:一是企业物流信息管理水平较低、技术手段较为落后,RFID 技术、GPS 和 GIS 系统以及 MRP 等一些先进的物流管理软件尚未普及;二是缺乏必要的公共信息平台,以 EDI、互联网等为基础的城市物流信息系统没有得到广泛应用。又如,在汶川抗震救灾中,由于通信设施严重损毁等原因,汶川县城曾一度与外界中断联系,包括物资需求在内的一切信息均无法传递,更不用说物流资源和物流过程的可控可视问题了。

第 **7** 章
应急风险理论与方法

第一节　风险管理理论

一、风险管理基本理论

（一）风险的定义

风险是有害后果发生的可能性，是对潜在的、未来可能发生损害的一种度量；是在一定的时间和空间、在冒险和弱点交互过程中产生的一种预期损失。同时，风险也是一个统计概念，用于描述在给定的时间和空间中消极事件和状态影响人或事件的可能性。综上所述，风险包括了两方面的内涵：一是指风险意味着出现了损失，或者是未实现预期的目标；二是指这种损失出现与否是一种不确定性随机现象，可以用概率表示出现的可能程度，但不能对出现与否做出确定性判断。

上述定义从不同的角度对风险进行了描述，要全面理解风险的含义，应注意以下几点：

第一，风险是与人们的行为相联系的。这种行为既包括个人的行为，也包括群体或组织的行为。不与行为联系的风险只是一种危险。而行为受决策左右，因此风险与人们的决策有关。

第二，客观条件的变化是风险的重要成因。尽管人们无力控制客观状态，却可以认识掌握客观状态变化的规律性，对相关的客观状态做出科学的预测，这也是风险管理的重要前提。

第三，风险是指可能的后果与目标发生的负偏离。负偏离是多种多样的，且重要程度不同。而在复杂的现实经济生活中，"好"与"坏"有时很难截然分开，需要根据具体情况加以分析。

第四,必须从后果的角度来系统认识风险。虽然风险客观存在,但并不是无法避免,只要我们运用科学的方法,深刻认识到风险后果及风险源,预先采取有效措施,至少可以将风险控制到人们可以接受的程度。

第五,尽管风险强调负偏离,但实际上也存在正偏离。由于正偏离是人们的渴求,属于风险收益的范畴,因此在风险管理中应予以重视,它激励人们勇于承担风险,获得高风险收益。

(二) 风险的特征

风险作为项目中存在的普遍现象,具有以下特征:

① 客观性。风险的存在取决于决定风险的各种因素的存在。也就是说,不管人们是否意识到风险,只要决定风险的各种因素出现了,风险就会出现,它是不以人们的主观意志为转移的。

② 突发性。风险的产生往往给人一种突发的感觉。人们面临突然产生的风险,往往不知所措,其结果是加剧了风险的破坏性。

③ 多变性。指风险会受到各种因素的影响,在风险性质、破坏程度等方面呈现动态变化的特征。

④ 相对性。一般而言,人们的风险承受能力受到收益的大小、投入的大小、财务状况等因素的影响。如收益的大小,收益总是与损失的可能性相伴随,损失的可能性和数额越大,人们希望为弥补损失而得到的收益也越大;反之,收益越大,人们愿意承担的风险也越大。

⑤ 模糊性。风险还具有模糊性,因为影响项目目标的各种因素是随机的、模糊的,即具有不确定性。因此风险也具有模糊性。

⑥ 多样性。随着项目和项目环境的复杂化、规模化,在一个项目中存在着许多不同种类的风险,如政治风险、经济风险、技术风险、社会风险、组织风险等,而且这些风险之间存在着交错复杂的内在联系,它们互相影响,交互作用,因此,必须对项目风险进行系统识别和综合考虑。

⑦ 损害性。一般风险(投机风险除外)的发生会给人们的生活带来损害(或称损失)。物质上的损失往往是可以用货币来衡量的;但一旦造成人身损害,就比较难以用货币来衡量了。但通过其他途径也可以采取货币的形式表现出来,通常表现为经济收入上的减少,或支出增加,或两者兼而有之。总之,风险的发生将会给我们的生活产生影响。

(三) 风险的分类

1. 按风险损害分类

人身风险:导致人们经济损失的风险来源于人的生、老、病、死。例如,因为疾病、伤亡、失业或丧失劳动能力等导致家庭、个人经济收入减少,导致经济困难。财产风险:该风险指的是造成财产贬值、导致损毁和灭失等。如机动车存在发生车祸的风险,因经济原因引起财产贬值的风险,房屋有遭受地震、火灾的风险。责任风险:对违约或侵权行为,按照法律对他人遭受的财产损失或人身伤亡应担负的赔付责任的风险。如雇员在从事工作范围内的活动中造成身体损伤,雇主对其所担负的经济责任。

2. 按风险特性分类

投机风险:是指既可发生收益的,也可造成损害的风险,按照导致的后果可分为盈利、损失和无损失 3 种。例如,市场投资、赌博这种风险都带有一定的引诱性,可以使某些人为获取利益而甘于冒遭受损失的风险。在保险行业里,投机风险通常是不被列入可保风险范围之内的。收益风险:是指不会引发损失,仅有收益和好处的风险,例如受过教育的人可使自己终身受益,但受教育的收益程度是很难用具体数字做精确计算的,并且这也与不同的客观条件、机遇、个人因素有密切关联。虽然所付出的代价是一样的,但其收益可能是截然不同的,这也可以称之为风险,有些人也称呼其为收益风险,但收益风险也不被列入保险范围之内。纯粹风险:是指没有获利可能的、仅有损失发生的风险,即导致发生可能性损害的风险,根据导致的结果可以分为无损失和损失两种。如:发生公路交通事故导致人的生命及财产受到威胁和危害,从中无任何利益可以得到。在实际生活里,此类风险是广泛存在的,如意外事故、疾病、火灾等都可能引发较大的损害。此类风险事故何时何地引发,带来的后果有多大,不可能事先预知。

3. 按损失的成因分类

自然风险:是指由于物理现象或自然现象所引发的风险,如地震、风暴、火灾、泥石流、洪水等导致的伤亡及财产损失风险。经济风险:产品在生产和销售过程当中,因估计失误或相关因素变化而引发的价格变动或产量较小的风险等,如经营管理不到位、通货膨胀严重、汇率变化、市场预期判断失误等导致经济损失的风险。技术风险:是指随着科学技术的日新月异及持续发展,不断变化中的生产方式而引发的风险,如大气污染、核污染、噪声污染等风险。法律风险:是指因颁布新出台的法律法规或对过去的法律进行修订完善等原因而引发经济损失的风险。政治风险:是指由政治因素所造成的政权的更迭、政局的改变、政府决策和法令法规的实施颁布,以及宗教冲突、叛乱、战争等导致的社会不稳定而引起损害的风险。社会风险:不可预知的组织或个人反常行为的侥幸、恶意、疏忽、过失等不正当行为导致的损害风险,如偷盗、暴乱、抢劫等。

4. 按风险触及的范畴分类

特定风险:是指和特定的主体人之间有因果关联的风险,是由特定的主体人所导致,并且受到的损失仅仅波及个人的风险,例如火灾、偷盗等都属于这类特定风险。基本风险:主要指损害触及社会的风险。基本风险的原因及影响和特定的主体人没有关联,个人根本没有能力去阻拦。例如,与政治或社会相关的风险,以及自然灾害带来的风险,都属于此范畴。从某种意义上来讲,某些风险会随着时代的变化、人们观念的变化而有所不同。以失业为例,失业在过去被认定为是特定风险,而放到现在则被认定为基本风险。

（四）风险管理的主要内容

伴随风险在现实生活和工作中受到的普遍关注，风险管理也成为一门逐步完善和发展的管理科学。风险管理最早是 20 世纪 50 年代在加拉格尔的调研报告《风险控制——成本控制的新阶段》中提出来的。对风险管理进行系统研究则以 1963 年梅尔和赫奇斯的《企业风险管理》和 1964 年威廉姆斯与汉斯的《风险管理与保险》这两本书的出版为标志。在风险管理形成和发展的过程中，由于对风险管理的出发点、目标、手段和管理范围等存在不同的强调，学者们对风险管理提出了不同见解，但其本质是相同的，基本过程和原理也是一致的。

对于风险管理，不同的专家、不同的组织有不同的认识。早在 20 世纪初第一次世界大战结束后，德国就为国家、社会重建提出了风险管理观点，他们强调风险的防控、风险的转移、风险的预防、风险的补偿、风险的抵消与回避等。从风险管理实践过程来分析，美国在国防领域是率先进行全面风险管理的，成效比较显著。美国国防部提出，风险管理是指处置风险的实际行动和做法，它主要包括评价风险、规划风险问题、初步确定风险处理方案、记载全部风险过程管理情况和检测风险改变情况。

风险管理是由风险规划、识别、估计、评价、应对、监控等环节组成的，通过计划、组织、协调、控制等过程，综合、合理地运用各种科学方法对风险进行识别、估计和评价，提出应对办法，随时监视项目的进展，关注风险的动态，妥善地处理风险事件造成的不利后果。它主要遵循以下 3 个原则：

满意原则。风险管理过程中存在一些不确定性也是正常的，但凡能完成项目目标要求，即满意就行了，不一定要彻底消除风险。

经济性原则。风险管理人员应紧紧围绕总成本最低为总体目标来制订风险管理的计划，以最经济合理的处理方法把损失的费用控制到最低额度，确保完成项目的风险管控目标。

"二战"原则。要在战略上采取藐视的策略，而在战术上采用重视的策略。在面对每一个风险因素时，绝对不能麻痹松懈，要有科学严谨的态度，必须要严肃认真对待。

二、风险识别原理

（一）风险识别的基本定义

风险识别是风险管理的第一个基本步骤。风险识别是指对社会、企业、家庭及个人面临的或潜在的威胁或风险进行判断和分析，对风险性质进行鉴定和归类。即对客观存在的、潜在的、尚未发生的各种风险，做全面系统辨识和分门别类，并判断风险事故产生的原因。风险识别内容包含分析风险和感知风险两个方面。与社会、企业、家庭或个人并存的风险种类是多样的，有外部的也有内部的，有动态也有静态的，有实际存在的和潜存的。所有这些风险会在某一特殊条件下或在一定时段里客观存在,一旦发生,会带来哪些损害,损害的可能性会有多大,以及风险存在的条件有哪些,这些是在风险识别阶段需要解决的问题。

风险识别是项目管理者识别风险来源、确定风险发生条件、描述风险特征并评价风险影响的过程。风险识别需要确定三个相互关联的因素,即风险来源、风险事件、风险征兆。客观世界的可认知性和因果关联性为风险识别工作提供了基本依据。其基本方法包括两种:从原因查结果和从结果找原因,即寻找因果关联性。因查果就是先寻找此项目会有哪些风险因素存在,而这些因素会导致怎么样的结果。果找因主要描述已提前了解到该项目进度会拖延,对此寻找导致进度拖延的风险因素。

(二) 风险识别技术及工具

1. 德尔菲法

德尔菲法是一种反馈匿名函询法,也叫专家调查法。其做法是:在对所要预测的问题征得专家意见之后,进行统计、整理、归纳,再匿名反馈给各专家,再次征示意见,再反馈,再集中,直至得到稳定的意见。其过程可简单表示如下:

匿名征求专家意见→统计、归纳→匿名反馈→统计、归纳……若干轮后,停止。

使用德尔菲法的具体步骤如下所述:

第一步:挑选从未会过面、彼此互不认识和了解的专家组,专家组主要由企业内部、外部的专家组成;

第二步:对每位专家提出具体要求,主要是对所研究和探讨的问题开展无记名分析;

第三步:专家每人都将收到一份专家组的集合答案分析,每一名专家都必须要在反馈会的基础上再一次进行分析研究,如果实际条件允许,该方法可以周而复始的重复使用。

2. 头脑风暴法

头脑风暴法又叫集思广益法,它是通过营造一个无批评的自由的会议环境,使与会者畅所欲言、充分交流、互相启迪,产生出大量创造性意见的过程。头脑风暴法以共同目标为中心,参会人员在他人的看法上建立自己的意见。它可以充分发挥集体的智慧,提高风险识别的正确性和效率。

3. 风险因素分析法

风险因素分析法是指对可能导致风险发生的危险因素进行评价分析,使用风险评估方法来确定风险发生可能性。风险因素分析法的关键要素在于对每个风险因素程度做客观评估。采用描述法对各个因素风险程度进行分析和评价,用不同的标准来描述其风险程度,比如"优、良好、较好、中等、差"等。由于用这种方法来描述估计结果显得比较粗略,而且级别划分通常都有局限性,只能大概显示各个风险因素的风险程度,审计人员很难考察其最终固有风险情况。还有一种经常使用的方法叫打分法,就是将各风险因素的实际状况与标准水平做横向比较,以差异情况的绝对分值为基础来描述各要素的风险程度等级。

4.故障树分析法

该方法是 1962 年美国贝尔电报公司的电话实验室研究开发的,该方法的主要特点是逻辑性强、思路清晰、直观明了,可以形象地开展风险分析工作。而且,该方法不仅可以开展定量分析,也可以进行定性分析。用系统工程方法探究安全问题的准确性、预测性和系统性,故安全系统工程将故障树分析法作为最重要的分析方法。

5.情景分析法

情景分析法又称脚本法或者前景描述法,是假定某种现象或某种趋势将持续到未来,对预测对象可能出现的情况或引起的后果做出预测的方法。通常用来对预测对象的未来发展做出种种设想或预计,是一种直观的定性预测方法。

6.项目工作分解结构法

工作分解结构(WBS,Work Breakdown Structure)跟因数分解是一个原理,就是把一个项目,按一定的原则分解,项目分解成任务,任务再分解成一项项工作,再把一项项工作分配到每个人的日常活动中,直到分解不下去为止。风险识别要减少项目的结构不确定性,就要弄清项目的组成、各个组成部分的性质及相互关系、项目与环境之间的关系等。

三、风险控制理论

风险控制就是对存在的风险提出处理建议和办法,对风险进行风险辨识、风险评估和风险评价,并且将风险发生的可能性、损失情况及其他方面综合起来进行分析。通过风险控制,就可以掌握各种风险发生的概率及潜在威胁,可以和相关的安全指标进行对比分析,得出相对应的风险等级,再针对得出的不同等级风险,来确定应该采取的风险应对及风险控制措施,确保实现真正意义上的风险管控。

想要规避风险,可从改变风险后果的性质、发生风险的可能性或风险后果大小三个方面,提出多种应对措施,如减轻风险、回避风险、转移风险、接受风险。

(一)减轻风险

风险应对的第一种策略为减轻风险。该策略主要指通过事前预知或减轻方式来减少和轻化风险。为了减少风险,可主要采取两种措施:一是减轻风险带来的不利影响,以实现减少风险的目标;二是减少风险发生的概率。减轻风险是在当风险为非劣势时应用的一种风险策略,减轻风险的有效性通常由风险中的可预知风险、已掌握风险、不能预测的风险来决定。

(二)回避风险

风险应对的第二种策略为回避风险。如果项目中风险发生的可能性较大,造成的负面后果非常严重,除了回避风险的策略,没有其他的办法可使用。规避风险唯一的策略就是对项目目标和行动计划进行变更或对项目主动放弃。风险回避的主要目的是尽一切可能避免人、财、物、设备、环境等受到损失和破坏。回避风险一般分为两种:安全放弃和主动预防风险。回避风险策略在运用前,一定要对风险在思想上有足够的认识,对风险所产生的威胁及造成的严重后果要有足够准备和把握。积极采用回避风险策略,在项目没有正常运行前,主动采取改变或放弃正在实施的项目,通常都要付出昂贵代价。

(三)转移风险

应对风险的第三种策略为转移风险。转移风险通常指将风险转嫁给参与该项目的其他组织和参加该项目的相关人员,因此又被称为共同承担风险。减少风险发生的可能性和负面后果的大小不是转移风险的主要目标,其主要目标是利用协议和合同,在风险事件突发时,将一部分损失转移给能够控制或承受项目风险的相关组织或个人。一般来讲,使用风险转移策略要遵守两个重要原则:第一,应按照风险承担能力的大小来决定谁最适合承担哪个等级的风险,即能力最大者来承担风险。第二,承担风险者一定要有对等的报答,即在承担风险的同时,也要得到与风险对等的报答。

(四)接受风险

应对风险的第四种策略为接受风险。它是指自发地对风险结果进行主动承担。如果能够承受住应承担的损失,就可采用这种接受风险的策略。接受风险可以划分为主动接受风险和被动接受风险。主动接受风险是指在风险管理规划前期便已对部分风险做了充分的准备。按照预期,此类风险事件一旦到来,应立刻执行应急措施。被动接受风险通常指的是损失数额较小的风险事故事件,在项目大局不受影响的同时,将此项损失费用列入项目管理范围内,作为正常费用处理。项目的收益会随着费用数额的增加而受影响。因此,最省事、省钱的风险回避方法就是接受风险。当费用超出风险事故事件带来的损失数额时,如考虑使用其他风险规避方法或接受风险的方法,建议采用接受风险的方法。

四、灾害风险信息地图

在应急管理过程中,信息扮演着举足轻重的作用。2005 年,世界灾害报告将主题定为"灾害中的信息",用 8 个章节阐述了应急管理中有关信息的方方面面,包括信息的来源、渠道、描述、共享与传递。报告中将信息定义为一种拯救生命的资源,并认为良好的灾害管理所需的信息流不仅要及时充分,更要来源于多个方向。而应急管理中的"风险信息"则是这一概念最重要的组成部分。所谓风险信息,从广义上来说就是一切与风险有关的信息。

灾害风险信息地图是在综合分析孕灾环境、承险体和历史灾情空间分布的基础上,预测未来可能发生灾害的类型、分布范围、致险因子强度和灾害程度等,将研究区域遭受的各类灾害风险情况以图的形式直观表示出来。它既是风险评估的依据,又是评估成果的直观表现。

　　灾害风险信息地图在相关部门和人员对各类灾害的风险识别、评估及防灾救灾的辅助决策方面发挥着作用。面向应急管理的灾害风险信息地图，首先，要对特定区域进行数据普查和信息收集，对孕灾环境进行详细分析；其次，要求运用科学合理的灾害风险评估方法、建立正确的风险评估模型，进行致险因子评估、承险体脆弱性评估及承险体风险损失度的评估；最后，根据评估结果，借助先进的信息技术工具，以可视化方式在特定区域的地图上将各类风险直观地表示出来。

　　从不同的角度，灾害风险信息地图可以分为多种类型。

（一）按照致险因子分类

　　自然灾害风险信息地图可相应地分为地质灾害类风险信息地图、气象灾害类风险信息地图和生物灾害类风险信息地图等。

　　按灾种细分，地质灾害类风险信息地图包括滑坡灾害风险图、泥石流灾害风险图、地震灾害风险图、火山灾害风险图等；气象灾害类风险信息地图包括洪水灾害风险图、火灾风险图、干旱风险图等；生物灾害类风险信息地图包括动物或昆虫传染病风险图及其他传染性疾病风险图等。

（二）按照地图描述对象分类

　　自然灾害风险信息地图可分为单灾种风险信息地图、多灾种风险信息地图和综合灾害风险信息地图。

　　单灾种风险信息地图是以可能会发生的单个灾害种类为对象。多灾种风险信息地图描述两种或两种以上灾害同时发生时可能存在的风险。这是因为很多重大危机事件的形成，并不是由单一因子造成的。比如，2008 年中国南方的冰雪冻雨灾害，正是雨雪、低温、电力、交通及人员流动等多个因素综合作用的结果。综合灾害风险信息地图是综合反映和揭示特定区域各类风险的地图，它建立在对各类风险综合分析和评价的基础上，根据各类风险时间、时空分布规律，从整体上阐明特定区域的风险分布，是进行宏观应急管理的重要工具之一。

（三）根据其在应急管理中的作用分类

　　灾害风险信息地图可以应用于应急管理的不同方面，以其在应急管理中的作用可将灾害风险信息地图分为预警信息地图、灾情地图及支持决策的信息地图等。

　　这些灾害风险信息地图的作用各有侧重，以应急管理不同方面的信息需求为依据。比如，预警信息地图提供一些预警信息；灾情地图更多的表达致险因子本身导致的风险；而支持决策的信息地图除了表达致险因子本身导致的风险，更要表达在基础设施、物资配置、居民状况等方面的脆弱性导致的风险。

（四）根据获取数据的实时性分类

　　灾害风险信息地图还可分为静态风险信息地图和动态风险信息地图。静态风险信息地图主要以历史数据为依据,静态地显示相关的风险信息。而动态风险信息地图则能够处理和交换大量实时数据,动态地显示相关的风险信息,其本质可能是一个较为复杂的信息系统。

灾害风险信息地图采用各种先进信息技术,如地理信息系统(GIS)、遥感技术(RS)、全球定位系统(GPS)、无线电技术、三维制图技术等。灾害风险信息地图的广泛应用能够极大提高应急管理信息的传输和交换能力,使应急管理的各部门和相关机构实现信息共享成为可能,为制订各层级、各类型的应急预案和规划提供依据,为危机预警和危机准备指明方向,为公众应急避险提供行动指南,为灾害损失提供评估参考。

第二节　应急风险沟通

一、突发卫生事件应急风险沟通

(一)突发公共卫生事件的特征

根据国务院颁发的《突发公共卫生事件应急条例》,突发公共卫生事件是指突然发生,造成或可能造成社会公众健康严重损害的重大传染病疫情、群体性不明原因疾病、重大食物和职业中毒以及其他严重影响公众健康的事件。突发公共卫生事件是出乎意料的、突然发生的、影响公众健康的公共危机事件,影响面广、影响较为严重。

突发公共卫生事件发生前难以预见,政府、民众、媒体对其发生都无心理准备,而且这类事件发生后又难以预知其发展态势,极易给民众带来巨大的恐慌。如 SARS 及甲型 H1N1 流感均为新型疾病,难以知晓其蔓延趋势,伤病情难以明了,短时间内较难研制新药,造成疾病波及范围广,社会危害大。突发公共卫生事件的影响面非常广,涉及社会生活的每个环节,影响到事件中的每一个个体。出于疾病控制的需要,病人往往会被要求隔离,疫区要进行消杀,部分人员及贸易交往等一系列工作将会停止,在疾病蔓延时,会对社会政治、经济、文化等方面产生影响,会加快国家的法治进程,影响公众的行为习惯和生活观念。

进入信息社会后,人们获取信息的渠道多种多样,如口口相传、传统纸质媒介、电话、网络、电视等。由于突发公共卫生事件关系每个个体的切身利益,民众急需了解事件的情况,利用信息的渠道也会大大增加。公众对以政府为主导的传播媒体的可信赖性、真实性期望值相当高,大部分人都认为媒介最可信任。但面对突发公共卫生事件,政府主导的主流传媒如果没有反应,没有对事件进行真实深入的报道,则会引起相关信息的多渠道传播,容易造成谣言满天飞,使公众无法正确应对突发公共卫生事件,易产生社会恐慌心理,不利于突发公共卫生事件的处置。

（二）突发公共卫生事件的风险沟通需求

突发公共卫生事件的特征，决定了公众、媒体及政府间存在着沟通的需求，如能够做到和谐地沟通，那么必将有利于推动事件的顺利处置。否则，沟通不畅，不仅会影响事件的顺利处置，还可能引发影响社会稳定的不良后果。突发公共卫生事件的沟通需求主要有：

1. 信息发布的及时性

由于突发公共卫生事件的特殊性、疾病的难以控制性，要求政府通过媒体第一时间将有关事件的、尽可能多的准确信息及时传递给民众，并做到信息的及时更新，以便民众消除恐慌，做好应对措施。相关信息的及时准确发布是民众对政府的最重要的传播需求。

2. 有效传达卫生行政部门的应对措施

面对突发事件，公众迫切需要知道卫生行政部门的应对措施及实施情况。卫生行政部门应把应对措施通过各种形式传达给公众。同时，公众也可通过合适的渠道将自身的需求和对事件的态度传递给卫生行政部门。这种互动交流，将使卫生行政部门的工作得到公众的广泛支持和配合，从而形成齐心协力应对突发事件的良好局面。

3. 卫生行政部门从民众的需求角度出发

长期以来，卫生行政部门对信息的发布总是习惯性地从自身的立场出发，发布的信息学究性强、官腔很足，不能很好地满足公众对事件的信息需求。卫生行政部门应通过沟通、调研等方式，加强对公众的了解，从公众的立场和角度出发，进行换位思考，使得发布的信息满足公众的需要。

4. 有效监督政府行为

对于突发公共卫生事件的处理，卫生行政部门的行为有时并不一定是正确的，可能会存在许多问题。媒体和公众对事件的关注和参与能发挥监督作用，促使政府采取正确的决策，使事件的处置合理、合法、合规，从而得到社会的广泛支持。

5. 有效引导公众心理

突发公共卫生事件会不可避免地引起公众的不安全感，容易导致不理智行为，不合乎事件处置的相关要求。而迅速、成功地处置突发公共卫生事件，需要公众具备良好的心理素质。因此，政府需通过媒体等渠道对公众的心理进行引导，请专业人员进行解答，传达有效的事件应对措施，疏导公众的情感需求等，从而有效领导公众的心理，使公众形成良好的应对心态。

6. 正确把握舆论导向

突发卫生公共事件发生后，社会各个阶层会有不同的反应，对事件的看法和处置的方式、方法都不尽相同。此时若任其发展，舆论引导一旦失误，会导致公众产生偏激行为，易形成灾难性的连锁反应。因此，事件的处置方法需符合绝大多数社会成员的要求，避免矛盾产生，避免对社会的正常运转构成干扰。正确的舆论导向有利于赢得社会的支持,促进突发事件的有效处理。

(三)应急风险沟通

应急风险沟通是指在突发公共卫生事件发生时,公众普遍存在对不确定的有关问题的忧虑感,迫切需要了解事件的真实情况,为妥善处置此类事件,卫生行政部门、医疗卫生机构及相关的组织机构通过媒体等方式向受到影响的公众提供准确的信息,对事件各方面的情况进行解释,使受到影响的公众有能力做出有利于自身的、正确有效的决定。突发公共卫生事件处置过程中的风险沟通侧重于对影响人们健康和损害环境的风险信息进行交流。风险沟通作为个体、群体以及机构间相互交换信息和意见的理性桥梁,涉及多个方面,它不仅传递与风险有关的相关信息,还表达对事件的关注、意见以及相应的反应,或者发布国家或机构在事件风险管理方面的法规和措施等。

突发公共卫生事件应急风险沟通贯穿于突发公共卫生事件应急处置的全过程,它直接关系到突发公共卫生事件应急处置效果。以往,我国在一些突发公共卫生事件应急处置过程中,曾发生过因与公众、媒体沟通不畅,使得事件所造成的负面影响加重,所付出的处置成本增加的问题。所以,卫生行政部门把握好与公众、医疗卫生机构、媒体和相关部门的良好沟通,对于有序规范、及时有效地处置各类突发公共卫生事件是非常重要的。

在应急风险沟通工作中,应坚持第一时间发布、引导舆论导向和积极主动做好新闻宣传的原则。遵循世界卫生组织在疾病爆发沟通指南中的建议,即信任、及时公布信息、透明、关注公众和提前预案。通过良好的沟通,使公众在面对突发公共卫生事件时能保持平稳心态,适当关注,信任卫生行政部门所做的努力,以政府主流媒体作为突发公共卫生事件中主要的信息来源。

(四)风险沟通管理的价值

突发事件往往会导致公众身体的损伤和财产损失,对经济的发展产生消极影响,容易引发政治上的不安定性,并可能引起社会性的心理恐慌,影响社会发展。由于种种主客观原因,人们难以阻止其发生,但通过应急风险沟通管理,控制事态蔓延,可使人们的行为变得更加理性和有效。

1. 突发事件风险沟通管理的经济价值

突发事件爆发后,通过风险沟通管理,除了能阻止或减少人、财、物的继续损失,还能降低社会组织由于沟通不畅造成的隐性成本。具体表现为:在突发公共卫生事件发生时,信息的取得、处理和互动交流需要支付成本,这在经济学上被称为信息成本。由信息失真导致的成本是信息成本的组成部分。突发事件爆发后,信息通过自上到下和自下到上两种方式传递。就自上到下而言,信息传递往往容易加进自身和所代表的利益阶层的态度,信息容易发生错漏,导致失真。就自下到上而言,有的民众从传媒所代表的利益出发,对真实信息进行取舍和加工。在信息传递过程中,信息逐渐被汇总、删减，等基层的信息传到上层，大量有用信息就会缺失，一些本来能反映真相的信息丢失，导致信息失真。而信息一旦失真，将直接导致政府决策失误。公众媒体的不支持态度，使突发公共卫生事件处置无效或反作用。在突发公共卫生事件管理中，应有效控制信息源，保证信息公开透明、及时准确、全面，从而降低信息失真成本。

2. 突发事件风险沟通管理的政治价值

管理好突发公共卫生事件，有利于推进政府行为的法治化，推进政务信息公开，扩大公众媒体的公开舆论空间，从而增强公众的民主意识、公共意识，为应对突发公共卫生事件提供对策、方案，及时对已有措施的执行情况进行监督、评估等，使政府赢得公众的认可，提高政府的公信力。

3. 突发事件风险沟通管理的文化价值

突发公共卫生事件管理需要满足公众的信息需要，消除社会流言，缓解公众的紧张、抵触情绪，使人们坚强地以微笑面对灾难。突发事件的管理，能激发公众的爱国意识、互助精神，也使政府对公众的人文关怀得到体现。

二、美国卫生应急风险沟通体系

美国 1979 年成立了以联邦紧急事务管理署（FEMA，Federal Emergency Management Agency）为核心的政府应急管理体系，后来又成立了国土安全部（DHS，the Department of Homeland Security），美国突发事件机构及体系正一步一步走向成熟。2001 年，发生炭疽恐怖事件后，美国政府加强了对突发事件的投入，建立了国家突发事件综合管理系统（NIMS）。联邦政府下属各部门以及各州政府也建立了相应的突发事件管理系统，实现了全国突发事件的综合管理，确保各部门间应对和处置突发事件各项活动的有机整合。

在此背景下，美国疾病预防控制中心建立了一套突发事件管理系统，该系统涵盖了卫生系统部门应对各类突发事件需要的各种功能与资源。此系统之下是联合信息系统，该系统将美国联邦政府不同部门间，以及部门内部之间的信息进行了有机地链接，既确保了部门内部信息的通畅，也为获取综合信息提供了保证。同时，联合信息系统为突发事件有关信息向公众、媒体等传播提供了相应的渠道。

在联合信息系统的框架下，美国疾病预防控制中心还成立了应急沟通系统，该系统由相关团队组成，包括信息部门、沟通小组、门户网站、传播研究和评估小组等。一发生应急情况，该系统立即启动，成为一个整体，统一部署，对信息的采集、整理等进行统一管理，保证了信息传输的及时性、准确性。

（一）风险沟通评估

建立在联合信息系统框架下的应急沟通系统逻辑模型，是评估工作的基础。

1. 评估状况和制订策略

这是开展风险沟通的第一步，在突发公共卫生事件发生后，对事件的状况要迅速有一个评估,了解事件的严重性、波及范围,相关部门和公众对事件的态度和行为。沟通目标主要是提醒并规范个人安全和健康行为,提高政府部门各项准备和响应措施的合理性,并确保措施有效执行。先通过明确的沟通目标,再形成具体的沟通策略,在尽可能短的时间内完成状况的评估和沟通策略的制订。

2. 针对组织的沟通

针对组织的沟通分为两类,一类是针对公共卫生相关组织和部门,包括公共卫生机构、医疗机构和卫生行政部门等,主要是应急响应和对沟通信息进行转化。另一类是针对公共或私人机构,主要是将信息传递给个体。

3. 针对个人的沟通

通过一定的渠道,将信息传递给个体,向公众持续地提供信息,使个体能够有效地接收到信息,帮助个体正确理解信息,形成合理的风险意识,从而规范其行为。

4. 沟通的结果

在应急状态下,通过针对组织和个人的风险信息沟通,持续传递有效的信息,促使组织机构形成正确的风险决策,以利于个人正确地判断风险、识别风险,从而采取有效的行为来避免受到风险的影响,从而减少公共卫生事件的危害性。

(二)美国突发卫生事件应对工作

1. 做好部门沟通

为做好流感大流行应对准备工作,美国卫生与公众服务部、禽流感行动小组、外交部、退伍军人事务部等有关部门建立了沟通协调机制,明确了各部门的职责,以确保多部门信息发布的及时性、准确性和一致性。

2. 做好公众沟通

链接公众沟通工作,美国卫生与公众服务部和农业部专门建立了流感大流行和禽流感的网站,网站上链接了100多个知识点,方便公众了解相关信息。此政府网站成为美国最权威、信息最全面的流感大流行和禽流感网站。针对不同的人群,相关部门编制了一些科普读物、海报及电视广播节目,汇总了常见问题并进行了回答,包括宠物禽类的养殖问题以及正确加工食用禽类及禽类制品。

3. 做好媒体沟通

针对媒体沟通工作,美国卫生与公众服务部、外交部、农业部等相关部门开展了媒体记者培训工作,并就如何有效地报道禽流感与流感大流行相关信息召开记者研讨会等。近年来,美国在部分不发达国家举办了应对媒体的应急风险沟通培训班,向国际社会提供和推广美国的经验。请相关卫生领域专家出席政府召开的新闻发布会,以更好地回答记者的提问。同时,政府还定期与媒体面对面进行交流,形成良好的合作机制。

4. 发挥意见领袖的作用

美国公众普遍信任意见领袖,因此卫生部门重视发挥意见领袖的作用。针对不

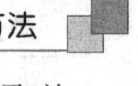

同类型的受众,寻找不同类型的意见领袖,包括在公共卫生机构、医疗机构、公司、社区团体、教会组织等组织中寻找具有较大影响力的人,通过他们向受其影响的群体提供信息,告诉人们如何应对大流行疾病,让流感大流行知识在意见领袖各自代表的团体范围内得到更广泛的传播。相关部门还将相关内容做成操作性强的禽流感和流感大流行知识资料册,为意见领袖提供参考。

5．做好基层风险沟通

重视发挥以市卫生局为单位的基层卫生机构的作用。在市卫生局配备风险沟通办公室,安排固定工作人员,提供经费支持。相关部门开发了应急相关信息电话语音系统,为公众提供了获取应急信息的热线电话,搭建了信息交流网络平台,令公众可通过网络获取流感的相关知识。相关部门还建立了广播沟通机制,居民可以通过广播了解流感情况。市卫生局还定期或不定期地与当地媒体沟通,向媒体提供流感信息。

三、我国突发卫生事件中风险沟通存在的问题

与国外发达国家相比,我国的突发公共卫生事件应急风险沟通处于刚刚起步的阶段。在我国的突发公共卫生事件应急风险沟通中,以卫生行政部门为主导,一方面是各级卫生行政部门及医疗卫生机构从上到下的沟通,传达政令;另一方面是卫生行政部门向公众发布信息,缺乏对公众反馈信息的收集。这样就导致我国的应急风险沟通缺乏互动,沟通方式过于单一化、简单化。由于突发公共卫生事件经常是瞬时发生的,且多为第一次发生,这导致卫生行政部门难以在短时间内获取关于事件的全部准确信息。另外,我国存在突发公共卫生事件风险沟通预案不完善的问题,缺乏风险沟通工作的理论指导,这使得卫生行政部门及医疗卫生机构风险沟通人员的沟通方式不成熟。逐级请示汇报的规定,虽然规范了信息发布程序,能避免出现重大的错误,但却经常导致信息发布时间滞后,导致突发事件风险沟通应对上出现诸多漏洞。具体来说,我国突发公共卫生事件应急风险沟通存在以下问题:

1．忽视公众的参与

传统的突发公共卫生事件应急风险沟通立足于政府本位,认为事件只能由政府处置,公众对突发公共卫生事件的情况是否知晓并不重要。单向处置、忽视公众参与,是目前应急风险沟通存在的主要问题。有效的应急风险沟通应与公众开展双向互动的交流沟通,需要充分调动公众参与的主动性和积极性。

2．忽视信息发布的时效性

我国突发公共卫生事件信息发布的传统做法是暂缓发布信息,不少人错误地认为这样有利于控制局势、防止恐慌、维持社会稳定。其实这往往导致突发事件不能引起公众的警觉,进而耽误事件的及时处置。广东首次发现 SARS 病例的时间与广东省政府召开新闻发布会公布疫情的时间相隔两个月。信息发布时间拖延,这不仅延误了处理突发公共卫生事件的最佳时机,而且使疫情难以控制,造成了许多不必要的

损失。

3. 忽视对非政府信息发布渠道的监管

在各类突发公共卫生事件中,非主流媒体发布的、社会流传的小道消息是造成社会不稳定的主要因素。当今,信息沟通的渠道众多,有关部门需要善加利用新媒体等非政府信息发布渠道。

4. 忽视对应急风险沟通机制的建设

完善的应急风险沟通机制要具有信息采集、分析、发布、传递、反馈等功能。以往,在突发公共卫生事件发生后,由于应急风险沟通机制建设不完善,就造成了信息采集、传递、发布、公众信息反馈等的滞后。而这些滞后严重影响了政府对突发公共卫生事件的有效管理。另外,与应急风险沟通机制相关的法律法规不健全。目前,我国虽然有《突发事件应对法》、《政府信息公开条例》、《突发公共卫生事件应急条例》等法规条例对突发公共卫生事件的信息发布进行规定,但是却偏重于信息的单方面发布,忽视应急风险沟通,可见在相关方面亟待完善。

第三节 城市灾害风险管理

一、城市灾害风险的构成要素

(一)灾害的构成要素

灾害事故发生的原因不尽相同,事故种类各式各样,灾后的损失也千差万别,但每种事故都有一个共性,都是由一些相同的基本要素构成的。这些要素是人(Man)、物(Machine)、环境(Medium)、管理(Management),即 4M 问题。

1. 人

人是征服自然、改造自然的主体,也是灾害发生的受害者。如果没有人的存在,灾害的发生也只能称为自然现象,不能称为灾害。

2. 物

物是指发生事故时所涉及的实物。其主要表现在:物资的不安全因素是随系统运行中物资条件的存在而存在的,随着系统改变而改变的;物的不安全状态是客观存在的,且能传递,其形式可以发生改变。

3. 环境

环境通常指存在于系统外的物资的、经济的、信息的和人际的一系列相关因素的总称。这些因素的属性或状态的变化会通过输入使系统发生变化;反过来,系统本身的活动也可使环境相关因素的属性或状态发生改变。这种系统环境的开放性,为我们通过调控环境来预防事故的发生提供了可能和途径。环境一般为社会环境、自然环境和状态环境。

4. 管理

事故的发生除与人、物、环境的不安全条件有关外,与管理上的缺陷也是不可分的。这种管理的缺陷主要表现为技术上的缺陷、劳动组织不合理、对人的安全教育和安全技能培训不够、规章制度不健全等。从系统的观点看,主要表现在实体系统与概念系统的不适应,系统的结构层次和结构层次分布的不合理。改变这种状况、消除管理缺陷的方法就是加强安全管理。在系统设计、制造、运行以及更新改造的过程中,全程进行安全控制,不仅要加强实体系统的安全设计和安全防范,还要健全概念系统的安全管理文件、安全管理规范,使安全管理由传统的管理模式逐步走向科学化的管理道路,从而达到预防灾害事故、减少灾害损失的最终目的。

(二) 灾害风险的构成要素

灾害风险构成的基本要素是风险源、风险载体、人类采取的防灾减灾措施及其有效性(即人类对灾害风险的干预)。

1. 风险源

风险产生和存在与否的第一个必要条件是要有风险源。城市灾害风险中的风险源是指可能发生的自然灾变或致灾因子。风险源不但从根本上决定某种灾害风险是否存在,而且还在量上影响该种风险的大小。风险源可以用危险性来衡量。一般地,风险源的变异强度越大、发生灾变的可能性越大或灾变发生的频度越高,则该风险源的危险性越高。表达成数学公式为:

$$H = f(M, P)$$

公式中:H(Hazard)为风险源的危险性;M(Magnitude)为风险源的变异强度;P(Possibility)为灾变发生的概率。

2. 风险载体

有风险源并不意味着风险就一定存在,因为风险是相对于行为主体——人类及其社会经济活动而言的。只有当风险源可能危害某社会经济目标——风险载体时,对于一定的风险承担者来说,才承担了相对于该风险源和该风险载体的灾害风险。而风险承担者总体而言就是人类社会本身,且在不同情况下,有不同的具体形式,可以是某个具体的人或人群、某种财产的拥有者、某种人类社会经济活动或组织、也可以是一个区域社会体系和一个国家。

风险载体的灾害脆弱性水平是影响灾害风险大小的基本因素之一。一般地,风险载体相对于某风险源的灾害脆弱性愈低,则该风险载体遭受损失的可能性越小,相应地,其所载荷的来自该风险源的灾害风险就可能越小;反之愈大。

3. 人类采取的防灾减灾措施及其有效性(即人类对灾害风险的干预)

防减灾措施是人类社会、特别是其中的风险承担者用来应对灾害所采取的方针、政策、技术、方法和行动的总称,大致分为工程性防减灾措施和非工程性防减灾措施两类。防减灾措施的防减灾有效度反映了风险承担者主动应对灾害的能力。防减灾措施的防减灾有效度可用下列式子表示：

$$V = f(C_e, C_{ne})$$

公式中：V（Validity）指防灾减灾有效度；C_e 指工程性防灾有效性；C_{ne} 指非工程性防灾有效性。

人类社会的防减灾措施及其防减灾有效度，也是某种灾害风险能否产生以及产生多大风险的重要影响因素。一般地，防减灾有效度越大，相关的灾害风险就可能越小；反之，可能越大。

（三）城市灾害风险的形成与解析

风险源、风险载体、人类采取的防灾减灾措施及其有效性（即人类对灾害风险的干预）为灾害风险的要素。城市只有暴露在灾害风险源之中，即面临可能的危险，并且如果可能的破坏发生，风险载体难以抵抗风险源的破坏时，风险才能形成。在灾害风险形成过程中，风险源、暴露和风险载体的脆弱性缺一不可，城市灾害风险是三者相互综合作用的结果。人类采取的防灾减灾措施则是通过对风险源、风险载体的干预，以便降低风险、减少损失。

事故或灾害的发生是这些要素的相互作用或要素的不安全因子同时存在、同时发生的结果。如，环境、管理条件影响人和物的因素；人的不安全行为促使物质出现不安全状态；人的不安全状态导致人的不安全行为。人们可以从事故或灾害构成要素的角度分析引发事故的原因，即风险产生的原因。从图 7-1 可以看出灾害事故的构成要素对于灾害事故风险影响的逻辑关系。

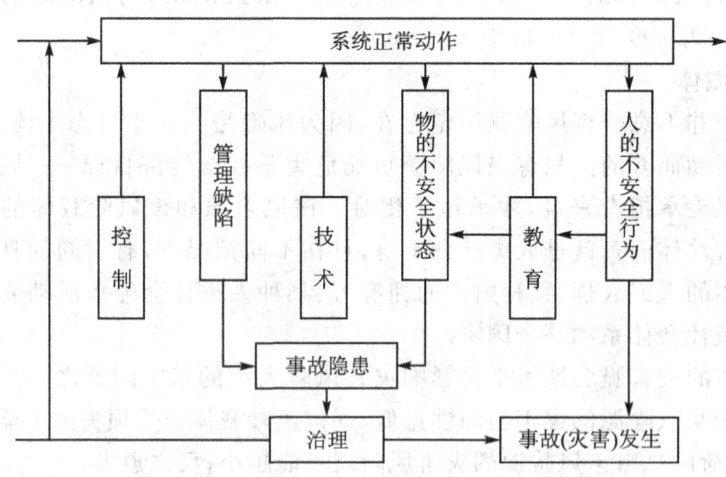

图 7-1　综合理论事故模型

二、城市灾害风险辨识

(一)城市灾害风险辨识

城市灾害风险辨识是灾害风险管理的基础,城市灾害风险辨识主要是识别灾害风险源、城市灾害风险的承受者、城市灾害风险的传递者。识别风险的来源、范围、特性及与其行为或现象相关的不确定性,这在很大程度上界定了风险的本质特征。

风险源是指导致风险发生的源头。对于自然灾害风险的风险源,当气象、海洋、地质、农业生物、森林生物等的自然变异和人为致灾活动及环境变异达到对人类生命财产构成威胁和损失时,即成为风险源。对于人为事故和灾害风险的风险源,则主要是城市工业危险源,如有毒物质的扩散、易燃易爆物品、病菌的蔓延等,人群集会和集中活动场所,易遭受恐怖袭击的地点,等等。

城市灾害风险承担者主要指可能遭受损失的人和事物。当人、财、物及社会环境和自然环境因变异的影响而受到破坏和损失时,即成为灾害风险承担者。城市灾害风险最终的承担者还是人,即生活在城市里的居民。

研究城市灾害风险传递者在很大程度上是为了通过控制和管理风险传递者来减小风险的扩散和影响,减轻灾害对城市的破坏。城市灾害风险传递者主要是指风险源的能量或作用传输载体,如,建筑物中的木质装饰就是火灾风险的传递载体。

(二)城市灾害风险调查与信息收集

通过对城市系统进行风险辨识,即找出系统内存在的风险类型及影响范围,进而对所辨识的风险进行定性、定量分析和评价。信息资料收集应是风险辨识的前提。

1. 信息收集的内容

信息收集主要包括城市基础资料和评价对象的历史及现状资料。评价对象的历史资料反映了它的变化背景和发展过程,而最近的情报则显示了它的动态倾向。分析研究历史资料及外界环境的资料和情报,可以找出评价对象的特定发展规律。所以,资料和情报是评价的基础。

初期的信息情报应以广和全为原则,应包括与城市防灾减灾规划有关的一切经济的、社会的、人文的以及自然、地理等信息,应逐渐向深度发展。重大危险源事故统计资料:对已发生的、由重大危险源引起的事故进行统计分析,这有助于发现事故的规律和现存的问题。可按事故的主要原因、发生地点、事故及灾害发生的主要形式、人员伤亡的主要原因及其他一些项目进行详细的统计分析。重大危险源现状资料:对现有的城市重大危险源进行统计和分析,有助于发现问题。可按重大危险源的位置、数量、性质、行业等进行登记、汇总、统计和分析。

2. 信息情报的采集和来源

信息情报采集的方法是多种多样的,可通过查阅和收集公开发表的文献资料来收集信息,即文献调研;可与城市防灾减灾规划相关的部门联系,求得帮助,获取相关资料;可以召开专家和管理干部座谈会,请他们撰写有关资料或通过书信调查采集信息;可以对城市事故及灾害的风险评价进行实地调查。

信息情报的收集是广泛的,对这些资料应进行一定的加工,才能为规划所用。对情报资料的基本要求是:准确、完整、及时和精简。准确的资料可避免分析评价的片面性,及时的资料有利于抓住评价对象的变动特征,而简明扼要的资料才有实用价值。要做好资料和情报的收集整理工作,一是要选择正确的信息源,二是应注意对原始资料的分析整理。对收集的情报资料应注意以下两点:首先,对收集的文献资料进行仔细甄别,去伪存真,确认所得数据的时空界线和权威性;其次,规划收集的资料应妥善分类和保管,订立使用制度和范围,不使之扩散和流失。

3．城市灾害风险调查的内容

城市灾害风险调查主要包括:城市自然环境调查;城市经济、社会现状调查;城市危险源调查。自然环境调查是对城市地质、气候、地形地貌、特殊价值地区及环境敏感区等的调查。

自然灾害风险调查主要调查该城市自然灾害发生史,包括灾害类型、灾度大小、人员伤亡、经济损失、灾害发生的条件、诱发因素等。

经济、社会现状调查分为经济现状调查和社会现状调查。相关的经济现状、相关的经济因素主要是指与城市防灾减灾规划内容有直接或间接关系的那部分经济活动,主要包括城市生产布局现状分析。

城市危险源调查要在对城市事故及灾害分类的基础上进行。工业危险设施调查主要调查易发生火灾、爆炸及泄漏的工业危险设施的位置、周围环境、周围人口密度、气象条件、常年主导风向、事故历史、事故范围、事故后果(主要指经济损失和人员伤亡)等。人群聚集场所调查主要调查人群聚集场所的事故历史和现状。事故历史包括事故发生的历史年代、事故类型、事故原因、经济损失和人员伤亡情况等,现状调查包括查看人群聚集场所的建筑结构、建筑材料是否符合国家有关规定、人群聚集场所是否有灾害预防措施(如消防措施、突发事件的应急措施)等。城市生命线系统是指在灾害发生时,危及人民生命安全及生存环境的工程项目。

城市恐怖袭击与破坏具有突发性,难以防范。风险调查主要针对世界范围内曾经发生过的恐怖袭击事件、遭到袭击的城市、建筑物、造成的伤亡人数和经济损失等,并以此为鉴加以防范。

（三）城市灾害风险辨识步骤

对潜在危险的辨识是城市灾害风险管理中最重要的一步。如果没能对其进行正确辨识,会导致无效评价。一旦潜在危险被辨识出来,与之相关的启动事件类型就更容易显现。

绝大多数情况下,风险并非显而易见,也不容易辨识和预测,至少不容易准确地预测。风险通常具有隐蔽特征,而人们常常容易被一些表面现象迷惑,或被一些细小利益所引诱而看不到内在的危险。因此,风险的辨识和衡量在风险管理中尤为重要。风险辨识是风险管理的第一步,它是整个风险管理系统的基础。风险辨识是否全面、深刻,直接影响风险管理的决策质量,进而影响整个风险管理的最终结果。任何一种风险在识别阶段被忽略,尤其是重大风险被忽略,都可能导致严重后果。

辨识风险必须系统、持续,严格分类并恰当地评价其严重程度。风险辨识过程通常分为 6 个步骤,如图 7-2 所示。

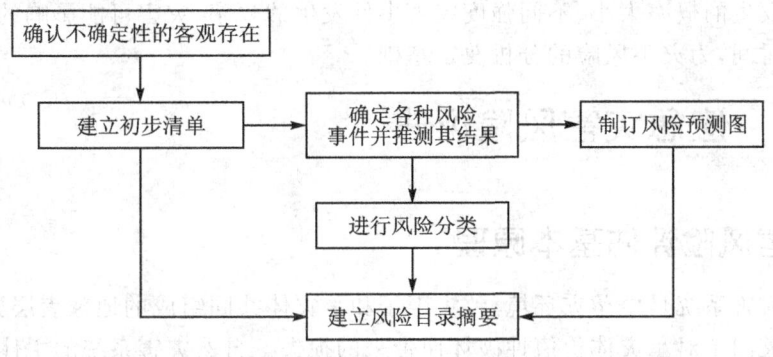

图 7-2　风险辨识的步骤

1. 确认不确定性的客观存在

这项工作包括两项内容,即首先要辨识所发现或推测的因素是否存在不确定性,然后要确认这种不确定性是否是客观存在的。通过查阅以前发生的灾害历史记录、对灾区进行现场调查、比较其他地区灾害事件记录等,就可以了解到本地区灾害的情况。

2. 建立初步清单

清单中明确列出客观存在的和潜在的各种风险,包括城市过去曾经出现过的灾害或事故种类、类似城市发生过的灾害或事故、生态环境影响、运营维护、社会发展和人类活动可能带来的危险事故。初步清单作为更准确清单的基础,在多数情况下,应列出有分析或参考价值的各种数据。

3. 确定各种风险事件并推测其结果

根据初步清单中列出的各种重要风险来源,推测与其相关联的各种合理的可能性,包括意外事故、自然灾害、环境影响等。

4. 制订风险预测图

图中第一维,不确定因素的评价与其发生概率有关;第二维,风险的评价与潜在的危害相关。通过图形的直观辨识形式,评价某一潜在风险的相对重要性。

5. 进行风险分类

通过风险分类能加深对风险的认识和理解,同时可以辨别风险性质,有助于制订风险管理的目标。分类时,可以根据风险的性质和可能的结果及彼此间可能发生的关系进行,这样可以比较好地理解风险、预测其结果,且有助于发现与其相关联的各方面因素。常见的分类方法是：由若干个目录组成框架形式，每个目录中都列出不同种类的风险，并针对各个风险进行全面检查。这样可避免仅重视一个风险而忽视其他风险的现象。

6. 建立风险目录摘要

这是风险辨识过程的最后一个步骤，将可能面临的风险汇总并列出轻重缓急，给出总体风险印象图。建立灾害类型清单以后，就可以分析和描述灾害的性质和特征，弄清灾害发生的概率大小、不同强度灾害事件发生的频率、灾害可能影响的地域范围和持续的时间，为灾害风险的分析奠定基础。

第四节　应急灾害风险评估

一、灾害风险评估基本原理

自然灾害系统是由孕灾环境、致灾因子和承灾体共同组成的地球表层异变系统，灾情是致灾因子对承灾体价值性破坏而带来的损失。自然灾害系统的主体要素包括孕灾环境和承灾体，致灾因子只是孕灾环境演化的产物，是自然要素的一种极端表现；承灾体为自然灾害系统的社会经济主体要素，是指人类及其活动所组成的社会经济系统。自然灾害风险是由自然灾害系统自身演化而导致未来损失的不确定性。自然灾害风险系统是从风险研究出发，基于自然灾害系统而建立的分析体系，并和时空尺度的选择密切相关。其中，稳定性是指一定时空背景条件下的孕灾环境可能诱发或加剧自然灾变的程度；脆弱性是指受致灾因子的破坏，承灾体由于自身结构或接近危险区域而易受破坏的一种状态；危险性是指对致灾因子活动规模、强度和活动频次（频率）的不确定性分析。

总体上讲，自然灾害风险评估是在灾害危险性、灾害危害性、灾害预测、社会承灾体脆弱性、减灾能力分析及相关的不确定研究的基础上进行的一项多因子综合分析工作。尽管自然灾害种类繁多，具体研究内容之间也千差万别，但自然灾害风险评估还是存在特定的范式。自然灾害风险评估的对象是自然灾害风险系统；评估的流程涉及风险识别、风险估算和风险评价三个阶段，其中风险识别和风险估算合称为风险分析；评估的手段包括指标体系的建立、数学模型的选择以及标准体系的构建；评估的目标是分析承灾体价值未来损失的不确定性。综合上述思想，自然灾害风险评估的基本原理可以概括为：从自然灾害风险系统出发，通过指标体系、模型体系和标准体系的集成分析，定量揭示承灾体未来损失的不确定性，据此判定风险的可接受程度。自然灾害风险评估的基本原理是自然灾害风险评估核心内容的进一步凝练，也是对相关工作的评判依据。

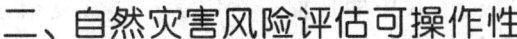

二、自然灾害风险评估可操作性

如果把自然灾害比喻为一个系统的话,它不是完全紊乱的。人们对自然灾害系统中的诸元素特征及其相互之间的联系已有了相当的认识,已经可以进行一定的量化分析。小地震使建筑产生小的破坏,大地震使建筑产生严重破坏;而洪水容易在湖泊地区泛滥成灾,泥石流在山区最容易发生等。可靠的生命线工程系统对减灾极为重要。这些宝贵经验对自然灾害风险评估分析都能提供帮助。

如上所述,自然灾害发生的最大特点就是不确定性和复杂性。因此,只有抓住这两个特点,风险评估才有意义。由于人们已有了描述不确定性和复杂性的许多方法,所以自然灾害的风险评估是可以操作的。

(一) 随机不确定性

统计学家认为,自然行为的原因并不是总能被知道,人们对自然现象的观测也仅仅是近似正确的,而概率被认为是不确定性的测度。在概率公理体系中,不确定现象被抽象为随机事件,概率被定义为随机事件频率的极限。一般而言,随机性有两种来源:一种是因观察现象中固有的不规律性,人们对一些现象不可能完全进行确定性的描述而产生的;另一种是因过程当中涉及的知识缺乏而产生的。后者的不确定性程度会随着人们知识的增加而减少。不确定性可以分为统计的和系统的两种。统计的不确定性是产生于输入数据总体的有限性,而系统的不确定性是产生于实验或实验所依据的理论的某种疏忽大意。概率论的建立为人们从理论上研究随机不确定性现象提供了重要的工具。而一系列统计理论和方法的提出,使人们可以通过对样本的观测研究,估算出现实系统的相关统计规律,从而使得人们对统计型自然灾害风险评估成为可能。

(二) 模糊不确定性

通常,人们不掌握完备信息,是不必要掌握完备信息,为的是快速做出反应;然而,有时信息缺失却是因为人类阶段性能力不足所导致。如,目前人类还没有能力掌握与地震发生相关的一切信息,使得地震预报水平大受影响。而模糊集理论的建立,给我们提供了一个量化自然语言的数学方法,成为计算机模拟人脑进行思维的重要工具之一。模糊集理论的基本思想是:把经典集合中的绝对隶属关系灵活化,这样可以使论域中的一个元素是否属于一个模糊集合具有亦此亦彼的不确定性。某事件在归属某概念或某个类上的不确定性称为模糊不确定性。模糊集理论的建立和信息扩散原理的提出为人们研究模糊不确定性现象提供了重要的工具。这些模型和方法的使用使人们有可能广泛地使用模糊信息,对察觉型和信息不完备型自然灾害风险进行评估。

(三) 复杂性

自然灾害系统是由致灾因子、承灾体、孕灾环境三者组成的。致灾因子的强弱主要是由大气圈、水圈、岩石圈、地貌、地形等决定,其中的任何一个因素都非常复杂。一座建筑物是微观承灾体,一个区域城市是宏观承灾体,其脆弱性与诸多因素有关,但无论是宏观还是微观,其系统都十分复杂。对于孕灾环境,即社会经济体,其涉及的经济状态、土地利用、财产分布、心理因素及人类活动等就更为复杂。理论上来说,可能存在一种描述自然灾害系统的状态方程,但存在和能够找到并不是一回事,因为自然灾害系统太复杂了。

即使通过高度简化、抽象而获得状态方程,要确定适合的边界条件并求解也并非易事。人脑思维的最大特点之一是能处理系统的复杂性。软计算的理论和技术的快速发展正是为了建立与人脑思维相对应的计算机理论而提出的,其特点是:可以容许不精确计算使问题更易于求解。因此,软计算方法的发展为人们研究复杂的自然灾害系统提供了有力的分析工具;同时,使得自然灾害的风险评估可以得到进一步的提高。

(四)反精确原理

在"不精确"面前,人们往往处于被动应付的状态。而软计算改变了这一局面,人们可以主动地将看似精确的基本数据进行模糊化,以弥补信息不足对系统识别和控制的不良影响。2002 年,Huang 提出了反精确原理(Anti-accuracy Principle)。该原理认为,不完备信息和精确模型是冲突的。这一原理使得人们在处理不完备信息时,必须遵循某种模型粗糙度与信息不完备度相匹配的原理,才能推出相对可靠的结论。因此,人们根据不完备信息对相关系统进行识别和控制时,往往不采用理论上较为精确的方法,而是采用某种较粗糙的方法。为了推动反精确原理的形式化研究,第一步是要收集、整理和分析各种常见的反精确现象,并解剖某些重点因素;第二步是寻找信息不完备度和模型粗糙度的某种对应关系,找出反精确的某种规则。人们从而就可以有依据地选用理论上并不精确,但却能低成本且快速分析复杂系统的模型,使识别和控制能力得到提高。

三、自然灾害风险评估方法

众所周知,灾害活动规模及发生概率,灾害造成的社会损失、经济损失,资源与环境损失等构成自然灾害风险的主要体现因素。而这些风险因素又受到多种条件的控制。

首要的控制条件是地形、地质构造、植被、气候等,它们是自然灾害发生的基础,决定了自然灾害的活动规模和概率;其次,人口、财产分布等社会经济条件决定了受灾对象拥有多大的承灾能力。随着社会经济能力的迅猛发展,人们可以在更加宽广的范围内运用防御措施,防止灾害发生,保护受灾体,使灾害损失的程度降到最低。以上所述方面和自然灾害风险的相连性是不同的,灾害活动的因子越充分,灾害出现的概率就越高,发生的规模越大,灾害风险概率越高;人口财产越密集,如大城市,对灾害的承受能力越差,灾害的可能损失越严重,灾害的风险水平就越高;人类防灾能力越强,灾害可能损伤越小,灾害风险水平越低。

综上所述,灾害活动程度分析、受灾体承载能力分析以及防灾有效度分析是灾害风险评估的主要因素。自然灾害风险程度与自然灾害的灾变程度和受灾财产的易变性呈正相关,与防灾有效度呈负相关。另外,自然灾害的不确定性和人类认识的不完备性,使得自然灾害风险的各种因素会随着时间和空间发生不同程度的波动变化,因此具有一定的离散性,离散的程度与灾害风险呈正相关。

自然灾害风险评估所要显示的核心目标是自然灾害可能达到的破坏损失水平。为了较全面地反映灾情特征,一般用期望损失值和损失概率来表示破坏程度,前者指自然灾害造成的损失额度,如万元、亿元等,也可指损失模数,如万元每平方千米等;后者指自然灾害造成的损失额与评估区域受灾财产价值总额的比率,通常用小数、百分数或千分数表示。人们一般会对历史灾情进行分析,以获得不同地区的相对损失,建立评价模型。因此,可首先进行以相对损失为基础的风险指数评价,然后再进行以期望损失额为基础的风险值评价。人们为了区分两种评价,称前者为风险指数评价,后者为风险值评价。需要注意的一点是:不管是风险指数还是风险值,其计算出的数值只代表一定时间段、一定区域内的灾害破坏的平均水平,它与发生的现实情形还是有所差别。为了描述这种差别,更好地反映灾害破坏损失的离散程度,还需要相关变差系数的计算。

自然灾害综合风险是在各单类灾害风险评估基础上进行的。因为它的内容与单类灾害风险分析大概相同,所以它所用的调查、统计、评估方法与单类灾害风险评估中应用的方法基本一致。它与单类灾害风险评估的根本区别是:它把动力来源不同、特征各异的多种自然灾害放到一个系统中进行综合评价,以反映它们的综合风险程度。要完成上述任务的基本途径是:在归一化处理的基础上,通过累计叠加取得综合分析成果。各单类灾害相应指标,如综合灾度、综合风险、综合灾变等的总和可认为是综合灾害。因此,可以采用算术累加法取得综合风险评估的各种指标值。此方法科学合理、简便易行。但应注意的是,不同种类自然灾害风险要素的指标及其含义有些相同,有的则不同,所以在放到一个系统内进行分析时,首先要对那些不同的指标通过归一化处理使之成为可以比较的量化指标,其次再进行累计叠加,最后获得所需要的综合指标。

四、自然灾害风险评估内容

联合国"国际减灾战略"从自然灾害角度提出:风险评估是对可能给人类生命、财产、生计及环境等带来潜在威胁或伤害的致灾因子和承灾体的脆弱性所进行的分析和评价,从而判定出风险的性质和范围。此概念提出之后,国内外的各类灾害评估大部分都根据此定义来进一步界定风险评估的内容。如,将地质灾害风险评估分为地质灾害危险性评价、易损性评价、破坏损失评价和防治工程效益评价四个方面;将自然灾害风险评估划分为六方面内容,自然灾害研究、风险区确定、风险区特性评价、风险区承受能力评估、可能损失评估、风险等级;根据区域灾害系统论的观点,将区域自然灾害风险分析的主要内容概括为以下四项:区域自然灾害致灾因子特征综合分析、区域相对于各类自然灾害的脆弱性综合分析、单灾种区域自然灾害风险模型和综合自然灾害风险模型的建立、灾害风险值的估算及估算结果的评价。综上所述,对于各级政府而言,可以将自然灾害的风险评价概括为以下三项内容来进行:

(一)灾变致险程度评估

灾变致险程度评估是以自然灾害的自然属性作为基本出发点,通过分析致灾因子过去的活动频繁强度和程度(必要时还须考虑致灾因子的形成条件等),来确定致险因子的强度以及可能发生性。中国地理范围非常之大,各个省市都有不同的地理气候环境。因此,各地方政府要根据本地自身的环境特色、人口分布、产业分布等来进行科学合理的灾变致险程度评估。基层政府可以通过以下三项指标,并结合当地实际情形来开展灾变评估工作。

第一,致险因子强度评估。通常依据自然因素的变异程度或承险客体所承受的自然灾害影响程度等属性指标来确定。一般情况下,可以用"无、轻、中、重、特"等级别表示。

第二,致险因子发生概率评估。通常依据一定时段内该强度自然灾害发生的次数来确定,表示方式可以用概率、频次、频率等。一般来说,致险因子的强度是与其发生概率紧密相连的,如,某种致险因子强度越大,发生概率就越小。因此,在某些特定的情形下,致险因子强度也用致险因子的发生频率来表示。

第三,致险程度综合评估。一般是通过致险因子的强度、概率及致灾环境的综合分析来评估区域的某一种灾害风险的致险等级。

(二)承险体脆弱性分析

承险体脆弱性分析指的是承险客体受到自然灾害风险冲击时的易损程度,由一系列影响承险系统对自然灾害冲击的敏感度的自然、社会、经济以及环境等因素相互作用而决定。它的本质是承险系统可获得的降低风险程度与灾害影响的能力及资源的组合。对于地方政府而言,承险客体虽具有多样性,但基本上可划为本地区固有人员、财产、经济活动范围、生态系统四个部分。而就民政管理来说,评估的主要承险体是居民点、耕地、农作物及大牲畜、房屋等。各级政府可以从四个部分来进行承险体脆弱性的评估。

第一,承险体物理暴露性评估。此评估分析主要是处在某种风险中的承险客体数量或价值量及其分布,通常用量化的统计指标来表示。

第二,承险体灾损敏感性评估。其评估主要反映的是各种不同类型的承险体对不同种类的自然灾害及其强度的响应能力。一般而言,是依据承险体物理学特征、灾害动力学机制以及历史损失资料来进行。

第三,区域社会应灾能力评估。此种评估反映的是不同区域(各级政府所管辖范围)的人类社会为各种承险体防灾所配置的综合措施的力度及针对特定灾害的专项措施力度。其中,综合应灾能力通常取决于各级政府的经济与社会发展储备、保险程度与对外开放程度(主要针对沿海地带)等;专项应灾能力则是与特定灾害的预报水平及防治工程力度相关。

第四,承灾体脆弱性综合评估。在对上述三项内容进行集成分析与综合评估后,其脆弱性要用一定的函数形式加以表达。

(三) 承险体风险损失度评估

承险体风险损失度评估反映的主要是区域承险体及各级政府在一定危险性的灾害风险事件下损失的大小,这种损失的大小既可用绝对量化的形式来衡量,也可用相对的等级来加以区分。此外,其损失评估的客体需要划分为人口、财产、生态环境三大类。人口、财产、生态环境三大类承险体的风险损失度可进一步细分为单灾种风险损失评估和多灾种风险损失评估两个层次。如上所述,致险程度评估和承险体脆弱性评估是灾害风险综合评估的基础,风险损失评价则是灾害风险评价的核心。另外,最终的风险等级划分和风险制图则是风险损失评价的概括与提炼。

第 **8** 章

应急指挥技术与系统

第一节 应急指挥概述

一、应急指挥的基本概念

指挥,即发令调度之意,多用于军队组织指挥,是军队指挥员及其机关对所属部队的作战和其他军事行动进行的特殊的组织领导活动。在宋代法律中,"指挥"即"批状指挥",是一种法律形式,是中央官署对具体公事发布的指令。南宋时期,秦桧滥用指挥,甚至出现指挥与敕令并立。现在,指挥概念已广泛应用于社会各种管理层面,主要是指上级对所属下级各种活动进行的组织领导活动。综上所述,指挥是社会组织和有组织的群体为了协调一致地达到某个目标,由领导者所实施的一种发令调度活动。

应急指挥,泛指紧急情况下的指挥活动。自 2006 年我国成立应急管理体系以来,应急指挥一词主要是指在突发公共事件应急处置活动中,上级领导及其机关对所属下级的应对突发公共事件活动进行的特殊的组织领导活动。在我国应对突发公共事件的实践中,一旦发生突发公共事件,政府及相关应急管理机构必须及时高效应对,迅即做出反应,指定专人成立应急指挥机构负责处理,并协调相关专业队伍和力量提供支持。根据突发公共事件等级,启动不同级别应急预案,协调指挥各个单位和各级组织展开应急行动。应急行动展开后,联合指挥机构迅速启用,现场应急指挥机构率救援队伍和相关保障力量及时进入事故现场。现在,应急指挥广泛应用到各个领域,每时每刻都在发挥重大作用。特别是我国近年来面临事故频发、自然灾害连续不断、灾情严重的严峻局面,应急指挥尤其重要。

突发公共事件指挥系统是一种通用管理系统。应急指挥是应急响应过程中的一个核心环节,是应急决策与处置的中枢神经,其做出的决策是各应急处置力量参与应急救援行动的指南,是决定应急处置高效与快捷的核心因素。突发公共事件现场应急指挥是现场指挥者及指挥部对现场处置进行的组织领导活动,现场所有指挥活动均围绕制订和实现决策而展开,核心工作是指挥决策。处置行动与险情及其危害会产生强烈对抗,因此,现场指挥活动时效性强、风险性大,对指挥员的决断能力要求高。指挥决策者必须在有限时间、资源和人力等约束条件下迅速判断情况,定下处置决心,在最短时间内将危害控制在最小范围内,将影响减少到最低程度。

因此,应急指挥是在突发公共事件管理中对突发公共事件应对行动的组织和领导,是指挥员及其机关为达成一定目的,对所属力量所进行的特殊的组织领导活动,是应急管理响应过程中的核心环节。应急指挥既包括地方政府(国家首脑)对参与行动的各种力量的领导指挥,也包括在行政首脑(地方政府)统率之下的各级领导指挥机构对所属力量的发令、调动、协调和控制。应急指挥活动属于应急管理的组成部分,与其目标一致。应急指挥最重要的是在紧急情况下,运用正确的指挥并充分发挥有限的应急力量控制事态发展,体现出应急指挥在突发情况下减少损失、保护生命和财产安全的效率。公共安全事件发生后,各级政府根据现场实际情况,迅速指挥调度一切可能使用的资源(队伍、物资),有针对性地开展处置工作,其目的是最大限度减少灾害损失、稳定社会秩序。

二、应急指挥的特点

突发事件应急指挥体系中应该具备通用术语、模块化的组织、整合的通信、统一的指挥、联合的指挥结构、统一的事故行动计划、适当的控制幅度、救灾所需的特定设施和适当的资源管理等。应急指挥的特点体现在应急指挥活动的特殊矛盾所决定的与其他事物相区别的特殊性。应急指挥的目的、国家和地方政府领导体制等决定了应急指挥的特点。突发公共事件应急指挥的特点可以从多个侧面来进行研究,但直接体现在指挥活动中的五个方面:

(一)决策层次高,指挥政治性强

在我国,应对突发公共事件的最高行政领导机构是国务院。发生重大突发事件,通常会成立临时性指挥机构,由国务院分管领导任总指挥,相关部门参加。各对口主管部门负责日常事务处理,统一指挥和协调各部门、各地区应急处置工作。如,在反劫持战斗中,是采取武力攻击等强攻手段还是谈判等智取方法,虽然实施行动的可能是一个小分队或单个人员,但由于时间短暂且政策性强、影响重大,因此对时机和使用方法手段的决策通常不是低层级指挥员所能决定的,往往需要现场最高领导或任务地区最高党政领导乃至国家领导层把握情况,统揽全局,审时度势,做出决策。

(二)领导体制多重,指挥联合性强

根据国家应急体制要求,应成立由各级党委和政府为主导的应急指挥力量,各个与突发事件相关的单位,即使地理上属于不同区域,或者在功能上属于不同单位,但都必须为了完成共同目标而行动。这样并不意味着每个参加应急工作的单位会丧失自身职责，而是在共同的目标指引下，多部门联合行动，使资源发挥最大效能。这是由国家领导体制决定的，体现了社会主义制度下集中力量办大事的优越性，有利于地方党委、政府在处置公共安全事件时能够及时调动和使用各方力量，形成最大的处置合力。中央政府管理约束力强，在危机应对中实施领导，令行禁止，指挥畅通，及时高效。政府全盘调动资源的能力强，可以迅速组织其他省、市、区援助，地方各部门在指挥中心控制下各司其职、协调工作，整体性好，供应充足。

（三）社会影响大，指挥风险强

社会影响是由处置突发公共安全事件的社会性和社会信息化程度所决定。当前，公共安全指挥活动处于信息化的社会环境中，指挥正误、行动成败，不仅仅在事发地影响重大，而且往往会通过现代化传媒迅速传播。指挥正确、处置成功，为国家挽回重大损失，得到群众认可，甚至在国际上树立威望。反之，指挥错误、处置失败，也将造成难以估量的影响和损失。应急指挥风险性是由应急指挥时限性及现场情况复杂性决定的。通常，应急指挥行动及其指挥都是在一定时间内进行的，加之情况复杂多变，关键时点往往稍纵即逝。这种时限性和复杂性决定了应急指挥员往往并不能完全掌握处置对象的具体情况，需在条件并不完全具备的情况下做出决策和采取行动，所以处置行动往往都冒有一定风险。

（四）担负任务特殊，指挥执法性强

突发公共安全事件情况错综复杂，有时既有一定的敌我矛盾，又有大量人民内部矛盾；既有闹事群体和地方党委、政府的矛盾，又有不同群体之间的利益冲突。应急处置任务既有军事警戒、封控、抓捕等行动，又有政治性宣传、教育、疏导等行动。突发公共事件处置任务的特殊性，客观地决定了应急指挥具有政策法律性强的特点。指挥员在组织指挥时，既要确保任务圆满完成，又要充分考虑到应急处置行动必须依据法律政策进行决策，依法使用力量、手段；要高举维护国家安全和社会稳定、维护法律尊严旗帜；在民族地区还要高举维护民族团结旗帜；要区分不同性质的矛盾，对那些受蒙蔽、受挑唆、受裹胁的群众，要理解、克制、善待；对别有用心、与人民为敌的"首恶"和顽固到底的恐怖分子，要依法使用武力；对一般犯罪行为要最低限度使用武力，把使用武力的负面影响降到最低限度。

（五）所遇情况特殊，指挥时效性强

处置公共安全事件，所遇情况突发性强，接到有关情况通报后，就必须立即部署、展开行动。突发公共安全事件中发生的情况短促激烈，甚至在瞬间决定成败。指挥员必须抓住稍纵即逝的战机，果断决策、快速反应、集中力量、速战速决，严厉打击犯罪(恐怖)分子的嚣张气焰，把对社会的危害降到最低限度。为提高应急指挥的时效性，指挥员，有时甚至是最高指挥员要亲临一线，靠前指挥，以便实时掌握情况，适时

抓住有利战机,夺取处置行动的主动权。同时,指挥员亲临一线也有利于加强对下属各级指挥员和指挥机构的控制与协调,提高指挥效能。特别是在允许的情况下,指挥员在搞好现场指挥的同时,应身先士卒,既当指挥员又当战斗员,以自身的实际行动影响和带动参与力量积极完成任务。这种做法能起到很好的效果。

三、应急指挥理论

改革开放以来的中国社会不断经历着全面而深刻的改革,地方政府担负越来越多的管理社会公共事务职责,在国家权力结构和治理过程中的重要性日益增强。为保证社会管理创新职能有效履行,地方政府从不同程度进行了社会管理创新,并取得了一定成效。2011 年年初,胡锦涛总书记在省部级主要领导干部和社会管理及其创新专题研讨班开班仪式上指出:要最大限度激发社会活动、最大限度增加和谐因素、最大限度减少不和谐因素,这是加强和创新社会管理的总要求。科学实施突发公共事件应急指挥是中央和地方各级政府履行社会管理职能的重要内容,更是社会管理创新应有之义,主要涉及以下七个方面的内容:

第一,更新政府行政观念。地方政府要更新行政观念,切实以社会公共利益为核心,密切政府与社会关系。

第二,调整职能实现秩序。政府需要解决的问题很多,即使都在法定职能范围内,但因其能力有限,也必须对政府行政功能进行进一步分类、分层。政府行政职能不是一个散乱无章的集合,而是一个有序的行列,是一个有轻重缓急秩序的逻辑行列,因而必须调整好政府职能的实现秩序。

第三,优化行政管理职能。政府行政职能是一个动态历史过程,必须随着社会形势变化而优化配置。不仅应看政府行政的规模大小和职能多少,更要着眼于政府行政在社会整体结构中的地位和作用,看它是否形成了过多行政管制,有否适应行政环境动态发展。

第四,倡导社会力量共同治理。政府要借助所掌握的权力、权威和资源,调动社会各力量的积极性,群策群力参与,主动解决社会问题。

第五,整合管理资源。随着社会发展和公众需求增长,行政管理需求也在日益增长。但由于成本限制,政府不可能无限扩张。而且政府行为是否有效,并不必然地表现为拥有尽可能多的可支配资源。相反,资源再多,如果没有得到整合和优化,则连政府的基本功能也无从发挥。合理的优化和整合资源是政府改革的必然选择。

第六,再造管理流程。政府再造是指以"三 E"(Economy, Efficiency and Effectiveness,即经济、效率和效益)为目标的政府管理体制全面转型。联结目标、结构、功能与效果流程再造在转型过程中尤为重要。如北京市东城区"万米单元网格管理法"和河北省石家庄政府推行的"无缝管理工作法",都是通过创新机制、优化职能和业务流程重组等手段,实现城市流程体制再造,对社会实施精细化管理,降低成本、节约资源、提高行政效率。

第七，改进管理方式。社会管理领域存在着因传统思维定式、管理方式落后而导致行政效率低下的问题。旧的管理方式已不能解决新问题。经济社会发展要求变革行政手段和管理方式，利用行之有效的社会化手段和新管理技术，切实在促进社会管理规范化的过程中，提高政府的社会管理效能。

四、应急指挥现状分析

（一）应急指挥典型模式

我国政府突发公共事件应急指挥的完善是一个理论研究与具体实践互相促进的过程。在迎战 SARS 事件中，我国政府成立了全国防治非典型肺炎指挥部，组织医疗、科研、物资等方面的力量进行有效的应急管理。以此为契机，我国从政府决策、预案编制到实体建设都采取了一系列举措，取得了很大进展。国内许多大中城市都在建设或者已建成应急联动指挥中心，并根据各自不同情况和特点，发挥优势，取得建设性成果。其中比较典型的模式有以下四种：

1. 以北京为例的代理指挥模式

整合条块关系，强化属地指挥。与其他城市不同，作为首都，北京市内发生的突发公共事件不是北京市委、市政府所能决定的，需要中央政府做出决策，具有最明显的"首都体制"特点。2004 年，北京市根据国务院要求，制定颁布了《北京市突发公共事件总体预案》，规定成立北京市市长率市委、市政府、各专项指挥部、政府相关部门和北京市军队、武警部队负责人参加的北京市突发公共事件应急委员会，该委员会作为全市危机管理决策层，由市长任主任，设立处置公共卫生、自然灾害、事故灾难和社会安全事件四个副主任，由分管领导担任。市政府办公厅加挂市应急指挥中心牌子，负责处理应急管理工作日常事务。遇有突发公共事件时，以市应急指挥中心为指挥平台，实施处置。如事件牵扯面广，在北京市委、市政府一级不能处置时，向党中央、国务院申请成立"首都突发公共事件应急委员会"，由党中央、国务院指定领导同志实施统一指挥。

2. 以上海、扬州为例的协同指挥模式

多元指挥协调管理机构与应急响应机构相对接。上海市设立减灾领导小组，指挥决策全市减灾工作，并负责处理日常事务。在决策层下面，设立抗震、防汛、防火等委员会，由相应职能部门负责管理。市公安局加挂市应急联动中心牌子，作为全市突发公共事件应急响应中枢和指挥平台，并负责日常管理工作。全市应急管理工作仍由各灾种协调机构负责，没有常设的统一管理机构。当发生突发公共事件时，相关联动单位可以进驻联动中心实施指挥，联动指挥中心协助指挥。联动指挥中心与各灾种指挥机构是"多对一"的关系。这种模式管理难度大，在实际执行过程中，容易出现多头领导、程序复杂等问题。扬州市各政府部门建立各自分节点业务指挥系统，政府建核心数据交换与指挥中心节点，将各个部门的指挥系统利用网络融合在一起。各

个部门按照分工,密切协作,实施统一指挥,联合行动。市应急指挥中心不包办代替指挥功能,只作统一调度,统一配置资源。这种指挥模式适用于资源受制约、规模较小的城市突发公共事件处置。

3. 以广州为例的授权指挥模式

依托公安部门建立社会联动指挥机制。广州市政府以公安 110 指挥中心为平台建立市应急中心,并牵头联络政府相关应急部门实施联合办公、联合行动,构建城市应急联动系统,负责对全市突发公共事件应急处置统一指挥调度。市政府设立市社会服务联合行动领导小组作为应对突发公共事件的议事总协调机构。各部门按灾种分设协调管理机构,负责相关突发公共事件应急处置指挥和协调;分别设置灾害救援中心,负责各类相关突发公共事件应急处置。一般性突发公共事件由各主管部门进行处置,重大突发公共事件应急处置由市应急中心进行统一指挥调度。

4. 以南宁为例的集权指挥模式

建立直属地方党委政府领导的应急处置事业单位,集中指挥。南宁市城市应急联动系统充分利用现代的通信技术,通过全面的组织、资源和信息整合,建立统一接警、统一指挥、联合行动机制。该系统于 2002 年 5 月正式运行,是我国最早的城市应急管理体系,也是我国城市公共应急救助体系改革的有益探索。南宁市应急管理系统整合了政府和社会所有应急资源,由政府牵头,实施一级接警、一级处警,统一协调各警种联动,统一配置资源,集中办公。这样做的好处在于,关键信息和资源能够共享,指挥层次少,效率较高。南宁市应急管理系统组织结构十分简单,主要分为市应急联动中心和联动部门两级。其中,联动中心负责直接处置突发公共事件,代表政府全权行使应急联动的指挥大权,并具有三类特殊权力,即:越级指挥权、联合行动指挥权和临时指定管辖权。

综合分析近年我国地方政府应对突发公共事件的实践经验,可以发现应急指挥的共同趋势:一是通过组织协调、资源配置和信息整合,强化统一指挥、整体协调和联合行动。二是由政府决策协调机构统一领导应急工作组织,其办事机构负责日常应急事务管理。在重大突发公共事件发生时,国家或地区成立联合指挥部,实施统一指挥。三是以公安、消防和医疗救助为主要部门,统一接警;以军队、武警部队、民兵预备役力量为重要援助力量,充分发挥政府机关和社会的力量,实施联合行动。四是针对地震、洪灾、核事故等专业性、行业性较强的突发公共事件,继续由各相关专业管理组织应急处置工作。五是利用现代通信技术,建立统一完善的城市应急指挥信息系统和信息资源共享网络。六是注重提高全社会参与处置突发公共事件的程度和能力。

(二) 应急指挥现状中存在的问题

我国现有公共安全应急指挥,表面上依托社会主义制度便于集中力量办大事的优势,好像政府一声令下,各种力量便速即出动,一呼百应,高效处置。然而,在实际运行中,却是既缺乏机构,又缺乏人员,具有浓厚的临时色彩,在应对大型突发公共事件中,就不可避免地出现仓促应战、指挥不力、力量分散、合力不强、效率低下和资源浪费等问题,与构建社会主义和谐社会的要求还有很大差距。这具体表现在以下 5 个方面。

1. 应急指挥存在重大失误

在突发公共事件处置行动中,指挥员对现场态势判断不准,敏感性不强,往往导致事件升级、恶化,致使后续处置难度加大,甚至造成惨重损失。纵观近年来我国政府处置的多起突发公共事件,从应急指挥角度来看,还是存在许多问题的。尤其是因指挥员指挥决策失误造成的损失无法估计,虽然不如战场指挥员指挥失误导致战争失败那么严重,但如果细细追究,还是可以从一些惨痛的教训中找到指挥员能力素质低,现场组织指挥不得力等方面原因。

2. 应急指挥机构不合理

一方面,应急指挥组织机构没有统一标准。发生突发公共安全事件时,各类临时指挥机构向事发地"扎堆"设置,各类力量得不到有效整合,甚至造成"混乱局面"。另一方面,应急指挥部内部组织结构设计存在职能缺失。如,在青海玉树抗震救灾行动中,现场指挥部没有设置情报组,对灾害情况进行收集、分析和研判,不能及时将现场情况传达到各级救援力量,导致各级指挥员不能依据情况,实时做出判断,定下正确决策。另外,现场联合指挥和各子应急指挥部的内部组织机构名称、职责、任务、权限和数量没有统一标准,往往出现职责不明、任务不清、功能不全和协调困难等问题。

3. 应急指挥信息对接存在障碍

一方面,突发公共事件情报信息传递不及时。发生各类突发公共事件时,以政府部门为单位逐级汇报,缺乏快捷、有效沟通渠道。由于信息分散和部门垄断,应急指挥信息无法在危难时刻统一调集和迅速汇总。如,医疗卫生体制因为条块分割,不仅给疫情统计与信息传达制造了障碍,也直接影响了对公共卫生灾害的防治。另一方面,突发公共事件处置信息披露不够透明。地方政府部分官员长期以来养成了好大喜功的传统积习,习惯对外、对上报喜不报忧,致使信息不充分、不准确,对信息反应不灵敏,直接导致指挥决策层对于危机严重性及其危害性的误判,不仅贻误时机,甚至影响了国家的国际声誉。个别地方、个别部门甚至在危机管理决策中产生重大失误——比较典型的案例是 SARS 和松花江污染事件。

4. 应急指挥协调不力

在应急处置行动中,参与处置的力量分别来自政府主管的公安、卫生医疗各部门以及解放军、民兵预备役、武警等多家单位,不同行业、不同层级、不同建制、不同地域的力量协同处置。由于欠缺明确的法律规范和实质操作中的协同训练、演练,有的单位甚至还在一定程度上存在本位主义思想,指挥协调难度非常大。以 1 个县(区)级防汛指挥部为例,防汛指挥部成员单位通常在 30~40 个左右,各项工作不可避免地存在许多交叉和互相衔接的问题,甚至各相关单位的工作都是互为前提条件,某一个单位工作没有完成,另外一个单位的工作就不能展开。然而在工作实践中,有些单位难免存在"本位主义"思想,加之各单位领导关注重点不一样,导致在防汛救灾行动中,防汛指挥部门和各相关成员单位要投入很大一部分精力来做协调工作。特别是属于国家武装力量序列的解放军、武警部队、民兵预备役等,由于其编制体制特殊,内部必须实施集中统一指挥,如不搞好统筹,明确要求,则现场必然会出现"多头指挥"的局面。另外,中央、省直属的企业单位在地方发生了重大事故时,还往往容易出现与当地政府以及有关部门不协调的问题。信息通报不及时,地方政府无法配合救援,导致事故影响扩散,"小灾"酿成"大祸"、"单灾"变成"多难"。

5.　应急指挥效率低

目前,我们的应急机制模式中指挥机构庞大、指挥层级繁多的问题仍然十分突出。我国在应对和决策重大事件时,往往采取民主集中决策的方法。各类突发公共事件涉及范围广泛、影响重大,需要各级领导审慎决策。从接受情报信息开始,层层上报,经多个层级才能报告到最高决策领导(具有最终决策权);在处置之初,又要层层开会,反复研究讨论,才能形成最终决策;在处置开始后,又要层层开会动员,逐级传达部署。各级领导大部分时间和主要精力都用于开会,决策时间长,准备时间短,使各项工作的落实大打折扣,应急处置工作效率受到很大影响。这种指挥体制和模式,势必造成行政成本高,行政效率低。

第二节　国外应急指挥体系分析

一、美国应急指挥体系

美国应急指挥体系是由行政首长领导,联邦协调,州和地方负责。从 20 世纪 60 年代开始,美国规划建设了覆盖全美国的"911"紧急救助服务系统,实行统一接警、统一处警。县、市一旦发生突发公共事件,一线监控人员或志愿者向应急处理中心报警,中心负责人立即向该地区行政长官(县、市长)报告,县、市长担任现场最高指挥官,立即进入事件现场组织指挥相关力量进行处置,并决定是否进入紧急状态。当县、市一级地方力量不能应对时,立即逐级向郡、州和国家申请援助,上一级地方行政长官立即成立指挥机构(办公室),派遣力量参与处置,领导指挥救助和恢复工作。当灾害事件十分严重,总统决定启动联邦援助计划时,总统通常任命联邦协调官员奔赴事发地点,在事发州协调官员的参与下,建立现场受灾指挥机构,迅速调动各方必要资源实施救援处置工作。

在"911"紧急救助服务系统基础上,美国还逐步完善机制,构建了覆盖全国的应急救援网络。由于美国实行的是联邦政府与地方政府分权制度,各地应急处置机制各不一样,各个联邦州、县、市均有应急救援机构。突发事件发生后,通常以本地区处置为主。当事态严重,超过本地区处置能力时,即向上级请求援助。1979 年,美国建立联邦应急管理署(FEMA)。FEMA 把原来分散于政府建立的防火办公室、气象服务局、保险办公室等部门的职能集中统一起来,主要负责对如地震、洪水和恐怖等灾害事件进行应急管理,统筹支援全美国灾难事宜。

二、日本应急指挥体系

日本应急指挥体系是由行政首脑指挥,综合机构协调联络,中央会议制订对策,地方政府具体实施。二战以后,日本在总结历次大的灾害事故经验教训基础上,逐步建立危机管理体系。从 20 世纪 50 年代的以政府部门为主实施单灾种管理,到 20 世纪 60 年代实施综合灾害管理,再到 20 世纪 90 年代中后期实施的综合危机管理,在历经两次管理体制机制转换后,日本形成了三个特点鲜明的发展阶段,建立了相对完善的从中央到地方的危机管理体系。特别是 1995 年 1 月和 3 月,日本经历"阪神大地震"和东京地铁沙林毒气事件后,开始反思过去以单部门为主、以防范自然灾害为主的单一灾害管理体制的不足。从 1996 年开始,日本成立了以内阁首相为最高指挥官的指挥机构,指定内阁官房全权负责应对危机工作,实现了由单纯的灾害管理向综合性的危机管理转变。主要体现出三个方面特点:

第一,建立权威性较高的危机指挥机构。国内设立直属内阁官房的危机管理监,作为国家最高危机处置机构,负责政府所有应急处置工作。危机管理监下设内阁危机管理中心。根据灾害处置需要,国家成立灾害对策本部,必要时由首相亲自担任部长,实施坐镇指挥。

第二,全面提高政府综合危机管理能力。修改和完善法律法规,规范部门协作规则,强化政府综合行政管理权力,提高各级政府综合行政能力和现场指挥水平。日本还设立了紧急召集对策小组,防止出现指挥人员不到位、有令不行、有禁不止的混乱局面。

第三,提升原有灾害管理机构地位。首相亲自担任"中央防灾会议"会长,负责全面应对全国自然灾害事件,负责国土交通的大臣和其他内阁成员为成员,并新增一名"防灾担当大臣",专门负责防灾工作,强化管理、防范工作。

三、俄罗斯应急指挥体系

俄罗斯应急指挥体系是以国家首脑为核心,联席会议为平台,相应部门为主力。俄罗斯在叶利钦总统时期,就成立了俄罗斯联邦紧急救灾部,又称民防事务、应急情况和救灾部。紧急救灾部是处理应急情况、抗击各种灾害的政府职能部门。紧急救灾部是俄罗斯"五大部"之一,与国防部、外交部、反情报组织和对外情报组织四个部门并列。

紧急救灾部下辖联邦抗洪救灾委员会、联邦森林灭火机构委员会、联邦营救执照管理委员会等若干委员会,负责协调处置防灾减灾任务。紧急救灾部设有地区性中心,指挥控制中心,民防和应急司令部,专职救援队伍。地区性中心负责各个联邦主体的救灾活动,统一指挥有关管理机关、民防和军事指挥机关,处置突发公共事件;指挥控制中心设在莫斯科和各共和国等联邦主体,下设 80 个中央搜索分队,每个分队200 名队员;民防和应急司令部设在有化学工厂的各个城镇;专职救援队伍主要为搜索部队、民防部队和消防部队等。另外,俄罗斯还设有培养救援人员和领导干部的民防学院、若干训练与方法中心和实验控制中心等。

俄紧急救灾部的职责主要有:向国家提出应对突发公共事件相关建议;为灾害管理系统制订相应职责;管理民防、搜索和营救力量;为应对大规模灾难、突发灾祸以及其他应急事故的活动提供业务指导;组织人员培训,指导灾害管理机构和部队的应急救灾工作;组织国际合作等。为确保处置灾害时从容不迫,紧急救灾部建立健全了工作机制,具体表现为以下三点:一是统一接警机制。全俄罗斯自 2002 年起将紧急情况呼叫电话改为"01",遇到任何紧急情况时,居民都可拨打这个电话。以此为基础,救灾部建立了全俄罗斯和各地区的紧急情况监督和预测中心。二是预先准备机制。紧急救灾部经常就应对各种灾害开展演习,并充分借鉴其他国家处理类似事件的各种预案,完善本级预案。三是快速反应机制。除继续录用原民防部 2 万余名民防人员外,还招募了 1 万多名新民防人员,对服务人员实行合同制,极大地提高了工作效率。

综合来看,国外突发公共事件应急指挥工作研究起步较早,实践较为成熟,建立和完善了科学合理的体制机制。国外的应急指挥体系无论是在组织整合、信息整合、还是资源利用、法制建设等方面都有较高水平,主要有以下共同特点和趋势:一是行政首长由最高领导担任,全面领导国家突发公共事件指挥和管理工作。直接下属的应急管理机构负责日常管理,遇到重大紧急事件时,由担任最高指挥官和最终决策者的行政首长实施决策,并对关键性资源进行指挥调动和处置。二是日常的应急管理工作和紧急状态下的具体协调工作由常设应急管理机构负责处理。三是成立应急管理委员会或联席会议辅助决策。对于跨部门的综合性决策和指挥,行政首长通常依靠应急管理委员会或联席会议提供辅助决策和咨询,应急管理委员会还兼负宏观信息中心和最高协调中枢功能。四是强调全过程的应急管理。五是操作主体为地方政府。地方政府实施应急管理任务,强调公民团体、社区和志愿者组织等多方力量的协作。六是建立健全应急管理的相关制度,实施标准化应急管理等。

四、关于改进我国应急指挥体系的建议

（一）应急指挥机制介绍

应急指挥体制反映的是应急指挥组织形态及其权力划分,是由应急处置现场具体形态和特殊要求决定的。应急指挥体制是指由参与应急处置力量联合的指挥体制,该体制最大特点是政军警民指挥大合成。从本质上说,应急指挥体制是高合成、大合成指挥体制。因此,必须针对突发公共事件参与力量多元、协同要求高的特点,建立高度集中的应急指挥体制。

1. 科学确立应急指挥体制的基本原则

应急指挥体制确立涉及国家或地区政治、经济、自然和社会等多方面因素，并且随着人类社会进步和应对突发公共事件变化而不断调整和完善。根据近年来应对突发公共事件的实践，我国应急指挥体制应把握以下原则：一是党委（政府）领导。中国共产党在我国国家生活中的领导地位，以及中国政府在我国经济社会发展中的主导地位，决定了党政组织在应急处置中的领导地位，发挥的领导核心作用。党委在应急指挥中主要起政治领导作用，使各个阶层力量统一到突发公共事件应急处置中来。政府则发挥行政领导作用，运用单一制国家体制和命令指挥以链条为基础的组织体制，指挥实施各项应急处置措施。在实际应急处置过程中，党委和政府两种领导体制有机结合在一起，形成坚强有力的领导核心，作为一个整体，指挥各级应急处置工作有序开展。因此，一切应急指挥和处置行动都必须在党委、政府统一领导下进行，这是应急工作开展的根本原则。

2. 规范应急指挥组织的基本结构与职能

根据我国应急实践经验，借鉴国外经验，我国各级、各类应急指挥机构应当按照模块化要求设置现场指挥部、联合协调中心，以及其他各类应急指挥机构，科学配备人员，明确职责和相关保障，并实行一元化指挥。在这个原则下，将突发公共事件应急指挥协调机构划分为现场应急指挥机构和应急联合协调机构两个层次。即在各类突发公共事件现场，建立以事发地地区为基础，政府分管领导（副职领导）、部门副职率相关业务单位副职领导参加的现场应急指挥部（或称为一线指挥部），统一指挥现场专业救援、地方救援和解放军、武警等各方面的力量，使现场的各类应急处置行动在统一的指挥框架下展开。不直接参与现场救援行动的相关各方，在场外建立由主要领导（正职首长）、部门正职率相关业务部门主要负责人参加的联合指挥中心（或称联合指挥部），研究决策重大行动，集中、统一协调相关处置行动，并为各方现场救援行动提供各类所需的援助，特别是为现场应急指挥机构提供各类资源保障，而不直接指挥应急救援处置行动。

在指挥实体建设上，国家中央政府要建立一个由国务院主要领导（或总理或国务委员）牵头的处置突发公共事件综合协调部门，独立设置机构，隶属于政府机构序列。该机构下设立专门应对突发公共事件的职能部门。综合协调部门在平时主要起预警、预测、监控、咨询和业务指导作用，一旦发生突发公共事件，立即转化为国家应对突发公共事件的具体指挥与协调机构，针对事发地分配资源，指挥协调有关部门开展处置行动。省、市级政府要建设由应急指挥中心、专业指挥中心、联动指挥中心构成的高水平应急指挥系统，从根本上提高突发公共事件应对能力。

3. 理顺指挥关系

当不同军（警）种、不同建制、不同级别、不同专业单位在同一地区遂行突发公共事件任务时，必须明确和理顺各任务单位指挥协同关系，形成合力，协调一致的行动。

针对遂行突发公共事件行动力量多元化的实际,按照"条块"结合、以"块"为主的组织模式,相关单位和部门指挥人员在国务院和各级地方政府领导下,赋予其对属地政府或相关部门对区域或辖区所有任务单位实施统一指挥的职责,明确各任务力量之间指挥、指导、协作等不同指挥关系,确保对解放军、武警、公安和相关部门的行动实施有效指挥。汶川地震发生后,现场迅即建立了抗震救灾指挥部、成都地区抗震救灾联合指挥部和责任区指挥部、抗震救灾部队指挥部等指挥机构,对参加抗震救灾的所有军队、武警部队以及专业救援力量实施统一指挥,确保救灾行动高效、有序。

（二）应急指挥机制要求

建立健全衔接紧密、运转顺畅的指挥运行机制,是提高快速应急能力的组织基础,是确保应急处置力量有效遂行突发公共事件处置行动的重要保证,也是促使应急管理和应急指挥逐步走上规范化、制度化轨道的必然要求。处置突发公共事件的行动关联多个体系,力量多元、指挥程序复杂,应从实际出发,科学地建立一套整体联动、严谨有效的指挥运行机制。遂行此类任务时,参与者面临迅速转换任务、准确获取信息、行动准备快速到位和高效处置等多个环节的复杂严峻考验,对应急指挥提出了很高要求。

1. 建立快速应急启动机制

突发公共事件发生突然,具有不确定性,时间紧迫,因此建立灵敏的应急启动机制非常重要,也十分必要。必须针对突发公共事件类型和规模,依托平时所建立的应急管理工作领导机构和应急响应制度,明确指挥机构启动程序、方法和步骤,完善各种应急行动预案,理顺各种领导与指挥关系,确保遇有情况时能够启动相应指挥机构和应急预案,迅速组织军警民力量展开救援行动。

2. 建立情报共享机制

准确的情报信息保障是科学决策、精确指挥、高效行动的基础和前提,也是及时、准确、快速处置各种突发情况的重要保证。经过多年建设,国家已经初步建立起各类突发公共事件和灾害监测预警系统,情报信息的收集、分析和预警能力大大提高。要充分发挥应急指挥共享机制作用,利用各方的情报信息资源,增强当地政府、公安、军队、武警以及安全部门的联系,并定期组织信息交流,共享信息资源,变被动为主动,及早防范,预作准备,提高指挥和处置效率。

3. 建立科学决策机制

实现科学决策,使决策成为双向乃至多向互动过程,及时听取各方意见和建议,适时调整方案和计划,使处置行动更加符合应急事件处置的要求。特别是各类应急事件发生非常突然,政治敏锐性很强,专业处置要求非常高,处置行动指挥机构应坚决贯彻上级指示要求,主动汲取所属指挥机构意见、建议,严格遵守国家法律法规,尊重当地风土民情,充分发挥广大官兵与专家的作用,形成科学决策机制,切实提高应急行动决策的合理性和科学性。

4. 建立协调控制机制

协调控制是实现处置行动目的的关键环节。应急处置行动力量多元、关系复杂且单位分散,为增强指挥效能,应建立综合情况掌控、信息研究会商和指挥手段调节等协调机制,加强政府与任务单位的沟通协调,跟踪掌握一线情况,对处置行动实施有效协调控制,确保政令畅通。特别是有军队和武警部队参加的军地联合指挥机构,其内部之间的指挥关系具有统一领导、分别实施的鲜明特点,也就是说,军地联合应急行动在联合指挥机构统一领导下,分别实施、内部垂直指挥。这就需要政府应急管理部门发挥横向协调作用,切实搞好军地双方之间的沟通协调,确保军地双方能够形成整体合力,最大限度发挥联合应急处置效能。

第三节　应急指挥系统

一、应急指挥系统的界定

为贯彻落实党中央和国务院关于加强突发公共安全事件应急体系和能力建设的有关精神,提高社会应急的响应速度和决策指挥能力,有效预防、及时控制和消除突发公共安全事件的危害,保障公众生命与财产安全,维护正常的社会秩序,促进社会和谐发展,应建设突发公共安全事件应急指挥中心。

公共安全事件应急指挥中心是应急指挥体系的核心。在处置公共安全应急指挥事件时,应急指挥中心需要为参与指挥的领导与专家准备指挥场所,提供多种方式的通信与信息服务,监测并分析预测事件进展,为决策提供依据和支持。同时,"十二五"期间应急指挥系统节点已拓展至县级系统,建立了必要的移动应急指挥平台,以实现对各级各类突发公共事件应急管理的统一协调指挥,实现公共安全应急数据及时准确、信息资源共享、指挥决策高效。不仅如此,随着信息化建设的不断推进,公共安全事件应急指挥系统作为重要的公共安全业务应用系统,将与各地区信息平台互联,实现与省级信息系统、监督信息系统、人防信息系统的互联互通和信息共享。

应急指挥系统的建设是一个复杂的系统工程,涉及公共安全、监控管理、报警联动、计算机、通信、监控等多个专业领域。应急指挥中心应按时、优质地规划好、建设好,以构建起指挥统一、功能齐全、反应灵敏、运转高效的突发公共事件应急机制,切实提高地方处置突发公共安全事件的能力。

应急指挥系统是指政府及其他公共机构在突发事件的事前预防、事发应对、事中处置和善后管理过程中,通过建立必要的应对机制,采取一系列必要措施,保障公众生命财产安全,促进社会和谐健康发展的有关活动。应急指挥系统可以全面地提供现场图像、声音、位置等具体信息。地理信息系统技术和空间技术的迅速发展,使其应用扩散到了各个行业。地理信息系统是处理空间数据的有效工具,能够集地理数据和地图的存储、管理、应用和分析于一体,能够使各种空间数据图形化、信息化,为政府部门决策提供重要的地理信息参考,地理信息系统已经成为许多机构必备的工作和决策支撑系统。

城市处于正常状态时,应急指挥系统通过常设的职能机构对全市的公共安全情况进行监控,利用应急指挥平台的信息管理功能,收集挖掘本地区各方面的安全实时信息,包括地震局、气象局、水利部门、交通局、公安局、民政局以及当地相关职能部门发布的地区危机预测信息和周边地区危机动态报告。同时,各相关部门应在平时负责检查各类安全事故隐患,并定期组织城市重大应急预案的演练,长期开展全民安全素质教育等。

城市中一旦发生突发公共事件,政府及相关应急管理机构必须及时高效地对突发情况进行迅速反应,成立由专人负责处理紧急事宜并有相关专业队伍提供支持的应急指挥机构,根据突发事件的等级高低,启动相应的应急预案,通过以指挥通信调度系统为基础的应急指挥平台快速、实时、准确地收集和处理应急信息,协调指挥全市各个相关组织单位和下属区县进行应急救援行动。应急指挥系统可以分为组织构成和技术构成两大部分。组织构成是指建立应急管理体系中相应的权力机构和辅助机构。比如,以市长为最高决策人的应急管理委员会作为城市应急指挥的最高权力机构,由政府常设的各相关职能部门保证其日常运转,不同领域专家组成的专家委员会则作为应急管理体系中的辅助决策机构。技术构成主要是指城市突发事件应急指挥平台的建设,除了组织相关的专业技术队伍外,还主要包括应急指挥系统软件的设计和相应的硬件配备这两个方面的建设。

二、应急指挥系统的分类

根据应急指挥系统使用者的不同,我们可将应急指挥系统分为执行型应急指挥系统(简称执行型系统)和决策型应急指挥系统(简称决策型系统)两类。执行型系统的使用对象是市级各应急响应职能部门的应急指挥中心,决策型系统的使用对象就是市级应急指挥中心。对执行型系统尚不完善的城市,及时改造升级执行型系统是很有必要的。然而,考虑到城市公共安全的长远利益和根本大局,市级应急指挥系统建设还是必须以决策型系统为目标。

按照业务机制划分,城市突发事件应急指挥体系大致有四种模式:集权模式、授权模式、代理模式和协同模式。

1. 集权模式

由市政府成立专门的城市应急联动中心,该中心代表政府全权行使应急指挥大权,将公安、消防、医疗等专项应急职能统一纳入进来。该模式的特征是:政府牵头、集中管理,应急指挥中心是政府管理的一个部门,有专门的编制和预算;政府将所有指挥权归于应急指挥中心,在处理紧急事件时,该中心有权调动政府的任何部门。国内第一个建设应急联动指挥系统的南宁市就效仿美国的 911 应急联动中心。这种模式存在的最大问题是:跨部门间的资源整合困难较大,整个应急指挥系统的运行机制有待改进。目前,国内尚无其他城市完全照搬此模式建设突发事件应急指挥系统。

2. 授权模式

市政府利用现有的应急指挥基础资源,将应急联动的指挥权授权给公安,以公安110为基础,协同其他联动部门共同出警。在紧急情况下,公安代表政府调动各部门联合行动,并代表政府协调和监督紧急事务的处理。处理重大公共突发事件时,则由市政府出面,成立应急小组协调各部门。此种模式在广州、上海等大城市经过多年的建设,已形成了一套比较成熟的应急联动指挥系统。该系统由于保持了现有各个行政部门的体系,建设投资小,为国内大部分大城市所采用。然而,授权权限的大小是该模式的关键所在。当发生特大城市突发事件时,往往只有政府最高决策机构才能指挥协调各职能部门进行应急响应。天津大学计算机学院教授王文俊认为:"没有政府牵头,单靠一个部门是不现实的"。正因为如此,授权模式只能作为我国应急指挥系统的一种过渡模式存在。

3. 代理模式

政府成立统一的接警中心或呼叫中心,负责接听城市的应急呼叫,根据呼叫的性质,将接警记录分配给一个或多个部门去处理,并根据各部门处理情况反馈报警人。代理模式以北京为典型代表,该模式适合于那些各个应急部门相对独立但部门本身的体系完整而庞大,应急反应机制高度发达和成熟的情况。尽管代理模式由政府牵头,统一了紧急呼叫的入口,但还不是真正意义上的联动的应急指挥系统。

4. 协同模式

该模式适合于那些中小型城市,政府对行政体制调整没有太多的权力,现阶段也很难保证用大量资源来重构应急指挥体系。多个不同类型、不同层次的指挥中心和执行机构通过网络组合起来,按照约定的流程分工协作,联合指挥、联合行动。协同模式一般由一个政府指挥中心、多个部门指挥中心和更多基层远程协同终端构成。政府和部门之间的信息互联互通,政府可以查看到应急事件的处理情况,各个部门之间也可互通应急数据。但是当突发事件发生时,只有应急数据的共享还是远远不够的,还必须为决策准备许多历史参考和分析模型。

三、应急指挥系统的架构思想

1. 以人为本

无论是从最高决策者的角度考虑,还是从具体执行部门的角度考虑,应急的最高原则都应该是保护人民的生命安全。坚持以人为本,就是在任何情况下都要确保群众的人身安全,绝对不能拿生命冒险。任何应急救援活动的首要目标和应急措施都要首先保障人的生命安全,既要保护受突发事件影响的人民群众的生命安全,还要充分考虑到应急队伍自身的安全。

2. 重在预防

城市突发事件应急指挥系统不仅具有对突发事件应急响应和处置的功能,同时其常设部门(如市应急办)更要重视突发事件的预警和预防,在事故即将形成或没有爆发之前,采取应变措施,防范和阻止事故由预警期进入到应急响应期;事故发生和扩大蔓延之前,通过预警期的活动能迅速提高警备级别,动员准备力量,加强应急处置能力,把事故控制在应急预案所策划的特定类型或指定区域,确保事故在演化成危机前进入到恢复期。

3. 及时响应

由于突发事件的突发性、紧迫性和破坏性等特征,其社会危害扩散效应显著,应急响应速度与事故危害程度紧密相关。突发事件早期的应急救援工作对保护人员生命和财产安全、减小社会危害的意义重大。所以,突发事件一旦发生,政府及有关应急指挥决策机构必须在极短的时间内做出正确的应急反应,争取获得控制事态发展的主动权。

4. 统一指挥

在具体实践过程中,城市突发事件应急指挥系统的组织结构可能根据实际采用的运行模式的不同而略有区别。但是,在突发事件应急处置时,所有具体的应急响应执行部门和机构都必须服从最高应急指挥机构或授权单位的统一指挥和资源调配,以确保各参与单位既能够充分发挥自身的专业作用,又能够相互协调配合,提高整体效能。

5. 应急联动

在具体的突发事件应急过程中,单靠主管职能部门一个部门的力量往往很难解决问题。在应急实践中,政府的突发事件应急指挥最高决策机构应急委员会一般会根据事故类型对相应的主管职能部门授予其调动其他相关专业部门参与配合应急行动的权力,实现突发事件的应急联动,各部门发挥自身专业优势,部门间分工协作、资源互补。

四、应急指挥系统的总体框架

随着社会经济水平和科技水平的飞速提升,社会生产力正一刻不停地迅猛发展,社会分工的程度也在逐渐加深,越来越细,从而也导致了社会结构变得越来越复杂,社会中的不稳定因素比过去大大增加,整个社会的脆弱程度也在不断上升,整个社会环境受突发公共事件破坏的可能性正日趋加大。我国各级政府希望通过深入的研究和积极的探索,找到某种行之有效的方法和措施,建立一个可以对突发事件事前预防以及在突发事件发生时妥善做好应急处理的机制和体系,以维护社会稳定和保障人民的生命财产安全。尤其是在城市中,由于很多突发事件爆发后会带来一系列严重后果,使得突发事件的应急指挥管理已经成为各级政府乃至全社会关注的重点问题。

然而,当前的现实情况是:在城市重大突发事件应急处置过程中,相关决策部门尚未建立起快速高效的应急指挥体系,没有形成一套完整的、系统的突发事件应急处置方法。尽管很多突发事件一开始往往以单一事件的形式出现,按照现有的行政管理,一般由专业部门组织应急,但随着事件危害的升级,需要进行跨部门的指挥和协调。而且,还有不少突发事件一出现就呈现出复杂、不确定的状态,单个政府部门无法独立应对。面对重大而又复杂多变的突发事件,必须由城市最高应急指挥机构负责全局的应急组织、协调和管理等工作,全面履行应急指挥的各项职责。与此同时,应急指挥机构作为当地行政区开展应急管理常规性工作的基本载体,还必须履行应急管理的一些日常性的任务。在研究借鉴国内外应急管理方面的成功实践经验的基础上,探索出适合于当前实际情况和要求的应急指挥管理方法是突发事件应急管理研究领域的工作重心之一。另外,还需建设与预案要求相适应的应急指挥系统,依托高水平的应急指挥系统,全面履行应急管理的各项职能。

现代城市不仅具有海量的科学技术、巨大的物质系统,同时还包括了人的因素。如果说人是客观世界中最复杂的一个巨系统,那么众多人聚集在一起的社会系统就更为复杂了。对现代城市的管理必须遵从复杂巨系统的规律。现代城市的复杂性决定了城市管理工作的复杂性。城市管理是指以城市这个开放的复杂巨系统为对象,以城市基本信息流为基础,运用决策、计划、组织、指挥、协调、控制等一系列机制,采用法律、经济、行政、技术等手段,通过政府、市场与社会的互动,围绕城市运行和发展所进行的决策引导、规范协调、服务和经营行为。据统计,现代城市管理涉及的各类因素已达 10^{12} 种。由此可见,城市突发事件应急管理系统是一个涉及面广、影响因素多的错综复杂的系统工程。建立系统框架模型主要有以下几个目的:

1. 为应急指挥系统提供简化的表现形式

城市突发事件应急指挥决策体系作为城市突发事件应急管理系统的一个重要组成部分,具备与外部环境进行信息、能量、物质交换的"开放性"特点,也属于一个涉及多部门协同的、多层次多维度多功能的动态人机交互复杂巨系统。而应急指挥系统的框架模型将现实系统中的关键要素和流程抽象出来,并按照一定的原则和标准来描述各要素及其要素间的联系,形成较为简化的表现形式,使得系统开发人员能够更容易理解系统的实质内容和功能需求,便于进一步完善和优化系统功能。

2. 分析应急指挥系统的具体运行模式

由于城市突发事件应急指挥系统是一个多层次多维度的复杂巨系统,不仅实际参与应急行动的部门和机构众多,而且这些部门和机构还存在着彼此关联的隶属关系和协作关系,具体的应急响应流程、执行手段和多部门应急联动就更加复杂多样。通过构建系统框架模型,将具体的城市应急指挥运行模式系统化、条理化,有利于应用理论分析方法对系统状况进行分析和评估。

3. 促进应急指挥系统的优化和重构

城市突发事件应急指挥系统的复杂巨系统特性使得传统的分解、叠加方法在具体的应急指挥决策中失效。根据强调分解和简化的还原论,可将城市突发事件应急指挥系统分割成若干子系统,以专业职能部门为基本单位强化行业管理方式。然而,应急指挥系统的各子系统之间的复杂交错性使其难以简单分解,而且分解出的子系统有可能已不同于原来的系统了,这使得系统的综合研究难度很大。而且,在整个应急指挥系统内部还存在部门利益与区域利益之间的冲突、软件管理与硬件管理之间的冲突等。这些冲突不仅反映在众多子系统局部利益之间的相互冲突上,更多地体现在危机状态下城市整体利益与某些局部利益的冲突上。

建设应急指挥系统平台是为了处理重大突发事件或紧急事件。应急指挥系统设计与建设具有复杂性的特点,导致了系统结构具有相当的复杂度,既加大了技术实现的难度,同时也造就了应急系统平台功能的全面性。考虑到系统建设的难度,为确保系统建设在预期时间内保质保量完成,在规划阶段,就应成立相应的系统研发团队。

系统平台设计要以"先进实用、安全可靠,便捷开放"为原则,要根据用户的需求来定制设计。针对不同类别、不同级别的突发事件,可由相关部门统一指挥突发事件的应急处理,并实现对外的统一口径。各类专业应急指挥系统主要负责监测预警、专业分析与决策、处置措施执行等,而政府综合应急指挥系统则负责信息的汇聚分析、事态分析、会商决策、指挥调度、救援组织与资源调度等。有了应急指挥系统这个平台,可方便指挥人员根据事件的突发状况、紧急及危害程度做出应对的指挥处理。通过此平台,各部门管理者能有效分工、有序协作,完成对事件的处置应对工作,并随时跟进事件的处理进度,对事件的应急组织指挥结构进行动态调整。

第四节　应急指挥系统的架构

一、应急信息资源管理

应急管理是一项涉及多因素、多方面的系统工程,其中应急资源是应急管理工作的物质基础。广义的应急资源包括防灾、救灾、恢复等环节所需要的各种应急保障。在应对突发公共事件的整个过程中,信息发挥着十分重要的作用,及时收集、传递、发布和共享信息,能够降低危机的损害。更重要的是,一旦出现灾难和危机,信息沟通和交换可以保证决策者及时、正确地做出决策并协调各方处理应急事件。由于应急工作需要在短时间内做出快速反应,因此需要大量信息资源的支撑。但是在之前的研究中,应急信息资源一直模糊在应急资源的概念中,有的更是把应急资源概念狭义化为应急信息资源,在最近几年的研究中,一些学者开始将应急信息资源概念明确化。

《应对突发公共事件需要政府的资源整合》从资源整合的视角以宏观的角度对应急资源进行了诠释,其中提到的应急信息资源主要指应急系统中的信息,包括突发公共事件的历史资料信息、预案信息、接处警信息、现场信息、可供调度的资源信息、辅助决策信息、指挥调度信息、面向公众发布的新闻报道信息。上海交通大学的邱斌将应急管理中的信息资源定义为信息内容资源,主要分为基础信息资源、业务信息资源和综合信息资源三类,明确区分了应急资源与应急信息资源,但仅仅将应急领域中的信息资源限制为有文字内容的数据,忽略了信息资源中以图形图标数据表示的信息,分类较粗糙,不利于应急管理决策支持。《积极整合资源加快应急反应》将信息资源划分为基础信息资源、应急信息资源、数据流等。其中,基础信息资源涉及政治、经济、社会发展、资源环境、地理信息五个方面,而应急信息资源则比较狭义地概括为突发事件信息、应急预案等。《积极整合资源加快应急反映》详细地、全面系统地总结了广义上的应急信息资源,但仍存在概念模糊,资源重复定义等不足。

应急信息资源应包括应急人员、应急设施设备、救灾物资和技术的储备、应急场所等各种信息;应急现场的各种文字、图片、视频等信息;应急空间数据,如基础地理数据、灾害区划分数据等;应急预案数据、应急评估数据等。总之,应急信息资源是用来表征、描述突发事件并且可以为决策提供知识的信息。

突发事件是应急管理的客观对象,是一个庞大的体系。突发事件的应急管理面对的客观系统是一个处于自然、生态、经济、社会和文化环境下的开放复杂巨系统,它涉及政府、军队、企业、专业救援队伍、新闻媒体等诸多组织;涉及各类组织在预防、应对突发事件及灾后重建等方面的诸多活动;涉及危险源与各类突发事件及事件间复杂的衍生与祸合关系。在如此错综复杂的关系纠结中分析应急信息资源,需要按照一种划分规则对应急信息资源进行分类。按照灾害涉及领域、影响范围等因素可将应急信息资源划分为自然灾害、事故灾害、公共卫生事件和社会安全事件四个部分,每个部分都有相应的特定事件的实例。从理论层面研究的内容,各个学科领域的专家对不同的突发事件进行整体上的分析,抽象出他们的共性知识。这些共性知识可以为具体突发事件提供基础支持,称为知识型资源。应急管理研究的对象是突发事件,而突发事件是客观存在的资源,它的每一个属性、特征都是应急信息资源中的一部分。因此,用以描述突发事件的属性、特征、指数和程度等的标识性信息称为知识型信息资源。

相对于知识型资源,还有应急信息资源。这些信息主要用来表示某一个特定的突发公共事件。由于它们是知识型资源具体的表现形式,因此具有突发公共事件的一切属性,但同时也具有自己本身的特有属性。从这些资源的社会服务角度看,这些资源可称为辅助应对信息资源,它的作用是完善突发公共事件的特殊性,并提供预案、保障等信息以支持应急决策。辅助应对信息资源包括两个方面,决策支持资源信息和救援保障资源信息。决策支持资源信息是专门为应急管理提供决策支持的基础性辅助信息,可以通过分析为突发事件的发展做出预测。救援保障资源信息是在突发事件发生后为了减少灾害造成的经济损失和人员伤亡进行的救援活动所需要的一切支持性信息。《国家总体预案》要求应急管理部门提供11大类的应急保障,包括人力资源、财力保障、物资保障、基本生活保障、医疗卫生保障、交通运输保障、治安维护、人员防护、通信保障、公共设施保障以及科技支撑,通过对11类保障的抽取整合,可构建相应的信息库,即应急保障资源信息库。

二、应急事件接报预警

预警管理可以完成事件酝酿过程中的一些征兆信息的确认、搜集与监测,确定不同预警级别的阈值或定性判据,并在事件形成前提供一定程度的遏制或减缓方案。预警理论的起源可以追溯到 19 世纪末期,最初多出现在经济学领域。比如,早在 1888 年的巴黎统计学大会上,就出现了以不同颜色作为经济状态评价的报告。20 世纪 30 年代,经济监测预警系统再度兴起;到 20 世纪 50 年代,不断改进、发展并开始进入实际应用时期。美、日、英等国都建立了自己的一套经济预警系统。

我们虽将应急管理与预警管理相提并论,但其实更关注的是公共领域的突发事件或危机预警。在这一领域,常见的预警管理的例子很多,最典型的就是在线监测预警,如建筑物火灾的预警管理体系,就属于比较健全完整的一类。一般地,在大型建筑物中,每个房间都有温感器和烟感器,这两个设施都属于对火灾进行在线预警监测的手段。当一个房间的温度达到某个阈值并为温感器的传感器所感知,在中央监控室就会发出预警信号,值守人员能很容易知道哪个房间出现了温度过高的现象;而类似地,烟感器也可以感知烟雾浓度,并在超过给定阈值时发出警报。在很多建筑物里,在火警预警信号出现的同时,还会同时喷淋灭火液体(一般是水),也就是说,在预警的同时开始进行初步的应急响应。

预警管理适用的领域很广,从宏观上说,除了经济领域这一传统领域外,如今的能源领域及环境领域等也开始进行预警管理的研究与实施,只是在内容和形式上都与事故预警有很大区别;而从微观上说,预警管理既可以运用在企业层面,进行库存原材料的预警、企业电力负荷预警等,还可以运用在大型临时性活动现场,比如人群密度流速的预警等。

由于突发事件往往具备成因复杂、因素相关性强和网络化等特点,所以一个完整的预警管理系统应该由预警信号监测系统、预警信息采集系统、预警数据分析系统、辅助决策系统和措施执行系统构成。措施的执行有可能有效也有可能无效,如果能够取得较好的效果,则预警终止,然后继续进入预警信号监测状态;如果无效,则进入应急管理的响应阶段。

图 8-1 展示了预警系统的功能结构,下面对图 8-1 中各系统的基本功能进行一一说明。

1. 预警信号监测系统

预警信号监测系统是指存在可监测信号的系统,可以采用在线或离线的方式,通过预设阈值或者综合判断进行预警信号的监测,一般可分为多信号监测和单一信号监测。在多信号监测中,不同信号可以有级别的差异。其中,关键部分信号在超过预设阈值时就需要进行预警启动,另外一部分信号则需要先进行综合研判再决定是否启动预警机制。

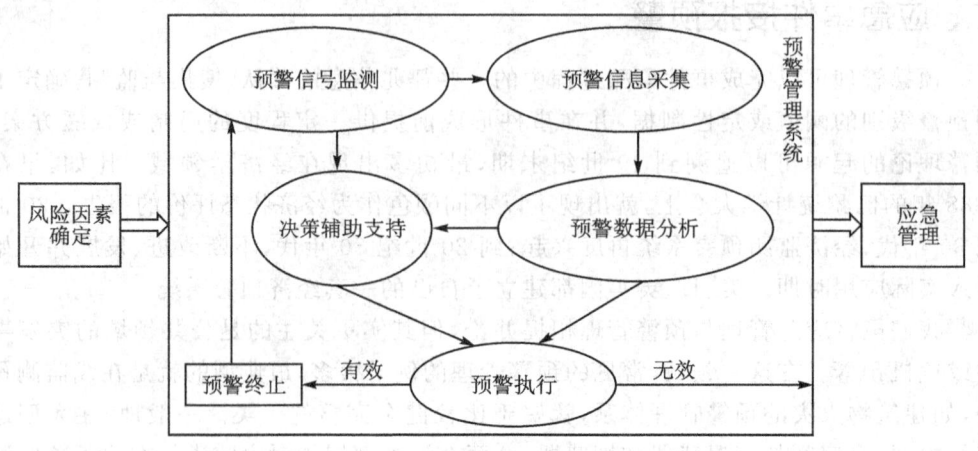

图 8 - 1　预警系统的功能结构图

2．预警信息采集系统

预警信息除了可以直接来自预警信号监测系统外,还可以来自其他相关系统。因为是否进行预警,需要将监测的信号与外在信号进行比较分析,才可以做最后的判断。因此,预警信息需要通过多途径、多来源、多方式进行采集。比如,人的体温数据的采集,可以依靠远程监控系统,同时也必须结合现场环境的温度以及时间、空间等其他因素,才能够判别是否出现大面积人群高烧事件。

3．预警数据分析系统

数据分析一向是决策支持的关键一步,要根据数据的不同类型采用不同的技术手段。数据类型可以是视频数据或者音频数据,图像或者文字,混合型数据或者单一类型数据。而数据分析则可以集成大多数的统计方法,利用数学建模、神经网络建模、机器学习以及其他的模拟方法。

4．辅助决策系统

决策是进行预警管理的核心。是否根据当前发现的信号和分析的结果启动预警系统,决定了预警系统的效率以及效能,而不当的启动则可能浪费社会资源。辅助决策可以采取多种方式进行,其中,管理者利用技术手段和专家知识进行判断是一个必有的过程。由于突发事件因素的累积不会按照预先设定好的路径,预警信号有时不会沿着事先的分析出现,这会加大决策难度。

5．措施执行系统

措施的执行一方面要依赖自动化的响应系统,如火灾预警中的自动喷淋或者电力负荷预警中的自动断电等,另外一方面则要依赖资源,其中包括物资、人力和资金三个方面,而且这些资源要与预警对象匹配。系统在执行的过程中,还需要对空间、时间和条件约束进行分析,以达到最好的执行效果,将事件消弭于未成形的状态。

三、应急指挥调度系统

综合应急指挥调度系统充分利用现有的各种通信资源,完成数字集群、模拟集群、短波电台、GSM/CDMA、公众交换电话网(PSTN,Public Switched Telephone Network)以及卫星网络等各类通信系统的互联互通,实现调度、多路传真、数字录音等系统的整合,为处置突发事件时的跨网呼叫与指挥调度提供可靠的通信保障。综合应急指挥调度系统主要包括综合调度交换机、综合调度台、调度应用软件、综合调度和控制服务器、多路传真服务器以及数字录音服务器等设备,综合调度交换机为其中最核心的设备。考虑到实际应用和未来的技术发展,综合应急指挥调度系统采用接口、控制及应用的分层构架,整个系统分为通信接入层(各种通信接口)、管理控制层(调度服务、语音交换、资源管理及安全认证等核心模块)以及终端应用层(调度台、电话呼叫)。所有模块相互关联,形成功能明确分布的多层次整体。通信接入层各接口主要负责和外围设备的连接。管理控制层各模块负责对接口接入信令、协议、交换等提供支撑,对整个系统资源、权限认证管理等进行安全保障,同时负责实现调度员对各种通信模式的呼叫、控制等的综合性调度,将指令逐渐分解到每一个相关的通信接口控制单元,实现对该通信方式的通信应用。终端应用层的调度台实现单一通信终端和不同网络下多种制式的通信终端的通信。

IP电话调度系统具有组呼、群呼、优先呼叫、连选、强插、强拆、监听、短数据收发等功能,系统在完成各类专业通信系统及IP网络互联互通的基础之上,实现有线电话、公众移动电话、IP电话、卫星电话、短波电台、集群终端等各类通信终端的跨网呼叫和综合调度功能,同时完成多路传真、数字录音、电话会议等系统的功能整合。指挥调度子系统主要包括综合调度交换机、综合调度台、综合调度和控制服务器、各类接入模块以及调度应用软件等设备。综合调度交换机具备丰富的接入模块和调度控制、媒体交换功能,具有和各种应急通信资源互通的有线和无线接口,支持通信资源既有的信令协议,可实现不同通信终端的自动接续控制;采用成熟计算机电话集成(CTI,Computer Telephony Integration)技术对有线调度、无线调度、多路传真、数字录音等系统的业务进行应用集成,并最大化保留既有通信资源的调度业务,构成综合应急通信和控制平台。综合调度台有按键式和触摸屏式等多种方式,其作为一个应用平台,依靠整个系统的支撑实现对有线、IP电话、无线集群、常规电台等的无缝、综合性调度,通过坐席控制器的麦克、音箱、电话、一键通(PTT,Push to Talk)等实现各通信模式的应用。综合调度服务器负责接收调度台指令,根据系统的资源列表及调度客户端的身份权限进行全部语音、数据、图像请求的调度控制,实现语音的互联互通及数据、图像命令的上传下达。各类接入模块用于实现综合调度交换机与各类通信系统的互通。

四、应急指挥系统的架构

为了满足政府处置突发事件的要求,突发事件应急指挥系统应具有协调高效、综合统一、经济便捷、资源优化、科学严谨、责权分明的特点,其建立需要实现应急资源整合,提高应对突发公共事件的快速反应能力和资源利用效率。随着 WebGIS、J2EE、AJAX、VML 等技术的成熟,B/S(Browser/Server)模式相比于 C/S(Client/Server)模式具有明显的优势。B/S 模式下的突发事件应急指挥管理系统可设计为三层架构,共十四个模块,如图 8-2 所示。

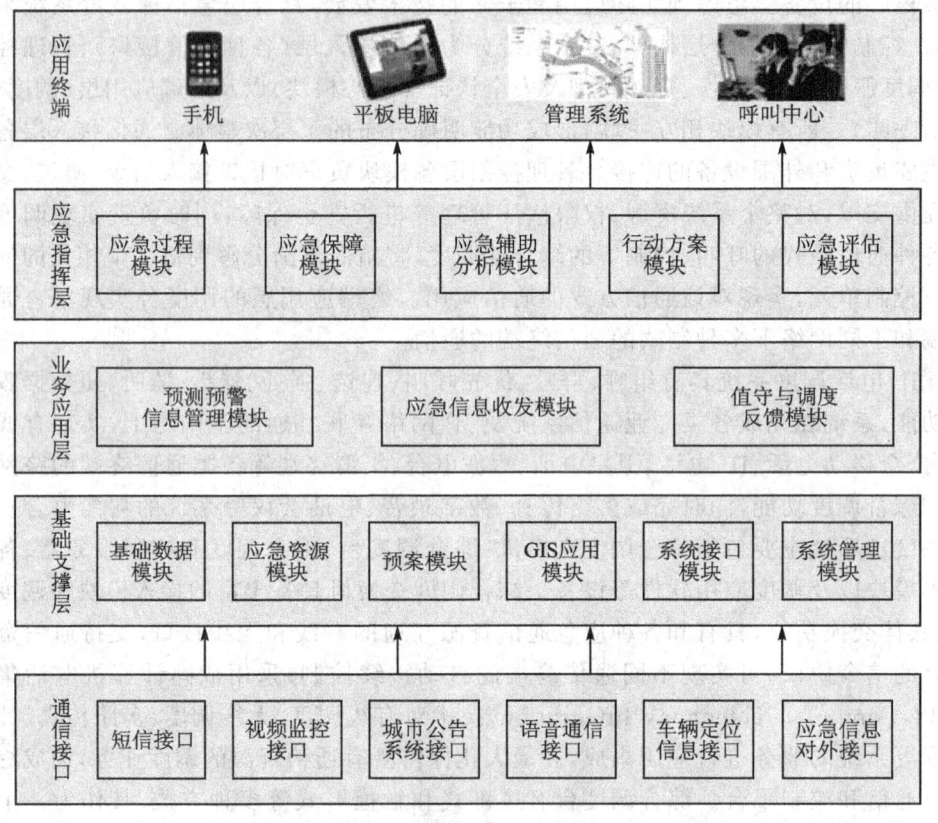

图 8-2 应急指挥系统架构图

(一) 基础支撑层

基础支撑层由基础数据模块、应急资源模块、预案模块、GIS 应用模块、系统接口模块及系统管理模块组成。其中,GIS 应用模块是基础支撑层的核心。

1. 基础数据模块

基础数据模块负责提供系统所需的基本信息,是突发事件应急指挥系统的数据源,提供存储、维护、管理、检索数据等功能。通过系统将应急所需的基础信息、事件信息、案件信息、知识信息和文档等数据按照集中与分布相结合的数据管理模式组织存储起来，满足各级部门对处理突发事件的信息要求和处理要求，并实现与其他有关应急平台的信息交换和信息共享。该模块包含的基础数据有：应急机构基本信息库、应急管理专家库、典型案例库、应急队伍库、紧急联系人库、应急管理法规库、文档库。

2. 应急资源模块

应急资源模块负责提供应急处置过程中需要调用的应急资源信息。应急资源模块针对应急资源进行信息管理，提供针对某一资源类别的搜索查询功能。查询到的资源将在数字地图上进行展现，为应急资源布局和调度提供支持。该模块包含的基础数据有：视频监控点信息、重点单位信息、应急物资保障信息、应急物资储备库信息、医疗卫生单位信息、避难场所信息、重点危险源信息。

3. 预案模块

预案模块针对现有预案进行数字化、结构化处理，存储应急平台中各级各类应急预案，并实现应急预案入库流程审核管理功能。预案模块由预案模板管理、预案管理、预案辅助、预案查询与检验四个子模块组成。

4. GIS 应用模块

GIS 应用模块是基础支撑层的核心，能形象地将应急资源和基础数据展现在电子地图上，并进行动态标绘，提供空间分析、事态发展展示及行动方案效果模拟等功能，方便应急处置和指挥调度。模块所需的基础空间地理信息包括数字地图、主要路网管网、避难场所分布图和风险图等内容，由包含自然地理信息中的地貌、水系、植被以及社会地理信息中的居民地、交通、境界、特殊地物、地名等要素，以及相关的描述性元数据组成。

5. 系统接口模块

系统接口模块支持应急指挥系统与多个系统进行整合集成，以达到预防监控、快速响应的目的。该模块的接口包括：短信接口、视频监控接口、城市公告系统接口、语音通信接口、GPS 车辆定位系统、应急信息对外接口。

6. 系统管理模块

系统管理模块一般包含的是对系统功能和参数进行设置的功能集合。它的作用就是在系统运行前做好设置，为系统运行做好准备，是其他模块功能运行的基础。

（二）业务应用层

业务应用层主要实现对突发事件的早期预警，发布预测信息；各级应急办对特别重大、重大、较大突发公共事件信息的接收、审核、办理、跟踪、协调反馈、发布；基层应急办和各专业应急机构对上述突发公共事件的上报以及对上级应急平台指示的响应；对应急办的电话管理，通信录管理，各类电文公文的管理等。业务应用层可全天候快速反应，实现突发事件信息的快速处理，为抢险救灾调度指挥的有效性、科学性提供保障。其中对突发事件的早期预警是业务应用层的核心。

1. 预测预警信息管理模块

随着大数据技术的发展,对卫星遥测遥感,对重点防控区域的视频、温度、压力、红外监控等海量信息的分析成为可能。预测预警信息模块作为业务应用层的核心,主要通过大数据分析技术对历史信息或当前掌握的实时信息进行关联对比,综合分析突发事件的风险系数和预测发展趋势,实现对突发事件的早期预警,避免突发事件衍生、次生灾害的发展。

2. 应急信息收发模块

应急信息收发模块主要实现对应急处理过程中的信息收取和发送。在应急救援过程中,常常有部分信息需要向社会或其他相关单位进行发布,并且同时需要接收其他应急处理部门的信息以便于指挥决策,减少灾害损失。

3. 值守与调度反馈模块

值守与调度反馈模块主要是对突发事件应对过程中的信息接收、屏幕显示、跟踪反馈和情况综合等应急值守业务进行管理,并利用通信平台接口,在应急行动中传达命令。该模块可与公安、消防、交警、急救等形成统一接警平台,处理突发事件应急信息的收发。

(三) 应急指挥层

应急指挥层能辅助应急指挥人员了解突发事件发生、发展状况,全面掌握应急处置情况,创建并向各单位分发应急处置任务,协调任务执行过程中出现的问题,并进一步采取相应的措施。利用多主体的优化决策调度、应急效果评估等模型最终可实现协同指挥、有序调度和有效监督,提高应急处置的效率。在突发重大事件时,应急指挥人员通过应急平台,可迅速实施对专业队伍、救援专家、储备物资、救援装备、通信保障和医疗救护等应急资源的动态管理和调度,保障应急救援工作的顺利进行。

1. 应急过程模块

应急过程模块可实现对事件发展、任务执行情况的动态跟踪。执行单位在任务执行过程中可方便及时地反馈任务执行情况或碰到的问题,系统将立即把最新的决策传达给相关单位。应急过程模块由事件确认、行政审批、应急事件上报、启动预案、事件升级上报、事件决策记录、事件执行记录、应急事件结束、应急事件归档、流程配置等十个子模块组成。

2. 应急保障模块

应急保障模块可实现对人力、物力、财力、医疗卫生、交通运输、通信保障等各类应急资源信息的管理查询,并辅助制订各类应急保障计划。

3. 应急辅助分析模块

应急辅助分析模块可对应急资源、救助队伍、应急预案等进行快速查询查看,对应急资源区域、事件进行分析,召集专家进行会商,为事件处理决策提供参考辅助。

4. 行动方案模块

当发生紧急事件时,行动方案模块可对相应事件的应急预案进行查询,根据事态发展情况及相关应急资源,生成与事件相应的辅助行动处理方案,并以电子地图为底图,在其上动态辅助标记行动方案步骤,达到从预案到行动方案的转换。

5. 应急评估模块

应急评估模块可以记录突发事件的应急处理过程并模拟再现,辅助评估应急过程前的应急能力、过程中的及时性、过程后的有效性,并生成应急过程记录报告。建立应急评估模块可进一步提高突发公共事件应急处置过程中的监测预警、决策支持、指挥调度、现场处置和后期评估的能力。

第**9**章

应急管理现场处置方法

第一节　应急管理现场处置概述

一、应急处置模式比较

突发群体事件是矛盾激化的产物,对一些矛盾如果预防不到位、处置不恰当,就会成为突发群体事件的"导火索"和事态扩大升级的"助推剂"。当前,应急处置主要存在以下四个方面的不足:一是情报信息不灵。一些地方对维稳情报信息重视程度不够,情报基础工作不扎实,不能及时预警、报警;一些地方重大情报信息报关渠道不畅通,甚至被人为压制,致使上级党委政府和公安机关不能及时掌握情况,影响决策,贻误时机。二是矛盾化解不力。一些地方部门缺乏政治敏锐性和责任感,对预警性情报信息重视不够,在突发事件出现苗头时没有积极的妥善处理,问题没有解决,当事人不满意,矛盾纠纷仍然存在,容易出现反复。三是现场处置欠妥。有的地方发生突发群体事件后,动辄把公安推到第一线,甚至滥用警力,激化矛盾;一些领导在处置突发群体事件时,不敢决策,不会决策,丧失了处置的最佳时机;一些部门之间协作不好,警种之间配合不力,影响了处置工作的整体效果。四是舆论引导滞后。一些同志缺乏主动运用舆论宣传引导群众情绪的意识,在突发群体事件发生后,采取"包"和"捂"的办法,使主渠道信息失声。有的地方不善于借助新闻媒体的力量帮助处理突发群体事件,正面舆论引导乏力,致使小道消息和谣言先入为主,混淆视听,使工作处于被动甚至导致事件恶化。所以,预防乏力导致社会矛盾膨胀,处置不当使突发群体事件升级,这就是导致突发群体事件发展的直接原因。

在突发群体事件处置应对过程中,有以下四种模式可以借鉴:

(一) 芝加哥模式

美国芝加哥市对于集会游行示威活动的管理非常宽松,示威者没有取得警方许可的义务。但大多数集会、游行、示威的组织者会在举办前告知警方举行的时间、地点以及主旨。警方邀请其负责人到警局座谈，告知其必须遵守哪些法律、不得实施哪些行为，并发给其醒目的 T 恤衫，以便在游行示威时能清楚地认出其负责人，便于联系。只要参与者在规定的区域内以和平方式进行示威，由活动的负责人自行组织，警察便极少干涉。美国学者亚当斯在其所著的《警察勤务》一书中依据事件不同的发展阶段，提出了处置非法集会的六项对策，即围堵、下令解散、武力驱散、逮捕(包括强行带离现场)、现场管制、确立行动的优先顺序。如果示威不能保证和平地进行，警方就会介入并采取较为强硬的态度和武力措施。

(二) 伦敦模式

英国《公共秩序法》规定计划公开游行者应于实施之日前六天将书面申请邮寄或面交警方，主管机关为警察机关。伦敦平均每星期要出现三次较大的游行示威，只有极少数会导致公共秩序混乱。警方在每次游行示威之前都要和组织者进行谈判，通过提出建议和指导，巧妙地引导游行示威活动依照警方意图的方向与方式进行。同时，警方还按照游行示威的路线，有效地限制和指挥交通车辆，使游行队伍顺利通过，从而控制它的进程。伦敦警察素以绅士风度著称于世，警方非常重视争取公众的同情和支持。在处置骚乱事件时，警方往往派出小股警员进入示威人群中进行劝导，如遭遇示威者的暴力袭击，再派出优势警力将先前的警员救出，并把警员被打得头破血流的画面拍摄下来，通过媒体传播，争取公众的同情，使其站到警方一边，接下来警方采取强硬措施自然就师出有名。

(三) 巴黎模式

当市长批准一次游行后，在游行实施的前一天，就要在市级日报及电视台发布消息，向公众宣告游行时间和路线。警方在游行期间的执法行动主要包括：一是沿线巡察，做好安全防范工作。在游行实施的前一天，由城市警察沿游行路线检查街道两侧的建筑物及其他物品，以防这些物体本身或不法分子利用它们对游行造成危害。二是分段戒严，部署警力。如果游行路线较长，一般不采取全线同时戒严的做法，而是从游行起点开始，分段戒严，直至终点。对起点地段的戒严通常在游行开始前 2 小时实施，以确保游行者在此集结；其他路段在预计游行队伍通过时间的前 40 分钟实施戒严。三是隐蔽待命，避免正面冲突。在游行实施时，警察不和游行者正面接触，往往部署在沿线的胡同里隐蔽待命，随时做好处理突发事件的准备。四是遇有突发事件，冷静观察，适时介入，依据预案和现场指挥官的指令妥善处置。五是部分警察尾随游行队伍，配合清洁工清扫街道。六是记录游行情况，向政府和新闻媒体提供资料。

(四) 法兰克福模式

关于群体性活动的管理，德国《集会游行法》规定，户外集会游行应于举办前 48

小时向主管机关报备。其主管机关一般是警察机关；但若要到联邦议会或联邦宪法法院前集会游行，其主管机关则为德国内政部。联邦宪法法院 1985 年规定的"互相合作义务"要求警方和集会游行负责人双方必须在会前及早接触，在交换资料、建立信任和合作的基础上，共同研讨确保集会游行和平进行的措施。法兰克福警察局处置骚乱事件时会采取三种策略：第一，对非法聚集的群众采取镇吓行动。其中一种方式是利用机械工具，如喷水、喷化学药品或施放瓦斯弹，使示威群众无法停留，避免警察与群众对峙；另一种方式是由特种警察利用人群的空隙持警棍把示威群众打退。第二，对破坏秩序者强行驱散。此阶段不再区分一般居民与暴民，而是对全体示威者以催泪弹驱散；如仍有拒不离去的，再由镇暴警察队持警棍将其打走。在此过程中要注意对破坏者加以拍照，并派便衣人员掺入群众中，加以监视取证。第三，对暴民、反社会行为者的镇压。通过各种传播途径，将示威游行者的违法行为加以扩大宣传，促使一般民众与示威游行者隔离。然后利用优势警力占领示威者所固守的据点，再借此据点对示威群众喷射化学药品、催泪弹，最后以特种镇暴警力持警棍打散群众。值得一提的是，柏林警方为防止警员滥施暴力，在做出驱散决定时，如果现场警力与示威群众对峙太久，则抽调另一未直接对峙的警力实施。这样，警察便不会因内心有报复心理而采取过激行动，避免招致舆论批评或引起公愤。

二、现场处置存在的问题

对于突发群体事件的应急管理，从深层次来分析，我们在协调配合、预警机制、防范措施，以及应对重大突发性事件的组织准备和处置方法等方面，还存在着不少问题，主要有：

（一）预警机制和情报信息网络不完善

有关部门在一些容易引发事端的重点行业、重点部门，尚未建立起灵敏高效的情报信息渠道，导致情报信息和阵地控制的基础工作十分薄弱。发生突发群体事件后，难以及时获取深层次、内幕性、高质量的情报信息，造成处置工作的被动。

（二）解决问题的工作机制不够健全

当前政府尚未形成完善的维护稳定、化解矛盾的工作机制，对突发群体事件的责任主体，没有形成有效的监管措施。有的部门领导对预防和处置突发群体事件的重要性认识不足，对群众反映的问题，不认真对待、不主动解决，采取推诿、拖延、回避的态度，致使问题积重难返、矛盾激化，错过了化解矛盾的最佳时机。一些矛盾的责任主体的政治意识、大局意识不强，对群众当面承诺，事后变卦，使群众的合理要求长期得不到解决，导致了矛盾升级。有的领导平时不重视，发生突发群体事件后才想办法解决存在的问题，给群众造成了"不闹不解决、小闹小解决、大闹大解决"的错觉，导致集体上访成为一些人谋求问题解决的主要方法。即使到了突发群体事件发生的现场，在没有平息事态的绝对把握，或者问题还没有到不可收拾的糟糕境地的情况下，当地领导也往往采取拖延、安抚的办法。

（三）现场决策指挥机制不顺畅

人们通常认为执法的决策权与执法的具体执行权的主体是一致的，即执法的决策者与具体的执行者隶属于同一机关，该机关的最高领导是该执法活动最终决策权的行使者，而其下属则是不同等级的执行者。但在实际运作中，由于突发群体事件牵涉面很广，涉及的工作部门较多，而行政机关的领导体制是行政首长负责制，因而在现场的最高行政长官往往是同级政府甚至是上级政府的负责人，这样一来，作为具体行使执法权的机关就失去对执法活动的决策权。一旦发生群体性上访事件，担任现场指挥决策的地方党政领导往往不管性质如何，动辄把行使执法权的公安机关推到前面，群众稍有过激言行就强令民警抓人，这样不但不利于问题的解决，反而产生双方对立情绪，导致矛盾激化。公安机关处在处置突发群体事件的第一线，控制事态发展或抓几个人，不是妥善处置突发群体事件的最终目的。对于群众要求解决的问题，公安机关大多无能为力。

（四）相关部门之间缺乏积极有效协调

对于突发群体事件的预防和处置，政府各个部门都负有相应的责任。当前，不少领导和部门存在理解上的偏差，认为突发群体事件的预防和处置是公安机关一个职能部门的职责。公安部门主要是维护现场秩序、控制局面、掌握情况，而真正解决问题还得依靠其他相关部门。有的部门认为，只要公安机关控制住了就好办；有的甚至认为，平息了就算了。有时，公安部门早已控制住了局势，希望有关部门尽快做好解释工作，但相关部门却姗姗来迟，或来了不出面，甚至不来。部门之间相互协调不利，配合不起来，结果影响了事件的解决进程，导致事态处于难以控制的不利局面。在突发群体事件中，涉及的问题、利益、部门、人员很广，单靠公安机关一家是无法解决这些问题的。而且，由于突发群体事件的复杂性，"牵一发而动全身"，一个问题处理不当，可能导致全局震荡，所谓"一着不慎，满盘皆输"。因而职能部门的领导也不敢贸然决定，他们对于涉及多部门、牵涉面广的问题必须依靠当地党委、政府的决策。

（五）现场处置措施滞后且缺乏专业性

突发群体事件的现场情况比较复杂，处置的对策不够明确，游行、集会、示威等突发群体事件中涉及违法犯罪的法律法规的原则性较强，缺乏可操作的法规性配套实施办法。而且，各级党政机关确定的处置方法一般比较笼统，在实际工作中不易把握。虽然各单位都制订了工作预案，但由于平时缺乏有针对性的训练和实战教育，参与处置的力量，尤其是第一线民警对处置工作不熟悉、不规范，即使到了现场也不知道如何开展工作。同时，由于相关部门的跟进措施不力，使一部分不法分子的企图得逞，煽动了群众的不满情绪，扩大了事态的负面发展，拖延了事件的解决速度。

（六）应急处置过程中权力过大

在某些具体问题上，政策的制定者兼顾的法律精神不够，或者由于对政策的理解不同，或者由于某些领导的执政能力有限，使某些具体政策与国家法律之间出现分歧，使执行政策与执行法律所产生的后果相距甚远，这时两者之间就会产生不一致，其结果就会使具体执行者无所适从。有时，政策本身没有大的问题，但在具体执行上存在现实难度，或因缺乏必要的物质保障而无法执行。

三、现场处置基本原则

（一）快速反应原则

公共安全危机具有突发性、连带性和不确定性等特点，而且整个过程发展变化迅速。因此，能否在危机发生的初始阶段采取及时、准确的应急措施，争取在最短的时间内控制局势的发展，在很大程度上决定着这个危机管理的成败。现场控制过程中任何时间上的延误都有可能加大应急处置工作的难度，使灾难的损失扩大，引发更为严重的后果。因此，在应急处置过程中，必须坚持做到快速反应，力争在最短的时间内到达现场、控制事态、减少损失，以最高的效率与最快的速度救助受害人，并为尽快地恢复正常的工作秩序、社会秩序、生活秩序创造条件。

如果在危机发生时反应迟钝、优柔寡断，势必丧失抢救机遇，使危机管理陷入被动。大量的公共安全危机案例研究表明，造成严重后果的原因就是：反应不及时，受害人不能得到及时救助。快速反应不仅要求应急反应力量能够在危机发生后的最短时间内到达现场并火速投入现场控制和救援工作，而且要求危机的决策机构和领导者也能迅速反应，在信息相对缺乏的情况下进行非程序化决策，即采取措施避免更大的人员伤亡和财产损失，并向公众表明政府对待危机的态度和决心，以获得有利的公共安全危机管理的外部环境，为危机恢复创造条件。

（二）协调联动原则

公共安全危机管理涉及不同的政府部门、企事业单位以及社会群体。在危机现场，来自公安、交通、通信、消防、医疗救护、公共设施、物资支持，以及军队、武警等部门的大量人员共同开展各种现场控制工作。不同部门在危机管理中的职责不同、目标各异，因而在现场采取的应急措施也有不同的侧重。而现场控制工作千头万绪，需要整合各方面的力量，才能发挥最大的效能。因此，在现场控制的过程中，必须重视增强部门之间的协调，加强中央政府与地方政府、不同职能部门、政府与社会各界之间的联动和配合，明确不同部门的职责，按照确定的总体目标，各司其职、各负其责，并建立良好的信息沟通和共享机制，最大限度地减少公共安全危机造成的损失。

（三）安全第一原则

不论在正常的社会条件下，还是在公共安全危机的应急处置中，以人为本、安全第一都是现代法治社会确定的重要原则。特别是随着各种非传统安全因素的大量涌现,国家的安全战略已由传统的"国家安全"拓展为非传统的"人的安全"和"社会安全"。在公共安全危机现场控制的过程中,贯彻安全第一的原则就是要把保护人的安全放在首要位置,被保护的对象不仅包括危机的受害人、间接受害人,还包括参与应急处置的人员,其他社会公众等潜在受害人。

在大多数公共安全危机的现场控制中,把处于危险境地的受害者尽快疏散到安全地带,避免出现更大伤亡的灾难性后果,是一项极其重要的工作。在很多伤亡惨重的公共安全危机中,没有及时进行人员安全疏散是造成群死群伤的主要原因。危机现场依然存在各种危险因素,会对所有进入现场参与应急救援的人员构成严重的威胁。保护救援人员的安全是近年来随着危机管理的实践逐渐形成的、对安全第一原则的一种扩充。人们在价值观念上普遍崇尚那些为人民群众的安全和利益不怕流血牺牲的人,提倡"英雄主义"、舍己救人。虽然这在社会道义上值得提倡和发扬,但从危机管理的角度看,如果没有科学的方法与态度,这种精神就可能成为一种盲目的、不负责任的冲动。从理性的角度考虑,现场指挥人员在指导思想上应当充分地权衡各种利弊得失,尽可能保证决策的科学化与最优化,避免付出不必要的牺牲和代价。因为救援人员的伤亡同样也要计入人员伤亡的统计范围,而且可能会造成更大的社会影响。

(四) 适度反应原则

适度反应原则是指各种现场控制措施应当与公共安全危机的规模、性质、危害程度相当,一方面要避免反应不足造成的控制不力,另一方面要避免反应过度而扩大危机的影响范围,甚至引发其他类型的危机。在现场控制中,必须有效甄别主要危害物,对现场情况进行科学评估,启动相应级别的应急预案,调动适当数量的应急处置人员赶赴现场参与现场控制。由于危机处置中的各种措施会对社会稳定和人民的生命财产安全造成不同程度的破坏,因此,必须谨慎、适度地行使危机管理权,以期将这种破坏和利益损失降到最低程度。

(五) 合法性原则

依法行使危机管理权是现代民主宪政原则的基本要求。在现代法治社会中,政府权力的法定性决定了在危机状态下政府行使的权力是国家宪法和法律赋予的,宪法和法律是政府行使危机管理权的正当和合法的依据。公共安全危机的现场控制是一种非常规状态下的非程序化决策过程,在此过程中,危机管理部门拥有许多特殊权力。确立依法行使危机管理权,有利于发挥法律对社会无序状态或是紧急状态的防范和矫正功能,在维护公共安全和保障公民权益的基础上保证政府在宪法和法律规定的范围内行使危机管理权。因此,在采取现场控制措施时,必须尊重法律的权威,按照法律规定的职权和范围,依法行使危机管理职权,并严格遵守法律规定的程序,防止误用或滥用危机管理权,恣意侵犯公民的合法权益。在处置一些涉外危机时,更需要注意各国法律的不同,避免由此造成政治、经济、宗教和外交等方面的问题。

(六)科学性原则

由于公共安全危机管理的复杂性,在进行危机决策和采取措施的过程中必须要注意科学性。在危机决策时,依靠专家咨询系统和数据库系统,以科学知识和职业技术为武器,对危机的发展进行综合分析和研究,对现场情况进行科学准确的评估,为危机决策提供科学合理的意见和建议,从而避免决策的盲目性,使危机决策和管理建立在科学的基础之上。特别是在一些技术危机的现场控制中,更应注意避免因盲目冒险蛮干而造成新的危机。

(七)程序性原则

公共安全危机的现场控制措施必须依据一定的评估标准和优先次序,确定现场控制及处置的工作程序。如果在法律上有明确规定的,则首先要遵照法律的规定实施。最先到达现场的救援人员必须在简单的评估基础上有所选择地开展救援工作。一般而言,按照现场控制的程序,首先应抢救被害人的生命、保证人们最基本的生存条件,其次再以经济为标准来划分轻重缓急,根据现场救援力量的实际能力,确定救援顺序。

(八)资源共享原则

危机管理中的资源包括人力资源、财政资源、物质资源、信息资源等。由于公共安全危机的紧迫性,在大多数情况下,可用的资源往往是有限的,而且这些资源往往掌握在不同的部门或机构手中。只有遵循资源共享原则,建立良好的资源准备和配置机制,将有限的资源用于危机的重要方面,才能最大限度地提高资源的综合使用效果。由于公共安全危机具有信息不充分的特征,在现场控制的过程中,信息资源的共享显得尤为重要。各种危机信息可能来自危机受害者、危机管理人员、危机的利益相关者等方面。在危机处置过程中,必须注意通过各种方式收集危机信息并建立良好的信息沟通渠道,为危机决策和现场控制措施的实施提供必要的信息基础。

第二节 应急现场处置提升方法

一、现场处置规范

(一)准备阶段

准备阶段主要包括以下几点:

① 根据相关突发事件的分级、分类和进展趋势,行政部门或专业机构组建相应的现场工作组,并指派相关的专业人员担任组长、组员。现场工作组的职责是完成事件的现场处置,及时完成领导交办的工作。在事件的处置过程中应严格遵守相关的

法律、法规和组织纪律,未经派出部门或机构的同意,工作组成员不得擅自向外界透露事件相关信息,工作中应谦虚谨慎、科学务实。

② 突发事件发生的信息来源。相关突发事件网络直报信息是主渠道。同时,兼顾举报电话、媒体信息、其他行业信息报告,并随时接受主管部门的指示。

③ 事件的发现和甄别。行政部门或专业机构及时向事件发生地的对应部门或机构询问情况,核实相关信息。重点核实事件种类、可能的原因、发生时间、地点、发病数、死亡数、涉及人群及范围、事件进展程度、已采取的措施及效果、存在的困难及需求,并将核实结果及时报告部门负责人。根据需要,组织有关专家对性质、严重程度和发展趋势做出判定,形成书面意见。

④ 现场工作组选派。根据事件类别和现场环境,行政部门或专业机构提出选派人员条件、数量和构成。群体性不明原因疾病事件一般首先由相关专业人员组成的现场工作组到现场开展调查,初步了解事件性质和存在的问题后,再派出相应的专家进行更深入的调查。明确的传染病疫情一般派出流行病学、微生物学、临床专业人员;突发中毒事件一般派出中毒控制、毒物鉴定检测、临床救治专业人员;核和放射事故事件一般派出放射医学、辐射防护、辐射剂量、临床专业人员;自然灾害和事故灾难事件一般派出公共卫生、临床、心理卫生专业人员。

⑤ 到现场前的准备。现场工作组应准备好现场使用的防护用品、检测仪器、采样装置、药品(疫苗)、相应的文件,并随身携带通信、现场调查和取证等相关工具。同时,现场工作组在开展工作前要召开小组会议,传达领导的指示,明确本次工作任务,初步确定各成员的职责,派出专业人员收集有关资料。

(二) 现场工作

以突发卫生事件为例。工作组在接到指令后,需在最短时间内直接到达现场开展工作。

现场工作主要包括以下几点:

1. 建立工作机制

到达现场后,工作组要在第一时间和当地事件处理主管部门、有关专业机构进行沟通,通报工作组任务和目的,介绍工作组组成、各成员分工和职责。尽快建立工作机制,及时高效地开展现场工作。

2. 听取事发地对该事件的情况汇报

汇报内容应包括事件的发现与最新进展;得出的初步结论(事件的性质、波及范围、事件起因等);已采取的防治措施(行政措施和技术措施)及其效果;对事件发展趋势的预测;当地事件处理的组织领导和工作机制;事件处理过程中需要解决的问题、困难及优先度;外部支援需求;对工作组的要求和建议。

3. 建立工作组内部工作机制

根据现场实际情况和需要,合理调整工作组内部分工和职责,建立组内信息交流和工作会商制度,及时建立与派出部门或机构负责人、技术支持单位的联络,确定联络方式、频次和时限等。

4. 事件的核实

对当地已开展的工作和已获得的资料进行核实,必要时,可访视重点病人和相关人员。核实内容应包括临床特征、诊断、治疗方法和效果;发病情况和特点;发病数、死亡数及三间分布;样品采集种类、方式、时间及保存、运输方法;实验室检测方法、仪器、试剂、质控和结果;危及人群的范围和大小;事件性质判断及其依据。要注意资料的来源及其准确性、可靠性、完整性、时效性。根据核实结果,综合分析,确认事件真实性、事件的种类、严重程度和所处的发展阶段。

5. 事件的调查

根据对事件的初步判断,工作组应开展进一步的调查。

6. 事件的判断和预测

综合分析调查结果,通过对事件的完整描述和分析,得出初步结论,包括事件种类、原因、事件所处阶段和影响范围、已采取防治措施及有效性等。同时,对病人的预后、事件发展趋势及其影响进行分析和预测。

7. 采取防治措施

根据对事件的判断和预测,提出控制事件继续发展或蔓延的干预措施,包括对病人的治疗和抢救措施;对传染源(危险源)的措施;对密切接触者和暴露者的措施;对其他高危或潜在危险人群的措施;对受影响(污染)环境的措施;对可能致病因子和影响因素的措施;应急监测的措施;法律和行政保障措施。制订防治措施时,要保证措施的科学性、时效性、有效性、可操作性和合法性。同时,要强调调查与控制同步进行的原则,不能等到调查完全结束后,才实施控制措施。在整个调查的过程中,控制措施贯穿于始终,并不断地进行调整。

8. 事件的报告和反馈

工作组应及时向所属部门或机构进行工作汇报,包括初次报告、每日工作简报、阶段性报告和总结报告。每日工作简报内容包括事件的进展、当日的工作内容、采取的措施及效果、存在的问题及建议、下一步工作打算、需请示解决的问题。阶段性报告包括阶段性的调查结果、结论和工作进展。如发现重大线索、异常情况及工作的重大进展,要随时报告。每日工作报告以书面方式(纸质、电子文档)为准,随时报告可采用电话、传真、电子邮件等适当的方式。工作组还应每日及时向当地有关部门以口头或书面形式反馈信息。反馈内容包括调查和处理的进展,发现的问题,对事件应急和处理措施的相关建议等。如发现重大线索、异常情况及工作的重大进展,要随时反馈。阶段性报告要在离开前反馈给当地,可采取书面及座谈会等形式。

9. 现场工作终止

现场工作任务基本完成后,根据需要,工作组成员应进行检疫,对仪器设备应进行消毒处理。

10. 后续工作

工作组返回后,对现场的调查处理情况应及时向事件负责人进行口头及书面汇报,及时完成现场资料整理和分析工作,对采集的实验室标本进行检测和评价。必要时,可召开专家研讨会,进一步对事件进行讨论。对事态严重、原因不明的重大事件,根据专家组的意见,可再派现场工作组进行更深入的调查。工作组应分别撰写行政报告和业务报告,呈交所属部门或机构。

二、应急现场处置对策

一般来说,突发群体事件的发展过程可分为前期(潜伏期)、中期(爆发期)、后期(善后期)三个阶段,与此相对应地,突发群体事件的处置也分为三个阶段,即处置的前期准备、处置的具体方法、处置的善后工作。

(一) 处置的前期准备

1. 政府应急预案

目前,我国公共事件突发应急预案确立了六条原则,即以人为本,减少危害;居安思危,预防为主;统一领导,分级负责;依法规范,加强管理;快速反应,协同应对;依靠科技,提高素质。突发公共安全事件可分为自然灾害、事故灾难、公共卫生事件、社会安全四类;按照各类突发公共安全事件的严重程度、可控性和影响程度等因素可分为四级,即特别重大(Ⅰ)、重大(Ⅱ)、较大(Ⅲ)和一般(Ⅳ)。

从总体上看,处理突发性群体事件的能力也是政府执政能力的重要体现。首先,政府必须具备"安而不忘危、治而不忘乱、存而不忘亡"的忧患意识,保持高度警觉,把冲突预警作为政府日常管理的一项重要职能,对社会偏离等异常现象明察秋毫,予以重视。同时,政府还要从各种群体事件中汲取教训,把风险预警与正常管理有效地结合在一起,通过多种方式建立起一套统一指挥、反应灵敏、协调有序、运转高效的预警体系。在突发性群体事件发生之前,识别各种征兆,对事件爆发的概率及后果进行科学判断。政府职能部门应提出有预见性的建议以及科学、合理的指导意见和治理方案,为解决、防范社会问题和冲突提供先决条件,并预先向政府有关部门或社会公众发布准确的警示、警报,提高预警意识,以便在思想上、组织上和物质上做好准备,应对可能爆发的群体事件。其次,建立信息收集系统。信息收集系统的任务是对相关风险源和风险征兆等信息进行收集,把可能造成威胁的事件一一列举出来,并邀请专家组和权威机构评估风险,设计应对预案,同时及时与相关部门沟通,通过情况汇报和发布信息的方式向社会和公众提出预警。可以说,信息系统是整个社会预警体系的核心。在群体事件尚未爆发时,及时监测相关信息,准确地分析、判断、发现事件的征兆,进行风险评估和科学预测,把突发性群体事件消解在萌芽状态,是各级政府预警体系的目标。

2. 预警机制概述

预警机制和快速反应机制是突发群体事件处置工作机制包含的两项最基本的制

度,其内容具体体现在群体性处置的组织体系和运作程序上。实践已经证明,预防和处置突发群体事件的成败得失与预警工作是否扎实到位休戚相关。成功在预警,失误也在预警。只要早发现、早报告、早控制,就能将突发群体事件阻止于初始、平息于无形,最大限度地减少损失和危害,用最低的成本和最小的代价换取最佳的效果。

预警工作机制的内容应包括:第一,要把握预警工作的核心,强化情报信息工作的落实力度,健全网络畅通渠道,努力获取深层次高质量的情报;第二,要把握预警工作的关键,加强教育疏导和矛盾处置环节的工作;第三,要根据预警工作的重点,落实对重点对象、重点部位的控制,力求把工作做在前头,及时缓解或消除不稳定因素。第四,对活动频繁、情况复杂的人员群体,要派信息员弄清内幕,严密控制。第五,对经常发生突发群体事件的地点设置观察哨,以达到预防、减少和控制突发群体事件发生的目的。

预警需要依赖一定的情报信息基础,所以一方面要掌握历史资料,另一方面要把握社会现实状况。

(1)完善预案

建立维护稳定的责任制、建立预警机制和应急机制,制订工作预案,是实现事件处置目标的一个制度化途径。

处置预案是政府组织为了指导处置准备和处置实施,根据情报信息对人员、物资、武器装备、后勤保障、措施对策所进行的一系列工作设计和安排。政府组织通过对当前各种社会矛盾的分析,结合已有的工作经验,制订处置各种突发事件的预案,这是保证政府组织从容地驾驭各种复杂的情况和局面,争取处置工作主动权的重要一环。政府组织应从提高快速反应能力、组织指挥能力和现场处置能力出发,区分不同性质、不同类型、不同规模、不同群体,精心制订针对各类不同群体性事件的处置预案。制订工作预案要充分考虑到各种可能发生的情况,从处置工作的组织指挥体系到处置战术使用,从警力保障到装备技术等保障,都要考虑得详尽仔细,形成全警参战,各警种、各单位密切配合协作的处置工作机制。政府有关部门应严格落实宣传教育、现场控制、交通管制、取证、抓捕犯罪嫌疑人及装备、通信保障等方面的责任,并针对各类不同表现形式的群体性事件,逐一研究制订出相应的处置办法,确保在事件发生后能够立即准确制订并实施相应的处置措施。对于已经制订出来的预案,应结合处置工作实践,根据情势的变化,及时发现预案的不足,对预案做出相应调整,使之不断完善,切实增强其针对性、实效性。

(2)组织演练

处置指挥者必须参加预案的制订,根据预案组织必要的演练。突发事件的处置因其本身的复杂性,没有绝对的规范可以遵循,关键在对实践的不断总结和平时的有组织演练。相关部门应加强处置突发群体事件的应对训练,明确指挥者和参加处置人员在事件中的职责,提高处置的整体应对能力;应经常开展有针对性的战术训练和实战演练,提高各警种间的协作配合能力,强化现场处置效果,确保在紧急情况下有能力牢牢控制局面,同时避免发生不必要的人员伤亡,维护政府组织的威信,树立公安机关的执法权威。

演练应从实战出发,以练指挥、练协同、练战术、练心理为重点,切实加强单兵实战训练和各警种合成作战演练,特别是与武警部队的协同作战演练,使各级指挥员加深对有关处置原则的理解,提高组织、指挥能力;使所有参与人员对自己的职责任务和不同情况下的处置方法做到心中有数,切实提高在各种复杂情况下的紧急应变能力和处置水平。

（3）人力与物资保障

组织动员,提供后勤保障。一是调集人力。在处置治安事件,尤其是处置较大规模的突发事件时,要在政府统一领导和组织下,调集各方力量协助专门机关工作,这是一项行之有效的措施。二是提供物资。处置治安危机往往要牵涉到许多人力、物力。在这方面,各级人民政府必须在资金和装备上提供后勤保障。特别是在军、警、民诸方面参与处置的特殊情况下,只有在政府主管下统筹安排,才能解决执行任务时之必需。三是搞好社会安抚。对造成严重后果的事件,各级人民政府还有责任做好善后处理工作,适时进行社会救济,稳定人心,安定社会。

（4）信息技术保障

强化对社会信息的掌握和研究,是做好预防和处置事件的关键。为了及时准确地获得闹事苗头的信息,公安机关要通过公开与秘密手段广泛收集,密切注意我情和敌情动态,从中发现事件的苗头诱因,确定性质,及时向党委、政府汇报并采取措施。公安机关要通过全方位多角度的观察,在短时间内掌握事件主体的情绪状态、类型、规模,以及事件的发展趋势,以便做好各种应急准备;弄清情况,主要是通过深入观察和现场调查,弄清事件的起因、性质、动机、目的、指向目标和事件成员来源等初步情况,并拟定平息事件的方案或按应急预案实施。在调查了解情况阶段,公安机关应尽量减少参与具体问题的处置,尽量避免与群众面对面的接触,以免引起群众的误解,使群众将矛头对准公安机关,使矛盾激化。

（二）处置的具体方法

1. 警方所持立场和执法理念的比较

英、美、法、德等西方国家在《宪法》或《公务员法》中都明确规定了警察行政中立的原则。警察行政中立主要包括如下含义:第一,警察应恪尽职守,推动由政府所制定的政策;第二,警察人员在处理公务上,立场应超然公正、无所偏爱或偏恶;第三,警察人员在执法上,应公平对待任何个人、团体或党派,无倚重倚轻之别。对合法的群体性活动,不论对其诉求的主题是否喜欢,对其表达的意识形态是否接受,只要不违反《集游法》的禁止性规定,警察应本着服务的理念,协助民众进行意思的表达。对出现违法行为的群体性活动,要本着"公权力不容妥协"的理念,以超然公正的立场进行处置,不得因个人的好恶,借机发泄私愤。否则,一旦警察失去中立立场或有所倾向,就会使群众产生对警察的猜忌与不信任,从而导致更大的抗议和冲突,导致不但无法解决问题,反而会使事态更趋严重。关于警察在骚乱地区如何执法,英国警方认为:政治问题需由政治家来解决,警察无力解决政治问题、失业问题、剥夺问题和种族歧视问题。警察的任务在于延缓矛盾爆发的时间,使政治家及相关部门有充分的时间加以解决。警方必须明确:警察的干涉是出于维护法律的需要,而不是针对群众的合法行为,是在群众与政府之间起缓冲作用,而不是加剧冲突。在执法过程中,"王国政府的任何一位大臣都无权指使警察局长……警察局长对法律,也只对法律负责。"我国实行共产党领导下多党合作的政治制度。共产党是全国各族人民利益的忠实代表,公安机关坚持党的绝对领导。在突发群体事件的处置中,党委、政府是指挥者、决策者,公安机关是参谋助手和组织者、执行者,协助党委和政府组织、协调各方面力量,发挥社会整体控制的作用。

2. 警方对突发群体事件的处置原则

突发群体事件处置的原则是:警方在处置事件过程中所依据的基本法则及行为标准,直接作用于警方处置突发群体事件的原则。具体表现为:第一,保持中立和独立的原则。第二,避免刺激的原则,也可称为"战术性不作为"或"冷处理"的原则。社会行为学研究表明,群体行为即使有敌对的企图,但若没有敌对的感觉或冲动,企图就难以实施,并且会因冷静的气氛受到理性的克制。警方的紧张、激动情绪在互动过程中会传染给示威者,所以在群众集结时,要尽量避免对群体的刺激,基本策略就是耐心、冷静和克制。第三,最少动用武力的原则。本项原则以及下述武力等级对应原则都是比例原则在实务中的运用。骚乱群体不是警方要攻击和歼灭的敌人,仅仅是必须约束管理的公民。武力是维护法律和秩序的最后屏障,只有在出现严重暴力倾向、局势难以控制的时候,才可被最低限度地使用。除此之外,警方应当寻求及采用其他灵活的手法达到目的。第四,武力等级对应的原则。"警察使用武力的程度必须与犯罪的严重程度成正比,并且一旦对方被制服就要立即停止这种武力。"

我国公安机关处置治安事件主要遵循五大原则,即党委领导下统一协调的原则。防止矛盾激化的原则,其中包括"三可三不可"——可散不可聚,可疏不可激,可解不可结;"三解决"——解决在基层,解决在内部,解决在萌芽状态。慎用警力和强制措施的原则。慎用武器警械的原则,具体表现为:一线民警一律不准携带枪支,为防止不测而携带的非致命性武器也要慎重使用;二线民警可准备必要的武器警械,但只有在出现严重的打砸抢等暴力犯罪时,经现场指挥批准才可使用;处置突发群体事件时,严禁使用爆炸性的催泪弹。依法果断处置的原则。可以看出,除第一条原则有根本区别之外,其余四项与国外基本相通。在社会主义制度下,人民的根本利益是一致的,党委领导下的统一协调使各相关部门相互配合,充分发挥各自的职能作用,形成强大合力,有利于从根本上平息事件、解决矛盾,克服西方国家处置突发群体事件时各部门"自扫门前雪"的缺陷。

处置工作机制是指处置系统的组织、过程与方式,更多表现为一个临时的跨部门有序组合,以及该组合的运作程序。有关部门应建立二级处置模式,该模式包括处置工作核心领导小组、现场应急指挥部。近年来,党中央和国务院规定:突发群体事件一旦发生,事件发生地的党委政府有关负责人、涉事单位及其主管部门的负责人要及时赶赴现场,必要时,党委政府主要负责人要直接指挥现场的处置工作。

在处置权限方面,突发群体事件的现场处置工作,由事件发生地的县级(市)公安机关负责;重大突发群体事件,由事件发生地的地级(市)公安机关负责;上级公安机关在必要时可以直接负责处置工作,或派人到现场指导、协调工作;跨地区发生的突发群体事件的现场处置工作,由双方共同的上级公安机关负责,也可以由上级指定的下级公安机关负责,有关的公安机关积极配合。

在调动警力权限方面,处置突发群体事件,调动警力 50 人以下的,须报经县(市、区)公安机关批准;调动警力 50 人以上、200 人以下的,须报经地级(市)公安机关批准;调动警力 200 人以上的,须报经省级(自治区、直辖市)公安机关批准;跨地区调动的,应当报共同的上级公安机关批准。批准机关和调动机关应当分别及时把批准情况和警力调动部署情况向各自的上级公安机关报告;情况特别紧急,不及时调动警力采取果断措施则难以控制事态时,可以边出警处置边迅速向上级公安机关报告。公安机关及警察在处置治安危机中的权限主要有以下几种:警察命令权、治安管理权、治安检查权、强制征用交通通信工具及其他物资权、强制隔离审查权、限期离境权和驱逐出境权、治安处罚权、侦查权、刑事强制权、使用武器警械权、道路交通管理权、消防监督权、危险物品管理权、计算机信息系统监督管理权。

在现场管制措施方面,布控封锁法是指出动警力封锁事发现场和相关区域,控制闹事群体的行动的一种处置策略和方法。在现场处置当中,应根据事件的规模、参与人数的多少,划定一定范围的警戒区;在现场周边各路口、通道部署封闭力量将闹事人群与无关人员分离,制止非法人员渗入,阻止围观人员;在外围适当距离的主要路口、通道设置疏导组,对过往人员、车辆实施引导。公安机关处置突发群体事件,可以根据现场情况依法采取下列现场管制措施:设置警戒带,划定警戒区域;实行区域性交通管制;守护重点目标;封闭现场和相关地区;查验现场人员身份证件;检查嫌疑人员随身携带的物品。

3. 事件发生的心理过程

事件发生一般有四个心理过程,即人群聚集、刺激和暗示、情绪感染、情绪爆发。采用政策攻心法,就是以警力为后盾,运用法律武器,展开心理攻势,争取大多数群众,孤立少数闹事骨干分子,瓦解其群体,以达到"不战而屈人之兵"之目的。这种方法适用于闹事人群与处置队伍处于对峙状态,或闹事人群被处置队伍封锁控制的情形。政策规定了处理各种关系、解决各种矛盾的基本原则,对人们的行为具有一定的约束和限制作用。在处理突发群体事件过程中,通过宣传党和国家的政策,争取参与闹事群众的理解、认同、接受和支持,最后使他们心悦诚服地按照政策的要求放弃闹事。采用政策攻心法时,重点在于做好教育转化工作。

影响集群行为的心理效应包括：暗示和模仿、去个性化、匿名性、责任。公安机关必须学会做特殊状态下的群众工作，处置突发群体事件的过程就是做群众工作的过程。做群众工作要讲究"四讲四不讲"：围绕群众如何反映问题的渠道讲，围绕闹事造成的影响和后果讲，围绕公安机关担负的任务讲，围绕党的方针政策讲；导致群众情绪激化的话不讲，不符合法律、政策的话不讲，不能兑现的话和事不讲，关于事件的性质不能随意讲。

在劝阻疏导不能奏效的情况下，事件的主体会逐步地向社会扩展，使事态恶化，这时候，公安机关就要采取强有力的措施，控制局势的发展。调动警力时，公安机关要本着保证安全、合理用警的原则，根据事件具体情况、具体地点、规模、环境及已掌握的情报信息，综合权衡，量力使用。对那些尚未危及人民群众生命财产安全、危及社会治安秩序的非破坏性群体性治安事件，不得使用警力采取强制措施：一是有群众代表的集体上访活动，不影响社会治安和公共交通秩序的事件；二是学校、企业、事业单位的学生、职工集体上访、游行、请愿等在酝酿阶段或尚在校园、单位内活动，未发生行凶或者打砸抢烧的事件；三是因宗教、民族问题引起的聚众上访、静坐以及抢占房地产等，尚未对社会治安秩序构成危害的事件；四是其他由人民内部矛盾引起的、矛盾尚未激化、可以化解的事件。

（三）处置的善后工作

1. 瓦解组织和网络

突发群体事件发生过程中，附和者和围观者之所以介入突发群体事件，是因为有以下几种心理因素：共同需要或兴趣、行为"合理"心理、"正义感"心理、好奇心理。集群犯罪行为的主犯和实施犯（在突发群体事件中实施打、砸、抢、烧等行为的犯罪者）有着与一般人群截然不同的动机和目的，他们要报复社会、以乱为乐、趁火打劫、自我表现。事件处置人员应针对不同的心理动因采取不同的方法进行瓦解。现场处置人员从到达现场起，就应注意观察事件核心成员的一举一动，掌握他们的企图。在时机成熟的情况下，同他们进行对话，并以此为突破口开展攻势，平息事件。对话内容应包括下述三方面：一是提出严厉警告，要求其依法行事，不可鲁莽；二是明确指出其不法行为可能带来的不良后果及应承担的法律责任；三是听取其对事实的陈述，对不实之处予以澄清，对荒唐的谬论要加以驳斥，对较为合理、可以解决的诉求，要积极加以引导。

2. 满足合理诉求

公安机关应依照《中华人民共和国集会游行示威法》，适当批准群众正当的游行示威申请，让群众在特定时间、特定地点依法反映他们的意愿与要求。这种做法可以把突发群体事件纳入法制化轨道，避免围攻党政机关、堵塞铁路公路等极端情况的发生，减少突发事件对社会的危害。同时，适当的群众诉求也可促使地方和有关部门关注群众的实际困难和问题，克服官僚主义作风，有利于维护群众的利益。

3. 追究相关人员责任

公安机关要消除危害后果，尽快恢复正常秩序。对在突发群体事件当中造成的人身伤害，公安机关要进行积极的抢救和转移，详细了解伤害造成的原因、过程、轻重程度等情况，并严格区分实施危害后果的行为性质，分清责任，依法赔偿处理。对暂时难以解决的问题，公安机关要会同有关地区、部门协商后，及时报告党委、政府协商解决。群体性治安事件往往会扰乱正常的生产、生活、教学、科研等方面的秩序，并引起一定范围的慌乱，严重的会导致交通堵塞、通信中断、水电煤气供应停止，甚至造成局部地区的管理瘫痪。因此，在事件平息之后，公安机关的首要任务就是争取群众的支持和配合，做好维护清理工作，排除路障，疏通交通，恢复正常的水电煤气等供应。突发事件在造成社会秩序混乱、人身伤亡和财物损毁的同时，还会给人们造成一定的心理压力，引起人们的思想混乱和精神恐慌。公安机关要根据党委和政府的安排，在查清事实的基础上，配合当地有关部门，做好正面的宣传教育工作，公布事件真相，宣传党的政策，正面引导人们的思想行为，挫败各种谣言，稳定群众情绪。

第三节　应急管理现场处置方法

一、暴恐事件应急现场处置

通常情况下，较大规模的暴恐案件都事发突然，作案人数相对较多，手段残忍，暴力性质突出，人民群众的生命与财产损失较大，社会影响广泛且易反复出现。西藏"3·14"事件、新疆"7·5"事件、云南昆明"3·01"事件、新疆"5·22"事件等就是典型的暴恐案件。处置此类案件，动用的单位和人员多，综合保障复杂，对指挥与协同的要求很高。但是，仅就现场处置行动而言，不同的行动方法所取得的结果是全然不同的。正确的行动方法能最大限度地控制事态的进一步恶化，减少或降低暴恐案件所带来的直接损害及次生危害。现场处置较大规模暴恐案件的行动，多以武警部队和公安警察作为处置主体，因而也可以把现场处置的行动方法称为战法。所谓战法，是一种广义的、泛化的概念，泛指一切为赢得主动或胜利的行动方法。在总结以往处置类似案件经验教训和借鉴国内外理论著述观点的基础上，我们可以把现场处置较大规模暴恐案件的行动方法归纳为以下五种，即包围封控、侦察判断、攻心劝降、突击抓捕和救生救援。

（一）包围封控

包围封控是指遂行处置较大规模暴恐案件任务时，参战的武警部队和公安警察根据上级指挥机构的统一部署，快速对暴恐案件事发现场或地域实施由空中到地面的全面包围、封锁和控制的行动。包围封控战法是在具备统一的指挥机构、我方有足够的参战力量可以调动、参战力量的机动能力较强的条件下才能得以运用。运用这种战法,首先,需要做到统一指挥和协同作战。因为实施包围封控行动时,动用的警力较多,不同建制单位的人员有时相互不熟悉,着制服人员与着便装人员共同参战并带有枪械,特别是在光线差或夜晚的情况下,极易产生误会。其次,要求参与包围封控行动的警力快速机动和及时到位。按指挥机构的统一部署,参与处置行动的各方警力及时到位,是成功实现包围封控目的的关键。

包围封控行动的实施可以分为包围和封锁控制两个方面。包围是指对案件事发地域的四面合围,通常设1~2道包围圈,主要目的是防止犯罪嫌疑人外逃。封锁控制是指对案件事发地域周边的重要通道、桥梁、渡口、车站等要点实施的重点控制,同时在条件具备的情况下,可实施大功率、全频域的电磁干扰,主要目的是防止犯罪嫌疑人与外界取得联系及内潜外逃,防止可能的内外策应。包围和封锁控制从形式上看有点、面之分,但其实质是相互联系、互为补充、互有交叉的,是处置暴恐案件的初期行动,是处置行动不可或缺的两个方面,二者都是处置行动的第一步,都可以为下一步的处置行动创造条件。

(二) 侦查判断

侦察判断是指在现场处置较大规模暴恐案件时,在有效实施包围封控的基础上,对暴恐案件事发现场进行的现地侦察、掌握情况、分析判断并进一步修正和补全方案的行动。处置较大规模暴恐案件,各参战力量基本能够按照上级的指令,快速反应,迅速机动到位,并对案发现场形成包围封控。但是,由于事发突然,在处置行动初期,对案件具体情况的了解主要来源于有关案情通报,而对暴恐案件现场的具体情况,尤其是现场态势及发展状况,通常掌握不充分。所以,为更有效地实施下一步的处置行动,必须对案发现场进行细致周密的侦察,并根据最新掌握的情况,迅速判断和定下临机补充方案。

侦察判断行动可以分为现地侦察和现场判断两个部分。现地侦察是指采取观察、侦听、讯问等方法,迅速掌握现场情况。在现地侦察时,指挥人员通常可以派出情报专业人员或侦察小队,进入暴恐案件现场或周边,主要查明:案件骨干分子所在位置;参与人数及成分;携带的武器及器械;暴力活动的手段;后续可能的行动等。现场判断是指指挥员在预定行动方案基础上,分析研究最新掌握的情况,迅速得出结论,果断定下现场处置方案的过程。当现实情况与预定行动方案基本符合时,可作局部调整或修订;但当现实情况发生较大变化时,应根据新的情况,果断定下新的方案;当现场情况紧急,需要立即行动时,应边修订行动方案,边指挥部队行动,边上报处置情况,切忌犹豫不决,严防贻误战机。

(三) 攻心劝降

攻心劝降是指在处置较大规模暴恐案件中,在对违法犯罪嫌疑人(或人群)形成包围控制之后,针对其感情和理智所进行的攻击行动。攻心劝降行动是处置较大规模暴恐案件具有明确的执法性的重要体现,是以小的代价夺取胜利,实践"不战而屈人之兵"战术思想的重要方法。攻心劝降行动既是现场处置较大规模暴恐案件的一个阶段,也是实现处置目的的一种有效战法。通过攻心劝降行动,可以将我方的态度、意图传达给对方,从而达到动摇、涣散、瓦解违法犯罪嫌疑人思想和意志的目的。攻心劝降行动的方法可分为利用高音喇叭广播宣传、发放传单或派出攻心小组进入事发核心区域实施攻心行动等几种。

攻心劝降的内容主要包括法律政策宣传和情感攻击两个方面,攻心劝降行动通常要在武力威慑下实施。武力威慑通过展示武力向违法犯罪嫌疑人暗示顽抗到底的严重后果,对其形成强大的心理压力,使其精神上受到强烈震撼,进而为攻心劝降行动做好铺垫。法律政策宣传是对违法犯罪嫌疑人晓以利害并指明出路,迫其主动屈服就范的行动。情感攻击是指由违法犯罪嫌疑人或犯罪嫌疑人群中骨干的亲人或对其有重要影响的朋友与之进行对话交流,劝其主动放弃或终止违法犯罪活动的行动。

（四）突击抓捕

突击抓捕是指主要处置力量对已查明和锁定的,仍在继续顽抗和实施暴恐行为的案件骨干分子及其胁从人员所进行的武力打击和抓捕行动。突击抓捕行动的目的是慑止暴力行为或降低其对社会的进一步危害,是现场处置较大规模暴恐案件的重要一步,也是最为行之有效的一步。实施突击抓捕行动,既要掌握暴恐案件骨干分子及主要胁从的方向位置,也要了解其暴力程度、现场地形条件以及案发现场周围的群众情况。在突击抓捕行动中,由于暴恐案件骨干分子通常不会轻易就范,往往会利用各种条件拒捕甚至与处置警力发生激烈对抗。因此,主要处置力量必须在经过较为充分的准备后,才能组织和实施突击抓捕行动。要做到充分利用地形和加强自我防护,在行动中一定要明确分工、紧密配合,力争速战速决。另外,在使用非致命性武器或火力打击时,要避免误伤群众。

突击抓捕行动通常包括武力打击和抓捕两个环节,抓捕是主要目的,武力打击主要是为抓捕创造条件。视现场情况,对那些规模有限、主要犯罪嫌疑人对抗较弱的暴恐案件,可以采用直接抓捕的方式;而对那些手中持有凶器且顽抗到底的违法犯罪嫌疑人(或人群),就应先进行武力打击,之后再实施抓捕。下面几种突击抓捕的方法可视现场情况随机使用:一是处置力量首先向违法犯罪嫌疑人(或人群)发射或投掷催泪弹、爆震弹等非致命性武器,使其暂时丧失或减弱抵抗能力,然后由抓捕人员抵近将其抓捕;二是通过精确的射击将案件骨干分子击伤,抓捕人员迅速接近目标,以迅速勇猛的动作对其实施抓捕;三是对威胁较大的暴恐分子,要毫不手软,直接击毙。

（五）救生救援

救生救援也称救护救援,是指在上级指挥机构统一部署下,执行救生救援任务的处置力量对较大规模暴恐案件现场受伤人员进行及时抢救和转移救治,并对正在发生的和可能继续发生的危害进行制止和排除的行动。救生救援行动有时是现场处置较大规模暴恐案件的直接任务,有时是处置行动的一个重要环节。及时有效的救生救援首先是人道主义的体现,其次是减少人民生命与财产损失、降低处置行动负面影响的重要步骤。救生救援行动通常任务紧急,难度较大,需要处置力量运用多种手段,采取科学的方法,争分夺秒,快速施救,最大限度地减少人员的伤亡和财产的损失。救生的对象既包括普通的百姓,也包括受伤的违法犯罪嫌疑人;救援的对象主要是人民的物质性财产。作为现场处置较大规模暴恐案件的一个重要环节,指挥机构必须建立科学合理的救生救援部署,根据暴恐案件可能造成的后果以及可以调动使用的武装力量和社会救援力量等情况,统一组织救生救援行动。要注意充分发挥武装力量组织性和突击性强、地方专业救生救援力量大的优势,合理赋予任务,加强现场紧急抢救,提高救生救援效能。

现场处置较大规模暴恐案件的救生救援,各专业处置队伍要根据自身的任务,及时查明现场人员伤亡、财产损失以及可能的火情和生化污染情况,按照救生为主、先重后轻、先急后缓、先易后难的原则,有的放矢地展开行动。医疗救护队以医疗卫生力量为主,主要负责现场紧急抢救受伤人员并视情况与运输队配合及时转送伤情危重人员到就近医院进行救治。火灾扑救队以公安武警消防力量为主,主要担负现场火灾的扑救任务,控制火势蔓延,减少和降低人民群众的财产损失。排爆队由专业的搜爆、排爆人员组成,主要担负对未爆炸药的搜索和排除处理任务。生化武器毁伤后果消除队以防化力量为主,主要任务就是当发现暴恐案件现场有生化武器袭击情况时,担负侦测和洗消任务,防止次生危害的发生,使人民群众生命与财产免遭进一步的损害。

二、爆炸事件应急现场处置

爆炸是一种破坏性很大的物质瞬间释放或者转化能量的化学或物理过程。爆炸可能是事故也可能是犯罪分子制造恐怖袭击的犯罪手段,还可能是其他刑事犯罪分子报复社会或行凶杀人的作案方式。不论何种犯罪原因或者动机,只要在火车站、列车、地铁、公交车、广场、商场、菜市场等人员稠密的复杂公共场所发生了爆炸,都会造成现场巨大破坏和人员伤亡,而且现场波及的影响大。一旦在公共场所发生爆炸,会产生轰动性新闻,成为影响社会稳定的负面事件。各级政府部门从尽快恢复铁路、交通等运输秩序以及消除爆炸产生的不良社会政治影响的目的出发,都会要求相关部门尽快处理现场,恢复爆炸现场的正常秩序。下文列举了根据《公安机关处置重特大爆炸案件现场工作规范》要求,火车站、列车、公共汽车、地铁、商场、公路、桥隧之类特定公共场所发生爆炸后快速处置与勘查现场的具体措施。

(一)犯罪嫌疑人控制与伤员处置

爆炸案件具有突发性,往往在案发前不易被发觉,爆炸的破坏瞬间完成,不会给警方和现场人员多少制止爆炸发生和逃离的时间。有的爆炸案件发生之前,犯罪嫌疑人通过其他方式在现场进行犯罪活动,比如开车冲撞行人和建筑物、用刀砍杀现场人员等,对于这类爆炸前有其他形式犯罪活动的、能够被发现的犯罪行为,警方是可以采取紧急处置的。再有就是对于爆炸已经发生的案件现场,警方应快速控制局面,采取有效的处置措施。

对于在现场实施现行砍杀、冲撞等暴力行为,同时预备进行爆炸的犯罪嫌疑人,现场执勤的民警在看到后,要携带装备迅速赶到现场,采取有效的武力方式制止犯罪嫌疑人的犯罪行为。如果现场没有警力,那么接到报警的警务室、派出所、特警队等要迅速出警,围捕犯罪嫌疑人,采取有效的手段制服案犯。由于国内系列恐怖活动的发生,这方面的接处警工作以及防爆反恐已经引起各地各级公安机关的高度戒备和重视,已经建立了一系列警务协作与联动机制,并开展了演练活动。只要各地各级公安机关对涉爆案件高度重视,建立武装巡逻等快速接处警警务机制,保证警力、装备、信息、指挥等方面及时有效,打击犯罪嫌疑人的涉爆犯罪行为是有保障的。因为涉恐涉爆案件的犯罪嫌疑人往往携带刀枪、汽车、爆炸装置等杀伤性强威力大的作案工具,所以接处警涉爆涉恐怖犯罪时,警方要特别强调警力数量、武器、警戒、排爆专业器材等方面的配备,以便有装备保障稳妥地处置持爆犯罪嫌疑人。对于爆炸犯罪嫌疑人的紧急控制还有一种情况,就是在爆炸发生后的现场,这个时候犯罪嫌疑人也有可能还在现场或离现场不远,警方应该快速出警,警戒控制爆炸现场及其周围,注意盘查可疑人员。警方对于爆炸现场的警戒和嫌疑人的查控应该是分层次来确定范围的,比如爆炸现场周边,即现场保护范围内为第一道现场查控嫌疑人范围。另外,一定要根据爆炸发生的时间长短,结合犯罪嫌疑人离开现场的可能距离,在爆炸现场周围特别是道路路口设岗查控嫌疑人。警方可以根据现场环境特点和道路交通情况,设置第二道、第三道卡口,布置警力紧急控制犯罪嫌疑人。警方不应该只把警力调到现场而放弃对现场外围的控制和查堵。这应该是对付涉爆案件的一种系统工作方法,虽然不能保证一定能够查获犯罪嫌疑人,但是因为有发现查获犯罪嫌疑人的可能,所以必须部署警力,措施到位。最好是各级公安机关根据辖区警力配备和涉爆案件具体情况制订查堵预案。因为爆炸案件一旦发生,警方会迅速接到报警,而犯罪嫌疑人如果在现场及其周围遥控引爆爆炸装置,其离开现场也需要一定的时空条件。所以,警方第一时间在离开现场的道路和外围开展布控查缉,是有条件不让犯罪嫌疑人破网而逃的。警方应将通常的现场保护圈设定与犯罪嫌疑人追缉堵截查控范围有机衔接起来,实现一体化。

爆炸现场会有大量伤亡人员,医疗急救部门会第一时间赶赴现场,抢救转移伤亡人员。抢救人员的生命是天经地义的第一要务,是无可非议的。但是,从警方的现场勘查和案件调查专业要求来看,抢救伤亡人员的过程中会有一些影响现场勘查和案件调查的行为,需要警方规制一些活动。其中,警方最要重视的一个关键问题就是,无论是基层部门,还是刑侦技术部门,一定要有时间观念,一定要争取第一时间赶到现场,这样才有可能对医疗急救部门的救人活动采取引导和规制,否则将失去保护现场和对伤亡人员原始状况进行记录与证据收集的机会。医疗部门的120急救有一套完整的信息流程、急救中心网点分布等快速急救体系,警方要研究120的运作模式,确保110的接处警速度不低于医疗救护部门,并注意做到以下几点:

1. 划定进出现场通道并做好进入现场的车辆和人员防护

虽然对于爆炸现场的前期救护,救人是第一位的工作,但是这并不等于因救人就可以无限制地破坏现场。警方应该第一时间赶到现场,然后划定现场保护范围及救援车辆和人员进出现场的通道,这样可以最大限度地减少由于救援车辆、人员进出现场所造成的对现场痕迹和物证的破坏,也有利于现场救护秩序的维护。在现场处置过程中,禁止无关人员进入现场,禁止无关车辆进入现场保护范围。因抢救伤员、排除险情等特殊情况确需进入的,应当由指定通道进出,尽量避免破坏现场痕迹、物证。还有,在现场勘查人员决定进入爆炸案件现场前,无论是巡视现场还是具体实施勘验,都必须首先选择一条进入到现场内部的通道,选择通道应从进出方便、尽量减少现场变动出发,先由痕检、照摄像人员配合,对通道上的痕迹物证采取摄影、摄像记录,做好标记,先行提取,并通过个体移位、搭铺垫板等措施,确保勘查人员在整个勘验工作过程中避免或减少对现场痕迹和物证原始状态的破坏。无论是在现场快速处置还是勘验过程中,警务人员都必须有现场保护的意识,采取有效防护方法来避免或者减少人员在现场活动可能造成的破坏现场痕迹、物证情况。现场处置、勘验人员应当使用相应的个人防护装置,穿一次性勘查服,佩戴帽子或者头套、手套、脚套。

2. 做好对爆炸现场伤亡人员在移动前的定位和人员(或尸体)的编号

医疗救护部门出于救人和经济利益考虑,会把现场伤者(有时候包括尸体)抢着抬上急救车运走。而警方出于现场勘查工作需要,必须记录下现场伤亡者在原始现场上的位置,包括状态,这是非常重要的。因为这些伤亡者在现场的位置及爆炸损伤情况,是爆炸瞬间他们所处位置、朝向、姿势、携带物品等和爆炸装置的相互关系的分析复原的基础,也是分析爆炸受害人甚至作案人的、非常重要的原始现场信息。医疗急救部门在现场急救转移伤亡者时并没有这些意识,很少会顾及勘查人员对于原始现场留存记录的重要性的需要。这就要求警方必须力争第一时间到达现场,如果警方能赶在救护部门之前到达现场或者同一时间到达,快速完成对现场伤亡者的照录像、画图定位,记录原始状态,并对运走的伤亡者进行统一编号,那么爆炸现场伤亡人员在爆炸瞬间的位置及其和炸点的关系等分析复原就具备了很好的基础。

3. 增派警力对救护转移到医院的伤亡者开展跟踪防护、调查和物证搜集

从爆炸现场被120急救拉走的伤亡人员,既有大量无辜的爆炸伤亡人员,也有可能有爆炸案件的制造者,所以警方必须掌握这些人员的去向。增派警力做好医院抢救伤员的警戒与保护,防止发生犯罪嫌疑人逃跑或被杀之类的危险情况。还有,被派往医院开展调查的人员,最好既有侦查员,也有法医、化验之类的技术人员,这些调查人员要随时和院方医护人员保持沟通联系,了解伤员的伤势、被抢救情况,根据情况尽快开展对伤者关于爆炸发生经过和自身受伤情况,以及犯罪嫌疑人情况的调查。对于神志清醒、能提供信息的生命垂危者,也许能从其口中抢救性获取爆炸发生以及犯罪嫌疑人情况等重要线索。对于被拉到医院救治的伤亡者,要根据爆炸案件现场勘查、痕迹物证的收集需要,及时从嫌疑人衣物、身体等方面进行内外搜集、提取爆炸装置及炸药残留物等。当然,如果条件具备,现场的警力和技术人员能够在现场伤亡人员抢救转移前快速完成人员手掌、指甲等处的爆炸微量物证捡材提取,然后做好编号与包装,保存好捡材就更好了。

(二) 现场综合警务指挥

根据公安部印发的《公安机关处置重特大爆炸案件现场工作规范》规定,公安机关处置重特大爆炸案件现场应当成立临时指挥部。指挥者一般由地(市)级公安局局长或者分管刑侦工作的副局长担任,成员由相关部门负责人、警种负责人担任。临时指挥部下设相关专业组,主要包括现场保护组、排爆排险组、消防组、救护组、案件侦查组、现场勘查组、紧急措施组、警犬组、综合组、后勤保障组等,这是公安机关内部对于涉爆案件的组织指挥与分工规定,应该得到贯彻执行。但是,从当前国内涉暴恐案件的严重性和重大影响来看,爆炸案件,特别是涉及恐怖犯罪的爆炸案件一旦发生在火车站、商场等公共场所,案件的应对处置就升级为当地党委和政府的首要职责,当地的各级党政领导也都会亲临现场组织指挥现场处置和案件侦破工作。

临时指挥部主要承担下列任务:根据爆炸现场情况,制订现场处置工作方案;组建、指挥专业组开展工作,协调解决工作中遇到的问题;对现场勘查及提取痕迹、物证提出明确要求,对获取的证据进行全面梳理、审查;组织开展现场分析,研究确定案件性质、作案人特征、侦查方向和范围等重要问题,制订工作措施;向上级机关报告现场情况;会同有关部门拟定新闻通稿,适时发布案件信息,正确引导舆论;决定对现场、尸体及有关证据材料的处理;其他重大事项。现场保护组由刑侦、治安、交管等相关部门人员组成,主要承担下列任务:选定安全通道疏散人员,疏导围观群众,维持现场秩序;根据现场保护范围设置警戒线和告示牌,禁止无关人员、车辆进入现场,必要时实行交通管制;采取措施保护现场痕迹、物品和尸体;监控现场情况。

排爆排险组由排爆专业人员及刑侦、治安等相关部门人员组成,必要时由临时指挥部协调环保、市政等部门人员共同参与,主要承担下列任务:搜寻现场未爆装置并排爆,将已排除的爆炸装置移交现场勘查组进行勘验;查看现场建筑物有无坍塌危险,视情通知有关部门切断水、电、煤气等紧急防护措施;查明现场有无存放易燃、易爆、剧毒等危险物品及其存放部位、数量;防范爆炸可能造成的环境污染;排除其他安全隐患。消防组由消防部门人员组成,主要承担下列任务:扑救火灾;搜救遇险人员;与其他专业组共同查明起火爆炸现场的起火原因、起火部位等情况。救护组由刑侦、治安等部门人员组成,主要承担下列任务:协助医务人员抢救伤员;掌握伤员的伤情和救治情况;收集、提取医务人员从伤员创口中清理出的异物并移交现场勘查组;协助案件侦查组对伤员进行询问;在紧急情况下对伤员进行询问或者采取控制措施;做好伤员及其家属的稳控工作。

案件侦查组由刑侦、治安、技侦、网安等部门人员组成,主要承担下列任务:及时登记案发时在场人员姓名、单位、住址和联系方式,开展现场访问;对案件有关情况和线索进行侦查;收集、调取、审看现场周边视频监控录像;对相关人员、场所、物品进行搜查。现场勘查组由刑侦部门痕迹、理化、法医、照相等相关专业人员以及技侦、网安部门人员组成。主要承担下列任务:对现场进行实地勘验、检查;搜索、发现、固定、提取与案件有关的爆炸抛出物等痕迹、物品;分析引爆方式,判断炸药种类,估算炸药量,研究复原爆炸装置;分析重建爆炸现场的人员、物品等相关情况;制作现场勘验、检查工作记录;配合案件侦查组进行搜查;对现场保护时间和范围提出意见;对现场的通信环境进行实地勘测,收集与案件相关的电磁痕迹信息;对现场计算机、存储介质进行勘验、检查。紧急措施组由刑侦、治安、交管、巡警、特警、技侦、网安等部门人员组成,必要时可包括排爆专业人员,主要承担下列任务:抓捕犯罪嫌疑人;设卡盘查堵截可疑人员;临时指挥部布置的其他紧急任务。警犬组由警犬技术人员携警犬组成,主要承担下列任务:追踪犯罪嫌疑人;配合排爆排险组搜索爆炸物;配合消防组搜救遇险人员;配合紧急措施组盘查、搜捕犯罪嫌疑人;配合现场勘查组搜索相关物品。综合组由办公室、新闻宣传、网安、刑侦、治安等部门人员组成,主要承担下列任务:收集、汇总各专业组工作情况;向临时指挥部报告各方面工作情况,提出工作建议;传达临时指挥部的指令;关注舆情反映,进行舆论引导;起草相关材料。后勤保障组由办公室、警务保障、通信等部门人员组成,主要负责现场工作人员的生活、交通、通信等后勤保障工作。

新形势下,公安机关破案已经朝着合成战、信息战、科技战和证据站方向发展,多警种联动快速上案已经成为大要案侦破的基本模式。在处置爆炸恐怖活动犯罪案件过程中,治安、交管、消防、特警、技术侦查、网络安全保卫等业务部门应当根据现场紧急处置和案件侦查工作需要,按照各自业务部门管辖业务职责及有关程序规定,第一时间赶赴现场,及时采取现场保护、救援、技术侦查、网络侦查等措施。另外,应迅速启动舆情监控机制。由于发生在铁路等公共场所的爆炸是存在于铁路站车、城市要道、菜市场、商场、公园等人员密集的公共场所,一旦爆炸发生,就会引起现场和周围人群的密切关注;会拍照发送微博、微信等消息到网上,迅速形成新闻爆点;会有各种言论与猜测充斥网络。因此,各地各级公安机关,特别是新闻宣传、网络监察和刑侦等部门,应该制订相关的舆情控制预案与合作机制。有关部门要完善舆情导控跨区合作,建立网络舆情导控通报机制,搭建区域性网络舆情管控平台,确保发现快、落地快、删除快、反制快、应对快、处理快,有效压缩突发爆炸事件升级炒作空间,维护网上正面舆论,扭转氛围。指挥部要做好与媒体的有效沟通,适时适度地发布案件及侦破工作进展信息,消除社会误解和谣言散布空间,满足公众对爆炸案件有关情况的合理知情权,掌控舆情导向,取得积极的爆炸讯息社会传播效果。另外,网侦、刑侦部门也要通过网络上有关爆炸的资讯信息的数据与情报分析,来寻找、发现破案线索,查找犯罪嫌疑人。

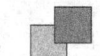

（三）应急现场快速勘查

公共场所爆炸现场的快速勘查本质上和一般程序的现场勘查任务与要求是一样的，最关键的差别是时间短，现场要快速恢复，对现场的记录和痕迹物证的搜集又要尽量保质保量完成。公共场所爆炸现场快速勘查工作必须要保证对炸点的测量、整个爆炸现场痕迹物证分布情况的固定、现场伤亡人员位置的记录等主要工作。这类案件的现场勘查、检验从一开始就应抽调足够的爆炸、理化、法医、照录像、痕迹等技术力量。一般来说，法医人员的数量应为死亡人数的 1/3 左右，如果受伤人员较多，可适当增加人员。根据死伤人员的数量将法医人员分成若干组（检验组一般 3 人一组，分为检验人员及文字记录人员），再配备相应的照相、录像人员。每个组为一个检验单位，按照统一的要求对现场和死伤人员进行检验。同时，应根据现场情况配备一定数量的法医，在现场配合其他人员进行尸体及碎尸块的搜寻、定位及初步检验工作。

对于需要快速处理的爆炸现场，指挥和技术人员到达现场后，通过初步现场巡视，确定爆炸中心区域后，要根据现场大小、现场环境状况、现场内伤亡者分布、现场痕迹物证散落等情况，将现场进行网格片带状划分，确定不同区域的边界线，以便准确记录现场痕迹物证分布关系、快速分组、勘验现场。现场区域的划分可借助勘查顺序的分片分段，几个组分别同时处理划定的不同现场区域，这样可以加快现场勘查工作的速度。当然，每个划定的区域要有编号，比如 1、2、3、4 或 A、B、C、D，这是区域划分的第一步，先分成大区域。第二步就是对于划定区域的每一部分现场内部再大概按 1～3 米这样的网格来细分区域，有了区域内的网格划分，等于有了直角坐标系，可以把每个坐标单元的位置及其内部痕迹物证等状况记录下来，然后把每个单元内的地面、物体表面等进行清扫装袋，在痕迹物证提取袋上要注明提取位置编号、面积、提取人等，这样不仅定位了现场痕迹物证而且整体进行了提取转移。

爆炸案件发生后的首要任务是抢救受伤人员及救火，并会对现场造成一定程度的破坏，对案件的分析产生影响。因此，现场勘查人员应尽快到达现场，利用照录像设备对现场进行固定，并记录死伤人员的位置。爆炸现场要想快速勘查，也少不了要做好现场系统记录，从现场方位、现场概览、重点部位到细目照相，都要有全面详细的记录，这样事后才能有现场原始状况的记录，既符合现场勘查记录的证据形式要求，也能清楚记录痕迹物证的分布与状况。从一定意义上来讲，完整记录后的现场，即便快速清理了，现场的状况也完成了记录，留下了当时原始的客观状态，事后案件的研究甚至起诉审判都不会缺法定证据材料。现场记录的最快捷方式就是照相、摄像；但是也要快速完成现场草图的描绘。特别是对于现场的环境、爆炸中心位置、现场区域划分后不同区域格局大小以及编号情况，采取直角坐标或极坐标方法，都要通过草图和笔录记录清楚。每个勘查小组至少要有专门负责现场照相、摄像和绘图的人员，这样可以保证记录工作的完整与快速。现场勘验、检查人员在固定、提取痕迹、物品时，应当分别提取，分开包装，统一编号，注明提取的地点分区编号、部位、日期、数量、名称、提取方法和提取人。

对发现的每具尸体要及时编号，记录所处的位置、状态并进行照相、录像固定，并在尸体的手腕或脚踝部捆上编有号码的牌子或布条。该牌子或布条必须系牢不易丢失，号码清晰，不易消失。尸块应装于塑料袋中，并在袋上注明编号（应单独编号）、提取地点、提取时间，然后置于冰箱保存。对于尸体的编号只能用阿拉伯数字，或者在阿拉伯数字前面加上尸体所存在区域的数字序号或字母编号，以区域数字序号或字母编号＋尸体尸块阿拉伯数字序号的方式来编号，即用1-1、1-2、2-1或者A-1、B-2、C-1等来编号，前面数字或字母表示组，半字线后面的数字表示在组里的编号，或者也可以整个现场的尸体都只用阿拉伯数字编号。切记：不能用字母来编号，防止出现爆炸现场尸体超过26具而字母只有26个无法编号情况。另外需要注意的是，尸体编号应该是连续完整的单独编号，不要与炸坑等现场物证混合编号，也就是说现场有多少具尸体就应该有多少编号，不能多也不能少，否则会对现场尸体数目造成记录与认知的混乱，影响分析案情，甚至庭审诉讼。

（四）爆炸现场快速勘验

炸点即爆炸装置爆炸时所放置的位置，是爆炸的中心部位，是破坏最严重的地方。炸点的形状、大小、气味、烟痕颜色与炸药品种、数量、放置方式等有关。炸点的位置有时候还与被害目标或作案者有一定的因果关系。炸点是主要爆炸痕迹。公安机关应首先找到并判定炸点类型，拍照和录像后再测定炸坑，同时应注意将炸坑内清出的物体作为残留物进行检材提取。通过对爆炸现场的相关痕迹和介质的数据、参数的勘验、测量、确定，根据一些计算炸药量的公式，结合现场空间状况，可以求出炸药量。勘验炸点时，应当注意记录其位置、形态及炸点周围高温高压作用痕迹、烟痕和气味，搜索、提取炸点附近的爆炸抛出物等痕迹、物品。地面有炸坑的，应当对炸坑进行清理，搜索、提取炸坑中的痕迹、物品，测量、记录炸坑的形状、直径、深度。

爆炸残留物是指炸药的包装物、炸药和起爆器材爆炸后散落在现场的残块（残片），比如炸药、导火索、雷管、脚线、包装纸、铝盒、铜盒、玻璃瓶、布块、塑料、电池、绳索等残块或残微粒。抛出物是指爆炸时从炸点向周围抛出的物质，包括炸点的物质以及炸点周围的物质，如人体组织、车厢地板或壁板残块等。炸药爆炸后，残留下来的微量炸药成分和分解产物以极小的微粒和尘土混在一起，散落在炸点外围一定距离之内，这种爆炸尘土也要采取。规范的方法是：从炸点向外围沿一定方向定点、定面积、定距离地采取爆炸尘土，通过理化检验，可确定炸药的成分和种类。根据抛出物的分布情况，可判断这些物质在爆炸前的位置；根据抛出距离的远近，可分析爆炸作用力的大小。但要引起注意的是，爆炸现场抛出物的分布和被抛出的距离受现场环境及结构状态的限制和影响，或是阻挡，或是改变方向，或是削弱作用力。勘验要从环境格局、遗留痕迹、被抛出物的变异情况等来判定。对公共场所、交通要道等不适宜长时间封锁保护的爆炸现场,可在快速处置、分区、编号、记录、勘验后,以分区为单位将地面物品清扫集中,做好标记后逐区装袋转移,在合适的场所逐袋进行清理、搜索、发现,提取有价值的痕迹、物品。对特殊检材,应当采取相应的方法提取和包装,防止损坏、污染。

　　在爆炸现场快速处置与勘验过程中,伤亡人员的检验是非常重要的内容。法医通过现场勘查和尸体检验,不但能了解伤亡人员的情况,还可协助解决爆炸点、炸药量、爆炸性质等问题,有时可确定死伤人员中有无犯罪嫌疑人。因此,法医在爆炸现场的勘查和尸体检验是不可或缺的。通常,法医在对爆炸现场伤亡人员的检验过程中要解决的工作重点包括:通过现场勘查和尸体检验迅速确定死亡人数及死亡原因;通过对受伤人员的检验确定受伤人员数;通过个人识别及 DNA 检验,确定死亡人员的身份;通过伤亡人员的损伤情况,判断每个人在爆炸瞬间的位置、与爆炸点的关系及姿势;通过对死伤人员的检验,明确有无爆炸以外的损伤(如枪伤、刀伤等)及异常的损伤(如与尸体的位置不符的损伤);协助解决爆炸物品的种类、爆炸点的位置、炸药量(特别是在人身体上爆炸时)以及爆炸品的包装物、填充物(通过体内残留物);进行现场分析,对犯罪嫌疑人进行刻画,分析死伤人员有无作案的条件。

第 **10** 章

应急管理联动指挥平台

第一节　国内外应急管理平台建设状况

一、国内外应急平台建设

　　城市发展可能会不断遭遇自然灾害和人为灾害的冲击,为了应对和减轻各种城市灾害的影响,国家逐渐建立了应急平台。应急平台需要提供"未来"灾害发展趋势、预期后果、干预措施、应急决策、预期救援结果评估,以及全方位监测监控,以发现潜在威胁。应急平台是为应急管理服务的,包括"平时"和"战时",应急平台能对突发公共事件进行科学预测和危险性评估,能动态生成优化的事故处置方案和资源调配方案,形成实施应急预案的交互式实战指南。国外应急平台的发展相对较早,各国的主要城市一般根据本城市可能发生的城市公共安全问题,建立相应的应急平台,构成部门或专项应急平台。下面分别介绍美、日、英、德等国家的应急平台基本情况。

（一）国外应急平台的典型模式

1.美国应急平台

　　应急平台体系由联邦、州、市级应急平台以及相应的移动应急平台组成,建设和使用机构是各级政府的应急运行中心(EOC)。应急运行中心依靠高新技术的综合集成,具备风险分析、监测监控、预警预测、动态决策、综合协调、应急联动与中介评估等功能,以实现公共安全应急的一体化、实时化、精确化与快速反应。国家安全运行中心是国家层面的突发事件应急中心,主要依靠其值班室内高科技综合集成的应急平台,行使日常综合预测预警、形势通告、紧急处置等职能。

2.日本应急平台

　　日本构筑了以总理府、省政府和地方政府为核心的,由各部、各专业领域和各层次力量组成的多角度、多领域、多层次的协作系统。其核心设施是装设在灾害对策本部会议室内的灾害试听系统和应急对策显示系统。另外,日本还将先进的科技手段应用于应急管理领域,建立了应急联络卫星移动电话系统、防灾情报卫星发报系统和灾害信息搜集、传输情报共享系统以及气象立体观测系统和地震监测系统。

3. 英国应急平台

2004 年,英国各地方政府开始建立集成应急平台 IEM(Integrated Emergency Management)。IEM 分指挥、控制、协调、协作、通信这 5 个核心模块,能够增强多个应急机构之间的协调与协作能力,以应对大规模突发事件。

4. 德国应急平台

2001 年夏,德国决定建立 deNIS(German Emergency Planning Information System)。deNIS II 致力于巨灾管理的信息支持,评估灾难现状情势和面临的问题。deNIS II 连接了联邦政府和各州成员,目标是建立一个网络,为突发事件援救提供信息服务。deNIS II 存储的数据包括静态数据和动态数据。

上述各个国家在应急平台的建设上基本都是由中央政府层面和地方层面组成的多级应急平台,分级处置,实现城市突发公共安全事件的有效处置。同时,这几个国家应急平台的建设都有着完善的支撑体系,包括科研基地和基础条件、各类大型软件系统、教育培训系统等,为应急体系提供关键技术和培训手段。

(二) 国内应急平台的典型模式

相比国外应急平台的建设,国内起步相对较晚,国务院应急平台于 2006 年启动建设。目前,全国省、市、自治区政府以及各垂直职能部门都已将应急平台的建设提上了议事日程,部分地区、单位的应急平台已经建成并发挥了积极作用。比较突出的有北京模式、上海模式、南宁模式、深圳模式和广州模式等。

1. 北京模式——位高责重

以 110 为龙头,分类别进行应急指挥。政府牵头、统一接听,借助现在某个比较有优势的应急部门的资源,进行集中处理。同时,设置不同应急指挥小组,出现大问题需要指挥时,该应急指挥小组担当指挥责任,进行统一的资源协调和调配。

2. 上海模式——国际规模

合并现有资源,其他虚位以待。成立应急联动中心,将火警电话和匪警电话相统一,将 110、119 和交巡警指挥中心三个指挥平台合并成一个指挥平台,从而成为应急联动中心的指挥平台,实现公安、交警和消防三家联合办公。公安、消防等 17 家单位成为应急联动中心的联动单位,联动单位任务明确,有通则预案和专项预案,保持信息沟通渠道畅通。

3. 南宁模式——统一指挥

采用"统一接警,统一处警"的应急联动工作体制和应急联动机制,设置社会应急联动中心机构,单独编制,集权模式,市民拨打的 110、119、120、122 等报警电话自动转入南宁市城市应急联动中心,由该中心统一接警,统一处警,按照工作预案及实际情况及时向有关联动单位发出处警指令。

4. 深圳模式——通信整合

整合资源,将语音、集群通信和一期的视频通信进行融合,从而利用融合通信技术实现城市应急部门的联动,而不是简单地通过行政手段进行。

5. 广州模式——授权模式

以公安为牵头、多级接警、多级处警,指挥平台覆盖几乎所有的指挥体系,主要警种集中办公。这种模式比较灵活,可设定成国内任何一种模式运行,因而便于与其他联动单位的协调与合作,联动阻力小。

6. 扬州模式——网络模式

统一接警机制,分别处警,依托现有架构,侧重分级应急进行统一规划分别建设、统一指挥分工协作,政府建设核心的数据交换与指挥中心节点,各部门按照自己的任务,建立自己的分节点与各自的业务指挥系统,指挥中心只起到统一指挥、统一调度、统一资源的作用。

可见国内外应急平台的建设目前大都遵循上至中央政府、下至各省市的分级平台建设,旨在建立一个全方位、立体化、多层次、综合性的应对突发公共安全事件的应急平台体系。

虽然我国在应急平台建设中取得了较好的成绩,但是存在的问题也不容忽视。首先,在应急平台建设中缺少足够的指导性,不能把应急平台设计为单一的信息平台、应急联动平台或者指挥平台;其次,不同地区、不同部门的应急管理实际需求差异显著,应急平台的核心应用系统应当与实际需求紧密结合,才能更好地发挥效用;最后,当前应急平台的建设普遍存在只重视硬件建设,而忽视软件和信息建设的问题。

二、国内外应急信息发布

城市公共安全事件发生之后,为了及时、准确地发布突发事件信息,主动引导舆论,维护社会稳定,最大限度地避免、消除突发事件造成的各种负面影响,国内外针对公共安全事件的应急信息发布都有专门的渠道和信息发布方式。国外对应急管理的建设起步较早,相应的信息发布方式也更多样化,以下总结了美国、日本、韩国、荷兰等国家的应急信息发布渠道。

美国信息发布渠道:电台、电视台、有线电视系统、NOAA 专用收音机、手机、显示屏、PC、电子邮件、互联网、移动互联网、广播收音机、公共媒体、军用通信、卫星通信等。日本信息发布渠道:广播、电视、收音机、卫星、无线减灾网等。韩国信息发布渠道:无线电广播、电视、广播、手机短信、固定电话或移动电话、乡村广播喇叭和其他一切可以使用的通信工具。荷兰信息发布渠道:电视、网站、电子邮件、文字信息、手机短信、显示屏、收音机、小区广播。

我国对事故灾害信息的发布渠道主要为广播、电视、报刊、通信、互联网、特定区

域应急短信、警报器、宣传车或组织人员逐户通知。

三、应急指挥系统的现状及技术

应急指挥系统通过定性、定量以及综合集成的方法,提供事故应急管理的技术手段和软件平台,主要包括应急指挥体系、应急预案体系及应急资源体系,具体构成通常包括接处警系统及报警管理平台、预案管理系统、三维仿真系统、视频监控系统、指挥调度系统等。

在接处警系统中,公安机关利用全方位的网络通信渠道,集成网络接入能力。报警管理平台通常基于 GIS 平台,整合各种报警接入。预案管理系统支持数字化预案。当前,中央和各省市地区制订了应急预案,对预案进行仿真评估,通过模型驱动预案的执行。三维仿真系统主要是对预案、环境、安防设计、灾害影响等进行仿真。视频监控系统利用有线、无线网络和图像光纤的传输通道,实现各种图像信息的获得与传输,为应急指挥提供实时的现场图像资料,及时发现和采集事件源,在第一时间内获得足够丰富的事件详细状况,为决策指挥人员的快速决策提供基础支撑。指挥调度系统的主要任务是对突发事件进行评估(通过现实视频实时传输数据、相关遥感信息)、启动预案(模型驱动预案的执行)、资源分配、信息发布、指挥调度(通过辅助决策,将组织、人员、资金、设备等应急资源经过统一编码后在 GIS 上展示分布;对大型商场、车站、机场、码头、体育场等公共场所,在发生突发事件时,系统自动进行音频广播,及时指导人员疏散,统一指挥工作)等。

当前,全国已基本建成覆盖车站、机场、码头、医院等重点部位的应急指挥系统。虽然我国在各行业、不同灾种中都分别建立了各自的应急指挥体系,但是,重复建设、资源浪费的情况普遍存在。在发达国家的许多城市中,应急联动系统已经成为城市管理水平的标志性工程。城市应急联动系统将公安、交通、通信、急救、电力、水利、地震、人民防空、市政管理等政府部门纳入一个统一的指挥调度系统,处理城市特殊、突发、紧急事件和向公众提供社会紧急救助服务,实现跨区域、跨部门、跨警种之间的统一指挥,快速反应、统一应急、联合行动,为城市的公共安全提供强有力的保障。

因此,在未来的城市安全发展中,建立城市应急联动系统或许成为未来的大势所趋,通过各联动单位的配合与协调,实现对城市公共安全事件更有序、快速和高效的反应,最大限度地保障城市公共安全。

第二节　应急联动系统分析与设计

一、应急联动系统分析

公共安全和公众服务已成为政府部门的一项非常具有挑战性的工作。如何高效利用有限的资源,提高政府对紧急事件快速反应和抗风险的能力,并为市民提供更快捷的紧急救助服务,成为加强城市管理的主要内容之一。当社会发生犯罪、火灾、爆炸等各种警情,发生群众医疗急救、煤水电抢修等各种紧急求救事件,发生地震、火灾、海潮等突发自然灾害,以及发生社会动乱、战争等各种重大紧急事件时,需要政府统一协调、统一调度相关部门协同工作。随着社会的不断进步,社会紧急突发事件的种类更加复杂与多变,传统的应对机制已不能适应日益增多的紧急突发事件处置的需要。当社会发生重大事件时,不是哪一家或哪几家单位能够解决的,这就需要联合多家或所有社会单位共同解决。

社会应急联动系统(CERS)就是综合各种城市应急服务资源,采用统一的号码,用于公众报告紧急事件和紧急求助,统一接警,统一指挥,联合行动,为市民提供相应的紧急救援服务,为城市的公共安全提供强有力的保障系统。CERS 大大加强了不同警种与联动单位之间的配合与协调,从而对特殊、突发、应急和重要事件做出有序、快速而高效的反应。

随着社会经济文化生活的不断发展和进步,如何高效利用有限的资源,提高政府对紧急事件快速反应和抗风险的能力,并为市民提供更快捷的紧急救助服务的重要性日益凸显。目前,我国存在多个公众特服号码,比如:公安——110、警情——119、急救——120、交警——122,市民很难记住。水、电、气等公共服务号码更不为人知晓,致使市民不便于得到相应的服务、救助和保护。由于缺少一个统一的指挥调度平台,不同警种和部门之间无法进行很好的配合与协调,联合行动的实施面临着诸如部门分割、利益关系以及技术实现等许多方面的困难。CERS 使得市民的报警、求助等紧急需要只需拨打同一个号码,不再需要记忆诸多特服号码(比如:110、122、119、120等),缩短报警时间,大大方便了市民报警,有助于市民得到及时的救助和相应的服务。

CERS 可使接警和处警都更加准确和快速,为警力的快速反应提供有力的保障,从而大大提高城市对突发、应急、特殊和灾难性事件的快速反应能力,在加大对犯罪的打击力度,维持社会秩序,缩短对市民求助的反应时间,保护生命财产等方面都将起到十分重要的作用。CERS 也打破了现有多个指挥中心间的数字鸿沟,使离散的数据库和信息资源得以互联和共享,并发挥更大的作用。由于采用了统一的指挥调度系统,不同部门、不同警区和不同警种之间得以互通和相互协调、配合,使统一指挥、协调作战成为可能,真正实现了社会服务联合行动。

目前,世界上许多国家都采用不同的三位数字电话号码作为全国性处理紧急呼救的特服号码。例如:美国采用 911,英国采用 999,比利时采用 900。早在 1937 年,英国就开始使用号码 999,用以报告紧急情况的发生。当电话 999 被拨打时,在英国电信接线员的操作台上会出现闪光,呼叫将立即得到应答并马上被转给适当的单位,如警察局、消防局或急救中心。比利时于 1964 年开始启用 900 紧急呼叫号码,其报警电话的工作模式是:每个电话局都设有一个紧急电话应答中心。瑞典建立的 900则由一个 SOS 报警中心负责接收所有居民的报警和求助电话。日本、法国、德国、加拿大等技术先进的国家都相继建立了以城市为区域中心的区域报警、求助应急处置体系。通过一个特服电话号码报警求助,指挥中心便能依据报警求助内容,分别调动警察、消防、医疗急救、水电抢险等部门进行紧急处置或联合行动处置。

美国于 1967 年在全国范围内使用一个单一的号码,用于市民报警和求助,打破了多个特服号码共存的状况。美国从 20 世纪 60 年代开始进行城市社会应急联动中心的建设至今,应急联动中心(911 中心)已遍布美国的各个州市。美国 911 服务开通以后,各州市有了统一的应急联动中心和通信系统,警察、消防和急救等部门采用现场合署办公的方式处理各类紧急事件。当市民拨打 911 电话后,由 911 中心的接警员统一接警,根据事件内容,迅速做出反应,联合各相关部门统一处置。市民在很短时间内便可得到最快速的救援和服务。

南宁市 CERS 已开通,它模仿美国芝加哥 911 模式,即"大使馆"制模式,新建指挥中心大楼。指挥大厅内设置了 110 指挥席位、119 消防指挥席位、120 医疗急救席位、122 交通事故报警急救席位和为民服务网络 12345 市长公开电话席位。群众拨打统一的"110"电话,根据群众报警内容,分转到 110、119、120、122 或 12345 等相应席位,一般事件各席位各尽其职,下达指挥命令,重大事件由指挥长台,协调各警种统一指挥。南宁的 CERS 实现了跨部门、跨警区以及不同警种之间的统一协调指挥,使统一特服号码、统一接警、联合行动成为现实,也使报警和联动出警更加准确、快捷和高效。

此外,北京、上海、天津、深圳、南京、大连、济南、成都等城市的联动系统都已开始建设。城市应急联动系统涉及多个业务领域,是实时性要求很高的分布式系统。

二、应急指挥平台系统设计

国务院《关于全面加强应急管理工作的意见》把"推进国家应急平台体系建设"列为"加强应对突发公共事件的能力建设"的首要工作,极大地促进了地方政府应急平台体系建设。在这个大背景下,各地应扎实做好顶层设计,以技术防范为先行,高标准打造"一个中心、两个平台、六大板块、N 套系统"的"126N"城市管理体系,逐步形成"一个中心统筹、一个平台受理、一组流程派遣、一套规划管理"的应急管理工作运行机制,从而实现应急管理和民生服务的信息化、科学化和智能化,为确保城区安全运行提供有力的技术支持。以沈阳市沈北新区为例,具体可分为下述几个系统。

(一)应急指挥信息平台系统

以区应急指挥平台为枢纽,以街道应急平台和相关部门应急平台为节点,以社区应急平台为端点,结合区公共安全形势特点和应急管理现状,逐步构建具备预测预警、应急效果评估、应急移动通信及空间地理信息服务等主要功能的应急管理平台架构模型,以期形成纵向贯通、横向衔接、互联互通、信息共享的应急指挥联动体系,满足新区应急指挥的基本需求。

（二）数字化城市管理系统

数字城市管理系统是城市信息化管理的首要操作系统，能够为城市管理者提供科学管理的重要技术支撑，使城市管理由传统的人工化向智能化转变，实现城市管理和应急管理的精细化、全覆盖、高效率。新区数字化城市管理系统建设是智慧城市建设的重要组成部分，纳入应急指挥中心系统，现已进入应用阶段并进一步调整完善。在实际运用中，沈阳市沈北新区通过城市巡防队伍的日常动态巡查，将发现的突发事件、城市部件缺失、市容环境脏乱差等问题，第一时间通过"城管通"手机传送到中心平台进行立案。中心通过平台对各二三级责任单位进行案件有效分配处置，并通过城市管理系统将处理结果反馈至指挥中心。中心再由巡防员现场核验无误后确认结案，最终实现应急管理的精细化、动态化、标准化，使城市管理中出现的问题能够及早发现、及早解决，切实有效形成沟通快捷、分工明确、责任到位、反应快速、处置及时、运转高效的城市管理和监督长效机制，最大限度地降低基层突发事件防范和处置效能。

（三）民生民意诉求反馈系统

利用指挥中心系统平台，沈北新区通过热线电话、社会管理服务网站、电子邮件、区长微博、来人来访、来函反映等多种渠道，搭建百姓与政府之间沟通的桥梁，第一时间解决发生在老百姓身边的突发事、应急事、难心事，切实避免了群体性突发事件的发生，有效拓宽了应急信息捕捉渠道，确保各种矛盾和问题能够"多点收集、快速响应、即时化解"，提高了应急管理工作效率，使新区政府对突发事件做到"5分钟应急响应"。

（四）基础数据服务管理系统

沈北新区采用地理信息技术，按照社会管理"以房管人"的工作思路，以"人进户、户进房、房进图"的模式，将全区的人、事、地、物、情等全部纳入管理系统，最终实现区域人口分析统计、单位信息查询等功能，变分散管理为统筹管理。在遇有突发事件的时候，可随时通过该系统调出和查阅各街道、社区（村）、网格、楼栋、单元、楼层、每户的人口信息情况和区内各单位基本信息情况，对可能发生的事件进行预测及快速响应，便于人员疏散、事件外延风险点防控和救援物资的快速调配，大幅提升应急处置效率，确保应急指挥快捷高效。

（五）地下管网综合管理系统

沈北新区全面录入地下各类给排水、供暖、燃气、通信等管线的具体信息，实现地下水、电、气、暖、通信等地下管线的集中管理。通过系统可以随时掌控新区地下各类管线的翔实点位、问题泄漏点和最佳维修点，方便应急救援队伍及专业维修人员进行准确定位、应急维护，有效避免因基础设施小故障的发生导致城市地下部件断裂、多处漏点等连锁反应，最终实现城市公共设施问题"早发现、早报告、早处置"。

（六）环保监测控制管理系统

沈北新区基于构建生态城区的总体建设目标,建立企业污染数据监测、污染排污视频监控、污染源地理信息系统、环保应急指挥四大环保监控平台,为环境监察、水源水质监控提供全新的技术保障,对可能出现的企业排污、水源地水质破坏,实现远程 24 小时全天候实时监控,有效控制区内重点污染企业污染源的排放、遏制企业违法偷排行为,最终形成具有统一调度、集中管理、资源共享的环保监控系统,使城市环境监控、预警管理和应急处置达到智能化水平。

三、应急指挥平台建设情况

建设应急指挥平台时,注重强调要将其高标准地建成为应对事故灾害、应急处置及救助减灾的"神经中枢",必须具备通信、预警、灾情评估和监视、确定行动重点地带、协调及分配救灾力量、公众信息发布与新闻媒介沟通等多方面的功能,同时,要求各级管理者及公众必须熟悉应急预案的内容。依旧以沈北新区为例,应急指挥平台建设情况可分为下述几点。

（一）打造应急管理指挥平台,实现指挥系统智能化

应急管理指挥平台建设作为城市管理建设的重要组成部分,是一项集物质、制度建设为一体的数字化系统工程,其目标是强化城市风险预警预控能力,实现应急信息与物质资源的有效流动与配置。为此,以应急管理工作体系为支撑,逐步构建完善应急管理平台架构模型,以期利用信息平台整合现有应急资源,优化资源配置使其发挥出最大效用,帮助城市社区提升应对突发事件的快速响应和抗风险能力,以此来最大限度地降低突发事件造成的损失,保障人民群众生命财产安全。

（二）整合平台视频监控系统,实现区域监控标准化

视频监控系统能够有效帮助城市管理者时刻监督城市重点区域发生的问题,并对突发事件第一时间做出判断和决策。为此,在应急管理指挥平台建设中,重点抓实视频监控系统建设,针对辖区社会治安视频监控系统量少质弱、无法为治安防控体系提供有力支撑的突出问题,坚持"全面摸底、科学规划、周密布建、发挥实效"的原则,科学规划、合理构建,全面整合视频监控信号源到应急指挥平台,这样既能对可能发生的突发事件进行动态监测、实时分析,又可实现对重大危险隐患空间分布和运行状况的有效掌握,从而形成立体式、全天候、全方位的智能化"管防网络"预测预警功能。

（三）完善基础数据库系统,实现资源调动一体化

基础数据库系统是反映全区人口、房屋、单位三方基础情况的数据库。为此,按照社会管理"以房管人"的工作思路,将全区的人、事、地、物、情等全部纳入管理系统,从而实现平台内综合运用数据库和数据仓库对相关业务数据和应急管理统计数据的分类存储,以及对救援人员、应急物资的统一协调、动态管理。

（四）充实应急公共地理信息，实现应急响应便捷化

如何在第一时间得到最全面、最可靠的信息是应急指挥工作的重中之重，除了语音、视频外，指挥调度系统也离不开地理图文系统，就像作战指挥一样，没有地理图文系统作支撑就没有了指挥调度的平台。为此，在打造基础数据库系统的同时，沈北新区对全区的公共地图进行了有效完善，实现了电子地图与人口信息以及街道、社区、网格的直接关联和查询。系统可以随时为应急救援队伍提供最佳的应急救援通道建议，方便救援人员进行人员疏散、事件外延风险点防控和最近救援物资的快速调配，从而形成由点到线再到面的三维立体救援防控工作体系，最大限度缩短了应急指挥的响应时间，大幅提升了应急处置效率。

（五）加强应急预案动态管理，实现文本预案格式化

一套完整的应急预案应当充分体现应对突发事件各环节的工作，这不仅要求预案内容完整，而且更讲求可操作性。为此，沈北新区以建立"横向到边、纵向到底"的应急预案管理体系为目标，对各专项应急预案内容进行了修订，进一步突出了应急工作的主体和职责，明确工作程序和应急措施，做到责任落实到岗、任务落实到人、措施落实到位，增强了预案的针对性和时效性。同时，为保证应急预案能够在应急事件发生时实现快速指挥、迅速联动，可有效借鉴应急办经验，对区域每一件专项预案都制作预案简本，简明扼要地涵盖应急预案体系的全部内容，实现预案细则和快速响应在平台内的有效切换与提取，切实提高预案实施的效率。

四、应急平台运行保障

如何推动应急指挥技术系统的完善，提高系统的科技含量和决策支持水平，是摆在应急平台建设与应用方面的紧迫课题。在抓好平台技术建设的同时，注重完善应急保障机制建设，在人力、物力等方面有机整合，努力打造"人防、技防、物防"三防联动应急体系，使应急指挥平台在应急实践中充分发挥作用，为城市运行管理提供有力的技术支撑。

（一）重视应急机制建设，确保应急指挥平台发挥作用

应急机制建设是应急指挥平台实现应急防范力量综合化和集约化的基础。为发挥应急指挥平台的效能，政府应从应急机制建设入手，全面提高应急管理能力，将应急管理工作由区政府办划至区社会管理服务中心，成立专门的应急管理部门——应急指挥中心，将应急管理作为政府的一项常态工作来抓，逐步建立起以指挥中心为一级，各功能区、街道、委办局为二级，城市大社区和行政村为三级的三级应急管理体系，使新区的应急管理走上规范化轨道。沈北新区一是抓建设，构建应急三级联动体系。以应急管理指挥中心为龙头，将全区各功能区、街道（委办局）、社区（村）全部纳入应急联动服务体系，并按照各自承担的职责任务，将成员单位划分为3个梯队，实

施三级联动,即一级指挥中心行使指挥、调度权限,二级各功能区、街道(委办局)行使调度、处置、反馈权限,三级大社区(行政村)行使处置、反馈权限,变"各自为政"为"合成作战"。同时,按照全区机构改革工作要求,各二三级平台单位分别构建应急指挥分中心。其中,二级各平台单位既独立接受群众报警求助,又服从指挥中心调度指令;三级各平台单位主要负责做好应急联动辅助工作,承担应急联动的保障工作,从而有效形成"一个平台指挥,二三级平台联动"的工作格局。二是抓信息,完善应急信息报送制度。为切实提高突发事件的快速响应能力,完善指挥中心应急处置功能,新区政府严格遵循信息报送及时、准确、持续三大原则,在中心、功能区、街道建立了 24 小时值班值守制度,明确基层信息直报岗,落实专职信息直报员责任,确保值班人员在职在岗、信息报告及时准确。同时,新区制定下发了《规范突发公共事件信息报送工作的通知》和《应急管理工作要点》,对突发事件信息报送程序、信息报送渠道和责任进行了规范与明确,即在突发事件发生 5 分钟内,属地街道和区直各部门须以口头形式向区政府及上级应急管理部门报告事件的简要情况,并在 30 分钟内完成书面上报材料,真正实现应急值守和信息报送工作的全方位、全时段、全覆盖,提高指挥中心运转效率。三是抓队伍,壮大基层应急巡防力量。应急指挥中心自成立以来就致力于打造一支纪律严明、作风过硬、反应迅速的城市巡防队伍,有效形成了全区应急管理大巡逻、大防控工作格局。

(二) 完善应急保障体系,推动应急管理各项工作的落实

应急保障体系的建设关系到突发事件应对工作的成败,也是应急救援和现场处置的重要支撑,其主要包括应急物资储备、应急设备储备与设施储备等。因此,为切实保障突发事件发生时应急物资的及时供应与投放,围绕应急指挥中心指挥调度需求,按照"统筹管理、科学分布、合理储备、统一调配"的原则,相关部门在全区范围内大力推进应急物资储备、应急避难场所及应急示范点建设工作,确保突发事件发生后,指挥中心能够有效指挥、处置到位,应急物资准备充足,人员疏散及时到位。具体工作分为以下三点:一是建立应急物资储备库,做好应急物资保障工作。二是逐步推进避难场所建设,提高突发灾害应变能力。三是抓好应急管理示范点建设,提升基层应急处置能力。

第三节　应急联动系统平台

一、应急平台的定义和定位

通常提到的"应急联动系统"、"应急指挥平台"和"应急信息系统"等,都从不同侧面对"应急平台"进行了描述。四个不同的概念反映了我们对应急管理范围和深度等认识的变化,而一个完备而健全的应急平台:

第一，不仅仅是信息平台。信息平台只能提供"过去"和"现时"的状态数据，应急平台需要提供"未来"的灾害发展趋势、预期后果、干预措施、应急决策、预期救援结果评估，以及全方位监测监控，具有发现潜在威胁的预警功能。

第二，不仅仅是指挥平台。应急平台是为应急管理服务的，包括"平时"以及"战时"，应急平台能对突发公共事件进行科学预测和危险性评估，能动态生成优化的事故处置方案和资源调配方案，形成实施应急预案的交互式实战指南，为应急管理提供便捷的工具，为指挥决策提供辅助支持手段。

所以，应急平台是以公共安全科技为核心，以信息技术为支撑，软硬件相结合的突发公共事件应急保障技术系统，是实施应急预案的工具，具备日常管理、风险分析、监测监控、预测预警、动态决策、综合协调、应急联动与总结评估等功能。应急平台建设是应急管理的一项基础性工作，对于建立和健全统一指挥、功能齐全、反应灵敏、运转高效的应急机制，预防和应对自然灾害、事故灾难、公共卫生事件和社会安全事件，减少突发公共事件造成的损失，具有重要意义。

应急平台由基础支撑系统和综合应用系统两大部分组成，即硬件支撑和核心应用。支撑系统包括：通信系统、计算机网络系统、图像接入系统、视频会议系统、移动应急平台、安全支撑系统和容灾备份系统等；应用系统包括：综合业务管理系统、风险隐患监测防控系统、预测预警系统、智能方案系统（即数字预案系统）、指挥调度系统、应急资源管理和保障系统、应急评估系统、模拟演练系统和数据库系统。

按照核心功能划分，应急平台也可以看作由三个部分组成，分别是：信息获取系统、应急智能系统和决策指挥系统，并具备以下主要功能：日常公共安全数据信息的汇集与报送；数字化应急预案的管理与完善；隐患分析和风险评估；特别重大或者重大突发公共事件的接报与现场信息的实时获取与分析；灾害事故的发展预测和影响分析；预警分级与信息发布；应急方案的优化确定与启动；动态的应急决策指挥和资源、力量调度；事故过程的再现与分析；应急行动的总体功效评估和应急能力评价等。

目前，有些地区和部门已经进行了多方面的尝试，建立起一些各有侧重、各具特色的应急平台，并可以归结为以下几种模式：第一种，多警合一的接处警模式。这种模式开展较早，主要特点是：具有统一接警、分类处警功能，实现了各个警种的报警受理既相对独立，又互通有无，在解决一警多能、最大限度地发挥警力资源，以及资源共享、方便群众报警求助等方面具有积极作用。第二种，多种通信方式相结合的应急指挥通信模式。这种模式利用有线通信和无线通信等系统，实现集中指挥调度和无线指挥调度功能，指挥调度方便快捷。第三种，视频会议模式。一些城市在重点进行数字集群等系统的建设过程中，结合了图像监控的视频会议模式。这种模式把视频图像资源进行了整合，结合 GIS 等系统对关键场所的现场进行监控，并通过视频会议进行会商和异地指挥。第四种，信息管理系统模式。这种模式侧重于信息报送、分类、统计等功能，主要完成对"现时"状态数据的掌握，强调数据库建设，基本上是以事件为中心收集组织信息，或以服务为中心提供信息。第五种，应急联动指挥模式。这种模式以快速反应为根本目标,强调大系统概念,利用通信、计算机、网络和视频图像等技术,把多警合一等多个系统纳入一个平台,由市政府(或依托某个部门)直接领导,统一指挥协调多个部门,具有综合化调度中心的特点。

这些模式在面向不同对象时,均发挥了其特定的作用。但随着应急管理工作的深入,以及对突发公共事件应对处置能力要求的提高,我们认为以上模式都不能被称为真正的"应急平台"。应急平台应该是与应急管理业务流程紧密结合的系统,应该根据各类突发公共事件的内在规律和本质特性进行功能设计。接警速度的提高、缺乏依据的指挥调度、流于表面的现场监控、各类信息的简单堆砌、先进装备的蛮力上阵,无法保证应急处置的得法与正确。信息技术只是手段,如何有效地加以利用,发挥其应有的作用和最大的效能,还需要公共安全科技的支撑。可以说,在应急平台中,信息技术是筋骨,公共安全内涵是灵肉。

二、应急联动系统的设计原则

社会联动紧急救援保障系统是为改善社会治安管理手段,维护社会安全稳定,满足社会紧急救助需求,方便群众,提高城市管理水平而建立的。社会联动系统是以综合通信为纽带(计算机网络、有线通信网、无线通信网以及它们之间的互联),以联合指挥为核心,以接处警为重点,集信息获取、信息传输、信息利用、信息发布于一体,并借助各种辅助系统进行决策的综合信息管理系统。该系统提供一套完整的指挥调度手段,对公安、消防、交警、急救以及水、电、气、城管等联动单位进行管理,对各种应急服务进行统一接警、分级分类处警。因此,该系统建成后,可为方便市民报警求助,维护社会安全稳定,树立政府良好形象,以及改善投资环境等方面提供充分的技术保障。

应急联动系统平台的设计原则如下:

(1)实用性

实用性实际上很大程度依赖于对用户需求的理解和把握。对于联动指挥这一特殊的领域,要针对用户的使用特点,将系统建设为一个具有自身特色,而且实用性很强的系统。

(2)可扩展性

坚持开放性、标准化,采用模块化设计,使系统具有很强的可扩展性,可以随着联动指挥业务的发展,逐步扩展系统功能。

(3)可靠性

联动中心是政府重要职能部门的窗口,因此联动指挥系统的可靠性是至关重要的,在很大程度上决定了系统的可用性,必须对系统的各个环节都进行严格的可靠性论证,并通过监测、跟踪、备份等技术手段,提高系统可靠性。

(4)安全性

信息系统的建设必须考虑安全的因素,尤其是指挥业务的特殊性,决定了安全管理是极其重要的环节。

三、应急联动系统的技术特点

优秀的大型指挥软件系统,评估其功能及性能的重要指标,主要体现在系统的处理能力、事件处理的准确性、事件处理的深度等指挥核心的业务支持上。对于综合指挥业务而言,所面对的大部分事件是常规事件,因此要求系统在处理常规事件时,向自动化、提高速度和效率方向发展。联动中心这一概念的提出,也表明了联动指挥系统的难点在于处理复杂、敏感、影响力大的事件,这对系统的综合协同调度和指挥能力提出了要求。

针对国内用户环境和特点,应急联动系统不仅从处理速度上,同时还从处理精度和深度上,采取了一系列的技术措施,为用户提供了一个高效、准确的联动指挥平台。

(一) 处理速度

指挥中心受理的事件大部分是一般性简单事件,因此,应急联动系统利用高效辅助手段,提高系统自动处理能力,从而大大提高了处理速度,辅助接处警员高效、快速地完成事件处理任务。应急联动系统主要技术特点:流式录入,接警系统采用独特的流式录入方式,使事件的录入速度远高于目前其他接处警系统。事件描述模板快速记录生成事件描述,并根据模板记录,自动触发相关的动作和状态,提高系统自动化程度。支持事件"不落地"处理模式,接警后,接警员可以在没有创立事件的情况下,处警席同步接警席的数据和话音,从而同步处理事件。在此模式下,接警员接到报警后,处警员能够看到接警员的实时输入内容,不需要确认事件就可以开始处警,从而最大限度地实现报警、处警、出警并行工作。

预案制作管理是指挥部门根据经验和历史积累,对各类事件总结出的一套行之有效的处理方案,使得事件处理更为程序化,在事件发生时,可提供一套现成的方案供处警员参考。普通预案主要是指两种类型,一种是与事件有关的法律、法规、条例、文件、通知等;另一种为警力调动方案,说明调派警力的方式、数量、时间、配合关系等,并可以自动通知。普通预案适用于一般事件的应急反应。图文预案除了具有普通预案功能之外,还能利用战术标绘系统将预案内容、过程表达在电子地图上,图文结合,适用于复杂事件的处理和指挥。图文预案在国内接处警系统中具有领先水平。推演预案是在图文预案的基础上,增加动画推演功能,不仅能够表达预案的内容,而且还能对预案过程进行模拟,评估预案的可行性;在预案执行时,通过对比预案状态和实际状态,控制过程的执行。推演预案特别适用于重大社会活动的指挥保障,在国内具有非常领先的优势。

业务逻辑定义子系统是系统主要定义和维护接处警过程中自动化处理所需要的规则和策略,如事件分配策略、子事件产生条件、消息触发条件、数据域之间的一致性关联检查规则等,通过不断地扩充和维护这些规则和策略,系统对具有某些特点的事件处理自动化程度越来越高。同预案一样,本系统也是联动中心系统智能化、自动化的重要途径。目前国内所有系统均没有此功能。

(二)处理精度

对于应急指挥系统而言,由于事件的类型繁多,处理事件往往又涉及政府各相关部门,其复杂性很高,因此往往采用多种技术手段,在满足高效处理的同时,做到界定准确、定位准确、把握准确。主要技术特点包括:

1. 事件提问模板

在接警员接到报警电话时,根据事件的不同类型,提供事件提问模板,确保接警员询问的全面性,也保证了事件情况了解的充分性。

2. 智能事件分配器

对于接警员所接听的报警事件,通过事件分配器分配给最合适的处警员来处理,这是一个基于策略的智能解释器。在分配事件时,能够考虑到事件的类型、严重程度、先前报警、当前处警员、当前处警员工作负荷、处警员的特长等因素,并且支持事件委托与协作,角色的委托与协作。接警软件在事件分配方面主要采取按最长空闲时间的原则或抢接的方式分配事件,不符合目前政府和公安所要求的责任制的工作模式,也没有考虑到在处警团队中智力结构的差异和警员的当前负荷情况,不能科学地指派任务,只能靠一些简单原则来解决问题。系统采用基于策略的分配方式,可以以策略形式描述事件分配要求,并通过积累经验,不断地改进策略,使事件的分配越来越科学化、智能化。

3. 基于会商模型的协同指挥

协同指挥提供指挥过程的资源状态、消息管理、话音控制、数据共享等统一的控制逻辑,并为所有的终端客户提供相关服务。这些服务是以频道形式提供给业务终端使用,每个频道都预设好不同的用户成员和功能选择,并支持私密频道。由此,对于同一事件,可以以会议的形式进行研究、讨论、决策。系统对指挥员们提供统一的状态逻辑、控制逻辑,提供实时的数据、语音、图像、程序等级别的协同,从而真正实现协同指挥,保证在面对复杂事件时,事件处理的合理性和准确性。

4. 战术标绘子系统

该系统是一个基于网络的可视化警用标绘矢量图形编辑系统。系统能够提供点状警标、线状警标和面状警标的标绘和编辑功能,根据公安业务需要方便地编辑各种方案,如决心图、态势图、保障图、配置图、战术图等,并可在处警或指挥过程中显示和执行。这一系统以直观的形式将事件情况显示出来,同时也可以显示相关的资源情况,在此基础上,将事件处理方案标绘成图,从而大大提高了事件处理的全局观、整体观,使指挥员对于事件的把握做到心中有数,是指挥员了解事件和资源的眼睛,同时也是表达指挥命令的语言。

5. 推演系统

推演系统在战术标绘系统的基础上,将标绘的警标设置为动画动作,如闪烁、缩放、消隐、沿轨迹运动和起停等,在统一的时序控制下逐步推演。推演系统使指挥员能够从动态、变化的角度来把握事件处理的过程,是指挥员指令的具体行动表现。

6. 评估系统

评估系统是在 GIS 和战术标绘系统基础之上提供行动方案的模拟、推演和评估功能,其主要作用是:复杂事件模拟,采用"Try-Evaluate"方式,以获得更好的操作流程和处理方案。复杂预案的演练通过"导调-彩排"过程,让指挥员、干警熟悉各自的责任,磨合各部门的协同关系。训练接处警人员,防止在紧急事务处理时出现操作失误。系统在重大行动中可供指挥员进行方案制定、方案优化、方案演练,可有效地化解风险和失误,提高指挥的精确性,是指挥系统的大脑。

(三)处理深度

指挥系统的建设与运行是一个相辅相成的过程,系统建设为运行提供了基础,而运行则在不断收集、总结、回顾的过程中,积累形成指挥行业的经验,不断提高系统的指挥支持水平。主要技术特点包括:

1. 交接班系统

值班安排,提供一个排班工具,能帮助安排每天的值班人员;交接班登记,验证用户的合法性,值班人员登记等;值班日志,值班日志是每日值班工作的总结,并以此作为交接班的依据,同时报送各级首长。系统提供基本的"值班日志"框架,包括:当日值班人员、情况统计表、要情综合等。日志文稿中可插入超级链接,用多媒体信息进一步说明情况。可采用分布方式分布生成各自的分值班日志,并由总值班台进行汇总。值班日志具有多种输出格式:本级的文字稿、向上级报送的文字稿、向有关领导报送的因特网网页、供交班会上放映的幻灯片等。

2. 综合统计子系统

综合统计子系统对联动中心内的事件和动作情况进行统计,并生成多种格式的报表,包括:反应时间的日报/月报;按日期/时间范围汇总的重大事件日报;说明当前系统负载情况的专项报告;按班次、接/处警员、单位、日期和时间范围汇总的所有单位的活动记录报告;事件历史详情报告;单位可用性报告;接/处警员统计报告等。综合统计子系统具有报告定制功能,用户可根据需要临时定制报告,并可直接打印或生成指定的标准文档。高级版不仅具有基本版的所有功能,还具有以下功能:实现数据的自动归类与统计;通过"数据项表"的简单"拖、拉"交互操作形成不同的统计角度,形成对数据库的挖掘、回溯、切片、旋转,达到对数据库的数据"冲浪"功能,充分发挥数据库的辅助决策能力。

3. 总值系统

总值平台是收集、处理、传递公安情报信息的枢纽。系统利用多种通信传输手段实现信息的接收和发送,包括:电话/电台、多路传真、电子邮件、网上发布等,并以基于复合文档数据库的工作流群件系统为基础,对各种信息进行统一管理、处理。总值系统可以方便地拟制文档(电话记录、传真文稿、公文文稿等),并进行内部流转审批、办理过程跟踪、远程邮件发送等。高级版总值系统拥有基本版的全部功能,支持开放的、可动态扩充的信息分类结构,并基此实现信息的自动汇总、归类分析、采用打分等功能的"多级统报"机制。用户基于此可方便地制定统一的信息规范、信息平台,实现构筑多级公安信息快速、灵活的上传下达体系。

四、应急联动系统部分功能描述

应急联动系统主要包括以下这些:

1. 接警系统

该系统是联动中心报警信息的接入系统,其流程是:接听报警电话呼入,运用多种手段,如数据库查询、GIS 辅助定位、警员协同等方法,确定事件类型、严重程度、事发地和事件基本描述,创立事件,并根据既定的事件分配策略,将事件自动分配给有关处警人员处理。

高级版接警系统在普通版基础上增加了以下特色功能:事件描述模板,快速记录生成事件描述,并根据模板记录,自动触发相关的动作和状态,提高系统自动化程度;事件提问预案,确保接警询问的全面性;协同频道,每个频道预设不同的人员和功能,解决接警过程中的疑难问题;紧急处理模式,实现报警人、接警员、处警员、出警员之间的信息快速通道。

该系统的特点为:独特的流式录入技术,录入速度远远高于目前其他接处警系统;多人接警、接警转移;事件分配策略;数据查询自动触发技术;多任务并发处理;历史事件提示;历史电话自动比对;相同事件处理;骚扰处理;实时事件状态;简单事件快速处理;广播询问与通知;多模式名址匹配;GIS 辅助定位;报警录音与回放;语音主动信息提示。

2. 自动综合接警子系统

该系统负责采集传送到联动中心的自动报警信息,其中包括传真、交通公路汽车"反劫防盗"自动报警、国际互联网报警、社区网报警等。自动报警由特定的技防报警系统(已有)连接到联动中心综合处警区,由自动综合报警平台通过掌握、分析、询问等手段,根据警情内容处置有关警情。该系统特点为:通用数据结构和接口协议,易于接入新的设备;可按既定策略自动分配给处警员、分局或派出所;无人值守;与其他处警系统有机融合。

3. 智能事件分配器

接警员所接听的报警事件,通过该事件分配器分配给最合适的处警员来处理,这是一个基于策略的智能解释器,在分配事件时能够考虑到事件的类型、严重程度、先前报警、当前处警员、当前处警员工作负荷、处警员的特长等因素,并且支持事件委托与协作,角色的委托与协作。国内外接警软件在事件分配方面主要采取按最长空闲时间的原则或抢接的方式分配事件,不符合目前政府和公安所要求的责任制的工作模式,也没有考虑到在处警团队中智力结构的差异和警员的当前负荷情况,不能科学地指派任务,只能靠一些简单原则来解决问题。采用基于策略的分配方式,可以以策略形式描述事件分配要求,并通过积累经验,不断地改进策略,使事件的分配越来越科学化、智能化。

4. 公安 110 处警系统

负责公安紧急事件的处理,其核心是对事件处理全过程提供一致的协同指挥平台。主要功能有:实时警情、实时警力、综合数据库运用、GIS 与 GPS、协同频道、预案与向导、综合通信集成、反馈与跟踪、过程监控。该系统特点如下:协同能力和开放性领先于国内目前所有其他系统;图文预案;上下文语义环境;多机构联合;多辖区和重叠辖区支持;预定事件的处理与跟踪;紧急处警模式;语音主动信息提示。

5. 消防 119 处警系统

负责消防紧急事件的处理,其技术核心架构与公安 110 相同,业务逻辑和数据结构符合 119 指挥规范要求。

6. 医疗救急 120 调度系统

负责医疗急救事件处理,其技术核心架构与公安 110 相同,业务逻辑和数据结构符合 120 调度规范要求。

7. 交通 122 处警系统

负责交通事故处理和交通状态管理,其技术核心架构与公安 110 相同,业务逻辑和数据结构符合 122 调度指挥规范要求。

8. 市政事务处理子系统

负责水、电、气、城管等联动单位的紧急救助处理。该系统具有处理单的自动推荐、资源管理、技术图显示、GIS 定位、有线无线呼叫、处理结果回复等功能,并可配合110、119、122、120 等处理相关的紧急救助或重大灾害。

9. 值班主任子系统

具有跨警种(110、119、120、122)的应急指挥调度功能,承担重大事件的协同处警的监督和组织,同时能够监控指挥大厅各接处警平台工作状态、故障显示及警告和监督功能,可随时强插或接受请求到任一接处警台指导或协助业务处理,并均衡各处警台的工作负荷。该系统具有如下特点:具有处警的全部功能;信息综合能力;负载均衡;对所有座席进行监控与管理;对其他座席进行业务指导或接管。

10. 局长指挥支持系统

局长指挥支持子系统具有掌握、监控、指挥全局范围内的事件、警力情况的功能,使局领导能随时了解和掌握本局范围内的案发情况和处理情况。该系统主要功能如下:每日警情要报,查阅任何一天或指定时间段所发生案件的情况;实时案情,实时播报重大案件进展情况;实时警力,实时提供本局所属的警力分布、负荷情况;重要警情阅示,指挥中心传送过来的需要请示处理的案件情况。

11. 市长指挥室支持系统

基本功能与局长指挥支持系统相同。市长指挥支持系统使用所有的系统资源和信息,包括公安、交管、消防、急救、水、电、气、城管等,同时也可以使用市政府的特殊资源。因此,市长指挥系统是基于更广泛的资源和信息进行决策和指挥。

12. 通用 GIS 子系统

提供事件处理过程中的地理信息服务。该系统主要功能有:地理显示,比例变化、地图缩放、无缝漫游、透明度、亮度、对比度控制;定位,坐标定位、地名定位;GPS实时监控与回放;图上测量,面积测量、距离测量;图库结合,数据库数据图显示;预案显示;事件态势,显示各种状态的事件的分布图和统计图,如某类或所有类型的已处理的事件、未处理的事件;地理信息查询,查询图上地理目标的详细信息;临时信息管理,如气象、交通管制等;导航图同步定位,大比例和小比例图结合定位;矢量图、像素图、立体图混合统一使用。

GIS 子系统具有如下特点:功能完备,模块化设计,通用性强,既可单独使用,也可以与其他系统集成;系统开放性好,开放的数据接口,可自定义数据源、显示模式,原则上可以将任何数据系统集成到 GIS 中;CAD 与 GIS 双向互动,从 GIS 生成查询条件,查询结果自动翻译成图标标示在地图上。

13. 分局值班处警子系统

本系统作为应急联动中心的下级终端,安装在公安分局、交警支队(中队)、消防中队,自动接收应急联动中心转发过来的报警事件,调动本局资源进行处警,并自动回复应急联动中心。该系统主要功能有:处警台功能,与应急联动中心系统基本相同,系统资源限于分局(支队、中队)之内;同步接收指挥中心的本地事件状态,反馈本地事件处理情况;总值系统二级终端功能;接受本地内部报警,并上传应急联动中心;为应急联动中心提供本地资料支持;作为应急联动中心的指挥信息接收台;本地资源管理。

14. 派出所值班子系统

派出所值班子系统是应急联动中的第三级末级终端。该系统主要功能包括:接收应急联动中心的任务,实时报告事件状态和处理结果;总值系统的末级终端;本地资源管理;为应急联动中心提供本地资料支持;作为应急联动中心的指挥信息接收台。

15. 安全与权限管理子系统

多级安全访问控制,包括身份验证,当用户访问网络资源时,该系统首先对其身份进行核查,只有具有合法身份的人员,才可进入系统;存取控制,规范了什么人可以以什么方式(如创建、读、写、删除等)访问什么样的资源;电子签名,通过电子签名,确认发文人的身份,保证文件在传输、调阅过程中不被篡改;加密,可对本地数据库、网络数据流进行加密;组织、角色及权限设置功能,为充分而有效地利用系统的安全控制机制,在严格控制不同用户的共享访问范围与权限的同时,保持用户操作的简单方便。系统建立一个单位的组织及权限管理机制,其中描述了单位的组织层次拓扑结构、人员隶属关系、各节点组织人员的角色、权限等,系统使用"用户名/口令字"来验证用户身份,再根据单位的组织及权限控制表来管理用户的各种操作权限。

系统提供按组织序列进行层次编码的自动生成和分布式管理工具,实现安全控制策略与组织序列的有机结合。以面向人工体系的组织机构管理,构造严格体现组织序列关系的安全及权限控制系统,具有极强的方便性、灵活性和适应性。

16. 战术标绘子系统

该系统是一个基于网络的可视化警用标绘矢量图形编辑系统。该系统能够提供点状警标、线状警标和面状警标的标绘和编辑功能,根据公安业务需要,方便地编辑各种方案,如决心图、态势图、保障图、配置图、战术图等,并可在处警或指挥过程中显示和执行。高级版战术标绘子系统具备普通版的全部功能,将可标绘的警标设置为动画动作,如闪烁、缩放、消隐、沿轨迹运动和起停等,在统一的时序控制下逐步推演。

17. 业务逻辑定义子系统

本系统主要定义和维护接处警过程中自动化处理所需要的规则和策略,如事件分配策略、子事件产生条件、消息触发条件、数据域之间的一致性关联检查规则等,通过不断地扩充和维护这些规则和策略,系统对具有某些特点的事件的处理自动化程度越来越高。同预案一样,本系统也是联动中心系统智能化、自动化的重要途径。目前,国内所有系统均没有此功能。

18. 推演评估子系统

本系统在 GIS 和战术标绘系统基础之上提供行动方案的模拟、推演和评估功能,其主要作用是:复杂事件模拟,采用"Try-Evaluate"方式,以获得更好的操作流程和处理方案。复杂预案的演练通过"导调-彩排"过程,让指挥员、干警熟悉各自的责任,磨合各部门的协同关系。训练接处警人员,防止在紧急事务处理时出现操作失误。

联动中心使用本系统在重大行动中进行方案制定、方案优化、方案演练,可有效地化解风险和失误,提高指挥的精确性,是应急联动指挥重大事件的"撒手锏",也是高水平联动中的核心功能之一。

19. 录音子系统

记录接处警过程的通话过程,用于查证和监督。该系统主要功能有:多音轨并行录音;查询、放音功能;注释功能;提取功能;安全功能,录音数据不能被更改或删除。

20. GPS 子系统

系统主要由主控中心和移动目标上的装置两部分构成。主控中心的功能有:接收位置、工作模式设置、实时监控、最近警力查询、警力部署、轨迹回放、测绘。移动端的主要功能是:采集定位信号,按指定的工作模式报告位置及自导航功能。

21. 综合查询子系统

提供开放式通用数据库访问功能,本系统将各部门的各种数据库以一致的查询方式和显示方式集成到联动中心系统中来,并具有较好的扩充性。

22. 综合统计子系统

该系统对联动中心内的事件和动作情况进行统计,并生成多种格式的报表,包括:反应时间的日报/月报;按日期/时间范围汇总的重大事件日报;说明当前系统负载情况的专项报告;按班次、接/处警员、单位、日期和时间范围汇总的所有单位的活动记录报告;事件历史详情报告;单位可用性报告;接/处警员统计报告等。该系统具有报告定制功能,用户可根据需要临时定制报告,并可直接打印或生成指定的标准文档。

高级版综合统计子系统除具有基本版的所有功能,还具有以下功能:实现数据的自动归类与统计;通过"数据项表"的简单"拖、拉"交互操作形成不同的统计角度,形成对数据库的挖掘、回溯、切片、旋转,达到对数据库的数据"冲浪"功能,充分发挥数据库的辅助决策能力。

23. 移动战术终端子系统

负责现场事件直接指挥,并通过无线系统与指挥中心联网,直接得到指挥中心支持,可以接受指派专门参与或独立处理指定的事件。该系统主要功能有:现场处警与指挥功能;与联动中心系统资源实时同步;GIS/GPS功能;自导航功能。高级版除了具有普通版的功能外,还有以下功能:协同频道;现场标绘功能,并可实现与联动中心态势同步;与联动中心基于共同的电子地图共同制订行动战术;与单兵/班组系统现场组网。

24. 总值系统

总值平台是收集、处理、传递公安情报信息的枢纽。系统利用多种通信传输手段实现信息的接收和发送,包括:电话/电台、多路传真、电子邮件、网上发布等,并以基于复合文档数据库的工作流群件系统为基础,实现对各种信息进行统一管理、处理。该系统可以方便地拟制文档(电话记录、传真文稿、公文文稿等),并进行内部流转审批、办理过程跟踪、远程邮件发送等。

高级版总值系统拥有基本版的全部功能,支持开放的、可动态扩充的信息分类结构,并基此实现信息的自动汇总、归类分析、采用打分等功能的"多级统报"机制。用户基于此可方便地制订统一的信息规范、信息平台,实现构筑多级公安信息快速、灵活的上传下达体系。系统所构筑的信息"多级统报"处理体系,充分考虑到各级单位对信息分类的不同"粒度"要求以及保证上报文章的制式格式要求,以实现数据的"一次录入,多次使用"为目的,紧扣数据采集这一最烦琐、最艰苦、最重要的环节,从减轻信息处理人员对信息处理的劳动强度、提高报告写作、情况汇总速度为出发点,寓数据积累于日积月累之中;从而为奠定要情信息在应用层上的高效处理打基础。

25. 数字警察单兵班组系统

警察单兵/班组系统配备于个人,采用掌上电脑,通过专网或公网与应急联动中心或分局相连,其主要功能是:接收应急联动中心的事件信息;接收应急联动中心的指挥信息;反馈事件信息;警用信息查询,如身份证、追逃人员、丢失枪支、盗抢车、车辆档案、驾驶员档案等;数据传输等。高级版系统除了具有普通版的功能,还具有GIS/GPS功能,并能接收联动中心的行动图(方案)。

26. 联动中心交接班子系统

值班安排,提供一个排班工具,能帮助安排每天的值班人员;交接班登记,验证用户的合法性,值班人员登记等;值班日志,值班日志是每日值班工作的总结,并以此作为交接班的依据,同时报送各级首长。系统提供基本的"值班日志"框架,包括:当日值班人员、情况统计表、要情综合等。日志文稿中可插入超级链接,用多媒体信息进一步说明情况。可采用分布方式分布生成各自的分值班日志,并由总值班台进行汇总。值班日志具有多种输出格式:本级的文字稿、向上级报送的文字稿、向有关领导报送的因特网网页、供交班会上放映的幻灯片等。

帮助值班员快速撰写值班日志是交接班系统的主要任务。"快"字是关键,值班人员计算机应用水平参差不齐,而值班台上各种任务繁杂,留给值班员撰写值班日志的时间有限。该系统提供的"值班日志基本框架"有较大的适用范围,能适应各级单位不同的交接班习惯,且在其基础上,用户无须编程就可改变模板,达到个性化的要求。"值班日志撰写工具"允许在一个统一的编辑稿下,分别输出不同的输出稿,略作修改即可提交。

27. 技术监控子系统

该系统采用主动监控技术,提供复杂系统运行过程中的状态监控。系统运行过程的运行状态、操作失误、异常与故障等信息均可实时地发送到技术席上,记录到系统运行日志,并作适当的预警。技术维护员由此可以进行有效的故障定位、恢复和预防工作。大型复杂软件系统维护技术对于系统的可用性至关重要,特别是对于应急联动系统,更是不能掉以轻心。此项功能充分吸收了国内外军用软件研发要求,结合公安特点研制,具有明显的优势。国内主要的接处警系统中基本上没有提供此类系统。

28. 预案制作管理子系统

指挥部门根据经验和历史积累,对各类事件总结出一套行之有效的处理方案,使得事件处理更为程序化。事件发生时,有一套现成的方案供处警员参考。普通预案主要是指两种类型,一种是与事件有关的法律、法规、条例、文件、通知等;另一种为警力调动方案,说明调派警力的方式、数量、时间、配合关系等,并可以自动通知。普通预案适用于一般事件的应急反应。普通预案制作管理系统提供普通预案的录入、触发条件定义、显控方式等功能。图文预案除了具有普通预案功能之外,还能利用战术标绘系统将预案内容、过程表达在电子地图上,图文结合,适用于复杂事件的处理和指挥。图文预案在国内接处警系统中具有领先水平。推演预案是在图文预案的基础上,增加动画推演功能,不仅能够表达预案的内容,而且还能对预案过程进行模拟,评估预案的可行性;在预案执行时,通过对比预案状态和实际状态,控制过程的执行。

推演预案特别适用于重大社会活动的指挥保障,在国内具有非常领先的优势。

29. 开放协同终端子系统

这是一个建立在公安内部网站上(如金盾网)的在线协同系统。涉及跨部门、跨地区的重大事件时,联动中心之外的单位通过此系统,在指定的时间内、特写授权下与联动中心网上协作,可以共享指定事件的资料、提供相关资料(任意格式)、在线讨论等。

30. 警务公文处理子系统

本系统是一个融公文拟制、公文处理和档案管理为一体的文档一体化系统,能够实现公文的电子起草、传阅、审核、批示、会签、签发和接收工作,可处理反馈、催办、统计、查询、归档等任务。系统通过丰富文本文档数据库,统一管理单位内部计算机网络办文系统产生的所有电子文档,使用户可以在网络上存取、追踪、组织各种多媒体信息。文档除正文信息外,还包含流转、分类、归档、跟踪等附加的管理信息。系统可根据有关属性字段,使文档按照预定规则在单位内部自动流转。收、发的文件可按类别自动归档,并提供灵活方便的文档检索统计功能。该系统高级版除具有普通版的所有功能外,还具有以下功能:个性化界面;工作流定制;文书拟制工具,能满足任意公文格式定义和处理的要求。

31. 应急联动中心网站系统

应急联动中心网站系统为对公众的形象窗口和交流管道,主要功能包括:接收网上报警;网上监督;建议与反馈;重大事件公布;发布管制信息;发布公告;宣传应急联动中心职能;普及法律知识等。

32. 智能备份子系统

本系统主要提供系统事件数据的备份功能,可按事件和时间,将事件处理过程中的所有相关信息聚集起来,生成网页格式,编制目录和相关链接,并按时间自动刻录到光盘中,还可独立查询和归档。国内目前主要采用一些大公司提供的备份方案,并过于依赖硬件设备,只能按时间进行数据备份,并且数据格式是专用的数据库格式或目录格式。因此,备份出来的数据实际上不能独立阅读,只能导回原系统才能查看。对于大容量的联动系统来说,这实际上是不可能的,因而备份出来的数据只能用作灾难恢复,没有档案价值。

33. 综合数据维护系统

维护系统所需要的所有数据主要包括:系统数据;警力资源;专业地理数据;单位数据;装备数据;各类通信录;法律、法规、文件等专业资料等。

34. 协同指挥调度服务器

该服务器提供指挥过程的资源状态、消息管理、话音控制、数据共享等统一的控制逻辑,并为所有的终端客户提供相关服务。这些服务是以频道形式提供给业务终端使用,每个频道都预设好不同的用户成员和功能选择,并支持私密频道。该服务器开放性好,支持实时的数据、语音、图像、程序等级别的协同,目前是国内最高水平,在国际上也先进的。该服务器统一了系统内的状态逻辑、控制逻辑,并具有良好的扩充功能。

35. 地图数据维护子系统

提供用户维护地图能力,可以制作矢量图,制作像素图,修改现有地图,制作图层。

36. 警标符号制作子系统

为战术标绘提供警标符号扩充能力,本系统可以制作矢量符号、像素符号(图标)、混合符号。所有的符号可含有警字、代字,并支持分线向量的颜色、宽度、衬色、背景色等控制,可以合并到原先的库中,也可以存放在新库中。

37. 档案管理子系统

该系统集收发管理、鉴定组卷、档案管理等功能于一体,是符合《文书档案目录数据库结构与著录格式》国家标准的、通用的文档一体化管理软件。"收发管理"是对现行文件的综合管理,适用于各级保密室,其主要功能包括:文件的登记、分发、编号、关联;注销、整理;催办、催退;查询、统计;借阅;销毁、挂失;报表打印以及数据的备份、恢复、清理、移交;代码表维护等。该模块还可与"公文处理"系统形成紧密的连接,不仅可以有效地控制掌握文件的传递状况,而且可向档案鉴定组卷部门移交所需数据,以实现公文档案的一体化管理。

"鉴定组卷"是对某一归档年度的文件进行整理、鉴定、组卷并形成档案的过程,起着衔接"收发管理"与"档案管理"的重要作用。通过鉴定组卷,公文数据可快速准确地转化成为档案数据,从而真正实现"文档一体化"管理。"档案管理"是对文书档案的综合管理。适用于各级档案室(保密档案室),其主要功能包括:档案的查询、借阅利用、录入、统计、打印、自动标引、数据维护等。通过档案管理系统,可以有效地管理和利用本单位的档案信息资源,为机关决策、指挥部门提供高效、准确、及时的服务。

参考文献

[1] Aldwin C M, Revenson T A. Does Coping Help? A Reexamination of the Relation Between Coping and Mental Health[J]. Journal of Personality and Social Psychology,1987,53:337-348.

[2] Amirkhan J H. A Factor Analytically Derived Measure of Coping: The Coping Strategy Indicator[J]. Journal of Personality and Social Psychology,1990,59: 1066-1075.

[3] Bagozzi R P, Yi Y. On the Evaluation of Structural Equation Models[J]. Journal of Academy of Marketing Science,1988,16(1):74-94.

[4] Billings A G, Moos R H. Coping, Stress, and Social Resources Among Adults With Unipolar Depression[J]. Journal of Personality and Social Psychology,1984,46(4):877-891.

[5] Browne M W, Cudeck R. Single Sample Cross-Validation Indices for Covariance Structures[J]. Multivariate Behavioral Research,1989,249(4):445-455.

[6] Cho J, Lee J. An Integrated Model of Risk and Risk -Reducing Strategies[J]. Journal of Business Research,2006,59:112-120.

[7] Christman N J, McConnell E A, Pfeiffer C, et al. Uncertainty, Coping, and Distress Following Myocardial Infarction: Transition from Hospital to Home[J]. Research Nursing Health,1989, 11:71-82.

[8] Compas B E, Connor J K, Saltzman H, et al. Coping With Stress During Childhood and Adolescence: Problems, Progress, and Potential in Theory and Research[J]. Psychological Bulletin, 2001,127(1):87- 127.

[9] Cox D F. Risk Taking and Information Handling in Consumer Behavior[M]. Cambridge, MA' Harvard University Press,1967.

[10] Erdem T, Swait J. Brand Credibility, Brand Consideration, and Choice[J]. Journal of Consumer Research,2001,31(1):191-198.

[11] Fischhoff B, Slovic P, Lichtenstein S, et al. How Safe Is Safe Enough? A Psychometric Study of Attitudes Towards Technological Risks and Benefits[J]. Policy Sciences,1978,9(2): 127-152.

[12] Folkman S, Lazarus R S. If It Changes It Must Be a Process: Study of Emotion and Coping

during Three Stages of a College Examination[J]. Journal of Personality and Social Psychology,1985,48:150-170.

[13] Hennann C E. Intemational Crises: Insights From Behavioral Research[M]. New York: Free Publishers,1972.

[14] Jenkins L. Selecting scenarios for environmental disaster planning[J]. European Journal of Operational Research,2000,121(2):275-286.

[15] Mete H O,Zabinsky Z B. Stochastic optimization of medical support location and distribution in disastermanagement[J]. Int J Produciton Economics,2010(126):776-84.

[16] Pauwels N,Van D E,Walle B,et al. The implications of irreversibility in emergency response [J]. Theory and Decision,2000,49(1):25-51.

[17] Vitolo C,Elkhatib Y,Reusser D,et al. Web technologies for environmental Big Data[J]. Environmental Modelling & Software,2015,63:185-198.

[18] Wren K. Big data,big questions[J]. Science,2014,344(6187):982-983.

[19] Wu X D,Zhu X Q,Wu G Q,et al. Data mining with big data[J]. IEEE Transactions on Knowledge and Data Engineering,2014,26(1):97-107.

[20] Xu J,Chen H. Criminal network analysis and visualization:A data mining perspective[J]. Communications of the ACM,2005,48(6):101-107.

[21] Yang Y P Ou,Shieh H M,Leu J D,et al. A VIKOR based multiple criteria decision method for improving information security risk[J]. International Journal of Information Technology & Decision Making,2009,8:267-287.

[22] Yoo C,Ramirez L,Liuzzi J. Big data analysis using modern statistical and machine learning methods in medicine[J]. International Neurourology Journal,2014,18(2):50-57.

[23] Zhang Q,Chen Z. A weighted kernel possibilistic c-means algorithm based on cloud computing for clustering big data[J]. International Journal of Communication Systems,2014,27(9):1378-1391.

[24] Zhang W,Wang G,Xing Z,et al. Distributed stochastic search and distributed breakout:properties,comparison and applications to constraint optimization problems in sensor networks[J]. Artificial Intelligence,2005,161(1-2):55-87.

[25] Zhao J Q,Wang L Z,Tao J,et al. A security framework in G-Hadoop for big data computing across distributed cloud data centers[J]. Journal of Computer and System Sciences,2014,80 (5):994-1007.

[26] 卞杰成. 美国芝加哥市 911 和 311 报警服务系统[J]. 警察技术,2004,6(5):5-7.

[27] 柴梅. 进一步完善我国自然灾害应急管理协调机制[J]. 中国党政干部论坛,2010(5):12-13.

[28] 柴卫平. 大数据时代下公安视频工作的思考[J]. 网络安全技术与应用,2013(4):7-9.

[29] 陈丹,郑增威,李际军. 无线传感器网络研究综述[J]. 计算机测量与控制,2004(8):701-703.

[30] 陈宏,曹键,梁昊. 分布异构环境下的数据集成方法及应用[J]. 计算机工程,2005,31(5):115-116.

[31] 陈雷雷,王海燕. 大规模突发事件中基于满意度的应急物资优化调度模型[J]. 中国安全科学学报,2010,20(5):46-52.

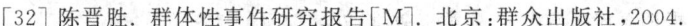

[32] 陈晋胜. 群体性事件研究报告[M]. 北京:群众出版社,2004.

[33] 陈美. 大数据在公共交通中的应用[J]. 图书与情报,2012(6):22-28.

[34] 陈兴,王勇,吴凌云,等. 多阶段多目标多部门应急决策模型[J]. 系统工程理论与实践,2010,30(11):1977-1985.

[35] 程学旗,靳小龙,王元卓,等. 大数据系统和分析技术综述[J]. 软件学报,2014(9):1889-1908.

[36] 池宏,计雷,谌爱群. 由突发事件引发的"动态博弈网络技术"的探讨[J]. 项目管理技术,2003(1):16-20.

[37] 池宏,祁明亮,计雷. 城市突发公共事件应急管理体系研究[J]. 中国安防产品信息,2005(4):42-45.

[38] 崔超产,黎忠文. GIS在城市重大危险源管理中的应用[J]. 安全与环境工程,2001,8(4):32-34.

[39] 戴锋,邵金宏,王力. 军事运筹学导论[M]. 北京:军事谊文出版社,2002.

[40] 戴维·奥斯本,特德·盖布勒. 改革政府-企业精神如何改革着公营部门[M]. 上海:上海译文出版社,1996.

[41] 董华,张吉光. 城市公共安全应急与管理[M]. 北京:化学工业出版社,2006.

[42] 范金城,梅长林. 数据分析[M]. 北京:科学出版社,2002.

[43] 范小茜,李信志. 大数据时代下的治安防控——重点探索数据的处理对策[J]. 理论界,2014(8):151-155.

[44] 冯冠筹. 大数据时代实施预测警务探究[J]. 广东公安科技,2014,22(1):23-27.

[45] 冯海超. 透视美国大数据爆发全景[N]. 互联网周刊,2013-01-14.

[46] 冯凯,徐志胜,冯春莹,等. 小城镇突发公共事件应急决策系统的研究[J]. 灾害学,2005,20(2):6-10.

[47] 冯芷艳,郭迅华,曾大军,等. 大数据背景下商务管理研究若干前沿课题[J]. 管理科学学报,2013,16(1):1-9.

[48] 耿国梁,朱晓华. 地理信息系统技术在防灾减灾中的应用与前瞻[J]. 灾害学,2000,15(4):73-77.

[49] 何作顺. 谈灾害的社会防治[J]. 灾害学,2001,16(2):93-92.

[50] 胡宁生. 中国政府形象战略[M]. 北京:中共中央党校出版社,1999.

[51] 华国伟,余乐安,汪寿阳. 非常规突发事件特征刻画与应急决策研究[J]. 电子科技大学学报(社科版),2011,2(13):33-36.

[52] 黄乐平. 揭密911[M]. 北京:中央编译出版社,2005.

[53] 黄顺康. 公共危机管理与危机法制研究[M]. 北京:中国检察出版社,2006.

[54] 黄崇福. 灾害风险基本定义的探讨[J]. 自然灾害学报,2010,19(6):8-16.

[55] 姜立新,聂高众. 我国地震应急指挥技术体系初探[J]. 自然灾害学,2003,2(3):1-6.

[56] 姜艳萍,樊治平,苏明明. 应急决策方案的动态调整方法研究[J]. 中国管理科学,2011,19(5):104-108.

[57] 姜艳萍,樊治平,袁娜. 基于相似度计算的森林火灾应急响应方案选择方法[J]. 系统工程,2010,28(11):104-109.

[58] 金会庆,李湖生. 公安应急指挥系统研究[J]. 人类工效学,2004(4):15-18.

[59] 金磊,吴正华,等. 北京城市公共危机综合应急管理体系建设调研报告[R]. 北京减灾协会,2003.

[60] 孔令栋,马奔. 突发公共事件应急管理[M]. 济南:山东大学出版社,2011.

[61] 孔祥敏. 突发公共事件应急管理的财政保障机制研究[D]. 燕山大学,2009.

[62] 李昌忠. 论建立以公安 110 为基础的城市应急联动系统[J]. 公安学刊,2006(3):83-86.

[63] 李国杰,程学旗. 大数据研究:未来科技及经济社会发展的重大战略领域——大数据的研究现状与科学思考[J]. 中国科学院院刊,2012,27(6):647-657.

[64] 李吉顺. 什么是城市灾害[J]. 中国减灾杂志,2001,1(4):56-57.

[65] 李吉伟,张志彪. 中美灾害应急救援指挥体系探析[J]. 武警学院学报,2007(6):12-15.

[66] 李经中. 政府危机管理[M]. 北京:中国城市出版社,2003.

[67] 李克秋,唐焕文,曲雯航. 一种特殊结构的 DEA 模型[J]. 应用基础与工程科学学报,1997,6(5):126-130.

[68] 李伟,赵春宇. 油田勘探开发"大数据"管理及应用[J]. 信息技术,2013(4):196-198.

[69] 黎健. 美国的灾害应急管理及其对我国相关工作的启示[J]. 自然灾害学报,2006,15(4):34-38.

[70] 刘佳,陈建明,陈安. 应急管理中的动态模糊分类分级算法研究[J]. 管理评论,2007,19(3):38-43.

[71] 刘文光. 国外政府危机管理的基本经验及其启示[J]. 中共云南省委党校学报,2004,5(2):68-71.

[72] 刘霞. 公共危机治理[M]. 上海:上海交大出版社,2010.

[73] 罗伯特·希斯. 危机管理[M]. 北京:中信出版社,2001.

[74] 马龙. 应急指挥系统建设的误区与不足[J]. 信息化建设,2007(6):33-34.

[75] 倪长健. 论自然灾害评估的途径[J]. 灾害学,2013,28(2):1-5.

[76] 倪长健,王杰. 再论自然灾害风险的定义[J]. 灾害学,2012,27(3):1-5.

[77] 诺曼·古斯丁. 危机管理[M]. 北京:中国人民大学出版社,2001.

[78] 彭兴,德友,淑香. 对军事遂行多样化军事任务中的应急通信保障思考[J]. 四川兵工学报,2009,2:122-124.

[79] 彭知辉. 论以信息为主导的社会治安防控体系[J]. 犯罪研究,2011(5):53-58.

[80] 裴一帆,张轮. 基于 WiFi 的无线网状网[J]. Tech Information Deveiopment & Economy,2005,15(12):224-227.

[81] 钱颂迪. 运筹学[M]. 北京:清华大学出版社,1990.

[82] 邱志勇. 群体性涉妨事件处置研究[M]. 北京:群众出版社,2006.

[83] 石丽红,张清浦,刘纪平,等. 面向突发事件的防范应急 GIS 系统的设计与实现[J]. 测绘科学,2005,30(1):66-68.

[84] 史健,魏权. DEA 方法在卫生经济学中的应用[J]. 数学的实践与认识,2004,4(34):59-65.

[85] 苏刚,王希志. 关于常州城市公共安全应急管理体系建设的思考[J]. 中国科技信息,2005(1):22-24.

[86] 孙玉. 应急通信技术总体框架讨论[M]. 北京:人民邮电出版社,2009.

[87] 唐勇,周明天,张欣. 无线传感器网络路由协议研究进展[J]. Journal of software,2006,17
(3):410-417.

[88] 铁永波,唐川,周春花. 政府部门的应急反应能力在城市减灾防灾中的作用[J]. 灾害学,
2005,20(3):21-24.

[89] 铁永波,唐川,周春花. 城市灾害应急能力评价研究[J]. 灾害学,2006,21(1):8-12.

[90] 滕云鹤,毛献辉,章燕申. 移动卫星通信捷联式天线稳定系统[J]. 宇航学报,2002,23(5):72.

[91] 万鹏飞. 美国、加拿大和英国突发事件应急管理法编选[M]. 北京:北京大学出版社,2006.

[92] 王德迅. 国外公共危机管理机制纵横谈[J]. 求是,2005(20):1-5.

[93] 王海涛. 应急通信发展现状和技术手段分析[J]. 电力系统通信,2011,32(220):1-2.

[94] 王仁超,王启文. 一种基于期望满意的群决策方法[J]. 系统工程理论与实践,2001,21(2):
12-16.

[95] 王威. 南宁市城市应急联动系统[J]. 办公自动化,2003(10):24-26.

[96] 魏权龄. 数据包络分析(DEA)[J]. 科学通报,2000,9(45):1793-1808.

[97] 魏玖长. 危机事件社会影响的分析与评估研究[D]. 合肥:中国科学技术大学,2006.

[98] 魏欣. 基于 Adhoc 网络的灾害应急通信保障的设想[J]. 中国科技信息,2008(19):92-95.

[99] 希斯著,王成等,译. 危机管理[M]. 北京:北京中信出版社,2004.

[100] 夏泉. 大型活动安全保卫应急通信保障工作的实践与思考[J]. 泰州科技,2007,20:31-32.

[101] 徐伟新. 国家与政府的危机管理[M]. 南昌:江西人民出版社,2003.

[102] 徐乃龙. 群体性事件预防与处置[M]. 北京:中国人民公安大学出版社,2002.

[103] 薛澜,张强,钟开斌. 危机管理:转型期中国面临的挑战[J]. 中国软科学,2003(4):6-12.

[104] 薛澜,张强,钟开斌. 危机管理-转型期中国面临的挑战[M]. 北京:清华大学出版社,2003.

[105] 杨和德. 群体性事件研究[M]. 北京:中国人民公安大学出版社,2002.

[106] 杨琴,周国华,林晶晶,等. 应急事件中瓶颈环节的实时优化调度[J]. 系统工程,
2010,28(7).

[107] 杨静,陈建明,赵红. 应急管理中的突发事件分类分级研究[J]. 管理评论,2005,4(17):
37-41.

[108] 杨然. 汶川震后对提高通信网络应对能力的思考与建议[J]. 现代电信科技,2008,6:1-2.

[109] 杨文国,黄钧,池宏,等. 信息缺失下的应急方案选择模型及算法研究[J]. 中国管理科学,
2007,15:729-732.

[110] 姚杰,计雷,池宏. 突发事件应急管理中的动态博弈分析[J]. 管理评论,2005,17(3):46-50.

[111] 余海,曹蕾. 基于 WiFi 的无线网状(Mesh)组网技术[J]. 现代电子技术,2001,34(10):
120-123.

[112] 翟晓敏,盛昭瀚,何建敏. 应急研究综述与展望[J]. 系统工程理论与实践,1998(7):17-24.

[113] 张佰成. 城市应急联动系统建设与应用[M]. 北京:科学出版社,2005.

[114] 张乔. 政府应急平台的构建研究[D]. 吉林大学,2011.

[115] 张毓丰,邓民宪. 地震现场应急救援的通信系统设计[J]. 灾害学,2005,20(4):111-115.

[116] 章国材. 气象灾害风险评估与区划方法[M]. 北京:气象出版社,2010.

[117] 赵思健. 自然灾害风险分析的时空尺度初探[J]. 灾害学,2012,27(2):1-6.

[118] 中国行政管理学会课题组. 政府应急管理机制研究[J]. 中国行政管理,2005(1):18-20.

[119] 周乐柱,李斗,郭文嘉. 卫星通信多波束天线综述[J]. 电子学报,2001.29(6):824-825.

[120] 周忠伟. 群体性事件及处置[M]. 南昌:江西人民出版社,2006.

[121] 朱正威,张莹. 发达国家公共安全管理机制比较及对我国的启示[J]. 西安交通大学学报:社会科学版,2006,26(2):46-49.